2025
전효진
행정법총론

전범위 모의고사 + 실전기출

SEASON 1

2025 전효진 행정법총론
전범위 모의고사
+ 실전기출

실전과 같은 모의고사

기출문제의 최신 출제 경향을 철저히 분석하여 실전 대비에 가장 적절한 문제로 총 6회의 전범위 모의고사와, 3회의 가장 최신의 기출문제를 구성하였습니다. 기출문제와 유사한 유형과 난이도로 구성하였으므로 본 교재를 풀어보고 풀이까지 철저히 학습하면 합격에 한 걸음 더 다가갈 수 있을 것입니다.

명확하고 상세한 해설

정답에 대한 정확하고 명쾌한 해설은 물론이고, 나머지 선지에 대해서도 상세하게 설명하여 문제의 출제 의도와 풀이 방향을 잘 이해할 수 있도록 구성하였습니다. 더불어 OMR 답안지를 수록하여 실전과 같이 문제 풀이 연습을 할 수 있도록 하였습니다.

점수 추이 점검

전범위 모의고사	1회	2회	3회	4회	5회	6회
학습일						
풀이시간						
점수						

실전 기출문제	01	02	03
학습일			
풀이시간			
점수			

차례

2025 전효진 행정법총론

전범위 모의고사

01

06

01 전범위 모의고사

정답 및 해설 80쪽

01 행정소송의 대상에 대한 설명으로 옳지 않은 것은? (다툼이 있는 경우 판례에 의함)

① 건축허가권자가 건축불허가처분을 하면서 건축불허가사유 뿐만 아니라 구「소방법」에 따른 소방서장의 건축부동의 사유를 들고 있는 경우, 그 건축불허가처분에 관한 소송에서「건축법」상의 건축불허가사유뿐만 아니라 소방서장의 부동의 사유에 관하여도 다툴 수 있다.

② 정부의 수도권 소재 공공기관의 지방이전시책을 추진하는 과정에서 도지사가 도 내 특정시를 공공기관이 이전할 혁신도시 최종입지로 선정한 행위는 항고소송의 대상이 되는 행정처분이 아니다.

③ 처분의 근거법령에 의하면「비송사건절차법」에 따라 이행강제금 부과처분에 불복하도록 규정하지만, 관할청이 이행강제금 부과처분을 하면서 관할 행정법원에 행정소송을 할 수 있다고 잘못 안내한 경우 행정법원에 항고소송을 제기할 수 있다.

④ 행정처분의 무효확인판결은 비록 형식상은 확인판결이라 하여도 그 확인판결의 효력은 그 취소판결의 경우와 같이 소송의 당사자는 물론 제3자에게도 미친다.

02 판례의 입장으로 옳지 않은 것만을 모두 고르면?

ㄱ. 구「건축법」시행규칙 제11조의 규정은 단순히 행정관청의 사무집행의 편의를 위한 것이 아니라, 허가대상 건축물의 양수인에게 건축주의 명의변경을 신고할 수 있는 공법상의 권리를 인정하고 있다.

ㄴ. 당사자의 신청을 받아들이지 않은 거부처분이 재결에서 취소된 경우, 재결의 취소를 구할 법률상 이익이 있다.

ㄷ. 원고적격의 요건으로서 법률상 이익에는 당해 처분의 근거 법률에 의하여 보호되는 직접적이고 구체적인 이익뿐만 아니라 간접적이거나 사실적·경제적 이해관계를 가지는 경우도 여기에 포함된다.

ㄹ. 영어 과목의 2종 교과용 도서에 대하여 검정신청을 하였다가 불합격결정처분을 받은 자는 자신들이 검정신청한 교과서의 과목과 전혀 관계가 없는 수학 과목의 교과용 도서에 대한 합격결정처분에 대하여 그 취소를 구할 법률상 이익이 없다.

① ㄱ, ㄴ　② ㄱ, ㄹ
③ ㄴ, ㄷ　④ ㄷ, ㄹ

03 행정처분에 대한 설명으로 옳지 않은 것은?

① 임용권자가 임용기간이 만료된 국립대학교의 조교수에 대하여 재임용을 거부하는 취지로 한 임용기간만료의 통지는 행정소송의 대상이 되는 처분에 해당하지 아니한다.

② 건축물대장의 용도는 건축물의 소유권을 제대로 행사하기 위한 전제요건으로서 건축물 소유자의 실체적 권리관계에 밀접하게 관련되어 있으므로, 건축물대장 소관청의 용도변경신청 거부행위는 국민의 권리관계에 영향을 미치는 것으로서 항고소송의 대상이 되는 행정처분에 해당한다.

③ 한국철도시설공단이 甲 주식회사에 대하여 시설공사 입찰참가 당시 허위 실적증명서를 제출하였다는 이유로 향후 2년간 공사낙찰적격심사시 종합취득점수의 10/100을 감점한다는 내용의 통보를 한 사안에서, 위 통보는 행정소송의 대상이 되는 행정처분이라고 할 수 없다.

④ 학교안전공제회는 행정청 또는 그 소속기관이나 법령에 의하여 행정권한을 위임받은 공공단체가 아니므로 보상심사청구 기각결정은 항고소송의 대상인 행정처분이 아니다.

04 부작위위법확인소송에 대한 설명으로 옳은 것은? (다툼이 있는 경우 판례에 의함)

① 부작위위법확인소송의 계속 중 소극적 처분이 있게 되더라도 부작위위법확인의 소가 소의 이익을 잃게 되는 것은 아니다.

② 형사사건에서 무죄판결이 확정되어 피압수자가 압수물환부신청을 하였음에도 검사가 이에 대하여 아무런 결정이나 통지도 하지 않고 있는 부작위는 부작위위법확인소송의 대상이 되지 아니한다.

③ 부작위위법확인소송은 행정심판을 거친 경우에도 제소기간의 제한을 받지 않는다.

④ 취소소송의 재판관할 규정은 부작위위법확인소송의 경우에 준용되지 않는다.

05 「행정소송법」상 당사자소송에 대한 설명으로 옳지 않은 것은? (다툼이 있는 경우 판례에 의함)

① 국가를 상대로 하는 당사자소송의 경우에는 가집행선고를 할 수 없다.

② 취소소송에 관한 '행정심판기록의 제출명령' 규정은 당사자소송에 준용된다.

③ 당사자소송에 관련청구소송이 병합된 경우 당사자소송이 부적법하여 각하되면 그에 병합된 관련청구소송도 소송요건을 흠결하여 부적합하므로 각하되어야 한다.

④「국토의 계획 및 이용에 관한 법률」에 따라 사업시행자가 토지 소유자를 상대로 토지의 일시 사용에 대한 동의의 의사표시를 구하는 소는 당사자소송에 해당한다.

06 행정법의 일반원칙에 관한 설명으로 옳지 않은 것은? (다툼이 있는 경우 판례에 의함)

①「행정기본법」은 비례의 원칙을 명문으로 규정하고 있다.

②「행정기본법」은 자기구속의 원칙을 명문으로 규정하고 있지 않다.

③「행정기본법」상 권한남용금지의 원칙이란 행정주체가 행정작용을 함에 있어서 상대방에게 이와 실질적인 관련이 없는 의무를 부과하거나 그 이행을 강제하여서는 아니된다는 원칙을 말한다.

④ 신뢰보호의 원칙은 행정청이 공적인 견해를 표명할 당시의 사정이 그대로 유지됨을 전제로 적용되는 것이 원칙이므로, 사후에 그와 같은 사정이 변경된 경우에는 그 공적 견해가 더 이상 개인에게 신뢰의 대상이 된다고 보기 어려운 만큼, 특별한 사정이 없는 한 행정청이 그 견해표명에 반하는 처분을 하더라도 신뢰보호의 원칙에 위반된다고 할 수 없다.

07 **재량권의 한계에 관한 설명으로 옳지 않은 것은? (다툼이 있는 경우 판례에 의함)**

① 도로점용허가는 공물관리자가 신청인의 적격성, 사용목적 및 공익상 영향 등을 참작하여 허가 여부를 결정하는 재량행위이다.
② 「행정기본법」은 재량행사의 기준에 대하여 규정하고 있지 않다.
③ 재량행위에 대한 사법심사는 행정청의 재량에 기초한 공익 판단의 여지를 감안하여 법원이 독자적인 결론을 내리지 않고 해당 처분에 재량권 일탈·남용이 있는지 여부만을 심사한다.
④ 수개의 징계사유 중 일부가 인정되지 않더라도 인정되는 다른 일부 징계사유만으로도 당해 징계처분의 타당성을 인정하기에 충분한 경우에는 그 징계처분은 위법하지 않다.

08 **행정행위의 부관에 관한 설명으로 옳지 않은 것은? (다툼이 있는 경우 판례에 의함)**

① 사도개설허가에서 정해진 공사기간 내에 사도로 준공검사를 받지 못한 경우, 사도개설허가는 당연히 실효된다.
② 「행정기본법」상 행정청은 부관을 붙일 수 있는 처분을 당사자가 동의한 경우에는 그 처분을 한 후에도 부관을 새로 붙이거나 종전의 부관을 변경할 수 있다.
③ 부담부 행정처분에 있어서 처분의 상대방이 부담을 이행하지 아니한 경우 처분행정청은 부담불이행을 이유로 당해 처분을 철회할 수 있다.
④ 행정행위가 그 내용상 장기간에 걸쳐 계속될 것이 예상되는데 유효기간이 허가 또는 특허된 사업의 성질상 부당하게 단기로 정해진 경우에는 그 유효기간을 '허가 또는 특허의 조건의 존속기간'으로 보아야 한다.

09 **아래 사례들 중 「행정소송법」상 당사자소송으로 다투어야 하는 경우를 모두 고른 것은? (다툼이 있는 경우 판례에 의함)**

ㄱ. 「민주화운동 관련자 명예회복 및 보상 등에 관한 법률」상 보상금의 지급을 신청한 사람이 심의위원회의 보상금 지급에 관한 결정을 다투는 경우
ㄴ. 구 「소방공무원법」상 지방소방공무원이 자신이 소속된 지방자치단체를 상대로 법령의 규정에 의하여 직접 그 존부나 범위가 정해진 초과근무수당의 지급을 청구하는 경우
ㄷ. 「도시 및 주거환경정비법」상 관리처분계획안에 대한 조합총회결의의 효력을 다투려는 조합원이 관리처분계획 인가 전에 주택재건축정비사업조합을 상대로 소송을 제기하는 경우
ㄹ. 부가가치세 납세의무를 부담하는 사업자가 국가를 상대로 부가가치세 환급세액의 지급을 청구하는 경우
ㅁ. 조세부과처분이 당연무효임을 전제로 하여 이미 납부한 세금의 반환을 청구하는 경우

① ㄱ, ㄴ　② ㄷ, ㄹ
③ ㄴ, ㄷ, ㄹ　④ ㄴ, ㄹ, ㅁ

10 **행정행위의 직권취소에 관한 설명으로 옳지 않은 것은? (다툼이 있는 경우 판례에 의함)**

① 흠 있는 부분에 해당하는 점용료를 감액하는 처분은 그 실질은 종래의 위법한 부분을 제거하는 것으로서 흠의 치유에 해당한다.
② 수익적 행정행위의 하자나 취소해야 할 필요성에 관한 증명책임은 기존 이익과 권리를 침해하는 처분을 한 행정청에 있다.
③ 수익적 행정행위의 취소 제한에 관한 법리는 처분청이 수익적 행정행위를 직권으로 취소하는 경우에 적용되는 법리일 뿐 쟁송취소의 경우에는 원칙상 적용되지 않는다.
④ 수익적 행정행위를 취소할 때에는 이를 취소하여야 할 중대한 공익상 필요와 취소로 인하여 처분 상대방이 입게 될 기득권과 법적 안정성에 대한 침해 정도 등 불이익을 비교·교량한 후 공익상 필요가 강한 경우에 한하여 취소할 수 있다.

11 **부작위위법확인소송에 관한 설명으로 옳지 않은 것은? (다툼이 있는 경우에는 판례에 의함)**

① 부작위위법확인소송의 변론종결시까지 행정청의 처분으로 부작위상태가 해소된 때에는 부작위위법확인소송은 기각된다.
②「행정소송법」상 부작위란 행정청이 당사자의 신청에 대하여 상당한 기간 내에 일정한 처분을 하여야 할 법률상 의무가 있음에도 불구하고 이를 하지 아니하는 것을 말한다.
③ 부작위위법확인소송의 위법성 판단의 기준시점은 판결시이다.
④ 원칙적으로 제소기간의 제한을 받지 않으나, 행정심판의 재결을 거쳐야 하는 경우에는 재결서의 정본을 송달받은 날부터 90일 이내에 제기하여야 한다.

12 **「행정조사기본법」의 규정 내용으로 옳지 않은 것은?**

① 행정기관의 장은 인터넷 등 정보통신망을 통하여 조사대상자로 하여금 자료의 제출 등을 하게 할 수 있다.
② 행정기관의 장은 법령등에서 규정하고 있는 조사사항을 조사대상자로 하여금 스스로 신고하도록 하는 제도를 운영할 수 있다.
③ 행정기관의 장은 법령등에서 규정하고 있는 조사사항을 조사대상자로 하여금 스스로 신고하도록 하는 제도를 운영하여야 한다.
④ 행정기관의 장은 조사대상자가 신고한 내용이 거짓의 신고라고 인정할 만한 근거가 있거나 신고내용을 신뢰할 수 없는 경우를 제외하고는 그 신고내용을 행정조사에 갈음할 수 있다.

13 행정소송상 가구제에 관한 설명으로 옳지 않은 것은?

① 항공회사는 경쟁 항공회사에 대한 국제항공노선면허처분에 따른 노선점유율 하락에 따른 막대한 영업상 손해를 이유로 위 면허처분의 효력정지를 구할 법률상 이익이 있다.

② 집행정지결정은 당해 사건에 관하여 당사자인 행정청과 그 밖의 관계 행정청을 기속한다.

③ 판례에 의할 때 취소소송에는 「민사집행법」상의 가처분에 관한 규정이 준용되지 않는다.

④ 집행정지는 공공복리에 중대한 영향을 미칠 우려가 있을 때에는 허용되지 아니한다.

14 행정대집행에 관한 설명으로 옳지 않은 것은? (다툼이 있는 경우 판례에 의함)

① 대집행의 요건이 충족되는 경우 원칙적으로 대집행의 발동 여부는 행정청의 재량에 속한다.

② 비상시 또는 위험이 절박한 경우에 있어서 당해 행위의 급속한 실시를 요하여 계고를 취할 여유가 없을 때에는 계고를 거치지 아니하고 대집행을 할 수 있다.

③ 조례는 「행정대집행법」상의 대체적 작위의무 부과의 근거가 되는 법령에 해당하지 않는다.

④ 계고처분은 상당한 이행기간을 정하여야 하는데 상당한 이행기간이라 함은 사회통념상 의무자가 스스로 의무를 이행하는 데 필요한 기간을 말한다.

15 국가배상에 대한 설명으로 옳지 않은 것은? (다툼이 있는 경우 판례에 의함)

① 공무원이 고의 또는 과실로 그에게 부과된 직무상 의무를 위반하였을 경우라고 하더라도 국가는 그러한 직무상의 의무위반과 피해자가 입은 손해 사이에 상당인과관계가 인정되는 범위 내에서만 배상책임을 진다.

② 공무원에 대한 전보인사가 법령이 정한 기준과 원칙에 위배되거나 인사권을 부적절하게 행사한 것이라면 그 전보인사는 당연히 당해 공무원에 대한 관계에서 손해배상책임이 인정되는 불법행위를 구성한다.

③ 「국가배상법」 제5조 소정의 공공의 영조물이란 공유나 사유임을 불문하고 행정주체에 의하여 특정 공공의 목적에 공여된 유체물 또는 물적 설비를 의미한다.

④ 설치 공사 중인 옹벽은 아직 완성되지 아니하여 일반 공중의 이용에 제공되지 않고 있었던 이상 공공의 영조물에 해당한다고 할 수 없다.

16 「행정절차법」의 위반사실의 공표에 대한 설명으로 옳지 않은 것은?

① 행정청은 법령에 따른 의무를 위반한 자의 성명·법인명, 위반사실, 의무 위반을 이유로 한 처분사실 등(이하 "위반사실등"이라 한다)을 법률로 정하는 바에 따라 일반에게 공표할 수 있다.
② 행정청은 위반사실등의 공표를 하기 전에 사실과 다른 공표로 인하여 당사자의 명예·신용 등이 훼손되지 아니하도록 객관적이고 타당한 증거와 근거가 있는지를 확인하여야 한다.
③ 행정청은 위반사실등의 공표를 할 때에는 의견진술의 기회를 포기한다는 뜻을 명백히 밝힌 경우를 제외하고는 미리 당사자에게 그 사실을 통지하고 의견제출의 기회를 주어야 한다.
④ 의견제출의 기회를 받은 당사자는 공표 전에 관할 행정청에 서면이나 말 또는 정보통신망을 이용하여 의견을 제출할 수 있다.

17 판례상 특허에 해당하는 것을 모두 고르면?

ㄱ. 「여객자동차 운수사업법」상 개인택시운송사업면허
ㄴ. 구 「수도권대기환경특별법」상 대기오염물질 총량관리사업장 설치허가
ㄷ. 국립의료원 부설 주차장 위탁관리용역운영계약
ㄹ. 「출입국관리법」상 체류자격 변경허가

① ㄱ, ㄹ　② ㄴ, ㄷ
③ ㄱ, ㄴ, ㄹ　④ ㄱ, ㄴ, ㄷ, ㄹ

18 A행정청이 甲에게 한 X행정처분에 대하여 제소기간이 도과하여 불가쟁력이 발생하였다. 이에 관한 설명 중 옳지 않은 것은? (다툼이 있는 경우 판례에 의함)

① X행정처분이 산업재해 요양급여결정을 취소하는 처분인 경우, 甲에게 요양급여청구권이 없다는 내용의 법률관계가 확정되는 것은 아니다.
② X행정처분이 甲의 신청을 거부하는 처분인 경우, 甲이 다시 동일한 내용의 새로운 신청을 하고 A행정청이 이를 거부한 경우 甲은 반복된 거부처분에 대하여 취소소송을 제기할 수 있다.
③ 甲은 X행정처분의 위법을 이유로 국가배상청구소송을 제기할 수 없다.
④ X행정처분이 부담부행정행위인 경우, 甲은 그 부담의 이행으로서 하게 된 사법상 법률행위의 효력에 대해서 별도로 소송을 제기하여 다툴 수 있다.

19 관할 세무서장 A는 주택건설업을 하고 있는 甲에게 관련 법률에 근거하여 법인세를 부과하였으나 甲회사에게 관련법률에 근거하여 법인세를 부과하였으나, 甲회사가 이를 체납하자 甲회사 명의의 예금채권을 압류처분하였다. 그런데 위 과세처분 후 압류처분이 있기 이전에 헌법재판소가 과세처분의 근거조항을 위헌으로 결정하였다. 이에 관한 설명 중 옳지 않은 것을 모두 고른 것은? (다툼이 있는 경우 판례에 의함)

> ㄱ. 헌법재판소의 위헌결정으로 甲회사에 대한 과세처분은 법률의 근거가 없이 행하여진 것과 마찬가지가 되어 하자가 있는 것이 되나, 특별한 사정이 없는 한 과세처분은 취소사유에 해당한다.
> ㄴ. 위헌결정의 효력은 그 결정 이후에 당해 법률이 재판의 전제가 되었음을 이유로 법원에 제소된 일반사건에도 미치므로, 당해 법률에 근거하여 행정처분이 발하여진 후에 헌법재판소가 그 행정처분의 근거가 된 법률을 위헌으로 결정하였다면 위 과세처분에 대한 취소소송의 제기기간이 경과되어 과세처분에 확정력이 발생한 경우라고 하더라도 위헌결정의 소급효가 미친다.
> ㄷ. 위 사안에서 체납처분의 근거규정 자체에 대하여는 따로 위헌결정이 내려진 바 없다고 하더라도 조세채권의 집행을 위해 A가 행한 압류처분은 당연무효이다.

① ㄱ, ㄴ
② ㄴ
③ ㄴ, ㄷ
④ ㄷ

20 「행정절차법」상 '청문 주재자'에 대한 설명으로 옳지 않은 것은?

① 행정청은 소속 직원 또는 대통령령으로 정하는 자격을 가진 사람 중에서 청문 주재자를 공정하게 선정하여야 한다.
② 행정청은 다수 국민의 이해가 상충되는 처분 또는 다수 국민에게 불편이나 부담을 주는 처분 또는 그 밖에 전문적이고 공정한 청문을 위하여 행정청이 청문 주재자를 2명 이상으로 선정할 필요가 있다고 인정하는 처분을 하려는 경우에는 청문 주재자를 2명 이상으로 선정할 수 있다. 이 경우 선정된 청문 주재자 중 1명이 청문 주재자를 대표한다.
③ 행정청은 청문이 시작되는 날부터 10일 전까지 청문 주재자에게 청문과 관련한 필요한 자료를 미리 통지하여야 한다.
④ 청문 주재자는 독립하여 공정하게 직무를 수행하며, 그 직무 수행을 이유로 본인의 의사에 반하여 신분상 어떠한 불이익도 받지 아니하며, 「형법」이나 그 밖의 다른 법률에 따른 벌칙을 적용할 때에는 공무원으로 본다.

01 행정행위의 적법요건에 대한 설명으로 옳지 않은 것은? (다툼이 있는 경우 판례에 의함)

① 행정의사가 외부에 표시되어 행정청이 자유롭게 취소·철회할 수 없는 구속을 받게 되는 시점에 처분이 성립하고, 그 성립 여부는 행정청이 행정의사를 공식적인 방법으로 외부에 표시하였는지를 기준으로 판단해야 한다.
② 어떤 행정처분이 실효의 법리를 위반하여 위법한 것이라면 이는 행정처분의 당연무효사유이다.
③ 통상 고시 또는 공고에 의하여 행정처분을 하는 경우에는 행정처분에 이해관계를 갖는 자가 고시 또는 공고가 있었다는 사실을 현실적으로 알았는지 여부에 관계없이 고시가 효력을 발생하는 날에 행정처분이 있음을 알았다고 보아야 한다.
④ 정보통신망을 이용한 송달은 송달받을 자가 동의하는 경우에만 할 수 있고, 이 경우 송달받을 자가 지정한 컴퓨터 등에 입력된 때에 도달된 것으로 본다.

02 「행정소송법」상 제소기간에 관한 설명 중 가장 적절하지 않은 것은? (다툼이 있는 경우 판례에 의함)

① 동일한 행정처분에 대하여 무효확인소송을 제기하였다가 그 후 그 처분의 취소를 구하는 소송을 추가적으로 병합한 경우에 주된 청구인 무효확인소송이 적법한 제소기간 내에 제기되었다면 추가로 병합된 취소소송도 적법하게 제기된 것으로 보아야 한다.
② 「국세기본법」상 심판청구에 대한 재조사 결정에 따른 처분청의 처분에 대해서 심판청구를 거쳐서 그 결정의 통지를 받은 경우에 그 통지를 받은 날부터 90일 이내에 행정소송을 제기하여야 한다.
③ 법령에서 규정한 행정심판청구기간을 도과한 후에 행정심판을 청구하여 재결받은 후 재결서정본을 송달받은 날부터 90일 내에 제기한 취소소송은 제소기간을 준수한 것으로 본다.
④ 부작위위법확인소송도 행정심판 등 전심절차를 거친 경우에는 제20조(제소기간)의 규정이 적용된다.

03 행정법의 일반원칙에 대한 설명으로 옳은 것만을 모두 고르면? (다툼이 있는 경우 판례에 의함)

ㄱ. 비례의 원칙은 법치국가원리에서 당연히 파생되는 헌법상의 기본원리이다.
ㄴ. 위법한 행정처분이 수차례에 걸쳐 반복적으로 행하여졌다면 행정청에 대하여 자기구속력을 갖게 된다.
ㄷ. 폐기물처리업에 대하여 관할 관청의 사전 적정통보를 받고 막대한 비용을 들여 요건을 갖춘 다음 허가신청을 한 경우, 행정청이 청소업자의 난립으로 효율적인 청소업무의 수행에 지장이 있다는 이유로 불허가처분을 하였다 할지라도 신뢰보호의 원칙에 반하지 아니한다.
ㄹ. 폐기물처리업 사업계획에 대하여 적정통보를 한 것만으로 그 사업부지 토지에 대한 국토이용계획변경신청을 승인하여 주겠다는 취지의 공적인 견해표명을 한 것으로 볼 수 없다.

① ㄱ, ㄴ ② ㄱ, ㄹ
③ ㄴ, ㄷ ④ ㄷ, ㄹ

04 이행강제금에 관한 설명으로 옳지 않은 것은? (다툼이 있는 경우 판례에 의함)

① 행정대집행은 직접강제나 이행강제금 부과의 방법으로는 행정상 의무 이행을 확보할 수 없거나 그 실현이 불가능한 경우에 실시하여야 한다.

② 직접강제를 실시하기 위하여 현장에 파견되는 집행책임자는 그가 집행책임자임을 표시하는 증표를 보여 주어야 한다.

③ 「행정기본법」상 이행강제금의 부과란 의무자가 행정상 의무를 이행하지 아니하는 경우 행정청이 적절한 이행기간을 부여하고, 그 기한까지 행정상 의무를 이행하지 아니하면 금전급부의무를 부과하는 것을 말한다.

④ 「행정기본법」상 행정청은 의무자가 계고에서 정한 기한까지 행정상 의무를 이행하지 아니한 경우 이행강제금의 부과 금액, 사유, 시기를 문서로 명확하게 적어 의무자에게 통지하여야 하고 행정상 의무를 이행할 때까지 이행강제금을 반복하여 부과할 수 있다.

05 무효등확인소송에 대한 설명으로 옳지 않은 것은? (다툼이 있는 경우 판례에 의함)

① 처분이 무효인 사유를 주장·입증할 책임은 원고에게 있다.

② 거부처분에 대한 무효확인 판결에는 간접강제가 허용되지 않는다.

③ 무효등확인소송과 취소소송을 예비적 병합의 형태로 제기하는 것은 허용되지 않는다.

④ 처분의 무효확인을 구할 법률상 이익이 있는지를 판단함에 있어 처분의 무효를 전제로 한 이행소송 등과 같은 직접적인 구제수단이 있는지 여부를 따질 필요가 없다.

06 다음 설명으로 옳지 않은 것은? (다툼이 있는 경우 판례에 의함)

① 사업의 양도행위가 무효라고 주장하는 양도자는 양도·양수행위의 무효를 구함이 없이 사업양도·양수에 따른 허가관청의 지위승계신고 수리처분의 무효확인을 구할 법률상 이익이 있다.

② 「건축법」 상 건축신고 반려행위는 항고소송의 대상이 되는 행정처분에 해당한다.

③ 과세관청의 사업자등록 직권말소행위는 불복의 대상이 되는 행정처분에 해당한다.

④ 부가가치세법상의 사업자등록은 과세관청으로 하여금 부가가치세의 납세의무자를 파악하고 그 과세자료를 확보케 하려는 데 입법취지가 있는 것으로서, 이는 단순한 사업사실의 신고로서 사업자가 소관 세무서장에서 소정의 사업자등록신청서를 제출함으로써 성립되는 것이고, 사업자등록증의 교부는 이와 같은 등록사실을 증명하는 증서의 교부행위에 불과한 것이다.

07 취소소송에서 법원이 원고의 청구를 기각할 때 판결의 주문에서 취소대상인 처분이 위법함을 명시하여야 하는 경우에 대한 설명으로 옳지 않은 것은? (다툼이 있는 경우 판례에 의함)

① 당사자의 명백한 주장이 없는 경우에도 법원은 일건기록에 나타난 사실을 기초로 하여 직권으로 이러한 판결을 할 수 있다.

② 법원이 이 판결을 함에 있어 공공복리 적합성 여부의 판단 시점은 변론종결시이다.

③ 소송비용은 피고의 부담으로 한다.

④ 이 판결이 확정되면 취소판결의 기속력과 기판력이 발생한다.

08 **다음 「행정절차법」에 관한 설명으로 옳지 않은 것은? (다툼이 있는 경우 판례에 의함)**

① 「행정절차법」 제17조는 '구비서류의 미비 등 흠의 보완'과 '신청 내용의 보완'을 분명하게 구분하고 있다.

② 「행정절차법」 제17조 제5항은 신청인이 신청할 때 관계 법령에서 필수적으로 첨부하여 제출하도록 규정한 서류를 첨부하지 않은 경우와 같이 쉽게 보완이 가능한 사항을 누락하는 등의 흠이 있을 때 행정청이 곧바로 거부처분을 하는 것보다는 신청인에게 보완할 기회를 주도록 함으로써 행정의 공정성·투명성 및 신뢰성을 확보하고자 하는 것이다.

③ 행정청으로 하여금 신청에 대하여 거부처분을 하기 전에 신청인에게 신청의 내용이나 처분의 실체적 발급요건에 관한 사항까지 보완할 기회를 부여하여야 할 의무를 정한 것이다.

④ 신청인의 행정청에 대한 신청의 의사표시는 명시적이고 확정적인 것이어야 한다고 할 것이므로 신청인이 신청에 앞서 행정청의 허가업무 담당자에게 신청서의 내용에 대한 검토를 요청한 것만으로는 다른 특별한 사정이 없는 한 명시적이고 확정적인 신청의 의사표시가 있었다고 하기 어렵다.

09 **정보공개에 관한 설명으로 옳지 않은 것은?**

① 법원이 행정기관의 정보공개거부처분의 위법 여부를 심리한 결과 공개를 거부한 정보에 비공개사유에 해당하는 부분과 그렇지 않은 부분이 혼합되어 있고, 공개청구의 취지에 어긋나지 않는 범위 안에서 두 부분을 분리할 수 있음을 인정할 수 있을 때에도 공개가 가능한 정보에 국한하여 정보공개 거부 처분의 일부취소를 명할 수는 없다.

② 학교환경위생구역 내 금지행위 해제결정에 관한 학교환경위생정화위원회의 회의록에 기재된 발언내용에 대한 해당 발언자의 인적사항 부분에 관한 정보는 비공개대상에 해당한다.

③ 정보공개에 관한 정책 수립 및 제도 개선에 관한 사항 등을 심의·조정하기 위하여 국무총리 소속으로 정보공개위원회를 둔다.

④ 검찰보존사무규칙은 사무처리준칙으로서 행정규칙에 불과하므로, 위 규칙에 의한 열람·등사의 제한을 정보공개법 제9조 제1항 제1호의 '다른 법률 또는 법률에 의한 명령에 의하여 비공개사항으로 규정된 경우'에 해당한다고 볼 수 없다.

10 **판례의 입장으로 옳지 않은 것은?**

① 조합원 지위를 상실한 토지 등 소유자는 주택재개발사업에 대한 사업시행계획에 당연무효의 하자가 있는 경우, 사업시행계획의 무효확인 또는 취소를 구할 법률상 이익이 있다.

② 인가처분에 하자가 없다면 기본행위에 하자가 있다고 하더라도 따로 그 기본행위의 하자를 다투는 것은 별론으로 하고 기본행위의 무효를 내세워 바로 그에 대한 인가처분의 취소 또는 무효확인을 구할 수 없다.

③ 관리처분계획에 대하여 인가·고시가 있는 경우에 총회결의의 하자를 이유로 그 효력 유무를 다투는 확인의 소를 제기하는 것은 특별한 사정이 없는 한 허용된다.

④ 「도시 및 주거환경정비법」에 근거한 조합설립인가처분은 행정주체로서의 지위를 부여하는 설권적 처분이고, 조합설립결의는 조합설립인가처분의 요건이므로, 조합설립결의에 하자가 있다면 그 하자를 이유로 직접 항고소송의 방법으로 조합설립인가처분의 취소 또는 무효확인을 구하여야 한다.

11 **행정상 손실보상에 대한 설명으로 옳지 않은 것은? (다툼이 있는 경우 판례에 의함)**

① 「공익사업을 위한 토지 등의 취득 및 보상에 관한 법률」(이하 「토지보상법」)상 잔여지 수용청구를 받아들이지 않은 토지수용위원회의 재결에 대하여 토지소유자가 불복하여 제기하는 소송은 '보상금의 증감에 관한 소송'에 해당하고, 피고는 토지수용위원회가 아니라 사업시행자로 하여야 한다.

② 공익사업에 해당하지만 국토교통부장관의 사업인정고시가 없는 경우라면 「토지보상법」상 영업손실보상에 관한 규정은 적용될 수 없다.

③ 어떤 보상항목이 토지보상법령상 손실보상대상에 해당함에도 관할 토지수용위원회가 사실을 오인하거나 법리를 오해함으로써 손실보상대상에 해당하지 않는다고 잘못된 내용의 재결을 한 경우에는 사업시행자를 상대로 「토지보상법」 제85조 제2항에 따른 보상금증감소송을 제기하여야 한다.

④ 공익사업의 시행자가 사전보상을 하지 않은 채 공사에 착수함으로써 토지소유자와 관계인이 손해를 입은 경우, 사업시행자가 배상해야 할 손해액은 원칙적으로 손실보상금이다.

12 다음 설명으로 옳지 않은 것은?

① 공법상 계약의 한쪽 당사자가 다른 당사자를 상대로 효력을 다투거나 이행을 청구하는 소송은 공법상의 법률관계에 관한 분쟁이므로 분쟁의 실질이 공법상 권리·의무의 존부·범위에 관한 다툼이 아니라 손해배상액의 구체적인 산정방법·금액에 국한되는 등의 특별한 사정이 없는 한 공법상 당사자소송으로 제기하여야 한다.

② 행정청은 보조금 교부결정을 할 때 법령과 예산에서 정하는 보조금의 교부목적을 달성하는 데에 필요한 조건을 붙일 수 있다.

③ 구 「보조금의 예산 및 관리에 관한 법률」에 의한 보조금 교부결정 취소 및 보조금 반환명령은 행정처분이고 그 처분이 있어야 반환의무가 발생한다.

④ 지방자치단체가 보조금 지급결정을 하면서 일정 기한 내에 보조금을 반환하도록 하는 교부조건을 부가한 경우, 보조사업자에 대한 지방자치단체의 보조금반환청구는 민사소송의 대상이다.

13 甲은 아파트를 건설하고자 乙시장에게 주택법상 사업계획승인신청을 하였는데, 乙시장은 아파트단지 인근에 개설되는 자동차전용도로의 부지로 사용할 목적으로 甲 소유 토지의 일부를 아파트 사용검사시까지 기부채납하도록 하는 부담을 붙여 사업계획을 승인하였다. 이에 대한 설명으로 옳은 것만을 〈보기〉에서 모두 고르면? (다툼이 있는 경우 판례에 의함)

보기

ㄱ. 甲이 위 부담을 이행하지 아니하더라도 乙시장의 사업계획승인이 당연히 효력을 상실하는 것은 아니다.

ㄴ. 乙시장은 기부채납의 내용을 甲과 사전에 협의하여 협약의 형식으로 미리 정한 다음, 사업계획승인을 하면서 위 부담을 부가할 수도 있다.

ㄷ. 만일 甲이 「건축법」상 기속행위에 해당하는 건축허가를 신청하였고, 乙시장이 건축허가를 하면서 법률의 근거 없이 기부채납부담을 붙였다면 그 부담은 무효이다.

① ㄱ　② ㄱ, ㄴ
③ ㄱ, ㄷ　④ ㄱ, ㄴ, ㄷ

14 행정소송의 대상에 대한 설명으로 옳지 않은 것은? (다툼이 있는 경우 판례에 의함)

① 공정거래위원회의 벌점 부과행위는 권리·의무에 직접 영향을 미치는 행위라고 볼 수 없으므로 항고소송의 대상이 되는 행정처분에 해당하지 않는다.

② 공정거래위원회의 입찰참가자격제한 등 요청 결정은 항고소송의 대상이 되는 처분에 해당하지 않는다.

③ 소송의 대상이 되는 행정처분의 존부는 소송요건으로서 직권조사사항이고, 자백의 대상이 될 수 없다.

④ 감사원의 변상판정처분에 대하여는 행정소송을 제기할 수 없고, 재결에 해당하는 재심의 판정에 대하여만 감사원을 피고로 하여 행정소송을 제기할 수 있다.

15 **행정소송의 판결의 효력에 대한 설명으로 옳지 않은 것은? (다툼이 있는 경우 판례에 의함)**

① 취소판결의 기판력은 소송물로 된 행정처분의 위법성 존부에 관한 판단 그 자체에만 미치는 것이므로 전소와 후소가 그 소송물을 달리하는 경우에는 전소 확정판결의 기판력이 후소에 미치지 아니한다.

② 행정처분의 무효확인판결은 비록 형식상은 확인판결이라 하여도 그 확인판결의 효력은 그 취소판결의 경우와 같이 소송의 당사자는 물론 제3자에게도 미친다.

③ 행정처분에 대하여 무효확인판결이 내려진 경우에는 그 행정처분이 거부처분인 경우에도 행정청에 판결의 취지에 따른 재처분의무가 인정될 뿐만 아니라 그에 대하여 간접강제까지 허용된다.

④ 과세처분을 취소하는 판결이 확정되면 그 과세처분은 처분시에 소급하여 소멸하므로 그 뒤에 과세관청에서 그 과세처분을 경정하는 경정처분을 하였다면 이는 존재하지 않는 과세처분을 경정한 것으로서 그 하자가 중대하고 명백한 당연무효의 처분이다.

16 **행정심판에 대한 설명으로 옳지 않은 것은?**

① 행정심판의 청구인은 행정심판을 제기할 '법률상 이익이 있는 자'이다.

② 심판청구기간은 취소심판청구와 거부처분에 대한 의무이행심판 청구에만 적용되고, 무효등확인심판 청구나 부작위에 대한 의무이행심판청구에는 적용되지 아니한다.

③ 「행정소송법」과는 달리 「행정심판법」은 임시처분 제도를 인정하고 있지 않다.

④ 심판청구는 처분의 효력이나 그 집행 또는 절차의 속행에 영향을 주지 아니한다.

17 **甲은 주유소를 운영하던 중 가짜 석유제품을 저장·판매하여 「석유사업법」을 위반한 사실이 2차 적발되었고, 「석유사업법 시행규칙」 [별표 1]로 정한 처분기준에 따라 행정청으로부터 6개월의 사업정지처분(이하 '이 사건 처분'이라 함)을 받았다. 이에 관한 설명 중 옳지 않은 것은? (다툼이 있는 경우 판례에 의함)**

【참고】「석유사업법 시행규칙」 [별표 1] 행정처분기준

위반행위	근거 법조문	행정처분기준		
		1회 위반	2회 위반	3회 위반
가짜 석유제품을 제조·수입·저장·운송·보관 또는 판매한 경우	법 ○○조	사업 정지 3개월	사업 정지 6개월	등록취소 또는 영업장 폐쇄

① 이 사건 처분에서 정한 사업정지기간이 경과하여 그 효력이 소멸한 이후에도 甲은 이 사건 처분에 대한 취소소송을 제기할 법률상 이익이 있다.

② 행정법규 위반에 대한 제재조치는 행정목적의 달성을 위하여 행정법규 위반이라는 객관적 사실에 착안하여 가하는 제재이므로, 甲이 고용한 직원이 위반행위를 한 경우라도 법령상 책임자인 甲에게 이 사건 처분을 할 수 있다.

③ 甲의 위반사실이 명백하다면 이 사건 처분을 하면서 甲에게 법령상 사업정지기간의 감경에 관한 참작 사유가 있음에도 이를 전혀 고려하지 않았다고 하여 그 자체로 재량권을 일탈·남용한 위법한 처분이 되는 것은 아니다.

④ 행정법규 위반에 대하여 甲에게 고의나 과실이 없는 경우에도 이 사건 처분을 할 수 있다.

18 행정행위의 부관에 대한 설명으로 옳지 않은 것은? (다툼이 있는 경우 판례에 의함)

① 부담은 행정청이 행정처분을 하면서 일방적으로 부가할 수도 있지만 부담을 부가하기 이전에 상대방과 협의하여 부담의 내용을 협약의 형식으로 미리 정한 다음 행정처분을 하면서 이를 부가할 수도 있다.
② 행정행위의 부관은 강학상 개념이지 실정법적 개념이 아니다.
③ 부관의 사후변경은, 법률에 명문의 규정이 있거나 그 변경이 미리 유보되어 있는 경우 또는 상대방의 동의가 있는 경우에 한하여 허용되는 것이 원칙이지만, 사정변경으로 인하여 당초에 부담을 부가한 목적을 달성할 수 없게 된 경우에도 그 목적달성에 필요한 범위 내에서 예외적으로 허용된다.
④ 건축허가를 하면서 일정 토지를 기부채납하도록 하는 내용의 허가조건은 부관을 붙일 수 없는 기속행위 내지 기속적 재량행위인 건축허가에 붙인 부담이거나 또는 법령상 아무런 근거가 없는 부관이어서 무효이다.

19 다음 중 부작위위법확인소송에 대한 설명으로 가장 옳지 않은 것은? (다툼이 있는 경우 판례에 의함)

① 법원은 단순히 행정청의 방치행위의 적부에 관한 절차적 심리만 하는 게 아니라, 신청의 실체적 내용이 이유 있는지도 심리하며 그에 대한 적정한 처리방향에 관한 법률적 판단을 해야 한다.
② 소제기의 전후를 통하여 판결시까지 행정청이 그 신청에 대하여 적극 또는 소극의 처분을 함으로써 부작위 상태가 해소된 때에는 소의 이익을 상실하게 되어 당해 소는 각하를 면할 수가 없다.
③ 행정청에 대하여 어떠한 행정처분을 하여줄 것을 요청할 수 있는 법규상 또는 조리상의 권리를 갖는 자만이 제기할 수 있다.
④ 부작위위법확인소송에는 취소판결의 사정판결 규정은 준용되지 않지만, 제3자효, 기속력, 간접강제에 관한 규정은 준용된다.

20 행정조사에 대한 설명으로 옳지 않은 것은? (다툼이 있는 경우 판례에 의함)

① 행정조사는 법령등의 위반에 대한 법령등을 준수하도록 유도하는 것보다 처벌에 중점을 두어야 한다.
② 행정기관은 유사하거나 동일한 사안에 대하여는 공동조사 등을 실시함으로써 행정조사가 중복되지 아니하도록 하여야 한다.
③ 우편물 통관검사절차에서 이루어지는 우편물의 개봉, 시료채취, 성분분석 등의 검사는 수출입물품에 대한 적정한 통관 등을 목적으로 한 행정조사의 성격을 가지는 것으로서 수사기관의 강제처분이라고 할 수 없으므로, 압수·수색영장 없이 우편물의 개봉, 시료채취, 성분분석 등 검사가 진행되었다 하더라도 특별한 사정이 없는 한 위법하다고 볼 수 없다.
④ 「마약류 불법거래 방지에 관한 특례법」 제4조 제1항에 따른 조치의 일환으로 특정한 수출입물품을 개봉하여 검사하고 그 내용물의 점유를 취득한 행위는 범죄수사인 압수 또는 수색에 해당하여 사전 또는 사후에 영장을 받아야 한다.

정답 및 해설 95쪽

01 항고소송의 대상에 대한 설명으로 옳지 않은 것은? (다툼이 있는 경우 판례에 의함)

① 기반시설부담금의 납부를 지체하여 발생한 지체가산금이 환급대상에서 제외된다는 취지의 환급거부결정은 항고소송의 대상이 되는 행정처분이라고 할 수 없다.

② 거부처분의 처분성을 인정하기 위한 전제요건이 되는 신청권의 존부는 구체적 사건에서 신청인이 누구인가를 고려하지 않고 관계 법규의 해석에 의하여 일반 국민에게 그러한 신청권을 인정하고 있는가를 살펴 추상적으로 결정된다.

③ 시장이 감사원으로부터 「감사원법」에 따라 징계의 종류를 정직으로 정한 징계 요구를 받게 되자 감사원에 징계 요구에 대한 재심의를 청구하였고, 감사원이 재심의청구를 기각한 경우, 감사원의 징계 요구와 재심의결정은 항고소송의 대상이 되는 행정처분이라고 할 수 없다.

④ 「국방전력발전업무훈령」에 따른 연구개발확인서 발급은 개발업체가 전력지원체계 연구개발사업을 성공적으로 수행하여 군사용 적합판정을 받고 경우에 따라 사업관리기관이 개발업체에게 수의계약의 방식으로 국방조달계약을 체결할 수 있는 지위가 있음을 인정해 주는 확인적 행정행위로서 처분에 해당한다.

02 다음 판례에 대한 설명으로 옳지 않은 것은?

① 도로의 관리청은 도로부지에 대한 소유권을 취득하였는지 여부와는 관계없이 도로를 무단점용하는 자에 대하여 도로법에 따라 변상금을 부과할 수 있다.

② 「하천법」에 의한 하천수 사용권은 특허에 의한 공물사용권의 일종으로서, 양도가 가능하고 이에 대한 「민사집행법」상의 집행 역시 가능한 독립된 재산적 가치가 있는 구체적인 권리라고 보아야 한다.

③ 「하천법」에 의한 하천의 점용허가권은 특허에 의한 공물사용권의 일종으로서, 하천의 관리주체에 대하여 일정한 특별사용을 청구할 수 있는 권리이므로 대세적 효력이 있는 물권이라 할 수 있다.

④ 재건축정비사업조합의 사업시행계획은 행정주체의 지위에서 수립한 구속적 행정계획으로서 인가·고시를 통해 확정되면 독립된 행정처분에 해당한다.

03 **다음 사례에 대한 설명으로 옳지 않은 것은? (다툼이 있는 경우 판례에 의함)**

> A시 시장은 「학교용지 확보 등에 관한 특례법」 관계 조항에 따라 공동주택을 분양받은 甲, 乙, 丙, 丁 등에게 각각 다른 시기에 학교용지 부담금을 부과하였다. 이후 해당 조항에 대하여 법원의 위헌법률심판제청에 따라 헌법재판소가 위헌결정을 하였다. (단, 甲, 乙, 丙, 丁은 모두 위헌법률심판제청신청을 하지 않은 것으로 가정함)

① 甲이 부담금을 납부하였고 부담금부과처분에 불가쟁력이 발생한 상태라면, 해당 조항이 위헌으로 결정되더라도 이미 납부한 부담금을 반환받을 수 없다.
② 乙은 부담금을 납부한 후 부담금부과처분에 대해 행정소송을 제기하였고 현재 소가 계속 중인 경우에, 乙에게 위헌결정의 소급효가 미친다.
③ 丙이 부담금부과처분에 대한 행정심판청구를 하여 기각재결서를 송달받고, 재결서 송달일로부터 90일 이내에 취소소송을 제기하였다면, 丙의 청구는 인용될 수 없다.
④ 부담금부과처분에 대한 제소기간이 경과하여 丁의 부담금 납부의무가 확정되었고 위헌결정 전에 丁의 재산에 대한 압류가 이루어진 상태라도, 丁에 대해 부담금 징수를 위한 체납처분을 속행할 수는 없다.

04 **행정법의 일반원칙에 대한 설명으로 옳은 것은? (다툼이 있는 경우 판례에 의함)**

① 행정처분이 수차례에 걸쳐 반복적으로 행하여졌다면, 설령 그러한 처분이 위법한 것인 때에도 행정청에 대하여 자기구속력을 갖게 된다.
② 조례안이 지방의회의 감사 또는 조사를 위하여 출석요구를 받은 증인이 5급 이상 공무원인지 여부, 기관(법인)의 대표나 임원인지 여부 등 증인의 사회적 신분에 따라 미리부터 과태료의 액수에 차등을 두고 있는 경우 그 합리성을 인정할 수 없고 지위의 높고 낮음만을 기준으로 한 부당한 차별대우라고 할 것이어서 평등의 원칙에 위배되어 무효이다.
③ 폐기물처리업에 대하여 사전에 관할 관청으로부터 적정통보를 받고 막대한 비용을 들여 허가요건을 갖춘 다음 허가신청을 하였음에도 다수 청소업자의 난립으로 안정적이고 효율적인 청소업무의 수행에 지장이 있다는 이유로 한 불허가처분은 신뢰보호의 원칙 및 비례의 원칙에 반하는 위법한 처분이라고 할 수 없다.
④ 신뢰보호의 원칙에 있어서 신청을 요하는 행정행위와 관련하여 개인의 귀책사유의 유무는 상대방을 기준으로 판단하여야 하고, 상대방으로부터 신청행위를 위임받은 수임인 등 관계자 모두를 기준으로 판단하여야 하는 것은 아니다.

05 **행정소송에 관한 설명으로 옳은 것은? (다툼이 있는 경우 판례에 의함)**

① 광주광역시문화예술회관장의 시립합창단원에 대한 재위촉 거부는 공법상 당사자소송의 대상이 아니다.
② 영업양도행위가 무효임에도 행정청이 승계신고를 수리하였다면 양도자는 민사쟁송이 아닌 행정소송으로 신고수리처분의 무효확인을 구할 수 있다.
③ 납세의무부존재확인의 소는 공법상의 법률관계 그 자체를 다투는 소송으로서의 공법상 당사자소송에 해당하지 않는다.
④ 지방자치법상 주민소송은 기관소송이다.

06 판례의 입장으로 옳지 않은 것은?

① 거부처분에 대한 집행정지는 그 거부처분으로 인하여 신청인에게 생길 손해를 방지하는 데 아무런 보탬이 되지 아니하므로 허용되지 않는다.

② 제재처분에 대한 행정쟁송절차에서 처분에 대해 집행정지결정이 이루어졌더라도 본안에서 해당 처분이 최종적으로 적법한 것으로 확정되어 집행정지결정이 실효된 경우, 처분청은 당초 집행정지결정이 없었던 경우와 동등한 수준으로 해당 제재처분이 집행되도록 하여서는 아니 된다.

③ 집행정지의 요건으로 규정하고 있는 '공공복리에 중대한 영향을 미칠 우려'가 없을 것이라고 할 때의 '공공복리'는 그 처분의 집행과 관련된 구체적이고도 개별적인 공익을 말하는 것으로서 이러한 집행정지의 소극적 요건에 대한 주장·소명책임은 행정청에게 있다.

④ 효력기간이 정해져 있는 제재적 행정처분에 대한 취소소송에서 법원이 본안소송의 판결 선고 시까지 집행정지결정을 하면, 처분에서 정해 둔 효력기간은 판결 선고 시까지 진행하지 않다가 판결이 선고되면 그때 집행정지결정의 효력이 소멸함과 동시에 처분의 효력이 당연히 부활하여 처분에서 정한 효력기간이 다시 진행한다.

07 항고소송의 대상이 되는 것을 모두 고른 것은? (다툼이 있는 경우 판례에 의함)

ㄱ. 토지대장상의 소유자명의변경신청을 거부한 행위
ㄴ. 토지대장을 직권말소한 행위
ㄷ. 건축물대장의 용도변경신청을 거부한 행위
ㄹ. 건축물대장을 직권말소한 행위
ㅁ. 건축물대장 작성신청을 반려한 행위

① ㄱ, ㄴ　　② ㄷ, ㄹ, ㅁ
③ ㄴ, ㄷ, ㄹ, ㅁ　　④ ㄱ, ㄴ, ㄷ, ㄹ, ㅁ

08 다음 설명으로 옳지 않은 것은?

① 가압류등기가 마쳐져 있어 건축물대장을 합병할 수 없는 건물에 대하여 근거법령을 잘못 해석하여 건축물대장을 합병한 처분은 하자가 중대하고 객관적으로 명백하여 당연무효라고 볼 것은 아니다.

② 처분이 재량권을 일탈·남용하였다는 사정은 그 처분의 효력을 다투는 자가 주장·증명하여야 한다.

③ 국민건강보험공단이 행한 '직장가입자 자격상실 및 자격변동 안내' 통보는 가입자 자격의 변동 여부 및 시기를 확인하는 의미에서 한 사실상 통지행위에 불과할 뿐, 항고소송의 대상이 되는 행정처분에 해당하지 않는다.

④ 국가에 대해 행정처분을 할 때에도 사전 통지, 의견청취, 이유 제시와 관련한 「행정절차법」이 그대로 적용된다고 보아야 한다.

09 「행정절차법」 규정에 대한 설명으로 옳지 않은 것은?

① 법령등에서 당사자가 신청할 수 있는 처분을 규정하고 있는 경우 행정청은 당사자의 신청에 따라 장래에 어떤 처분을 하거나 하지 아니할 것을 내용으로 하는 의사표시를 할 수 있다.
② 확약은 문서로 하여야 한다.
③ 행정청은 다른 행정청과의 협의 등의 절차를 거쳐야 하는 처분에 대하여 확약을 하려는 경우에는 확약을 하기 전에 그 절차를 거쳐야 한다.
④ 행정청은 확약을 한 후에 확약의 내용을 이행할 수 없을 정도로 법령등이나 사정이 변경된 경우에 한하여 확약에 기속되지 아니한다.

10 「행정소송법」상 제소기간에 대한 설명으로 가장 옳은 것은? (다툼이 있는 경우 판례에 의함)

① 처분의 불가쟁력이 발생하였고 그 이후에 행정청이 당해처분에 대해 행정심판 청구를 할 수 있다고 잘못 알렸다면, 그 처분의 취소소송의 제소기간은 행정심판의 재결서를 받은 날부터 기산한다.
② 납세자의 이의신청에 의한 재조사결정에 따른 행정소송의 제소기간은 이의신청인 등이 재결청으로부터 재조사결정의 통지를 받은 날부터 기산한다.
③ 「산업재해보상법」상 보험급여의 부당이득징수 결정의 하자를 이유로 징수금을 감액하는 경우 감액처분으로도 아직 취소되지 않고 남아 있는 부분이 위법하다 하여 이를 다툴 때에는, 제소기간의 준수여부는 감액처분을 기준으로 하여야 한다.
④ 청구취지를 변경하여 종전의 소가 취하되고 새로운 소가 제기된 것으로 변경되었다면 새로운 소에 대한 제소기간 준수 여부는 원칙적으로 소의 변경이 있은 때를 기준으로 한다.

11 병무청장이 하는 병역의무 기피자의 인적사항 공개에 대한 설명으로 옳은 것만을 〈보기〉에서 모두 고르면? (다툼이 있는 경우 판례에 의함)

보기

ㄱ. 병무청장이 하는 병역의무 기피자의 인적사항 공개는 특정인을 병역의무 기피자로 판단하여 그 사실을 일반 대중에게 공표함으로써 그의 명예를 훼손하고 그에게 수치심을 느끼게 하여 병역의무 이행을 간접적으로 강제하려는 조치로서 공권력의 행사에 해당한다.
ㄴ. 관할 지방병무청장이 1차로 공개 대상자 공개 결정을 하고, 그에 따라 병무청장이 같은 내용으로 최종적 공개결정을 하였다면, 공개 대상자는 병무청장의 최종적 공개결정만을 다투는 것으로 충분하고, 관할 지방병무청장의 공개 대상자 결정을 별도로 다툴 소의 이익은 없어진다고 보아야 한다.
ㄷ. 병무청장의 인적사항 공개처분이 취소되면 병무청장은 취소판결의 기속력에 따라 위법한 결과를 제거하는 조치를 할 의무가 있다.
ㄹ. 「행정기본법」은 위반사실 등의 공표에 대하여 규정하고 있다.

① ㄱ, ㄴ, ㄷ　② ㄱ, ㄴ, ㄹ
③ ㄱ, ㄷ, ㄹ　④ ㄴ, ㄷ, ㄹ

12 **행정계획에 관한 설명 중 옳지 않은 것은? (다툼이 있는 경우 판례에 의함)**

① 일정한 행정처분을 구하는 신청을 할 수 있는 법률상 지위에 있는 자의 (구)국토이용계획 변경신청을 거부하는 것이 실질적으로 당해 행정처분 자체를 거부하는 결과가 되는 경우에는 예외적으로 그 신청인에게 당해 계획의 변경을 신청할 권리가 인정된다.

② 「행정기본법」은 행정청은 행정청이 수립하는 계획 중 국민의 권리·의무에 직접 영향을 미치는 계획을 수립하거나 변경·폐지할 때에는 관련된 여러 이익을 정당하게 형량하여야 한다고 규정하고 있다.

③ 행정청이 행정계획을 입안·결정할 때 이익형량을 전혀 행하지 아니하거나 이익형량의 고려 대상에 마땅히 포함시켜야 할 사항을 누락한 경우 또는 이익형량을 하였으나 정당성과 객관성이 결여된 경우에는 그 행정계획 결정은 이익형량에 하자가 있어 위법하게 될 수 있다.

④ 문화재보호구역 내에 있는 토지의 소유자에게는 해당 보호구역의 지정해제를 요구할 수 있는 법규상 또는 조리상의 신청권이 있으며, 그 신청에 대한 거부행위는 항고소송의 대상이 되는 행정처분에 해당된다.

13 **행정심판에 대한 설명으로 옳은 것은? (다툼이 있는 경우 판례에 의함)**

① 행정청이 행정심판 청구기간 등을 고지하지 아니하였다고 하여도 처분의 상대방이 처분이 있었다는 사실을 알았을 경우에는 처분이 있은 날로부터 90일 이내에 심판청구를 하여야 한다.

② 행정심판위원회는 당사자의 권리 및 권한의 범위에서 당사자의 동의를 받아 심판청구의 신속하고 공정한 해결을 위하여 조정을 할 수 있고, 조정은 당사자가 합의한 사항을 조정서에 기재한 후 당사자가 서명 또는 날인하고 위원회가 이를 확인함으로써 성립하나 재결의 기속력은 인정되지 아니한다.

③ 행정심판위원회는 처분, 처분의 집행 또는 절차의 속행 때문에 회복하기 어려운 손해가 생기는 것을 예방할 필요성이 긴급하다고 인정할 때에는 직권으로 또는 당사자의 신청에 의하여 처분의 효력, 처분의 집행 또는 절차의 속행의 전부 또는 일부의 정지를 결정할 수 있다.

④ 위원회는 처분 또는 부작위가 위법·부당하다고 상당히 의심되는 경우로서 처분 또는 부작위 때문에 당사자가 받을 우려가 있는 중대한 불이익이나 당사자에게 생길 급박한 위험을 막기 위하여 임시지위를 정하여야 할 필요가 있는 경우에는 직권으로 또는 당사자의 신청에 의하여 임시처분을 결정할 수 있다.

14 「행정절차법」상 청문에 관한 설명으로 옳지 않은 것은?

① 행정청은 다수 국민의 이해가 상충되는 처분을 하려는 경우에는 청문 주재자를 2명 이상으로 선정할 수 있다.
② 청문은 당사자가 공개를 신청하더라도 제3자의 정당한 이익을 현저히 해칠 우려가 있는 경우에는 공개하여서는 아니 된다.
③ 청문 주재자는 직권으로 당사자등이 주장한 사실에 한하여 필요한 조사를 하여야 한다.
④ 청문 주재자는 필요하다고 인정할 때에는 관계 행정청에 필요한 문서의 제출을 요구할 수 있다.

15 다음 대법원 판례의 내용 중 가장 옳지 않은 것은?

① 어업면허처분을 함에 있어 그 면허의 유효기간을 정한 경우, 위 면허의 유효기간은 행정청이 위 어업면허처분의 효력을 제한하기 위한 행정행위의 부관이라 할 것이고 이러한 행정행위의 부관은 독립하여 행정소송의 대상이 될 수 없는 것이므로 위 어업면허처분 중 그 면허유효기간만의 취소를 구하는 청구는 허용될 수 없다.
②「독점규제 및 공정거래에 관한 법률」을 위반한 부당공동행위 사업자에 대한 과징금 부과처분 후에 다시 자진신고나 조사협조 등을 이유로 이에 대한 과징금 감면처분이 이루어진 경우 선행처분의 취소를 구하는 소는 이미 효력을 잃은 처분의 취소를 구하는 것으로 부적법하다.
③ 취소판결의 취소사유가 행정처분의 절차, 방법의 위법으로 인한 것이라면 그 처분 행정청은 확정판결의 취지에 따라 위법사유를 보완하여 다시 종전의 신청에 대한 처분을 할 수 있다.
④ 국회의원에 대한 징계처분에 대하여 법원에 제소할 수 없다고 규정하고 있는 헌법의 취지에 비추어 볼 때, 지방의회의 지방의회의원에 대한 징계의결이나 의장에 대한 불신임결의는 항고소송의 대상이 되지 않는다.

16 「행정기본법」상 처분에 대한 이의신청에 관한 설명으로 옳지 않은 것은?

① 행정청의 처분에 이의가 있는 당사자는 처분을 받은 날부터 30일 이내에 해당 행정청에 이의신청을 할 수 있다.
② 행정청은 이의신청을 받으면 부득이한 사유가 아니라면 그 신청을 받은 날부터 14일 이내에 그 이의신청에 대한 결과를 신청인에게 통지하여야 한다.
③ 과태료 부과 및 징수에 관한 사항은 「행정기본법」에 따른 이의신청이 인정되지 아니한다.
④「행정심판법」 제3조에 따라 행정심판의 대상이 되는 처분은 「행정기본법」의 이의신청의 대상이 되지 않는다.

17 취소소송에서의 처분사유의 추가·변경에 대한 설명으로 옳은 것은? (다툼이 있는 경우 판례에 의함)

① 처분청이 처분 당시에 적시한 구체적 사실을 변경하지 아니하는 범위 내에서 단지 그 처분의 근거 법령만을 추가·변경하는 것에 불과한 경우에는 새로운 처분사유의 추가라고 볼 수 없다.
②「행정소송법」은 처분청은 당초 처분의 근거로 삼은 사유와 기본적 사실관계가 동일성이 있다고 인정되는 한도 내에서만 다른 사유를 추가 또는 변경할 수 있다고 규정하고 있다.
③ 처분사유의 추가·변경이 인정되기 위한 요건으로서의 기본적 사실관계의 동일성 유무는, 처분사유를 법률적으로 평가하기 이전의 구체적인 사실에 착안하여 그 기초적인 사회적 사실관계가 기본적인 점에서 동일한지 여부에 따라 결정되는데 이러한 법리는 행정심판에는 그대로 적용되지 않는다.
④ 행정청의 처분사유의 추가나 변경은 상고심에서도 허용된다.

18 **국가배상책임에 대한 설명으로 옳지 않은 것은? (다툼이 있는 경우 판례에 의함)**

① 「국가배상법」상 공무원 과실의 판단기준은 보통 일반의 공무원을 표준으로 하여 볼 때 위법한 행정처분의 담당 공무원이 객관적 주의의무를 소홀히 하고 그로 인해 행정처분이 객관적 정당성을 잃었다고 볼 수 있는 경우에 「국가배상법」 제2조가 정한 국가배상책임이 성립할 수 있다.

② 수산청장으로부터 뱀장어에 대한 수출추천업무를 위탁받은 수산업협동조합은 「국가배상법」상의 공무원에 해당하지 않는다.

③ 국가배상책임에서 공무원의 가해행위는 법령을 위반한 것이어야 하며, 법령의 위반이란 엄격한 의미의 법령 위반뿐 아니라 인권존중, 권력남용금지, 신의성실과 같이 공무원으로서 마땅히 지켜야 할 준칙이나 규범을 지키지 않고 위반한 경우를 포함하여 널리 그 행위가 객관적인 정당성을 결여하고 있는 경우도 포함한다.

④ 공무원에게 부과된 직무상 의무의 내용이 전적으로 또는 부수적으로 사회구성원 개인의 안전과 이익을 보호하기 위하여 설정된 것이라면, 공무원이 그와 같은 직무상 의무를 위반함으로써 피해자가 입은 손해에 대해서는 상당인과관계가 인정되는 범위에서 그 공무원이 속한 국가 또는 지방자치단체가 배상책임을 진다.

19 **행정소송의 원고적격에 관한 설명으로 옳지 않은 것은? (다툼이 있으면 판례에 따름)**

① 「행정소송법」은 당사자소송의 원고적격에 관하여 규정하고 있지 않다.

② 행정처분의 직접 상대방이 아닌 제3자라고 하더라도 당해 행정처분으로 인하여 법률상 보호되는 이익을 침해당한 경우에는 취소소송을 제기할 수 있다.

③ 법령이 특정한 행정기관 등으로 하여금 다른 행정기관을 상대로 제재적 조치를 취할 수 있도록 하면서, 그에 따르지 않으면 그 행정기관에 대하여 과태료를 부과하거나 형사처벌을 할 수 있도록 정하는 경우, 제재적 조치의 상대방인 행정기관 등에게 항고소송 원고로서의 당사자능력과 원고적격을 인정할 수 없다.

④ 행정주체에 대해서도 항고소송의 원고적격이 인정될 수 있다.

20 **행정벌에 대한 설명으로 옳지 않은 것은?**

① 양벌규정에 의한 영업주의 처벌은 그 자신의 종업원에 대한 선임감독상의 과실로 인하여 처벌되는 것이므로 종업원의 범죄성립이나 처벌이 영업주 처벌의 전제조건이 될 필요는 없다.

② 경찰서장이 범칙행위에 대하여 통고처분을 한 이상, 통고처분에서 정한 범칙금 납부기간까지는 원칙적으로 경찰서장은 즉결심판을 청구할 수 없고, 검사도 동일한 범칙행위에 대하여 공소를 제기할 수 없다.

③ 지방국세청장 또는 세무서장이 「조세범 처벌절차법」에 따라 통고처분을 거치지 아니하고 즉시 고발하였다면 이로써 조세범칙 사건에 대한 조사 및 처분 절차는 종료되고 형사사건 절차로 이행되어 지방국세청장 또는 세무서장으로서는 동일한 조세범칙행위에 대하여 더 이상 통고처분을 할 권한이 없다.

④ 신분에 의하여 성립하는 질서위반행위에 신분이 없는 자가 가담한 경우 신분이 없는 자에 대하여는 질서위반행위가 성립하지 않는다.

정답 및 해설 104쪽

01 행정소송의 판결에 대한 설명으로 옳지 않은 것은?

① 처분등을 취소하는 확정판결은 제3자에 대하여도 효력이 있다.

② 취소 확정판결의 기속력은 판결의 주문 및 전제가 되는 처분등의 구체적 위법사유에 관한 판단에도 미치므로, 종전 처분이 판결에 의하여 취소되었다면 종전 처분의 처분사유와 기본적 사실관계에서 동일하지 않은 다른 사유를 들어서 새로이 동일한 내용을 처분하는 것 또한 확정판결의 기속력에 저촉된다.

③ 법원은 원고의 청구가 이유있다고 인정하는 경우에도 처분등을 취소하는 것이 현저히 공공복리에 적합하지 아니하다고 인정하는 때에는 원고의 청구를 기각할 수 있다.

④ 과세의 절차 내지 형식에 위법이 있어 과세처분을 취소하는 판결이 확정되었을 경우 과세관청은 그 위법사유를 보완하여 다시 새로운 과세처분을 할 수 있고, 그 새로운 과세처분은 확정판결에 의하여 취소된 종전의 과세처분과는 별개의 처분이다.

02 「행정소송법」상 당사자소송에 대한 설명으로 옳지 않은 것은?

① 당사자소송이란 행정청의 처분등을 원인으로 하는 법률관계에 관한 소송, 그 밖에 공법상의 법률관계에 관한 소송으로서 그 법률관계의 한쪽 당사자를 피고로 하는 소송을 의미한다.

② 공법상 계약의 한쪽 당사자가 다른 당사자를 상대로 효력을 다투거나 이행을 청구하는 소송은 공법상의 법률관계에 관한 분쟁이므로 분쟁의 실질이 공법상 권리·의무의 존부·범위에 관한 다툼이 아니라 손해배상액의 구체적인 산정방법·금액에 국한되는 등의 특별한 사정이 없는 한 당사자소송으로 제기하여야 한다.

③ 명예퇴직한 법관이 미지급 명예퇴직수당액에 대하여 가지는 권리는 명예퇴직수당 지급대상자 결정 절차를 거쳐 명예퇴직수당규칙에 의하여 확정된 공법상 법률관계에 관한 권리로서, 그 지급을 구하는 소송은 당사자소송에 해당하며, 그 법률관계의 당사자인 국가를 상대로 제기하여야 한다.

④ 당사자소송은 공법상 법률관계에 관한 소송이므로 이를 본안으로 하는 가처분에 대하여는 「민사집행법」상 가처분에 관한 규정이 준용되지 않는다.

03 과징금에 대한 설명으로 옳지 않은 것은? (다툼이 있는 경우 판례에 의함)

① 과징금 부과처분은 행정목적의 달성을 위하여 행정법규 위반이라는 객관적 사실에 착안하여 가하는 제재이므로 반드시 현실적인 행위자가 아니라도 법령상 책임자로 규정된 자에게 부과되고 원칙적으로 위반자의 고의·과실을 요하지 아니한다.

② 과징금은 한꺼번에 납부하는 것을 원칙으로 하지만 과징금을 부과받은 자가 사업 여건의 악화로 사업이 중대한 위기에 처한 경우로 과징금 전액을 한꺼번에 내기 어렵다고 인정될 때에는 그 납부기한을 연기하거나 분할 납부하게 할 수 있다.

③ 행정기본법령에 따르면, 과징금 납부 의무자가 과징금을 분할 납부하려는 경우에는 납부기한 7일 전까지 과징금의 분할 납부를 신청하는 문서에 해당 사유를 증명하는 서류를 첨부하여 행정청에 신청해야 한다.

④ 과징금의 근거가 되는 법률에는 과징금에 관한 부과·징수주체, 부과 사유, 상한액, 가산금을 징수하려는 경우 그 사항, 과징금 또는 가산금 체납 시 강제징수를 하려는 경우 그 사항을 명확하게 규정하여야 한다.

04 「개인정보 보호법」상 개인정보에 대한 설명으로 옳지 않은 것은? (다툼이 있는 경우 판례에 의함)

① 개인정보처리자의 고의 또는 중대한 과실로 인하여 개인정보가 분실·도난·유출·위조·변조 또는 훼손된 경우로서 정보주체에게 손해가 발생한 때에는 법원은 그 손해액의 3배를 넘지 아니하는 범위에서 손해배상액을 정할 수 있다. 다만, 개인정보처리자가 고의 또는 중대한 과실이 없음을 증명한 경우에는 그러하지 아니하다.

② 시장·군수 또는 구청장이 개인의 지문정보를 수집하고, 경찰청장이 이를 보관·전산화하여 범죄수사 목적에 이용하는 것은 모두 개인정보자기결정권을 제한하는 것이다.

③ 개인정보자기결정권의 보호대상이 되는 개인정보는 반드시 개인의 내밀한 영역이나 사사(私事)의 영역에 속하는 정보에 국한되지 않고 공적 생활에서 형성되었거나 이미 공개된 정보까지 포함한다.

④ 자신의 개인정보를 열람한 정보주체는 개인정보처리자에게 그 개인정보의 정정 또는 삭제를 요구할 수 있지만 다른 법령에서 그 개인정보가 수집 대상으로 명시되어 있는 경우에는 그 삭제를 요구할 수 없다.

05 「공공기관의 정보공개에 관한 법률」상 정보공개에 대한 설명으로 옳지 않은 것은?

① 어떤 정보를 공공기관이 보유·관리하고 있다는 점에 관하여는 입증책임이 정보공개를 구하는 자에게 있으며, 그 입증의 정도는 그러한 정보를 공공기관이 보유·관리하고 있을 상당한 개연성이 있다는 점을 증명하는 것으로 족하다.

② 공공기관은 공개 청구된 공개 대상 정보의 전부 또는 일부가 제3자와 관련이 있다고 인정할 때에는 그 사실을 제3자에게 지체 없이 통지하여야 하며, 필요한 경우에는 그의 의견을 들을 수 있다.

③ 「공공기관의 정보공개에 관한 법률」 제9조 제1항 제4호의 '진행 중인 재판에 관련된 정보'에 해당한다는 사유로 정보공개를 거부하려면 그 정보가 진행 중인 재판의 소송기록 자체에 포함된 내용이어야만 한다.

④ 제3자가 자신과 관련된 정보를 공개하지 아니할 것을 요청하였음에도 불구하고 공공기관이 공개 결정을 한 경우, 그 제3자는 해당 공공기관에 문서로 이의신청을 하거나 행정심판 또는 행정소송을 제기할 수 있다.

06 공법상 계약에 대한 설명으로 옳은 것만을 모두 고르면?

ㄱ. 甲 광역자치단체와 터널 민간투자사업 실시협약을 체결한 당사자(乙 유한회사)는 당사자소송에 의하여 그 실시협약에 따른 재정지원금의 지급을 구하여야 한다.
ㄴ. 계약직공무원 채용계약해지의 의사표시를 하는 경우 징계 해고 등에서와 같이 그 징계사유에 한하여 효력 유무를 판단하여야 하거나, 행정처분과 같이 「행정절차법」에 의하여 근거와 이유를 제시하여야 한다.
ㄷ. 공익사업을 위한 토지 등의 취득 및 보상에 관한 법령에 의한 협의취득은 사법상의 법률행위이지만 당사자 사이의 자유로운 의사에 따라 채무불이행책임이나 매매대금 과부족금에 대한 지급의무를 약정할 수 있는 것은 아니다.
ㄹ. 공법상 계약은 법령 등에 위배되지 않는 범위내에서 체결할 수 있으며, 「행정기본법」은 이를 명시적으로 규정하고 있다.

① ㄱ, ㄴ　② ㄱ, ㄹ
③ ㄱ, ㄷ, ㄹ　④ ㄴ, ㄷ

07 다음 중 행정소송에 있어 처분사유의 추가·변경에 대한 설명으로 가장 옳지 않은 것은? (다툼이 있는 경우 판례에 의함)

① 당초의 처분사유인 중기취득세의 체납과 그 후 추가된 처분사유인 자동차세의 체납은 기본적 사실관계의 동일성이 부정된다.

② 추가 또는 변경된 사유가 당초의 처분시 그 사유를 명기하지 않았을 뿐 처분시에 이미 존재하고 있었고 당사자도 그 사실을 알고 있었다 하여 당초의 처분사유와 동일성이 있는 것이라 할 수 없다.

③ 처분사유의 변경으로 소송물이 변경되는 경우 처분사유의 추가·변경은 허용될 수 있다.

④ 행정소송규칙은 처분사유의 추가·변경에 관하여 명문의 규정을 두고 있다.

08 **확약에 대한 설명으로 옳지 않은 것은?**

① 확약은 서면이나 말로 할 수 있으며, 확약이 말로 이루어지는 경우에는 상대방이 서면의 교부를 요구하면 직무 수행에 특별한 지장이 없는 한 이를 교부하여야 한다.

② 「행정절차법」상 행정청은 확약을 한 후에 확약의 내용을 이행할 수 없을 정도로 법령등이나 사정이 변경된 경우에는 확약에 기속되지 아니하며, 그 확약을 이행할 수 없는 경우에는 지체 없이 당사자에게 그 사실을 통지하여야 한다.

③ 행정청이 상대방에게 장차 어떤 처분을 하겠다고 확약을 하였더라도, 그 자체에서 상대방으로 하여금 언제까지 처분의 발령을 신청하도록 유효기간을 두었는데도 그 기간 내에 상대방의 신청이 없었다면, 그 확약은 행정청의 별다른 의사표시를 기다리지 않고 실효된다.

④ 어업권면허에 선행하는 우선순위결정은 행정청이 우선권자로 결정된 자의 신청이 있으면 어업권면허처분을 하겠다는 것을 약속하는 행위로서 강학상 확약에 불과하고 행정처분은 아니다.

09 **하자 있는 행정행위에 대한 설명으로 옳지 않은 것은? (다툼이 있는 경우 판례에 의함)**

① 행정처분의 당연무효를 선언하는 의미에서 취소를 구하는 행정소송을 제기한 경우라면 제소기간의 준수 등 취소소송의 제소요건을 갖출 필요는 없다.

② 하자가 명백하다고 하기 위하여는 그 사실관계 오인의 근거가 된 자료가 외형상 상태성을 결여하거나 또는 객관적으로 그 성립이나 내용의 진정을 인정할 수 없는 것임이 명백한 경우라야 한다.

③ 하자 있는 행정행위의 치유는 행정행위의 성질이나 법치주의 관점에서 볼 때 원칙적으로 허용될 수 없다.

④ 선행처분과 후행처분이 서로 독립하여 별개의 법률효과를 목적으로 하는 때에도 선행처분이 당연무효이면 선행처분의 하자를 이유로 후행처분의 효력을 다툴 수 있다.

10 **행정소송에 관한 설명으로 옳지 않은 것은? (다툼이 있는 경우 판례에 의함)**

① 당사자의 신청에 대한 행정청의 거부처분이 있는 경우에는 행정청이 당사자의 신청에 대하여 상당한 기간 내에 일정한 처분을 하여야 할 법률상 응답의무를 이행하지 아니함으로써 야기된 부작위라는 위법상태를 제거하기 위하여 제기하는 부작위위법확인소송은 허용되지 아니한다.

② 당사자소송의 경우 항고소송과 달리 '행정청'이 아닌 '권리주체'에게 피고적격이 있으므로 사인을 피고로 하는 당사자소송을 제기할 수 없다.

③ 행정처분의 무효확인을 구하는 소에는 원고가 그 처분의 취소를 구하지 아니한다고 밝히지 아니한 이상 그 처분이 만약 당연무효가 아니라면 그 취소를 구하는 취지도 포함되어 있는 것으로 보아야 한다.

④ '처분등이나 그 집행 또는 절차의 속행으로 인한 손해발생의 우려' 등 적극적 요건에 관한 주장·소명 책임은 원칙적으로 신청인 측에 있고, 이 요건을 결여하였다는 이유로 효력정지 신청을 기각한 결정에 대하여 행정처분 자체의 적법 여부를 가지고 불복사유로 삼을 수 없다.

11 행정행위의 공정력과 선결문제에 대한 설명으로 가장 옳지 않은 것은? (다툼이 있는 경우 판례에 의함)

① 민사소송에서 어느 행정처분의 당연무효 여부가 선결문제로 되는 경우 행정소송 등의 절차에 의하여 그 취소나 무효확인을 받아야 한다.
② 위법한 행정처분으로 인해 피해를 입은 자가 제기한 국가배상청구소송에서 민사법원은 행정행위의 위법성 여부를 확인하여 배상청구를 인용할 수 있다.
③ 조세과오납에 따른 부당이득반환청구사안에서 민사법원은 사전통지 및 의견제출절차를 거치지 않은 하자를 이유로 행정행위의 효력을 부인할 수 없다.
④ 행정행위에 중대·명백한 하자가 있는 경우 선결문제에도 불구하고 민사법원 및 형사법원은 제기된 청구에 대하여 판결을 내릴 수 있다.

12 다음 중 「행정심판법」상 행정심판에 대한 설명으로 가장 옳지 않은 것은?

① 대통령의 처분 또는 부작위에 대하여는 다른 법률에서 행정심판을 청구할 수 있도록 정한 경우 외에는 행정심판을 청구할 수 없다.
② 행정심판위원회가 청구인의 청구를 인용하는 재결을 한 경우, 피청구인 행정청은 인용재결의 취소를 구하는 행정소송을 제기할 수 있다.
③ 행정심판 결과에 이해관계가 있는 제3자나 행정청은 심판참가를 할 수 있으며, 행정심판위원회는 필요하다고 인정하면 그 행정심판 결과에 이해관계가 있는 제3자나 행정청에 그 사건 심판에 참가할 것을 요구할 수 있다.
④ 특별행정심판 또는 「행정심판법」에 따른 행정심판 절차에 대한 특례를 신설하거나 변경하는 법령을 제정·개정할 때에는 미리 중앙행정심판위원회와 협의하여야 한다.

13 행정조사에 대한 설명으로 옳지 않은 것은?

① 우편물 통관검사절차에서 이루어지는 우편물의 개봉, 시료채취, 성분분석 등의 검사는 수출입물품에 대한 적정한 통관 등을 목적으로 한 행정조사의 성격을 가지는 것으로서 압수·수색영장 없이도 이러한 검사를 진행할 수 있다.
② 세무조사결정은 납세자의 권리·의무에 직접 영향을 미치는 공권력의 행사에 따른 행정작용으로서 항고소송의 대상이 된다.
③ 「행정조사기본법」에 따르면 조사대상자의 자발적인 협조에 따라 실시하는 행정조사에 대하여 조사대상자가 조사에 응할 것인지에 대한 응답을 하지 아니하는 경우에는 법령등에 특별한 규정이 없는 한 그 조사를 거부한 것으로 본다.
④ 행정조사를 실시하고자 하는 행정기관의 장은 '통계법' 제3조 제2호에 따른 지정통계의 작성을 위하여 조사하는 경우에 반드시 서면으로 조사대상자에게 행정조사 목적 등을 통지하여야 한다.

14 처분의 하자에 관한 판례의 내용으로 옳지 않은 것은?

① 과징금을 부과하면서 여러 개의 처분사유에 터 잡아 하나의 과징금 부과처분을 하였고 그 처분사유들 중 일부에 위법이 있으나 그 부분이 과징금 부과처분에 영향을 미치지 아니하였다면 그 부과처분을 위법하다고 할 수 없다.
② 단속 경찰관이 자신의 명의로 운전면허정지처분 통지서를 작성·교부하였다면 권한 없는 자에 의하여 행하여진 점에서 무효의 처분에 해당한다.
③ 구 「학교보건법」상 학교환경위생정화구역에서의 금지행위 및 시설의 해제 여부에 관한 행정처분을 함에 있어 학교환경위생정화위원회의 심의절차를 누락한 것은 취소사유가 된다.
④ 행정청은 당사자에게 권리나 이익을 부여하는 처분을 취소하려는 경우, 당사자가 중대한 과실로 처분의 위법성을 알지 못하면 취소로 인하여 입게 될 불이익을 취소로 달성되는 공익과 비교·형량하여야 한다.

15 손실보상에 대한 설명으로 옳은 것만을 모두 고르면?

ㄱ. 보상금 증액 청구의 소의 청구채권에 관하여 압류 및 추심명령이 있다고 하더라도 토지소유자 등이 그 소송을 수행할 당사자적격을 상실한다고 볼 것은 아니다.
ㄴ. 「공익사업을 위한 토지 등의 취득 및 보상에 관한 법률」에 따른 사업폐지 등에 대한 보상청구권은 사법상 권리로서 그에 관한 소송은 민사소송 절차에 의하여야 한다.
ㄷ. 「공익사업을 위한 토지 등의 취득 및 보상에 관한 법률」상 보상금의 증감에 관한 소송인 경우 그 소송을 제기하는 자가 토지소유자 또는 관계인일 때에는 지방토지수용위원회 또는 중앙토지수용위원회를 피고로 한다.
ㄹ. 수용재결에 불복하여 취소소송을 제기하는 때에는 이의신청을 거친 경우에도 수용재결을 한 중앙토지수용위원회 또는 지방토지수용위원회를 피고로 하여 수용재결의 취소를 구하여야 하지만, 이의신청에 대한 재결 자체에 고유한 위법이 있는 경우에는 그 이의재결을 한 중앙토지수용위원회를 피고로 하여 이의재결의 취소를 구할 수 있다.

① ㄱ, ㄴ
② ㄱ, ㄹ
③ ㄴ, ㄷ
④ ㄴ, ㄷ, ㄹ

16 「행정소송법」상 확정된 취소판결의 효력에 대한 설명으로 옳고 그름의 표시(○, ×)가 바르게 된 것은? (다툼이 있는 경우 판례에 의함)

가. 영업허가취소처분을 취소하는 판결이 확정되었다면 그 영업허가취소처분 이후의 영업행위를 무허가영업이라고 볼 수는 없다.
나. 취소 확정판결의 기판력은 그 판결의 주문에만 미치고, 또한 소송물인 행정처분의 위법성 존부에 관한 판단 그 자체에만 미치는 것이므로 전소와 후소가 그 소송물을 달리하는 경우에는 전소 확정판결의 기판력이 후소에 미치지 아니한다.
다. 취소판결의 기속력에 위반하여 행한 처분청의 행위는 위법하나, 이는 무효사유가 아니라 취소사유에 해당한다.
라. 처분청이 취소소송의 대상인 처분에 대해 취소절차를 취하여 원고에게 취소통지를 한 때 취소의 효과가 발생한다.

① 가(○), 나(×), 다(×), 라(×)
② 가(○), 나(○), 다(×), 라(×)
③ 가(×), 나(○), 다(○), 라(○)
④ 가(×), 나(×), 다(○), 라(○)

17 행정상 강제에 관한 설명으로 옳지 않은 것은? (다툼이 있는 경우 판례에 의함)

① 외국인의 출입국에 관한 사항에 관하여 「행정기본법」상 행정상 강제에 관한 규정을 적용한다.
② 행정청이 건물소유자들을 상대로 건물철거 대집행을 실시하기에 앞서, 건물소유자들을 건물에서 퇴거시키기 위해 별도로 퇴거를 구하는 민사소송은 부적법하다.
③ 관계 법령을 위반하여 장례식장을 영업하고 있는 자의 장례식장 사용중지의무 위반에 대해서는 「행정대집행법」에 의한 대집행은 타인이 대신하여 '행할 수 있는 행위'라고도 할 수 없는 비대체적 부작위 의무에 대한 것이므로, 그 자체로 위법함이 명백하다.
④ 「개발제한구역법」에 따른 행정청의 시정명령 불이행에 대한 이행강제금의 부과·징수를 위한 계고는 시정명령을 불이행한 경우에 취할 수 있는 절차라 할 것이고, 따라서 이행강제금을 부과·징수할 때마다 그에 앞서 시정명령 절차를 다시 거쳐야 할 필요는 없다.

18 「질서위반행위규제법」의 내용으로 옳지 않은 것은?

① 과태료 재판은 판사의 명령으로써 집행한다.
② 하나의 행위가 2 이상의 질서위반행위에 해당하는 경우에는 각 질서위반행위에 대하여 정한 과태료 중 가장 중한 과태료를 부과한다.
③ 질서위반행위 후 법률이 변경되어 그 행위가 질서위반행위에 해당하지 아니하게 된 때에는 법률에 특별한 규정이 없는 한 변경된 법률을 적용한다.
④ 「질서위반행위규제법」은 대한민국 영역 밖에서 질서위반행위를 한 대한민국의 국민에게 적용한다.

19 행정입법에 대한 설명으로 옳지 않은 것은?

① 「농약관리법」의 위임에 따라 인축독성 시험성적서 검토 기준 및 판정 기준을 규정하고 있는 농촌진흥청 고시 「농약 및 원제의 등록 기준」 제3조 제2항 제3호 별표4는 대외적 구속력을 가지는 법령보충적 행정규칙에 해당한다.
② 집행명령의 경우 상위법령이 폐지된 것이 아니라 단순히 개정됨에 그친 경우에는 그 개정 법령과 성질상 모순·저촉되지 아니하고 개정된 상위법령의 시행에 필요한 사항을 규정하고 있는 이상 그 집행명령은 개정 법령의 시행을 위한 집행명령이 제정·발효될 때까지는 그 효력을 유지한다.
③ 구 「계엄법」 제15조에서 정하고 있는 '제13조의 규정에 의하여 취한 계엄사령관의 조치' 부분은 법적 효력이 없는 행정규칙에 해당한다.
④ 법원이 구체적 규범 통제를 통해 위헌·위법으로 선언할 심판 대상은, 해당 규정의 전부가 불가분적으로 결합 되어 있어 일부를 무효로 하는 경우 나머지 부분이 유지될 수 없는 결과를 가져오는 특별한 사정이 없는 한, 원칙적으로 해당 규정 중 재판의 전제성이 인정되는 조항에 한정된다.

20 「행정소송법」상 당사자소송의 대상이 될 수 없는 것은? (다툼이 있는 경우 판례에 의함)

① 미지급 퇴직연금에 대한 지급
② 「민주화운동관련자 명예회복 및 보상 등에 관한 법률」에 의한 보상금지급신청의 기각결정
③ 석탄산업법령 및 '석탄가격안정지원금 지급요령'에 의한 석탄가격안정지원금의 지급
④ 전문직 공무원인 공중보건의사의 채용계약해지의 의사표시 무효확인

05 전범위 모의고사

정답 및 해설 111쪽

01 항고소송의 당사자에 대한 설명으로 옳은 것은? (다툼이 있는 경우 판례에 의함)

① 지방자치단체는 다른 지방자치단체장의 건축협의 취소에 대하여 취소를 구할 법률상 이익이 없다.
② 도시환경정비사업에 대한 사업시행계획이 당연무효인 경우, 분양신청기간 내에 분양신청을 하지 않아 조합원의 지위를 상실한 토지등소유자에게도 관리처분계획의 무효확인 또는 취소를 구할 법률상 이익이 있다.
③ 교원소청심사위원회의 결정에 대하여 피청구인인 사립학교의 장은 항고소송을 제기할 수 없다.
④ 사증발급 거부처분을 받은 외국인은 그 거부처분에 대해 취소소송을 제기할 원고적격을 가진다.

02 「행정기본법」상 기간의 계산에 대한 설명으로 옳지 않은 것은?

① 행정에 관한 기간의 계산에 관하여는 이 법 또는 다른 법령등에 특별한 규정이 있는 경우를 제외하고는 「민법」을 준용한다.
② 법령등 또는 처분에서 국민의 권익을 제한하거나 의무를 부과하는 경우 권익이 제한되거나 의무가 지속되는 기간의 계산은 기간을 일, 주, 월 또는 연으로 정한 경우에는 기간의 첫날을 산입한다.
③ 법령등 또는 처분에서 국민의 권익을 제한하거나 의무를 부과하는 경우 권익이 제한되거나 의무가 지속되는 기간의 계산은 기간의 말일이 토요일 또는 공휴일인 경우에도 기간은 그 날의 익일로 만료한다.
④ 「행정기본법」상 기간의 계산의 기준에 따르는 것이 국민에게 불리한 경우에는 적용하지 아니한다.

03 행정절차에 대한 설명으로 옳지 않은 것은?

① 군인사법령에 의하여 진급예정자명단에 포함된 자에 대하여 의견제출의 기회를 부여하지 아니한 채 진급선발을 취소하는 처분을 한 것은 절차상 하자가 있어 위법하다.
② 「국적법」 제5조의 귀화허가는 귀화의 요건이 항목별로 구분되어 구체적으로 규정되어 있어 각호 사유 중 일부를 갖추지 못하였다는 이유로 행정청이 귀화 신청을 받아들이지 않는 처분을 한 경우 의견제출의 기회를 부여하지 아니한 것은 절차상 하자가 있어 위법하다.
③ 「행정절차법」 제20조 제1항에 따라 정하여 공표한 처분기준은, 그것이 해당 처분의 근거 법령에서 구체적 위임을 받아 제정·공포되었다는 특별한 사정이 없는 한, 원칙적으로 대외적 구속력이 없는 행정규칙에 해당한다.
④ 「행정절차법」 제3조 제2항에서 「행정절차법」이 적용되지 않는 사항을 열거하고 있는데, '국가를 상대로 하는 행정행위'는 그 예외사유에 해당하지 않는다.

04 「행정기본법」의 규정 내용으로 옳지 않은 것은?

① 행정청은 행정작용을 할 때 상대방에게 해당 행정작용과 실질적인 관련이 없는 의무를 부과해서는 아니 된다.

② 행정에 관한 다른 법률을 제정하거나 개정하는 경우에는 「행정기본법」의 목적과 원칙, 기준 및 취지에 부합되어야 한다.

③ 국가와 지방자치단체는 소속 공무원이 공공의 이익을 위하여 적극적으로 직무를 수행할 수 있도록 제반 여건을 조성하고, 이와 관련된 시책 및 조치를 추진하여야 한다.

④ 국가와 지방자치단체는 국민의 삶의 질을 향상시키기 위하여 적법절차에 따라 공정하고 합리적인 행정을 수행할 책무를 진다.

05 사인의 공법행위로서의 신고에 대한 설명으로 옳지 않은 것은? (다툼이 있는 경우 판례에 의함)

①「행정기본법」에는 자기완결적 신고에 대한 규정이 존재한다.

② 의료법에 따라 정신과의원을 개설하려는 자가 법령에 규정되어 있는 요건을 갖추어 개설신고를 한 경우, 행정청은 원칙적으로 이를 수리하여 신고필증을 교부하여야 하고, 법령에서 정한 요건 이외의 사유를 들어 의원급 의료기관 개설신고의 수리를 거부할 수는 없다.

③ 행정관청은 노동조합으로 설립신고를 한 단체가 「노동조합 및 노동관계조정법」 제2조 제4호 각 목에 해당하는지 여부를 실질적으로 심사할 수 있다.

④ 주민등록전입신고는 수리를 요하는 신고에 해당하지만, 이를 수리하는 행정청은 거주의 목적에 대한 판단 이외에 부동산투기 목적 등의 공익상의 이유를 들어 주민등록전입신고의 수리를 거부할 수는 없다.

06 「공공기관의 정보공개에 관한 법률」상 정보공개 제도에 대한 설명으로 옳은 것은? (다툼이 있는 경우 판례에 의함)

① 정보의 공개 및 우송에 드는 비용은 모두 정보공개의무가 있는 공공기관이 부담한다.

② 사립대학교는 정보공개를 할 의무가 있는 공공기관에 해당하지 않는다.

③ 공공기관이 보유·관리하고 있는 개인정보의 공개에 관하여는 구 「정보공개법」 제9조 제1항 제6호가 「개인정보 보호법」에 우선하여 적용된다.

④ 국내에 사무소를 두고 있는 외국법인 또는 외국단체는 학술·연구를 위한 목적으로만 정보공개를 청구할 수 있다.

07 행정절차에 관한 설명으로 옳은 것은? (다툼이 있는 경우 판례에 의함)

① 지방자치단체장이 구 「공유재산 및 물품관리법」에 근거하여 민간투자사업을 추진하던 중 우선협상대상자의 지위를 박탈하는 처분을 하기 위하여는 반드시 청문을 실시하여야 한다.

② 처분의 전제가 되는 '일부' 사실만 증명된 경우이거나 의견청취에 따라 행정청의 처분 여부나 처분 수위가 달라질 수 있는 경우 법원의 재판 등에 따라 의견청취절차가 생략되는 경우에 해당한다.

③ 추모공원건립추진협의회가 개최한 공청회는 행정청이 도시계획시설결정을 하면서 개최한 공청회가 아니므로, 위 공청회의 개최에 관하여 「행정절차법」에서 정한 절차를 준수하여야 하는 것은 아니나, 서울시가 업무지원을 하였다면 그러하지 아니하다.

④ 행정절차에 참여할 권리를 침해받았다는 사정만으로 곧바로 국가나 지방자치단체가 주민들에게 정신적 손해에 대한 배상의무를 부담한다고 단정할 수 없다.

08 이행강제금에 대한 설명으로 옳지 않은 것은?

① 이행강제금 납부의무는 상속인 기타의 사람에게 승계될 수 없는 일신전속적인 성질의 것이므로 이미 사망한 사람에게 이행강제금을 부과하는 내용의 처분이나 결정은 당연무효이다.

② 이행강제금은 대체적 작위의무의 위반에 대하여도 부과될 수 있으며, 「건축법」상 위법건축물에 대한 이행강제수단으로 행정대집행과 이행강제금을 합리적인 재량에 의해 선택적으로 활용하는 이상 이는 중첩적인 제재에 해당하지 않는다.

③ 「건축법」상 시정명령을 받은 의무자가 이행강제금이 부과되기 전에 그 의무를 이행하였더라도 그 시정명령에서 정한 기간을 지나서 이행한 경우라면 행정청은 이행강제금을 부과할 수 있다.

④ 건축주 등이 「건축법」상 시정명령을 장기간 이행하지 아니하였더라도, 그 기간 중에는 시정명령의 이행 기회가 제공되지 아니하였다가 뒤늦게 시정명령의 이행 기회가 제공된 경우라면, 행정청은 시정명령의 이행 기회 제공을 전제로 한 1회분의 이행강제금만을 부과할 수 있고 시정명령의 이행 기회가 제공되지 아니한 과거의 기간에 대한 이행강제금까지 한꺼번에 부과할 수는 없다.

09 「행정소송법」상 처분에 관한 설명으로 옳지 않은 것은? (다툼이 있는 경우에는 판례에 의함)

① 고시가 집행행위의 매개 없이 그 자체로서 직접 국민의 구체적인 권리·의무나 법률관계를 규율하는 성격을 가질 때에는 행정처분에 해당한다.

② 공공기관이 공개청구의 대상이 된 정보를 공개는 하되, 청구인이 신청한 공개방법 이외의 방법으로 공개하기로 하는 결정을 하였다면, 이는 정보공개청구 중 정보공개방법에 관한 부분에 대하여 일부 거부처분을 한 것이고, 청구인은 그에 대하여 항고소송으로 다툴 수 있다.

③ 사직 당국에 대하여 형벌권 행사를 요구하는 공정거래위원회의 고발조치는 행정처분이 아니다.

④ 주택건설사업계획 승인처분에 따라 의제된 인허가가 위법함을 다투고자 하는 이해관계인은 의제된 인허가의 취소를 구할 것이 아니라 주택건설사업계획 승인처분의 취소를 구하여야 한다.

10 「행정기본법」상 이의신청에 관한 설명으로 옳지 않은 것은?

① 이의신청에 대한 결과를 통지받은 후행정심판 또는 행정소송을 제기하려는 자는 그 결과를 통지받은 날부터 90일 이내에 행정심판 또는 행정소송을 제기할 수 있다.
② 행정청은 이의신청을 받으면 그 신청을 받은 날부터 14일 이내에 그 이의신청에 대한 결과를 신청인에게 통지하여야 한다. 다만, 부득이한 사유로 14일 이내에 통지할 수 없는 경우에는 그 기간을 만료일 다음 날부터 기산하여 10일의 범위에서 한 차례 연장할 수 있으며, 연장 사유를 신청인에게 통지하여야 한다.
③ 공무원 인사관계 법령에 의한 징계 등 처분에 관한 사항에 대하여도 「행정기본법」상의 이의신청 규정이 적용된다.
④ 이의신청을 한 경우에도 그 이의신청과 관계없이 「행정심판법」에 따른 행정심판 또는 「행정소송법」에 따른 행정소송을 제기할 수 있다.

11 영조물의 설치·관리의 하자로 인한 국가배상책임에 관한 설명으로 옳지 않은 것은? (다툼이 있는 경우 판례에 의함)

① 공사 중이며 아직 완성되지 않아 일반 공중의 이용에 제공되지 않는 옹벽은 「국가배상법」 제5조 제1항 소정의 영조물에 해당하지 않는다.
② 학교관리자에게 고등학교 학생이 교사의 단속을 피해 담배를 피우기 위하여 3층 건물 화장실 밖의 난간을 지나다가 실족할 경우까지 대비하여 화장실 창문에 난간으로의 출입을 막는 출입금지장치를 설치할 의무가 있다고 볼 수는 없다.
③ 예산부족 등 재정사정은 영조물의 안전성의 정도에 참작사유 내지는 절대적인 면책사유는 되지 않는다.
④ 100년 발생빈도의 강우량을 기준으로 책정된 계획홍수위를 초과하여 600년 또는 1,000년 발생빈도의 강우량에 의한 하천의 범람으로 발생한 재해의 경우 그 영조물의 관리청에게 책임을 물을 수 없다.

12 행정행위의 부관에 대한 설명으로 옳지 않은 것은? (다툼이 있는 경우 판례에 의함)

① 행정청은 부관을 붙일 수 있는 처분이 법률에 근거가 있거나, 당사자의 동의가 있는 경우 그 처분을 한 후에도 부관을 새로 붙일 수 있지만, 사정이 변경되어 부관을 새로 붙이지 아니하면 해당 처분의 목적을 달성할 수 없다는 이유로는 처분을 한 후에 부관을 새로 붙일 수 없다.
② 수익적 행정처분에 있어서는 법령에 특별한 근거 규정이 없다고 하더라도 그 부관으로서 부담을 붙일 수 있고, 상대방과 협의하여 부담의 내용을 협약의 형식으로 미리 정한 다음 행정처분을 하면서 이를 부가할 수도 있다.
③ 행정청은 처분에 재량이 없는 경우에는 법률에 근거가 있는 경우에 부관을 붙일 수 있다.
④ 부담부 행정처분에 있어서 처분의 상대방이 부담을 이행하지 아니한 경우에 처분행정청으로서는 이를 들어 당해 처분을 철회할 수 있다.

13 「개인정보 보호법」에 대한 내용으로 옳지 않은 것은?

① 고정형영상정보처리기기운영자는 고정형영상정보처리기기의 설치 목적과 다른 목적으로 고정형영상정보처리기기를 임의로 조작하거나 다른 곳을 비춰서는 아니 되며, 녹음기능은 사용할 수 없다.
② 개인정보 분쟁조정위원회로부터 조정안을 제시받은 당사자가 제시받은 날부터 15일 이내에 수락 여부를 알리지 아니하면 조정을 수락한 것으로 본다.
③ 개인정보처리자는 정보주체가 필요한 최소한의 정보 외의 개인정보 수집에 동의하지 아니한다는 이유로 정보주체에게 재화 또는 서비스의 제공을 거부하여서는 아니 된다.
④ 정보주체는 「행정기본법」 제20조에 따른 행정청의 자동적 처분이 자신의 권리 또는 의무에 중대한 영향을 미치는 경우에는 해당 개인정보처리자에 대하여 해당 결정을 거부할 수 있는 권리를 가진다.

14 행정처분의 효력에 대한 설명으로 옳지 않은 것은?

① 과세처분에 관한 이의신청절차에서 과세관청이 이의신청 사유가 옳다고 인정하여 과세처분을 직권으로 취소한 이상 그 후 특별한 사유 없이 이를 번복하고 종전 처분을 되풀이하는 것은 허용되지 않는다.
② 「자동차관리법」상 운행정지명령을 위반하여 자동차를 운행하였다는 이유로 처벌을 하기 위해서는 그 운행정지명령이 적법한 것이어야 하고, 그 운행정지명령이 위법한 처분으로 인정된다면 「자동차관리법」상 명령위반죄는 성립할 수 없다.
③ 「행정기본법」에 의하면 무효인 처분은 권한이 있는 기관이 취소 또는 철회하거나 기간의 경과 등으로 소멸되기 전까지는 유효한 것으로 통용된다.
④ 제소기간이 이미 도과하여 불가쟁력이 생긴 행정처분에 대하여는 개별 법규에서 그 변경을 요구할 신청권을 규정하고 있거나 관계 법령의 해석상 그러한 신청권이 인정될 수 있는 등 특별한 사정이 없는 한 변경을 구할 신청권이 없다.

15 다음 중 「행정기본법」상 처분의 재심사에 관한 설명으로 가장 적절하지 않은 것은? (다툼이 있는 경우 판례에 의함)

① 과태료 부과 및 징수에 관한 사항에 대하여는 처분의 재심사청구가 인정되지 않는다.
② 당사자는 제재처분 및 행정상 강제처분 이외의 처분에 대하여 법원의 확정판결로 다툴 수 없게 된 경우 처분의 재심사를 청구할 수 있다.
③ 처분의 근거가 된 사실관계 또는 법률관계가 추후에 당사자에게 불리하게 바뀐 경우에는 처분의 재심사 사유로 인정되지 않는다.
④ 처분의 재심사 결과 중 처분을 유지하는 결과에 대해서는 행정심판, 행정소송 및 그 밖의 쟁송 수단을 통하여 불복할 수 없다.

16 **정보공개에 대한 설명으로 옳지 않은 것은?**

① 정보위원회 회의는 공개하지 아니한다고 정하고 있는 「국회법」 제54조의2 제1항은 청구인들의 알 권리를 침해한다.
② 「공공기관의 정보공개에 관한 법률」에 따라 중앙행정기관은 전자적 형태로 보유·관리하는 정보 중 공개대상으로 분류된 정보를 국민의 정보공개 청구가 없더라도 정보통신망을 활용한 정보공개시스템 등을 통하여 공개하여야 한다.
③ 정보공개청구인이 공공기관의 비공개 결정 또는 부분 공개 결정에 대한 이의신청을 하여 공공기관으로부터 이의신청에 대한 결과를 통지받은 후 취소소송을 제기하는 경우, 그 제소기간은 이의신청에 대한 결과를 통지받은 날부터 기산한다.
④ 공공기관의 정보공개 담당자는 정보공개 업무를 성실하게 수행하여야 하며, 공개 여부의 자의적인 결정, 고의적인 처리 지연 또는 위법한 공개 거부 및 회피 등 부당한 행위를 하여서는 아니 되나, 정보공개 청구 대상 정보와 관련된 업무 담당자들은 제외한다.

17 **선행처분의 하자가 후행처분에 승계되지 않는 것으로만 묶인 것은? (다툼이 있는 경우 판례에 의함)**

> ㄱ. 근로복지공단이 사업종류 변경결정이 '쟁송법적 처분'에 해당하는 경우 이에 기초한 산재보험료 부과처분
> ㄴ. 근로복지공단이 사업종류 변경결정이 '실체법적 처분'에 해당하는 경우 이에 기초하여 이루어진 산재보험료 부과처분
> ㄷ. 선행 표준지공시지가결정과 후행 인근 토지소유자에대한수용재결
> ㄹ. 선행 직위해제처분과 후행 직권면직처분

① ㄱ, ㄴ　　② ㄱ, ㄷ
③ ㄴ, ㄷ　　④ ㄴ, ㄹ

18 **당사자소송에 대한 설명으로 옳지 않은 것은?**

① 사업주가 당연가입자가 되는 고용보험 및 산재보험에서 보험료 납부의무 부존재확인의 소는 민사소송에 의한다.
② 甲 광역자치단체와 터널 민간투자사업 실시협약을 체결한 당사자는 공법상 당사자소송에 의하여 그 실시협약에 따른 재정지원금의 지급을 구하여야 한다.
③ 「도시 및 주거환경정비법」상 행정주체인 주택재건축정비사업조합을 상대로 관리처분계획안에 대한 조합 총회결의의 효력을 다투는 소송에 대하여는 「행정소송법」상 집행정지에 관한 규정이 준용되지 아니하므로, 이를 본안으로 하는 가처분에 대하여는 「민사집행법」상 가처분에 관한 규정이 준용되어야 한다.
④ 원고가 고의 또는 중대한 과실 없이 당사자소송으로 제기하여야 할 사건을 민사소송으로 잘못 제기한 경우, 수소법원으로서는 만약 그 당사자소송에 대한 관할도 동시에 가지고 있다면 이를 당사자소송으로 심리·판단하여야 한다.

19 공법상 계약에 대한 설명으로 옳지 않은 것은?

① 행정청은 법령등을 위반하지 아니하는 범위에서 행정목적을 달성하기 위하여 필요한 경우에는 공법상 법률관계에 관한 계약을 체결할 수 있고, 이 경우 계약의 목적 및 내용을 명확하게 적은 계약서를 작성하여야 한다.

② 행정청은 공법상 계약의 상대방을 선정하고 계약 내용을 정할 때 공법상 계약의 공공성과 제3자의 이해관계를 고려하여야 한다.

③ 국책사업인 '한국형 헬기 개발사업'(Korean Helicopter Program)에 개발주관사업자 중 하나로 참여하여 국가 산하 중앙행정기관인 방위사업청과 '한국형헬기 민군겸용 핵심구성품 개발협약'을 체결한 甲 주식회사가 협약을 이행하는 과정에서 환율변동 및 물가상승 등 외부적 요인 때문에 협약금액을 초과하는 비용이 발생하였다고 주장하면서 국가를 상대로 초과비용의 지급을 구하는 소송은 민사소송으로 다투어야 한다.

④ 「행정기본법」에 '공법상 계약의 해지'에 대하여는 규정하고 있지 않다.

20 항고소송의 대상인 처분에 대한 설명으로 옳지 않은 것은?

① 학교안전공제회는 행정청 또는 그 소속기관이나 법령에 의하여 행정권한을 위임받은 공공단체가 아니므로 보상심사청구 기각결정은 항고소송의 대상인 행정처분이 아니다.

② 방송통신심의위원회의 고지방송명령은 권고적 효력만을 가지는 비권력적 사실행위에 해당할 뿐, 항고소송의 대상이 되는 행정처분에 해당하지 않는다.

③ 공정거래위원회가 「하도급거래 공정화에 관한 법률」 제26조(관계 행정기관의 장의 협조)에 따라 관계 행정기관의 장에게 한 원사업자 또는 수급사업자에 대한 입찰참가자격의 제한을 요청한 결정은 항고소송의 대상이 되는 처분에 해당하지 않는다.

④ 공정거래위원회가 한 벌점 부과행위는 원고의 권리·의무에 직접 영향을 미치는 행위라고 볼 수 없으므로 항고소송의 대상이 되는 행정처분에 해당하지 않는다.

01 다음 중 취소소송에 대한 설명으로 가장 옳지 않은 것은? (다툼이 있는 경우 판례에 의함)

① 특허출원에 대한 심사관의 거절사정에 대하여 행정소송을 제기할 수 없고, 특허심판원에 심판청구를 한 후 그 심결을 소송대상으로 하여 특허법원에 심결취소를 요구하는 소를 제기하여야 한다.

② 행정처분이 취소되면 그 처분은 효력을 상실하여 더 이상 존재하지 않는 것이고, 존재하지 않는 행정처분을 대상으로 한 취소소송은 소의 이익이 없어 부적법하다.

③ 감사원의 변상판정처분에 대해서는 행정소송을 제기할 수 없고, 재결에 해당하는 재심의판정에 대해서만 감사원을 피고로 하여 행정소송을 제기할 수 있다.

④ 행정소송에서 쟁송의 대상이 되는 행정처분의 존부는 자백의 대상이므로 그 존재를 당사자들이 다투지 아니하는 경우, 의심이 있어도 그 존부에 대해 법원이 직권으로 조사할 권한이 없다.

02 다음 설명으로 옳지 않은 것은? (다툼이 있는 경우 판례에 의함)

① 제3자효 행정행위에 의하여 권리 또는 이익을 침해받은 제3자가 처분이 있음을 안 경우에는 안 날부터 90일 이내에 취소소송을 제기하여야 한다.

② 처분등을 취소하는 판결에 의하여 권리 또는 이익의 침해를 받은 제3자는 자기에게 책임없는 사유로 소송에 참가하지 못함으로써 판결의 결과에 영향을 미칠 공격 또는 방어방법을 제출하지 못한 때에는 이를 이유로 확정된 종국판결에 대하여 재심의 청구를 할 수 있다.

③ 제3자에 의한 재심청구는 제3자가 항고소송의 확정판결이 있음을 안 날로부터 90일 이내, 판결이 확정된 날로부터 1년 이내에 제기하여야 한다.

④ 제3자효를 수반하는 행정행위에 대한 행정심판청구에 있어서 그 청구를 인용하는 내용의 재결로 인하여 비로소 권리이익을 침해받게 되는 자는 그 인용재결에 대하여 취소소송을 제기할 수 있다.

03 행정입법에 대한 설명으로 옳은 것은?

① 수질오염공정시험기준(국립환경과학원고시)은 형식 및 내용에 비추어 행정기관 내부의 사무처리준칙은 법규명령의 효력에 영향이 없다.
②「국토의 계획 및 이용에 관한 법률」및 같은 법 시행령이 정한 이행강제금의 부과기준은 단지 상한을 정한 것에 불과한 것이므로 행정청에 이와 다른 이행강제금액을 결정할 재량권이 있다.
③ 공정거래위원회가 입찰담합에 관한 과징금의 기본 산정기준이 되는 '계약금액'은 공정거래위원회가 재량에 따라 결정할 수 있는 것이다.
④ 구「청소년보호법」시행령 제40조 [별표 6]의 '위반행위의 종별에 따른 과징금처분기준'은 법규명령이며, 그 과징금의 수액은 정액이 아니라 최고한도액이다.

04 행정행위의 취소 및 철회에 대한 설명으로 가장 옳지 않은 것은? (다툼이 있는 경우 판례에 의함)

① 행정행위를 한 처분청은 그 행위에 하자가 있는 경우에는 별도의 법적 근거가 없더라도 스스로 이를 취소할 수 있다.
②「산업재해보상보험법」상 각종 보험급여 등의 지급 결정을 변경 또는 취소하는 처분이 적법하다면 그에 터 잡은 징수처분도 적법하다고 보아야 한다.
③ 수익적 행정행위의 철회의 경우에「행정절차법」상 사전통지나 의견청취절차를 거쳐야 한다.
④ 도로관리청이 도로점용허가를 함에 있어서 특별사용의 필요가 없는 부분을 도로점용허가의 점용장소 및 점용면적으로 포함한 흠이 있고 그로 인하여 점용료 부과처분에도 흠이 있게 된 경우, 흠 있는 부분에 해당하는 점용료를 감액하는 것은 당초 처분 자체를 일부 취소하는 변경처분에 해당한다.

05 행정소송에 대한 설명으로 옳지 않은 것은?

① 제안비용보상금 지급 신청에 대한 주무관청의 결정은 '민간투자법령을 집행하는 행위로서의 공권력의 행사 또는 그 거부'에 해당하므로 항고소송의 대상인 '처분'이다.
② 수도권매립지관리공사가 한 입찰참가자격제재처분에 대한 효력정지신청은 적법하다.
③「행정소송규칙」은 처분사유의 추가·변경에 대하여 규정하고 있다.
④ 제3자효를 수반하는 행정행위에 대한 행정심판청구에 있어서 그 청구를 인용하는 내용의 재결로 인하여 비로소 권리이익을 침해받게 되는 자는 그 인용재결에 대하여 다툴 필요가 있고, 그 인용재결은 원처분과 내용을 달리하는 것이므로 그 인용재결의 취소를 구하는 것은 원처분에는 없는 재결에 고유한 하자를 주장하는 셈이어서 당연히 항고소송의 대상이 된다.

06 행정조사에 대한 설명으로 옳지 않은 것은? (다툼이 있는 경우 판례에 의함)

① 행정조사는 조사목적을 달성하는 데 필요한 최소한의 범위 안에서 실시하여야 하며, 다른 목적 등을 위하여 조사권을 남용하여서는 아니된다.
② 행정기관은 유사하거나 동일한 사안에 대하여는 공동조사 등을 실시함으로써 행정조사가 중복되지 아니하도록 하여야 한다.
③ 다른 법률에 따르지 아니하고는 행정조사의 대상자 또는 행정조사의 내용을 공표하거나 직무상 알게 된 비밀을 누설하여서는 아니된다.
④「마약류 불법거래 방지에 관한 특례법」제4조 제1항에 따른 조치의 일환으로 특정한 수출입물품을 개봉하여 검사하고 그 내용물의 점유를 취득한 행위가 압수·수색영장 없이 진행되었다 하더라도 특별한 사정이 없는 한 위법하다고 볼 수 없다.

07 다음 설명으로 가장 옳지 않은 것은? (다툼이 있는 경우 판례에 의함)

① 재량행위인 과징금 부과처분이 해당 법령이 정한 한도액을 초과하여 부과된 경우 이러한 과징금 부과처분은 법이 정한 한도액을 초과하여 위법하므로 법원으로서는 그 전부를 취소할 수밖에 없고, 그 한도액을 초과한 부분만 취소할 수는 없다.
② 수개의 행위에 대하여 공정거래위원회가 하나의 과징금부과처분을 하였으나 수개의 위반행위 중 일부의 위반행위에 대한 과징금 부과만이 위법하고, 그 일부의 위반행위를 기초로 한 과징금액을 산정할 수 있는 자료가 있는 경우에는, 하나의 과징금 납부명령일지라도 그 일부의 위반행위에 대한 과징금액에 해당하는 부분만을 취소하여야 한다.
③ 이행강제금의 부과처분에 대한 불복방법에 관하여 아무런 규정을 두고 있지 않는 경우에는 이행강제금 부과처분은 행정행위이므로 행정심판 또는 행정소송을 제기할 수 있다.
④ 행정청의 감액처분에 의하여 감액된 부분에 대한 부과처분 취소청구는 이미 소멸하고 없는 부분에 대한 것이라 하여도 소의 이익은 존재한다.

08 다음 〈보기〉 중 항고소송의 대상이 되는 행정처분에 해당하지 않는 것을 모두 고르면? (다툼이 있는 경우 판례에 의함)

보기
ㄱ. 지방계약직 공무원에 대한 보수삭감 조치
ㄴ. 지목변경신청반려행위
ㄷ. 건축계획심의신청에 대한 반려처분
ㄹ. 「하수도법」 상 하수도정비기본계획
ㅁ. 국세환급금결정신청에 대한 환급거부결정
ㅂ. 공정거래위원회의 표준약관 사용권장행위

① ㄱ, ㄴ, ㅂ
② ㄷ, ㄹ, ㅁ
③ ㄹ, ㅁ
④ ㄹ, ㅂ

09 부작위위법확인소송에 관한 설명으로 옳은 것은? (다툼이 있으면 판례에 따름)

① 부작위의 위법을 확인하는 법원의 판결이 확정되면 행정청은 원고의 신청대로 처분하여야 할 의무가 있다.
② 부작위위법확인소송이 적법하게 제기되었다면 소송계속 중 신청에 대한 거부처분이 있더라도 해당 소송은 적법하게 유지된다.
③ 행정입법 제정의무가 있는 경우 입법부작위도 부작위위법확인소송의 대상이 된다.
④ 부작위위법확인소송에는 처분변경으로 인한 소의 변경에 관한 「행정소송법」 제22조가 준용되지 않는다.

10 다음 「행정기본법」에 대한 설명으로 옳지 않은 것은?

① 행정청은 법령등의 위반행위가 종료된 날부터 5년이 지나면 해당 위반행위에 대하여 제재처분을 할 수 없다.
② 제재처분은 인허가의 정지·취소·철회, 등록 말소, 영업소 폐쇄와 정지를 갈음하는 과징금 부과를 말한다.
③ 행정심판의 재결이나 법원의 판결에 따라 제재처분이 취소·철회된 경우에는 재결이나 판결이 확정된 날부터 1년(합의제행정기관은 2년)이 지나기 전까지는 그 취지에 따른 새로운 제재처분을 할 수 있다.
④ 다른 법률에서 「행정기본법」의 제척기간보다 짧은 기간을 규정하고 있으면 그 법률에서 정하는 바에 따르고, 긴 기간을 규정하고 있으면 「행정기본법」에 의한다.

11 **건축신고에 대한 설명으로 옳지 않은 것은?**

① 구 「건축법」 시행규칙 제11조의 규정은 단순히 행정관청의 사무집행의 편의를 위한 것이 아니라, 허가대상 건축물의 양수인에게 건축주의 명의변경을 신고할 수 있는 공법상의 권리를 인정하고 있다.
② 「건축법」상 건축신고가 다른 법률에서 정한 인·허가 등의 의제효과를 수반하는 경우에는 일반적인 건축신고와는 달리 특별한 사정이 없는 한 수리를 요하는 신고에 해당한다.
③ 대기오염물질배출시설 설치허가를 받았다고 하더라도 악취배출시설 설치·운영신고가 수리되어 효력이 발생한다고 볼 수 없다.
④ 악취배출신고는 수리를 요하는 신고로 기속행위이다.

12 **다음 사례에 대한 설명으로 옳지 않은 것은? (다툼이 있는 경우 판례에 의함)**

> 병무청장이 법무부장관에게 '가수 甲이 공연을 위하여 국외여행허가를 받고 출국한 후 미국 시민권을 취득함으로써 사실상 병역의무를 면탈하였으므로 재외동포 자격으로 재입국하고자 하는 경우 국내에서 취업, 가수활동 등 영리활동을 할 수 없도록 하고, 불가능할 경우 입국 자체를 금지해 달라'고 요청함에 따라 법무부장관이 甲의 입국을 금지하는 결정을 하고, 그 정보를 내부전산망인 '출입국관리정보시스템'에 입력하였으나, 甲에게는 통보하지 않았다.

① 일반적으로 처분이 주체·내용·절차와 형식의 요건을 모두 갖추고 외부에 표시된 경우에는 처분의 존재가 인정된다.
② 행정의사가 외부에 표시되어 행정청이 자유롭게 취소·철회할 수 없는 구속을 받게 되는 시점에 처분이 성립한다.
③ 그 성립 여부는 행정청이 행정의사를 공식적인 방법으로 외부에 표시하였는지를 기준으로 판단되지 않는다.
④ 위 입국금지결정은 항고소송의 대상이 되는 '처분'에 해당하지 않는다.

13 **행정행위에 관한 판례의 설명으로 옳지 않은 것은?**

① 재외동포에 대한 사증발급은 행정청의 재량행위에 속한다.
② 공정거래위원회가 부당한 공동행위를 행한 사업자로서 구 「독점규제 및 공정거래에 관한 법률」상 자진신고자에 대하여 과징금 부과처분(선행처분)을 한 뒤, 동법 시행령에 따라 다시 자진신고자에 대한 사건을 분리하여 자진신고를 이유로 과징금감면처분(후행처분)을 한 경우, 선행처분의 취소를 구하는 소를 구해야 한다.
③ 구 「원자력법」 제11조 제3항에 따른 원자로 및 관계 시설의 부지사전승인처분은 나중에 건설허가처분이 있게 되면 부지사전승인처분의 취소를 구하는 소는 소의 이익을 잃게 된다.
④ 어떤 개발사업의 시행과 관련하여 인허가의 근거 법령에서 절차간소화를 위하여 관련 인허가를 의제처리할 수 있는 근거 규정을 둔 경우, 사업시행자는 인허가를 신청하면서 반드시 관련 인허가 의제 처리를 신청할 의무가 있는 것은 아니다.

14 **행정심판의 재결에 대한 설명으로 옳지 않은 것은?**

① 기각재결이 있은 후에도 원처분청은 원처분을 직권으로 취소 또는 변경할 수 있다.
② 「헌법」 제107조 제3항은 행정심판의 심리절차와 심급제에 따른 불복할 권리가 준용되어야 한다는 취지이다.
③ 행정심판에는 불고불리의 원칙과 불이익변경금지의 원칙이 인정되며, 처분청은 행정심판의 재결에 대해 불복할 수 없다.
④ 「행정심판법」상 재결기간에 대한 규정은 위원회로 하여금 가능한 한 조속하게 재결을 하도록 정한 훈시규정에 불과하다.

15 **국가배상에 대한 설명으로 옳지 않은 것은? (다툼이 있는 경우 판례에 의함)**

① 전투·훈련 등 직무집행과 관련하여 공상을 입은 군인 등이 먼저 「국가배상법」에 따라 손해배상금을 지급받은 다음 「보훈보상대상자 지원에 관한 법률」이 정한 보상금등 보훈급여금의 지급을 청구하는 경우, 보훈지청장은 「국가배상법」에 따라 손해배상을 받았다는 사정을 들어 지급을 거부할 수 없다.

② 공법인의 임직원이나 피용인은 실질적인 의미에서 공무를 수행한 사람으로서 「국가배상법」 제2조에서 정한 공무원에 해당하지 않는다.

③ 피고 금융감독원에 금융기관에 대한 검사·감독의무를 부과한 법령의 목적이 금융상품에 투자한 투자자 개인의 이익을 직접 보호하기 위한 것이라고 할 수 없으므로 피고 금융감독원 및 그 직원들의 위법한 직무집행과 부산저축은행의 후순위사채에 투자한 원고들이 입은 손해 사이에 상당인과관계가 있다고 보기 어렵다.

④ 도로·하천, 그 밖의 공공의 영조물(營造物)의 설치나 관리에 하자(瑕疵)가 있기 때문에 타인에게 손해를 발생하게 하였을 때에는 국가나 지방자치단체는 그 손해를 배상하여야 한다. 이 경우 군인·군무원의 이중배상금지에 관한 규정은 적용된다.

16 **손실보상에 대한 설명으로 옳지 않은 것은? (다툼이 있는 경우 판례에 의함)**

① 토지수용위원회의 재결에서 피보상자별로 여러 가지의 토지, 물건, 권리 또는 영업의 손실에 관하여 심리·판단이 이루어졌을 때, 피보상자 또는 사업시행자는 반드시 재결 전부에 관하여 불복하여야 하는 것은 아니다.

② 도로법은 토지소유자의 도로부지 인도청구 등의 사권행사를 제한함으로써 도로개설행위에 의하여 제한된 재산권의 내용을 규정하는 조항이므로, 헌법 제23조 제1항 및 제2항에 규정한 재산권의 내용과 한계 조항에 해당한다.

③ 30년 이상 甲 지방자치단체가 乙 사찰로 출입하는 유일한 통행로로서 사찰의 승려, 신도, 탐방객 및 인근 주민들이 이용하고 있던 도로가 있는 임야를 임의경매절차에서 매수한 자는 지방자치단체를 상대로 도로의 철거·인도를 구할 수 있다.

④ 공익사업의 시행자가 사전보상을 하지 않은 채 공사에 착수함으로써 토지소유자와 관계인이 손해를 입은 경우, 토지소유자와 관계인이 입은 손해는 손실보상청구권이 침해된 데에 따른 손해이므로 사업시행자가 배상해야 할 손해액은 원칙적으로 손실보상금이다.

17 「개인정보 보호법」상 개인정보 보호제도에 대한 설명으로 옳지 않은 것은?

① 이미 공개된 개인정보를 정보주체의 동의가 있었다고 객관적으로 인정되는 범위 내에서 수집·이용·제공 등 처리를 할 때는 정보주체의 별도의 동의는 불필요하다고 보아야 하고, 영리목적으로 이용하였다 하더라도 「개인정보 보호법」 제15조나 제17조를 위반한 것으로 볼 수 없다.

② 분쟁조정위원회의 조정안을 제시받은 당사자가 제시받은 날부터 15일 이내에 수락 여부를 알리지 아니하면 조정을 거부한 것으로 본다.

③ 정보주체가 자신의 개인정보에 대한 열람을 공공기관에 요구하고자 할 때에는 공공기관에 직접 열람을 요구하거나 대통령령으로 정하는 바에 따라 개인정보보호위원회를 통하여 열람을 요구할 수 있다.

④ 개인정보처리자는 당초 수집 목적과 합리적으로 관련된 범위에서 정보주체에게 불이익이 발생하는지 여부, 암호화 등 안전성 확보에 필요한 조치를 하였는지 여부 등을 고려하여 대통령령으로 정하는 바에 따라 정보주체의 동의 없이 개인정보를 제공할 수 있다.

18 재량행위에 대한 설명으로 옳지 않은 것은? (다툼이 있는 경우 판례에 의함)

① 「야생동·식물보호법」에 의한 용도변경승인은 특정인에게만 용도외의 사용을 허용해 주는 권리나 이익을 부여하는 이른바 수익적 행정행위로서 법령에 특별한 규정이 없는 한 재량행위이다.

② 처분을 할 것인지 여부와 처분의 정도에 관하여 재량이 인정되는 과징금 납부명령에 대하여 그 명령이 재량권을 일탈하였을 경우, 법원으로서는 재량권의 범위 내에서 어느 정도가 적정한 것인지에 관하여는 판단할 수 없다.

③ 행정청의 재량에 속하는 처분이라도 재량권의 한계를 넘거나 그 남용이 있는 때에는 법원은 이를 취소할 수 있다.

④ 귀화신청인이 구 「국적법」에서 정한 귀화요건을 갖추지 못한 경우에도 법무부장관은 귀화 허부에 관한 재량권을 행사할 수 있고, 재량권행사 결과에 따라 귀화불허처분을 할 수 있다.

19 **행정벌에 대한 설명으로 옳지 않은 것은? (다툼이 있는 경우 판례에 의함)**

① 지방자치단체는 국가기관과는 별도의 독립한 공법인으로서 지방자치단체 그 고유의 자치사무를 처리하는 경우 양벌규정에 의한 처벌대상이 되는 법인에 해당한다.

② 경찰서장이 범칙행위에 대하여 통고처분을 한 이상, 통고처분에서 정한 범칙금 납부기간까지는 원칙적으로 경찰서장은 즉결심판을 청구할 수 없으나, 검사는 동일한 범칙행위에 대하여 공소를 제기할 수 있다.

③ 질서위반행위의 성립과 과태료 처분은 법률에 특별한 규정이 없는 한 행위 시의 법률에 따른다.

④ 양벌규정에 의한 영업주의 처벌은 금지위반행위자인 종업원의 처벌에 종속하는 것이 아니라 독립하여 그 자신의 종업원에 대한 선임감독상의 과실로 인하여 처벌되는 것이므로 종업원의 범죄성립이나 처벌이 영업주의 처벌의 전제조건이 될 필요는 없다.

20 **질서위반행위에 관한 다음 설명으로 가장 옳은 것은?**

① 질서위반행위란 법률(조례를 포함한다)상의 의무를 위반하여 과태료를 부과하는 행위를 말하고, 이에는 대통령령으로 정하는 사법(私法)상·소송법상 의무를 위반하여 과태료를 부과하는 행위가 포함된다.

② 법인의 대표자, 법인 또는 개인의 대리인·사용인 및 그 밖의 종업원이 업무에 관하여 법인 또는 그 개인에게 부과된 법률상의 의무를 위반한 때에는 위반행위자에게 과태료를 부과한다.

③ 행정청의 과태료 부과에 불복하는 당사자는 과태료 부과 통지를 받은 날부터 일정한 기간 이내에 이의제기를 할 수 있고, 이의제기가 있는 경우에는 행정청의 과태료 부과처분은 그 효력을 상실한다.

④ 법원이 「질서위반행위규제법」에 따라서 하는 과태료 재판은 원칙적으로 행정소송에서와 같은 신뢰보호의 원칙 위반 여부가 문제된다.

2025 전효진 행정법총론

실전 기출문제

01

03

MOCK TEST

01 실전 기출문제 2024. 11. 2. 시행 지방직 7급 행정법

정답 및 해설 124쪽

※ 지문의 내용에 대해 학설의 대립 등 다툼이 있는 경우 판례에 의함.

01 「공공기관의 정보공개에 관한 법률」에 대한 설명으로 옳은 것은?

① 청구인이 정보공개와 관련한 공공기관의 비공개 결정 또는 부분공개 결정에 대하여 불복이 있거나 정보공개 청구 후 20일이 경과하도록 정보공개 결정이 없는 때에는 공공기관으로부터 정보공개 여부의 결정 통지를 받은 날 또는 정보공개 청구 후 20일이 경과한 날부터 30일 이내에 해당 공공기관에 문서로 이의신청을 할 수 있다.

② 청구인이 정보공개거부처분의 취소를 구하는 소송에서 공공기관이 청구정보를 증거 등으로 법원에 제출하여 법원을 통하여 그 사본을 청구인에게 교부 또는 송달되게 하여 결과적으로 청구인에게 정보를 공개하는 셈이 되었다면, 당해 정보의 비공개결정의 취소를 구할 소의 이익은 소멸된다.

③ 법원이 행정기관의 정보공개거부처분의 위법 여부를 심리한 결과 공개를 거부한 정보에 비공개사유에 해당하는 부분과 그렇지 않은 부분이 혼합되어 있고, 공개청구의 취지에 어긋나지 않는 범위 안에서 두 부분을 분리할 수 있더라도 공개가 가능한 정보에 국한하여 일부취소를 명할 수 없다.

④ 공공기관이 공개청구의 대상이 된 정보를 공개는 하되, 청구인이 신청한 공개방법 이외의 방법으로 공개하기로 하는 결정을 하였다면, 이는 정보공개청구 중 정보공개방법에 관한 부분만을 달리한 것이므로 일부 거부처분이라 할 수 없다.

02 행정계획에 대한 설명으로 옳지 않은 것은?

① 행정청은 행정청이 수립하는 계획 중 국민의 권리·의무에 직접 영향을 미치는 계획을 수립하거나 변경·폐지할 때에는 관련된 여러 이익을 정당하게 형량하여야 한다.

② 도시계획구역 내 토지 등을 소유하고 있는 주민은 도시시설계획의 입안 내지 변경을 요구할 수 있는 법규상 또는 조리상의 신청권이 있다.

③ 구 「도시계획법」상 도시기본계획은 도시의 기본적인 공간구조와 장기발전방향을 제시하는 종합계획으로서 도시계획입안의 지침이 되지만 일반 국민에 대한 직접적인 구속력은 없다.

④ 구 「택지개발촉진법」상 관할행정청의 택지개발사업시행자에 대한 택지개발계획의 승인은 그 승인의 고시에 의하여 개발할 토지의 위치, 면적, 권리내용 등이 특정되어 그 후 사업시행자에게 택지개발사업을 실시할 수 있는 권한이 설정된다고 하더라도 행정처분의 성격을 갖는 것은 아니다.

03 행정처분의 부관에 대한 설명으로 옳지 않은 것은?

① 수익적 행정처분에 있어서는 법령에 특별한 근거규정이 없다고 하더라도 그 부관으로서 부담을 붙일 수 있고, 그와 같은 부담은 행정청이 행정처분을 하면서 일방적으로 부가할 수 있으나 부담을 부가하기 이전에 상대방과 협의하여 부담의 내용을 협약의 형식으로 미리 정한 다음 행정처분을 하면서 이를 부가할 수는 없다.

② 행정행위의 부관은 부담인 경우를 제외하고는 독립하여 행정소송의 대상이 될 수 없는바, 기부채납받은 행정재산에 대한 사용·수익허가에서 공유재산의 관리청이 정한 사용·수익허가의 기간은 그 허가의 효력을 제한하기 위한 행정행위의 부관으로서 이러한 사용·수익허가의 기간에 대해서는 독립하여 행정소송을 제기할 수 없다.

③ 부담부 행정처분에 있어서 처분의 상대방이 부담(의무)을 이행하지 아니한 경우에 처분 행정청으로서는 이를 들어 당해 처분을 취소(철회)할 수 있는 것이다.

④ 행정청이 수익적 행정처분을 하면서 부가한 부담의 위법 여부는 처분 당시 법령을 기준으로 판단하여야 하고, 부담이 처분 당시 법령을 기준으로 적법하다면 처분 후 부담의 전제가 된 주된 행정처분의 근거 법령이 개정됨으로써 행정청이 더 이상 부관을 붙일 수 없게 되었다 하더라도 곧바로 위법하게 되거나 그 효력이 소멸하게 되는 것은 아니다.

04 행정처분의 직권취소에 대한 설명으로 옳지 않은 것은?

① 과세처분에 관한 이의신청절차에서 과세관청이 납세자의 이의신청사유가 옳다고 인정하여 과세처분을 직권으로 취소한 이상 그 후 특별한 사유 없이 이를 번복하고 종전 처분을 되풀이하는 것은 허용되지 않는다.

② 행정처분을 한 처분청은 그 행위에 하자가 있는 경우에는 원칙적으로 별도의 법적 근거가 없더라도 스스로 이를 직권으로 취소할 수 있다.

③ 승인처분의 근거 법률에서 행정청의 승인처분에 대한 취소신청과 관련하여 아무런 규정을 두고 있지 않더라도 직권취소를 할 수 있다는 사정만으로 이해관계인은 처분청에 대하여 승인처분의 하자를 이유로 그 승인처분의 취소를 요구할 신청권을 갖는다.

④ 도로관리청이 도로점용허가 중 특별사용의 필요가 없는 부분을 소급적으로 직권취소하였다면, 도로관리청은 이미 징수한 점용료 중 취소된 부분의 점용면적에 해당하는 점용료를 반환하여야 한다.

05 행정처분의 하자에 대한 설명으로 옳지 않은 것은?

① 「공익사업을 위한 토지 등의 취득 및 보상에 관한 법률」에 따른 사업인정처분이 당연무효이면 그것이 유효함을 전제로 이루어진 수용재결도 무효라고 보아야 한다.

② 수익적 행정처분의 하자가 당사자의 사실은폐나 기타 부정한 방법에 의한 신청행위 때문인 경우, 당사자는 처분에 관한 신뢰이익을 원용할 수 있고 행정청이 이를 고려하지 아니하였다면 재량권을 일탈·남용한 것이다.

③ 도시계획시설사업 시행자 지정 처분이 처분 요건을 충족하지 못하여 당연무효인 경우에는 사업시행자 지정 처분이 유효함을 전제로 이루어진 후행처분인 실시계획 인가처분도 무효이다.

④ 관할청이 시정을 요구하면서 부여한 기간이 너무 불합리하거나 부당하지 않는 한 단기간이라는 이유만으로 그 시정 요구가 위법하다고 볼 수는 없다.

06 행정절차에 대한 설명으로 옳은 것만을 모두 고르면?

ㄱ. '공무원 인사관계 법령에 의한 처분에 관한 사항' 전부에 대하여 「행정절차법」의 적용이 배제된다.
ㄴ. 당사자에게 의무를 부과하거나 당사자의 권익을 제한하는 처분을 함에 있어서, 행정청은 법령등에서 요구된 자격이 없어지게 되면 반드시 일정한 처분을 하여야 하는 경우에 그 자격이 없어지게 된 사실이 법원의 재판 등에 의하여 객관적으로 증명된 경우에도 「행정절차법」상의 사전통지를 하여야 한다.
ㄷ. 행정청의 자의적 결정을 배제하고 당사자로 하여금 행정구제 절차에서 적절히 대처할 수 있도록 하는 처분의 근거 및 이유제시 제도의 취지에 비추어, 처분을 하면서 당사자가 그 근거를 알 수 있을 정도로 이유를 제시한 경우에는 처분의 근거와 이유를 구체적으로 명시하지 않았더라도 그로 말미암아 그 처분이 위법하다고 볼 수는 없다.
ㄹ. 행정처분의 상대방에 대한 청문통지서가 반송되었다거나, 행정처분의 상대방이 청문일시에 불출석하였다는 이유만으로 청문을 실시하지 아니하고 한 침해적 행정처분은 위법하다.

① ㄱ, ㄴ　② ㄱ, ㄹ
③ ㄴ, ㄷ　④ ㄷ, ㄹ

07 「행정기본법」에 대한 설명으로 옳은 것은?

① 법령등 시행일의 기간 계산에 있어서 법령등을 공포한 날부터 일정 기간이 경과한 날부터 시행하는 경우 법령등을 공포한 날을 첫날에 산입한다.
② 당사자의 신청에 따른 처분은 법령등에 특별한 규정이 있는 경우를 제외하고는 신청 당시의 법령등에 따른다.
③ 행정청은 재량이 있는 경우에도 완전히 자동화된 시스템으로 처분을 할 수 있다.
④ 행정청의 처분에 대해 이의신청을 한 경우에도 그 이의신청과 관계없이 「행정심판법」에 따른 행정심판 또는 「행정소송법」에 따른 행정소송을 제기할 수 있다.

08 과징금에 대한 설명으로 옳지 않은 것은?

① 「부동산 실권리자명의 등기에 관한 법률」 제5조에 의하여 부과된 과징금 채무는 대체적 급부가 가능한 의무이므로 그 과징금을 부과받은 자가 사망한 경우 그 상속인에게 포괄승계된다.
② 「부동산 실권리자명의 등기에 관한 법률」 제5조에 규정된 과징금은 행정청이 명의신탁행위로 인한 불법적인 이익을 박탈하거나 실명등기의무의 이행을 강제하기 위하여 의무자에게 부과·징수하는 것일 뿐 국가형벌권 행사로서의 처벌에 해당한다고 할 수 없다.
③ 법이 규정한 범위 내에서 부과처분 당시까지 부과관청이 확인한 사실을 기초로 과징금의 부과처분을 하나, 추후에 부과금 산정기준이 되는 새로운 자료가 나온 경우 부과관청은 새로운 부과처분을 하여야 한다.
④ 재량권이 부여된 과징금 부과처분이 법정 한도액을 초과하여 위법할 경우 법원은 그 초과부분만을 취소할 수 없고 부과된 과징금 전부를 취소하여야 한다.

09 행정상 강제집행에 대한 설명으로 옳은 것은?

① 「농지법」상 이행강제금 부과처분에 대하여 부과권자가 관할 법원에 행정소송을 할 수 있다고 잘못 안내하면서 이행강제금을 부과한 경우 상대방은 항고소송을 통해 다툴 수 있다.

② 관계 법령상 행정대집행의 절차가 인정되어 행정청이 행정대집행의 방법으로 건물의 철거 등 대체적 작위의무의 이행을 실현할 수 있는 경우, 건물의 점유자가 철거의무자일 때에는 별도로 퇴거를 명하는 집행권원이 필요하다.

③ 구 「지방세징수법」상 지방세의 결손처분은 국세의 결손처분과 마찬가지로 더 이상 납세의무가 소멸하는 사유가 아니라 체납처분을 종료하는 의미만을 가지고, 결손처분의 취소는 국민의 권리와 의무에 영향을 미치는 행정처분이 아니다.

④ 납세자가 아닌 제3자의 재산을 대상으로 한 압류처분은 당연무효가 아니라 취소사유에 해당한다.

10 판례의 입장으로 옳지 않은 것은?

① 입학전형이의신청을 거부하는 경우 국립대학교 총장은 공권력을 행사하는 주체이자 기본권 수범자로서의 지위를 갖는다.

② '환경오염 발생 우려'와 같이 장래에 발생할 불확실한 상황과 파급효과에 대한 예측이 필요한 요건에 관한 행정청의 재량적 판단은 그 내용이 현저히 합리성을 결여하였다거나 상반되는 이익이나 가치를 대비해 볼 때 형평이나 비례의 원칙에 뚜렷하게 배치되는 등의 사정이 없는 한 폭넓게 존중하여야 한다.

③ WTO 협정에 따른 회원국 정부의 반덤핑부과처분이 WTO 협정위반이라는 이유만으로 사인이 직접 국내 법원에 회원국 정부를 상대로 그 처분의 취소를 구하는 소를 제기할 수 있다.

④ 행정처분은 그 근거 법령이 개정된 경우에도 경과규정에서 달리 정함이 없는 한 처분 당시 시행되는 개정 법령과 거기에서 정한 기준에 의하는 것이 원칙이고, 그러한 개정 법령의 적용과 관련하여서는 개정 전 법령의 존속에 대한 국민의 신뢰가 개정 법령의 적용에 관한 공익상의 요구보다 더 보호가치가 있다고 인정되는 경우에 그러한 국민의 신뢰를 보호하기 위하여 그 적용이 제한될 수 있는 여지가 있다.

11 「공익사업을 위한 토지 등의 취득 및 보상에 관한 법률」에 대한 설명으로 옳지 않은 것은?

① 「공익사업을 위한 토지 등의 취득 및 보상에 관한 법률」의 규정에 의한 사업인정처분은 공익사업을 토지 등을 수용 또는 사용할 사업으로 결정하는 것으로서 단순한 확인행위가 아니라 형성행위이다.

② 보상금 증감에 관한 행정소송의 경우 그 소송을 제기하는 자가 토지소유자일 때에는 사업시행자와 관할 토지수용위원회를, 사업시행자일 때에는 토지소유자와 관할 토지수용위원회를 각각 피고로 한다.

③ 「공익사업을 위한 토지 등의 취득 및 보상에 관한 법률」에 의한 보상을 하면서 손실보상금에 관한 당사자 간의 합의가 성립한 경우, 그 보상합의는 공공기관이 사경제주체로서 행하는 사법상 계약의 실질을 가진다.

④ 사업시행자에게 해당 공익사업을 수행할 의사와 능력이 있어야 한다는 것은 사업인정의 한 요건이라고 보아야 한다.

12 취소판결의 기속력에 대한 설명으로 옳지 않은 것은?

① 취소판결에 의하여 취소되는 처분이 당사자의 신청을 거부하는 것을 내용으로 하는 경우에는 그 처분을 행한 행정청은 판결의 취지에 따라 다시 이전의 신청에 대한 처분을 하여야 한다.

② 취소 확정판결의 기속력은 판결의 주문 및 전제가 되는 처분 등의 구체적 위법사유에 관한 판단에 미친다.

③ 확정판결의 당사자인 처분 행정청은 그 행정소송의 사실심 변론 종결 이후 발생한 새로운 사유를 내세워 다시 이전의 신청에 대하여 거부처분을 할 수 있다.

④ 임용기간이 만료된 교원의 재임용이 거부되었다가 그 재임용거부처분이 법원의 판결에 의하여 취소되었다면 이러한 취소판결로 인하여 당연히 그 교원은 재임용거부처분 당시로 소급하여 신분관계를 회복한다고 볼 수 있다.

13 행정심판에 대한 설명으로 옳지 않은 것은?

① 행정심판청구가 부적법하지 않음에도 각하한 재결은 심판청구인의 실체심리를 받을 권리를 박탈한 것으로서 원처분에 없는 고유한 하자가 있는 경우에 해당한다.

② 선정대표자가 선정되더라도 다른 청구인들은 그 선정대표자를 통해서만 그 사건에 관한 행위를 할 수 있는 것은 아니다.

③ 「행정심판법」상 임시처분은 집행정지로 목적을 달성할 수 있는 경우에는 허용되지 아니한다.

④ 처분의 상대방이 아닌 제3자가 심판청구를 한 경우 행정심판위원회는 재결서의 등본을 지체 없이 피청구인을 거쳐 처분의 상대방에게 송달하여야 한다.

14 지방자치단체의 장에 대한 직무이행명령에 대한 설명으로 옳은 것은? 각론

① 직무이행명령의 대상이 되는 사무에는 기관위임사무와 단체위임 사무가 포함된다.

② 직무이행명령의 요건 중 '법령의 규정에 따라 지방자치단체의 장에게 특정 국가위임사무를 관리·집행할 의무가 있는지' 여부의 판단대상은 문언대로 그 법령상 의무의 존부이지, 지방자치단체의 장이 그 사무의 관리·집행을 하지 아니한 데 합리적 이유가 있는지 여부가 아니다.

③ 지방자치단체의 장은 이행명령에 이의가 있으면 대법원에 소를 제기할 수 있으나, 이행명령의 집행을 정지하게 하는 집행정지 결정을 신청할 수 없다.

④ 주무부장관은 지방자치단체의 장이 직무이행명령에서 정한 기간에 이를 이행하지 아니하면 주무부장관의 비용부담으로 대집행을 하여야 한다.

15 공무원의 징계에 대한 설명으로 옳지 않은 것은? 각론

① 공무원에게 징계사유가 인정되더라도 관련된 형사사건이 아직 유죄로 확정되지 아니하였다면 징계처분을 할 수 없다.
② 징계위원회의 심의과정에 반드시 제출되어야 하는 공적 사항이 제시되지 않은 상태에서 결정한 징계처분은 징계양정이 결과적으로 적정한지 그렇지 않은지와 상관없이 법령이 정한 징계절차를 지키지 않은 것으로서 위법하다.
③ 징계권자이자 임용권자인 지방자치단체장은 소속 공무원의 구체적인 행위가 과연 「지방공무원법」에 규정된 징계사유에 해당하는지 여부에 관하여 판단할 재량은 있지만, 징계사유에 해당하는 것이 명백한 경우에는 관할 인사위원회에 징계를 요구할 의무가 있다.
④ 공무원에 대해 동일한 사유로 직위해제 처분을 하고 다시 감봉처분을 하였다 하여 일사부재리원칙에 위배된다 할 수 없다.

16 「경찰관 직무집행법」에 대한 설명으로 옳지 않은 것은? 각론

① 경찰관의 불심검문에 따라 질문을 받은 사람은 형사소송에 관한 법률에 따르지 아니하고는 신체를 구속당하지 아니한다.
② 구호대상자를 경찰관서에서 보호하는 기간은 24시간을 초과할 수 없다.
③ 경찰관으로부터 임의동행 요구를 받은 경우 상대방은 이를 거절할 수 있으나, 임의동행 후 언제든지 경찰관서에서 퇴거할 자유는 없다.
④ 경찰관으로부터 긴급구호를 요청받은 보건의료기관이나 공공구호기관은 정당한 이유 없이 긴급구호를 거절할 수 없다.

17 공물에 대한 설명으로 옳지 않은 것은? 각론

① 도로의 관리청은 도로부지에 대한 소유권을 취득하였는지 여부와는 관계없이 도로를 무단점용하는 자에 대하여 「도로법」에 따라 변상금을 부과할 수 있다.
② 「하천법」에 의한 하천수 사용권은 특허에 의한 공물사용권의 일종으로서, 양도가 가능하고 이에 대한 「민사집행법」상의 집행 역시 가능한 독립된 재산적 가치가 있는 구체적인 권리라고 보아야 한다.
③ 「하천법」에 의한 하천의 점용허가권은 특허에 의한 공물사용권의 일종으로서, 하천의 관리주체에 대하여 일정한 특별사용을 청구할 수 있는 권리이므로 대세적 효력이 있는 물권이라 할 수 있다.
④ 공유수면의 일부가 사실상 매립되어 대지화되었다고 하더라도 국가가 공유수면으로서의 공용폐지를 하지 아니하는 이상 법률상으로는 여전히 공유수면으로서의 성질을 보유하고 있다.

18 「사회보장기본법」에 대한 설명으로 옳지 않은 것은? 각론

① 사회보장수급권은 정당한 권한이 있는 기관에 서면으로 통지하여 포기할 수 있으나, 사회보장수급권의 포기는 취소할 수 없다.
② 사회보장수급권은 관계 법령에서 정하는 바에 따라 다른 사람에게 양도하거나 담보로 제공할 수 없으며, 이를 압류할 수 없다.
③ 제3자의 불법행위로 피해를 입은 국민이 그로 인하여 사회보장수급권을 가지게 된 경우 사회보장제도를 운영하는 자는 그 불법행위의 책임이 있는 자에 대하여 관계 법령에서 정하는 바에 따라 구상권을 행사할 수 있다.
④ 사회보장급여를 신청하는 사람이 다른 기관에 신청한 경우에는 그 기관은 지체 없이 이를 정당한 권한이 있는 기관에 이송하여야 하고, 이 경우 정당한 권한이 있는 기관에 이송된 날을 사회보장급여의 신청일로 본다.

19 보조금에 대한 설명으로 옳지 않은 것은? 각론

① 학교법인의 국가 및 지방자치단체에 대한 보조금교부채권은 성질상 양도가 금지된 것으로 보아야 하고 따라서 강제집행의 대상이 될 수 없다.
② 행정청은 보조금 교부결정을 할 때 법령과 예산에서 정하는 보조금의 교부목적을 달성하는 데에 필요한 조건을 붙일 수 있다.
③ 구「보조금의 예산 및 관리에 관한 법률」에 의한 보조금 교부결정 취소 및 보조금 반환명령은 행정처분이고 그 처분이 있어야 반환의무가 발생한다.
④ 지방자치단체가 보조금 지급결정을 하면서 일정 기한 내에 보조금을 반환하도록 하는 교부조건을 부가한 경우, 보조사업자에 대한 지방자치단체의 보조금반환청구는 민사소송의 대상이다.

20 「국가배상법」상 국가배상책임에 대한 설명으로 옳지 않은 것은?

① 통장이 전입신고서에 확인인을 찍는 행위는 공무를 위탁받아 실질적으로 공무를 수행하는 것이라고 보아야 하므로, 통장은 그 업무범위 내에서는「국가배상법」 소정의 공무원에 해당한다.
② 인사업무담당 공무원이 다른 공무원의 공무원증 등을 위조한 행위에 대하여 실질적으로는 직무행위에 속하지 아니한다 할지라도 외관상으로는「국가배상법」의 직무집행관련성이 인정된다.
③「국가배상법」이 정한 손해배상청구의 요건인 '공무원의 직무'에는 국가나 지방자치단체의 권력적 작용뿐만 아니라 비권력적 작용도 포함되지만 단순한 사경제의 주체로서 하는 작용은 포함되지 않는다.
④ 지방자치단체장 간의 기관위임의 경우에는 사무귀속의 주체가 달라진다고 할 수 있으므로, 하위 지방자치단체장을 보조하는 하위 지방자치단체 소속 공무원이 위임사무처리에 있어 고의 또는 과실로 타인에게 손해를 가하였다면 상위 지방자치단체는 그 사무귀속주체로서 손해배상책임을 지지 않는다.

02 MOCK TEST 실전 기출문제 2024. 10. 19. 시행 해경간부 행정법

정답 및 해설 133쪽

※ 지문의 내용에 대해 학설의 대립 등 다툼이 있는 경우 판례에 의함.

01 다음 중 행정의 법률적합성에 대한 설명으로 가장 옳지 않은 것은? (다툼이 있는 경우 판례에 의함)

① 어떠한 사안이 국회가 형식적 법률로 스스로 규정하여야 하는 본질적 사항에 해당되는지는 구체적 사례에서 관련된 이익 내지 가치의 중요성, 규제 또는 침해의 정도와 방법 등을 고려하여 개별적으로 결정하여야 한다는 것이 대법원의 입장이다.

② 조합의 사업시행인가 신청시의 토지 등 소유자의 동의요건은 토지 등 소유자의 재산상 권리·의무에 관한 본질적인 사항으로 법률유보의 원칙이 반드시 지켜져야 하는 영역이라는 것이 대법원의 입장이다.

③ 기본권 제한에 관한 법률유보원칙은 '법률에 근거한 규율'을 요청하는 것이므로, 그 형식이 반드시 법률일 필요는 없다 하더라도 법률상의 근거는 있어야 한다는 것이 헌법재판소의 입장이다.

④ 지방의회에서 근로자를 두어 의정활동을 지원하는 것은 개별 지방의회에서 정할 사항이 아니라 국회의 법률로 규정하여야 할 입법사항에 해당한다는 것이 대법원의 입장이다.

02 다음 중 행정상 법률관계에 대한 설명으로 가장 옳지 않은 것은? (다툼이 있는 경우 판례에 의함)

① 국유재산의 관리청이 그 무단 점유자에 대하여 하는 변상금 부과처분은 순전히 사경제주체로서 행하는 사법상의 법률행위라 할 수 없고, 이는 관리청이 공권력을 가진 우월적 지위에서 행한 것으로서 행정소송의 대상이 되는 행정처분이다.

② 국유의 일반재산 대부료 납부고지는 사법상 이행청구에 해당하고, 이를 행정처분이라고 할 수 없다.

③ 국가나 지방자치단체에 근무하는 청원경찰은 「국가공무원법」이나 「지방공무원법」상의 공무원이므로, 그 근무관계를 사법상의 고용계약관계로 보기는 어려워 그에 대한 징계처분의 시정을 구하는 소는 행정소송의 대상이지 민사소송의 대상이 아니다.

④ 개발부담금 부과처분이 취소된 이상 그 후 부당이득으로서의 과오납금 반환에 관한 법률관계는 단순한 민사관계에 불과한 것이고, 행정소송절차에 따라야 하는 관계로 볼 수 없다.

03 다음 중 행정법의 일반원칙에 대한 설명으로 가장 옳은 것은? (다툼이 있는 경우 판례에 의함)

① 법령의 잘못된 해석이나 행정청의 관행에 대하여도 그것이 평균적인 납세자로 하여금 합리적이고 정당한 기대를 가지게 할 만한 것이면 신의성실의 원칙이나 신뢰보호의 원칙 또는 비과세 관행 존중의 원칙이 적용될 수 있는데, 그러한 해석 또는 관행의 존재여부에 대한 증명책임은 법치행정에 대한 의무를 지는 행정청에 있다.

② 계속중인 사실이나 그 이후에 발생한 요건사실에 대한 법률적용을 인정하는 부진정 소급입법의 경우 개인의 신뢰보호와 법적 안정성을 내용으로 하는 법치국가 원리에 의하여 허용되지 않는 것이 원칙이다.

③ 하자 있는 처분이 국민에게 권리나 이익을 부여하는 이른바 수익적 행정행위인 때에는 취소하여야 할 공익상 필요와 취소로 인하여 당사자가 입게 될 기득권과 신뢰보호 및 법률생활 안정의 침해 등 불이익을 비교·교량 후 공익상 필요가 당사자가 입을 불이익을 정당화할 만큼 강하지 않아도 이를 취소할 수 있다.

④ 행정청이 권한 행사의 기회가 있음에도 불구하고 장기간 권한을 행사하지 아니하여 국민이 그 권한이 행사되지 아니할 것으로 믿을 만한 정당한 사유가 있더라도, 행정청이 그 권한을 행사하지 않으면 공익 또는 제3자의 이익을 현저히 해칠 우려가 있을 경우에는 행정청은 그 권한을 행사할 수 있다.

04 다음 〈보기〉 중 행정주체에 해당하는 것들만 나열한 것은? (다툼이 있는 경우 판례에 의함)

보기

㉠ 주택재건축사업조합
㉡ 원천징수의무자
㉢ 대한변호사협회
㉣ 전북대학교
㉤ 서울대학교

① ㉠, ㉡, ㉤ ② ㉠, ㉢, ㉤
③ ㉡, ㉢, ㉣ ④ ㉢, ㉣

05 다음 중 행정법관계에 대한 설명으로 가장 옳지 않은 것은? (다툼이 있는 경우 판례에 의함)

① 사무처리의 긴급성으로 인하여 해양경찰의 직접적인 지휘를 받아 보조로 방제작업을 한 경우, 사인은 그 범위 안에서 국가에 대하여 그 사무를 처리하며 지출한 필요비 내지 유익비의 상환을 청구할 수 있다.

② 「공익사업을 위한 토지 등의 취득 및 보상에 관한 법률」상 환매권은 상대방에 의한 의사표시를 요하는 공법상 형성권의 일종으로서 이러한 환매권의 존부에 관한 확인을 구하는 소송은 당사자소송에 해당한다.

③ 「공무원연금법」에서 정한 급여를 받으려고 하는 자는 우선 관계법령에 따라 공단에 급여지급을 신청하여 공단이 이를 거부하거나 일부 금액만 인정하는 급여지급결정을 하는 경우 그 결정을 대상으로 항고소송을 제기하는 등 구체적인 권리를 인정받은 다음 비로소 당사자소송으로 그 급여의 지급을 구하여야 할 것이다.

④ 법무사에 대하여 지방법무사회로부터 채용승인을 얻어 사무원을 채용할 의무는 공법적 의무이며 지방법무사회가 법무사의 사무원 채용승인 신청을 거부하거나 채용승인을 얻어 채용 중인 사람에 대한 채용승인을 취소한 경우, 그 때문에 사무원이 될 수 없게 된 사람에게 항고소송을 제기할 원고적격이 인정된다.

06 **다음 중 행정규칙에 대한 설명으로서 가장 옳지 않은 것은? (다툼이 있는 경우 판례에 의함)**

① 법령의 위임이 없음에도 법령에 규정된 처분요건에 해당하는 사항을 부령에서 변경하여 규정하는 경우에는 그 부령의 규정은 행정규칙의 성격을 지닐 뿐 국민에 대한 대외적 구속력은 없다.

② 행정규칙인 고시가 법령의 수권에 의하여 법령을 보충하는 사항을 규정하는 경우에는 그 근거 규정과 결합하여 대외적으로 구속력 있는 법규명령으로서의 성질과 효력을 가진다.

③ 행정사무의 위임전결에 관한 규정에 위반하여 원래의 전결권자가 아닌 보조기관이 처분권자인 행정관청의 이름으로 행정처분을 하였다면 그것은 무효의 행정처분이다.

④ 지방자치단체의 조례에 대한 법률의 위임은 반드시 구체적으로 범위를 정하여 할 필요가 없으며 포괄적이어도 무방하다.

07 **다음 중 기속행위와 재량행위에 대한 설명으로 가장 옳지 않은 것은? (다툼이 있는 경우 판례에 의함)**

① 「여객자동차운수사업법」에 의한 개인택시 운송사업면허는 특정인에게 권리나 이익을 부여하는 행정행위로서 법령에 특별한 규정이 없는 한 재량행위이다.

② 재량이 인정되는 과징금 납부명령이 재량권의 범위를 다소 벗어났다면, 법원은 재량권의 일탈·남용 여부에 대해서만 판단할 수 있을 뿐 과징금액을 변경할 수 없다.

③ 건축허가권자는 허가신청이 법령에서 정하는 어떠한 제한에 배치되지 않을 때에는 중대한 공익상의 필요가 있는 경우라도 법령상의 제한 사유 이외의 사유를 들어 허가를 거부할 수 없다.

④ 토지형질 변경 허가는 그 금지요건이 불확정개념으로 규정되어 있어 그 금지요건에 해당하는지 여부를 판단함에 있어서 행정청에게 재량권이 부여되어 있다고 하여야 할 것이므로 이는 재량행위에 속한다.

08 **다음 중 행정행위의 효력에 대한 설명으로 가장 옳지 않은 것은? (다툼이 있는 경우 판례에 의함)**

① 국민의 권리와 이익을 옹호하고 법적 안정을 도모하기 위하여 특정한 행위에 대하여는 행정청이라 하여도 이것을 자유로이 취소, 변경 및 철회할 수 없다는 행정행위의 불가변력은 당해 행정행위에 대해서만 인정되는 것이 아니고, 동종의 행정행위라면 그 대상을 달리 하더라도 인정된다.

② 민사소송에 있어서 어느 행정처분의 당연무효 여부가 선결문제로 되는 때에는 이를 판단하여 당연무효임을 전제로 판결할 수 있고 반드시 행정소송 등의 절차에 의하여 그 취소나 무효확인을 받아야 하는 것은 아니다.

③ 행정청이 의료법인의 이사에 대한 이사취임승인취소처분(제1처분)을 직권으로 취소(제2처분)한 경우에는, 그로 인하여 이사가 소급하여 이사로서의 지위를 회복하게 되고, 그 결과 제1처분과 제2처분 사이에 법원에 의하여 선임결정된 임시이사들의 지위는 법원의 해임결정이 없더라도 당연히 소멸된다.

④ 과세처분의 하자가 단지 취소할 수 있는 정도에 불과할 때에는 과세관청이 이를 스스로 취소하거나 항고소송절차에 의하여 취소되지 않는 한 그로 인한 조세의 납부가 부당이득이 된다고 할 수 없다.

09 **다음 중 「개인정보 보호법」에 대한 설명으로 가장 옳지 않은 것은? (다툼이 있는 경우 판례에 의함)**

① 정보주체가 자신의 개인정보에 대한 열람을 공공기관에 요구하고자 할 때에는 공공기관에 직접 열람을 요구하거나 대통령령으로 정하는 바에 따라 개인정보보호위원회를 통하여 열람을 요구 할 수 있다.
② 개인정보처리자가 「개인정보 보호법」에 따른 집단분쟁조정의 결과를 수락하지 아니한 경우 「소비자기본법」에 따라 공정거래위원회에 등록 후 3년이 경과한 일정한 소비자단체는 법원에 권리침해행위의 중지를 구하는 단체소송을 제기할 수 있다.
③ 개인정보처리자는 당초 수집목적과 합리적으로 관련된 범위에서 정보주체에게 불이익이 발생하는지 여부, 암호화 등 안전성 확보에 필요한 조치를 하였는지 여부 등을 고려하더라도 정보주체의 동의 없이는 개인정보를 제3자에게 제공할 수 없다.
④ 국가 및 지방자치단체, 개인정보 보호단체는 정보주체의 피해 또는 권리침해가 다수의 정보주체에게 같거나 비슷한 유형으로 발생하는 경우로서 대통령령으로 정하는 사건에 대하여는 분쟁조정위원회에 집단분쟁조정을 의뢰 또는 신청할 수 있다.

10 **다음 처분과 공법상 계약에 대한 설명으로 가장 옳은 것은? (다툼이 있는 경우 판례에 의함)**

① 시립합창단원으로서 위촉기간이 만료되는 자에 대하여 재위촉을 하지 아니한 것은 항고소송의 대상이 되는 행정처분에 해당한다.
② 지방자치단체가 일방 당사자가 되는 「지방자치단체를 당사자로 하는 계약에 관한 법률」에 의한 공공계약은 법령에 특별한 규정이 없는 한 사적자치의 원칙과 계약자유의 원칙 등 사법원리가 그대로 적용되지는 않는다.
③ 계약직 공무원 채용계약 해지의 의사표시는 항고소송의 대상이 되는 처분이므로 「행정절차법」에 근거하여 처분의 근거와 이유를 제시하여야 한다.
④ 공공사업에 필요한 토지 등의 협의취득에 기한 손실보상금 환수통보는 사법상의 행위이므로 항고소송의 대상이 될 수 없다.

11 **다음 〈보기〉 중 하자의 승계가 인정되는 경우만을 나열한 것은? (다툼이 있는 경우 판례에 의함)**

보기
㉠ 공무원의 직위해제처분과 면직처분
㉡ 안경사시험합격무효처분과 안경사면허취소처분
㉢ 도시계획결정과 수용재결처분
㉣ 친일반민족행위자결정과 독립유공자 예우의 법 적용 대상으로부터의 배제 결정
㉤ 개별공시지가결정과 과세처분

① ㉠, ㉡, ㉢
② ㉡, ㉢, ㉤
③ ㉢, ㉣, ㉤
④ ㉡, ㉣, ㉤

12 **다음 중 부관에 대한 설명으로 가장 옳지 않은 것은? (다툼이 있는 경우 판례에 의함)**

① 행정청이 수익적 행정처분을 하면서 부가한 부담의 위법 여부는 처분 당시 법령을 기준으로 판단하여야 하고, 부담이 처분 당시 법령을 기준으로 적법하다면 처분 후 부담의 전제가 된 주된 행정처분의 근거법령이 개정됨으로써 행정청이 더 이상 부관을 붙일 수 없게 되었다 하더라도 곧바로 위법하게 되거나 그 효력이 소멸하게 되는 것은 아니다.

② 부담은 행정청이 행정처분을 하면서 일방적으로 부가할 수도 있지만 부담을 부가하기 이전에 상대방과 협의하여 부담의 내용을 협약의 형식으로 미리 정한 다음 행정처분을 하면서 이를 부가할 수 있다.

③ 행정처분에 부담인 부관을 붙인 경우 부관의 무효화에 의하여 본체인 행정처분 자체의 효력에도 영향이 있게 될 수는 있지만, 그 처분을 받은 사람이 부담의 이행으로 사법상 매매 등의 법률행위를 한 경우에는 그 부관은 특별한 사정이 없는 한 법률행위를 하게 된 동기 내지 연유로 작용하였을 뿐이므로 이는 법률행위의 취소사유가 될 수 있음은 별론으로 하고 그 법률행위 자체를 당연히 무효화하는 것은 아니다.

④ 부관은 그 자체로서 직접 효과를 발생하는 독립된 처분이 아니므로 부관 그 자체만을 독립된 쟁송의 대상으로 할 수 없는 것이 원칙이므로 행정처분에 부수하여 그 처분의 상대방에게 일정한 의무를 부과하는 부담은 주된 행정처분과 독립하여 그 자체만으로 행정쟁송의 대상이 될 수 없다.

13 **다음 중 행정계획에 대한 설명으로 가장 옳지 않은 것은? (다툼이 있는 경우 판례에 의함)**

① 비구속적 행정계획안이나 행정지침이라도 국민의 기본권에 직접적으로 영향을 끼치고, 앞으로 법령의 뒷받침에 의하여 그대로 실시될 것이 틀림없을 것으로 예상될 수 있을 때에는 공권력 행위로서 예외적으로 헌법소원의 대상이 될 수 있다.

② 공유수면 점용허가가 의제되는 채광계획 인가 신청에 대하여 공유수면 관리청이 공유수면 점용을 허용하지 않기로 결정하였다면, 채광계획 인가 관청은 이를 사유로 하여 채광계획을 인가하지 아니할 수 있다.

③ 도시·군관리계획결정은 특정 개인의 권리 내지 법률상의 이익을 개별적이고 구체적으로 규제하는 효과를 가져오게 하는 행정청의 처분이라 할 것이고, 이는 행정소송의 대상이 된다.

④ 도시기본계획은 도시의 기본적인 공간구조와 장기발전방향을 제시하는 종합계획으로서 그 계획에는 토지이용계획, 환경계획, 공원녹지계획 등 장래의 도시개발 방향이 제시되며, 그 계획은 도시계획 입안의 지침이 되므로 일반 국민에 대한 직접적인 구속력이 발생한다.

14 **다음 행정지도와 공법상 사실행위에 대한 설명 중 가장 옳은 것은? (다툼이 있는 경우 판례에 의함)**

① 지방자치단체에 의한 수도공급의 거부는 사실행위이므로 항고소송의 대상이 되지 않는다.

② 강제성을 띠지 않는 행정지도로 인하여 손해가 발생한 경우 그 행정지도를 한 행정주체는 손해배상 의무가 있다.

③ 행정지도는 비권력작용이므로 「국가배상법」이 정한 배상 청구의 요건인 공무원의 직무에 포함되지 않는다.

④ 행정지도의 상대방은 해당 행정지도의 내용뿐 아니라 방식에 대해서도 행정기관에 의견을 제출할 수 있다.

15 다음 중 행정처분의 무효와 취소에 대한 설명으로 가장 옳지 않은 것은? (다툼이 있는 경우 판례에 의함)

① 법률관계나 사실관계에 대하여 그 법령의 규정을 적용할 수 없다는 법리가 명백히 밝혀지지 아니하여 해석에 다툼의 여지가 있는 때에는 과세관청이 이를 잘못 해석하여 과세처분을 하였더라도 그 하자는 명백하다고 할 수 없다.

② 행정처분의 무효확인을 구하는 소에는 원고가 그 처분의 취소를 구하지 아니한다고 밝히지 아니한 이상 그 처분이 당연무효가 아니라면 그 취소를 구하는 취지도 포함되어 있는 것으로 보아야 하고, 그와 같은 경우에 취소청구를 인용하려면 먼저 취소를 구하는 항고소송으로서의 제소요건을 구비하여야 한다.

③ 「행정기본법」은 행정처분이 무효가 되기 위해서는 그 하자가 법규의 중요한 부분을 위반한 중대한 것으로서 객관적으로 명백한 것이어야 한다고 규정하고 있다.

④ 위헌결정의 소급효가 인정된다고 하여 위헌인 법률에 근거한 행정처분이 당연무효가 된다고는 할 수 없고, 오히려 이미 취소소송의 제기기간을 경과하여 확정력이 발생한 행정처분에는 위헌결정의 소급효가 미치지 않는다.

16 다음 〈보기〉 중 「행정절차법」의 적용이 배제되는 것만을 모두 고른 것은? (다툼이 있는 경우 판례에 의함)

보기

㉠ 국회 또는 지방의회의 의결을 거치거나 동의 또는 승인을 얻어 행하는 처분
㉡ 군 인사관계 법령에 따라 진급 예정자명단에 포함된 자에 대하여 진급선발을 취소하는처분
㉢ 「국가공무원법」상의 직위해제 처분
㉣ 대통령의 한국방송공사 사장의 해임처분
㉤ 의견청취절차를 배제하는 내용의 협약을 체결한 경우의 처분

① ㉠, ㉡, ㉤ ② ㉢, ㉣, ㉤
③ ㉠, ㉢ ④ ㉠, ㉢, ㉣

17 다음 〈보기〉 중 행정절차에 대한 설명으로 옳지 않은 것을 모두 고른 것은? (다툼이 있는 경우 판례에 의함)

보기

㉠ 당사자가 근거규정 등을 명시하여 신청하는 인·허가 등을 거부하는 처분을 함에 있어 당사자가 그 근거를 알 수 있을 정도로 상당한 이유를 제시한 경우에도 당해 처분의 근거 및 이유를 구체적으로 명시하지 않았다면 그 처분은 위법하다.
㉡ 행정청은 인·허가 등의 취소, 신분·자격의 박탈, 법인이나 조합 등의 설립허가의 취소에 관한 처분을 하는 경우 청문을 한다.
㉢ 수익적 행정처분의 신청에 대해서 이를 거부하면서 사전통지 및 의견제출절차를 거치지 않은 것은 실질적으로 침익적 결과를 초래하였으므로 취소사유에 해당한다.
㉣ 행정청은 처분을 함에 있어 국민생활에 큰영향을 미치는 처분으로서 대통령령으로 정하는 처분에 대하여 대통령령으로 정하는 수 이상의 당사자 등이 공청회 개최를 요구하는 경우 공청회를 개최한다.
㉤ 행정청은 신청에 구비서류의 미비 등 흠이 있는 경우에는 보완에 필요한 상당한 기간을 정하여 지체 없이 신청인에게 보완을 요구할 수 있다.

① ㉠, ㉡, ㉢ ② ㉠, ㉡, ㉣
③ ㉠, ㉢, ㉤ ④ ㉢, ㉣, ㉤

18 다음 중 개인정보보호제도에 대한 설명으로서 가장 옳지 않은 것은? (다툼이 있는 경우 판례에 의함)

① 해당 정보만으로 특정 개인을 식별할 수 없어도 다른 정보와 결합하여 그 개인을 식별할 수 있는 정보는 「개인정보 보호법」의 보호대상이 되는 개인정보라 할 수 있다.

② 가명정보도 개인정보에 해당한다.

③ 이미 공개된 개인정보를 정보주체의 동의가 있었다고 객관적으로 인정되는 범위 내에서 처리를 할 때에는 별도의 정보주체의 동의를 받지 않았다고 하여 「개인정보 보호법」을 위반한 것이라고 할 수 없다.

④ 민감정보의 경우에는 법령에서 민감정보의 처리를 요구하는 경우에도 정보주체의 동의를 받지 않으면 민감정보를 처리할 수 없다.

19 다음 중 행정행위의 하자에 대한 설명으로 가장 옳지 않은 것은? (다툼이 있는 경우 판례에 의함)

① 헌법재판소는 위헌법률에 근거한 행정처분의 효력과 관련하여, 그 행정처분을 무효로 하더라도 법적 안정성을 크게 해치지 않는 반면에 그 하자가 중대하여 구제할 필요가 있는 경우에도 그 예외를 인정하여 이를 당연무효사유로 볼 수는 없다는 입장을 취하고 있다.

② 「경찰공무원법」에 규정되어 있는 경찰관 임용결격사유는 경찰관으로 임용되기 위한 절대적인 소극적 요건으로서 임용 당시 경찰관 임용결격사유가 있었다면 임용권자의 과실에 의하여 임용결격자임을 밝혀내지 못하였다 하더라도 그 임용행위는 당연무효로 보아야 한다.

③ 명백성 보충설에 의하면 무효판단의 기준에 명백성이 항상 요구되지는 아니하므로 중대·명백설보다 무효의 범위가 넓어지게 된다.

④ 절차상 또는 형식적 하자로 인하여 무효인 행정처분이 있은 후 헝정청이 관계법령에서 정한 절차 또는 형식을 갖추어 다시 동일한 행정처분을 하였다면 당해 행정처분은 종전의 무효인 행정처분과 관계없이 새로운 행정처분이라고 보아야 한다.

20 다음 중 「행정조사기본법」에 대한 설명으로 가장 옳지 않은 것은? (다툼이 있는 경우 판례에 의함)

① 행정기관은 조사 목적에 적합하도록 조사대상자를 선정하여 행정조사를 실시하는 것을 원칙으로 하나 필요한 경우 제3자에 대하여도 조사할 수 있다.

② 행정기관의 장은 특별한 규정이 있는 경우를 제외하고는 행정조사의 결과를 확정한 날부터 10일 이내에 그 결과를 조사대상자에게 통지하여야 한다.

③ 행정기관은 법령 등에서 행정조사를 규정하고 있는 경우가 아니라도 조사대상자의 자발적인 협조를 얻어 행정조사를 실시할 수 있다.

④ 당해 행정기관 내의 2이상의 부서가 동일하거나 유사한 업무분야에 대하여 동일한 조사대상자에게 행정조사를 실시하는 경우에는 공동조사를 하여야 한다.

21 다음 중 행정의 실효성 확보수단에 대한 설명으로 가장 옳지 않은 것은? (다툼이 있는 경우 판례에 의함)

① 과징금은 법이 규정한 범위 내에서 그 부과처분 당시까지 부과관청이 확인한 사실을 기초로 일의적으로 확정되어야 할 것이고, 그렇지 아니하고 부과관청이 과징금을 부과하면서 추후에 부과금 산정기준이 되는 새로운 자료가 나올 경우에는 과징금 금액이 변경될 수도 있다고 유보한다든지, 실제로 추후에 새로운 자료가 나왔다고 하여 새로운 부과처분을 할 수는 없다.

② 행정청이 행정제재수단으로 사업정지 또는 과징금을 부과할 것인지, 과징금의 경우 얼마로 할 것인지의 재량이 부여된 경우 과징금 부과처분이 법이 정한 한도액을 초과하여 위법할 경우 법원으로서는 그 전부를 취소할 수 밖에 없다.

③ 공정거래위원회가 위반행위에 대한 과징금을 부과하면서 여러 개의 위반행위에 대하여 외형상 하나의 과징금 납부명령을 하였으나 여러 개의 위반행위 중 일부의 위반행위에 대한 과징금 부과만이 위법하고 소송상 그 일부의 위반행위를 기초로 한 과징금액을 산정할 수 있는 자료가 있는 경우에는, 하나의 과징금 납부명령일지라도 그 일부의 위반행위에 대한 과징금액에 해당하는 부분만을 취소하여야 한다.

④ 국가기관이 행정목적 달성을 위하여 언론을 통해 행정상 공표의 방법으로 실명을 공개함으로써 타인의 명예를 훼손한 경우라면 사인의 행위에 의한 경우보다 훨씬 엄격한 기준이 요구되므로 국가기관이 공표 당시 이를 진실이라고 믿었고 또 그렇게 믿을 만한 상당한 이유가 있더라도 위법성이 인정된다.

22 다음 중 이행강제금에 대한 설명으로서 가장 옳은 것은? (다툼이 있는 경우 판례에 의함)

① 이행강제금은 장래의 의무이행을 심리적으로 강제하기 위한 것으로서 의무이행이 있을 때까지 반복하여 부과할 수 있다.

② 이행강제금의 취지에 따라 이미 부과되어도 의무이행이 있으면 징수하지 않는다.

③ 이행강제금이 부과되기 전에 의무를 이행한 경우에도 시정명령에서 정한 기간을 지나서 이행한 경우라면 이행강제금을 부과할 수 있다.

④ 대체적 작위의무 위반에 대해서 대집행은 가능하지만 이행강제금을 부과할 수는 없다.

23 **다음 중 행정대집행에 대한 설명으로 가장 옳지 않은 것은? (다툼이 있는 경우 판례에 의함)**

① 「공익사업을 위한 토지 등의 취득 및 보상에 관한 법률」에 의한 토지 등의 협의취득 시 건물소유자가 협의취득 대상 건물에 대한 철거 의무를 부담하겠다는 취지의 약정을 하였다고 하더라도 이러한 철거의무는 공법상의 의무가 될 수 없고 행정대집행에 의한 대집행의 대상이 되지 않는다.

② 건물의 점유자가 철거의무자일 때에는 건물철거의무에 퇴거의무도 포함되어 있는 것이어서별도로 퇴거를 명하는 집행권원이 필요하지 않으므로 행정청이 대집행의 방법으로 건물철거의무의 이행을 실현할 수 있는 경우에는 건물철거 대집행 과정에서 부수적으로 그 건물의 점유자들에 대한 퇴거 조치를 할 수 있다.

③ 계고처분과 대집행비용납부명령은 그 목적을 달리하여 별개의 법률효과를 발생시키는 처분이므로 이미 불가쟁력이 발생한 계고처분에 존재하는 하자를 이유로 아무런 하자가 없는 대집행비용납부명령의 효력을 다툴 수 없다.

④ 법률에 의하여 직접 명령되었거나 또는 법률에 의거한 행정청의 명령에 의한 행위로서 타인이 대신하여 행할 수 있는 행위를 의무자가 이행하지 아니하는 경우 다른 수단으로써 그 이행을 확보하기 곤란하고 또한 그 불이행을 방치함이 심히 공익을 해할 것으로 인정될 때에는 당해 행정청은 스스로 의무자가 하여야 할 행위를 하거나 또는 제3자로 하여금 이를 하게 하여 그 비용을 의무자로부터 징수할 수 있다.

24 **다음 중 행정제재처분에 대한 설명으로서 가장 옳지 않은 것은? (다툼이 있는 경우 판례에 의함)**

① 「행정기본법」 제2조 제5호의 제재처분 모두에 「행정기본법」 제23조의 제척기간이 적용되는 것은 아니다.

② 대법원은 특별한 경우가 아닌 한 고의 또는 과실이 있어야 행정제재처분을 할 수 있다고 판시하였다.

③ 기관위임사무를 행하는 경우의 지방자치단체는 법인과 행위자에 대한 양벌 규정이 있어도 처벌 대상이 되지 않는다.

④ 「도로교통법」에 따른 경찰서장의 통고처분은 행정소송의 대상이 되는 행정처분이라고 할 수 없다.

25 **다음 중 행정상 즉시강제에 대한 설명으로 가장 옳지 않은 것은? (다툼이 있는 경우 판례에 의함)**

① 행정상 즉시강제는 법치국가의 요청인 예측 가능성과 법적 안정성에 반하고 기본권침해의 소지가 큰 권력 작용이므로 행정강제는 행정상 강제집행을 원칙으로 하고 행정상 즉시강제는 예외적으로 인정되어야 한다.

② 지방의회에서 사무감사·조사를 위한 증인의 동행명령장제도는 현행범 체포와 같이 사후에 영장을 발부받지 아니하면 목적을 달성할 수 없는 긴박성이 있다고 인정할 수 있다.

③ 「경찰관직무집행법」에서 규정하는 '술에 취하여 자신 또는 다른 사람의 생명·신체·재산에 위해를 끼칠 우려가 있는 사람'에 대한 보호조치는 행정상 즉시강제에 해당한다.

④ 손실발생의 원인에 대하여 책임이 없는 자가 경찰관의 적법한 보호조치에 자발적으로 협조하여 재산상의 손실을 입은 경우, 국가는 손실을 입은 자에 대하여 정당한 보상을 하여야 한다.

26 **다음 중 행정상 즉시강제에 대한 설명으로서 가장 옳은 것은? (다툼이 있는 경우 판례에 의함)**

① 행정상 즉시강제에는 영장주의가 적용된다.

② 즉시강제의 집행책임자는 즉시강제를 하려는 재산의 소유자나 점유자를 알 수 없거나 현장에서 즉시 그 소재를 확인하기 어려운 경우에는 즉시강제의 이유와 내용을 고지하지 않고 즉시강제를 실시한 후에 고지할 수 있다.

③ 경찰관의 적법한 즉시강제로 인하여 손실이 발생한 경우에 대하여 「경찰관직무집행법」은 전혀 그 보상에 대해 규정하지 않고 있다.

④ 불법 게임물에 대하여 당사자에게 수거·폐기를 명하고 그 불이행을 기다려 직접강제 등 행정상의 강제집행으로 나아가는 원칙적인 방법으로는 행정 목적 달성이 곤란한 경우라 하더라도 법률이 영장 없는 수거를 인정한다고 하면 이는 「헌법」상 영장주의에 위반된다.

27 **다음 〈보기〉 중 행정조사에 대한 설명 가운데 옳은 것(○)과 옳지 않은 것(×)을 바르게 연결한 것은? (다툼이 있는 경우 판례에 의함)**

보기

㉠ 세무조사결정이 위법하더라도 이에 대해서는 항고소송을 제기할 수 없다.

㉡ 행정조사에 대해서 「행정절차법」이 자세한 규정을 두고 있다.

㉢ 우편물 통관검사 절차에서 이루어지는 우편물의 개봉, 시료채취, 성분분석 등에 대해서도영장주의가 적용된다.

㉣ 행정조사를 실시하는 경우 원칙적으로 조사개시 7일 전까지 조사대상자에게 서면통지하여야 한다.

	㉠	㉡	㉢	㉣
①	×	×	×	○
②	○	○	○	×
③	×	○	○	×
④	○	×	×	○

28 **다음 중 통고처분에 대한 설명으로 가장 옳지 않은 것은? (다툼이 있는 경우 판례에 의함)**

① 「도로교통법」상의 통고처분을 받은 자가 그 처분에 대하여 이의가 있는 경우에는 통고처분에 따른 범칙금의 납부를 이행하지 아니함으로써 경찰서장의 즉결심판청구에 의하여 법원의 심판을 받을 수 있게 될 뿐이다.

② 지방국세청장 또는 세무서장이 「조세범처벌절차법」에 따라 통고처분을 거치지 아니하고 즉시 고발하였다면 이를 시정하기 위하여 동일한 조세범칙행위에 대하여 다시 통고처분을 하여야 한다.

③ 판례는 통고처분에 의해 부과된 범칙금을 납부한 경우 다시 처벌받지 아니한다고 규정하고 있는 것은 범칙금의 납부에 확정재판의 효력에 준하는 효력을 인정하는 취지로 해석하고 있다.

④ 통고처분은 상대방의 임의의 승복을 그 발효요건으로 하기 때문에 그 자체만으로는 통고이행을 강제하거나 상대방에게 아무런 권리·의무를 형성하지 않는다.

29 다음 〈보기〉 중 항고소송에 대한 판례의 입장으로 옳지 않은 것을 모두 고른 것은? (다툼이 있는 경우 판례에 의함)

보기

㉠ 토지대장에 기재된 일정한 사항을 변경하는 행위는 토지소유권 행사의 전제요건으로서 토지소유자의 실체적 권리관계에 영향을 미치는 사항에 관한 것이므로 소관청이 토지대장상의 소유자명의변경신청을 거부한 행위는 항고소송의 대상이 되는 행정처분에 해당한다.

㉡ 정부의 수도권 소재 공공기관의 지방이전시책을 추진하는 과정에서 도지사가 도내 특정시를 공공기관이 이전할 혁신도시 최종입지로 선정한 행위는 항고소송의 대상이 되는 행정처분이다.

㉢ 교육부장관이 내신성적 산정기준의 통일을 기하기 위해 시·도 교육감에게 통보한 대학입시기본계획 내의 내신성적 산정지침은 항고소송의 대상이 되는 행정처분으로 볼 수 없다.

㉣ 공정거래위원회의 고발조치는 사직당국에 대하여 형벌권 행사를 요구하는 행위이므로 항고소송의 대상이 되는 행정처분이다.

㉤ 한국마사회가 조교사 또는 기수의 면허를 취소하는 것은 국가 기타 행정기관으로부터 위탁받은 행정권한의 행사가 아니라 일반 사법상의 법률관계에서 이루어지는 단체 내부에서의 징계 내지 제재처분이다.

① ㉠, ㉡, ㉣ ② ㉠, ㉣, ㉤
③ ㉡, ㉢, ㉣ ④ ㉡, ㉢, ㉤

30 다음 중 취소소송의 원고적격을 인정하기 가장 곤란한 것은? (다툼이 있는 경우 판례에 의함)

① 재단법인인 A수녀원이 공유수면 매립목적을 택지조성에서 조선시설용지로 변경한 처분에 대하여 쾌적한 환경에서 생활할 권리를 침해받는다는 이유로 취소소송을 제기한 경우
② 소방청장이 처분성이 인정되는 국민권익위원회의 조치요구에 불복하여 취소소송을 제기한 경우
③ 환경영향평가대상지역 밖의 주민들이 공유수면 매립면허처분으로 인하여 수인한도를 넘는 환경 피해를 받을 수 있다고 주장하며 이를 입증하면서 취소소송을 제기한 경우
④ 관계 법률이 해당 업자들 사이의 과다 경쟁으로 인한 경영의 불합리를 방지하는 목적을 가지고 있고, 기존업자가 경업자에 대한 인허가나 면허 처분에 대해 취소소송을 제기하는 경우

31 다음 중 취소소송을 제기할 협의의 소의 이익을 인정하기가 가장 어려운 것은? (다툼이 있는 경우 판례에 의함)

① 장래의 제재적 가중처분기준을 부령의 형식으로 정한 경우에 이미 제재기간이 경과한 행정제재처분에 대한 취소소송을 제기한 경우
② 지방의회 의원의 제명의결 취소소송에서 취소소송 계속 중 의원의 임기가 만료된 경우
③ 건축허가처분에 대한 취소소송을 제기한 후 사실심 변론종결일 전에 건축공사가 완료된 경우
④ 취임 승인이 취소된 학교법인의 정식이사들이 임시이사 선임 처분에 대한 취소소송을 제기하여 소송계속 중 임시이사의 임기가 만료된 경우

32 다음 〈보기〉 중 취소소송의 대상 적격이 인정되는 것들만 고른 것은? (다툼이 있는 경우 판례에 의함)

보기

㉠ 권장에 따르지 않으면 일정한 특정조치를 하여야 하는 공정거래위원회의 표준약관사용권장행위
㉡ 어업면허에 선행하는 우선순위결정
㉢ 피해자의 의사와 무관하게 주민등록번호가 유출된 경우 주민등록변경 거부행위
㉣ 검사의 불기소결정
㉤ 수도요금체납자에 대한 단수조치

① ㉠, ㉡, ㉤
② ㉠, ㉢, ㉤
③ ㉠, ㉣, ㉤
④ ㉡, ㉢, ㉣

33 다음 행정심판의 심리와 재결에 대한 설명 중 가장 옳은 것은? (다툼이 있는 경우 판례에 의함)

① 행정심판에 있어서는 변론주의가 적용되므로 당사자가 주장하지 않은 사실에 대해서는 심리할 수 없다.
② 행정심판의 재결이 확정되면 처분의 기초가 된 사실관계는 확정되므로 사실관계에 대해서 법원은 이와 모순된 판단을 할 수 없다.
③ 행정소송과 달리 행정심판에서는 행정청은 당초 처분사유와 기본적 사실관계가 동일하지 않은 처분사유를 추가 또는 변경할 수 있다.
④ 당사자의 신청에 대하여 위법하지는 않으나 부당한 거부처분을 한 경우 현행법상 일정한 처분을 하도록 하는 행정심판을 청구할 수 있다.

34 다음 중 처분사유의 추가·변경에 대한 설명으로 가장 옳지 않은 것은? (다툼이 있는 경우 판례에 의함)

① 위법판단의 기준시점을 처분시로 볼 경우, 처분 이후에 발생한 새로운 사실적·법적 사유를 추가·변경하고자 하는 것은 허용될 수 없고 이러한 경우에는 계쟁처분을 직권취소하고 이를 대체하는 새로운 처분을 할 수 있다.
② 군사시설보호구역 밖의 토지에 주유소를 설치·경영하도록 하기 위한 석유판매업 허가를 함에 있어서 관할 부대장의 동의를 얻어야 할 법령상의 근거가 없음에도 그 동의가 없다는 이유로 한 불허가처분에 대한 소송에서, 당해 토지가 탄약창에 근접한 지점에 위치하고 있다는 사실을 불허가 사유로 추가하는 것은 허용되지 않는다.
③ 토지형질변경 불허가처분의 당초의 처분사유인 국립공원에 인접한 미개발지의 합리적인 이용 대책 수립시까지 그 허가를 유보한다는 사유와 그 처분의 취소소송에서 추가하여 주장한 처분 사유인 국립공원 주변의 환경·풍치·미관 등을 크게 손상시킬 우려가 있으므로 공공목적상 원형 유지의 필요가 있는 곳으로서 형질변경허가 금지 대상이라는 사유는 기본적 사실관계에 있어서 동일성이 인정된다.
④ 추가 또는 변경된 사유가 당초의 처분시 그 사유가 명기되지 않았을 뿐 처분시에 이미 존재하고 있었고 당사자도 그 사실을 알고 있었다면 당초의 처분사유와 동일성이 인정된다.

35 다음 「행정심판법」상의 행정심판에 대한 설명 중 가장 옳은 것은? (다툼이 있는 경우 판례에 의함)

① 신청에 대한 부당한 거부처분을 취소하는 행정심판은 현행법상 허용되지 않는다.
② 행정심판의 종류에는 취소심판, 무효등확인심판, 의무이행심판과 당사자심판이 있다.
③ 개별 법률에 이의신청 제도를 두면서 행정심판에 대한 명시적인 규정이 없는 경우, 이의신청과는 별도로 행정심판을 제기할 수 없다.
④ 대통령의 처분 또는 부작위에 대해서는 다른 법률이 달리 정하지 않는 한 행정심판을 청구할 수 없다.

36 다음 중 「국가배상법」상 공무원의 위법한 직무행위로 인한 손해배상책임에 대한 설명으로서 가장 옳지 않은 것은? (다툼이 있는 경우 판례에 의함)

① 일반적으로 공무원이 필요한 지식을 갖추지 못하고 법규의 해석을 그르쳐 행정처분을 하였다면 그가 법률전문가가 아니라고 하여 과실이 없다고 할 수는 없다.
② 공무원에게 부과된 직무상 의무가 단순히 공공일반의 이익만을 위한 것일 뿐인 경우 그러한 직무상의 의무위반에 대해서는 국가배상책임이 인정되지 않는다.
③ 공무원의 부작위로 인한 국가배상책임을 인정하기 위해서 반드시 작위의무를 명하는 법령상의 규정이 존재하여야 한다.
④ 한국수자원공사의 직원이 직무상 의무를 위반하여 손해를 끼쳐도 「국가배상법」의 적용을 받지 않으므로 국가배상책임이 발생하지 않는다.

37 다음 중 행정상 손실보상에 대한 설명으로 가장 옳지 않은 것은? (다툼이 있는 경우 판례에 의함)

① 「공익사업을 위한 토지 등의 취득 및 보상에 관한 법률」상 손실보상에 해당함에도 관할 토지수용위원회가 법리를 오해함으로써 손실보상 대상에 해당하지 않는다고 잘못된 내용의 재결을 한 경우, 피보상자는 관할 토지수용위원회를 상대로 그 재결에 대한 취소소송을 제기하여야 한다.
② 토지수용으로 인한 손실보상액을 산정함에 있어서 당해 공공사업과는 관계없는 다른 사업의 시행으로 인한 개발이익은 이를 배제하지 아니한 가격으로 평가하여야 한다.
③ 영업손실에 관한 보상에서 영업의 폐지와 휴업의 구별기준은 실제로 이전하였는지가 아니라 영업을 다른 장소로 이전하는 것이 가능한지에 달려 있다.
④ 손실보상과 손해배상은 근거규정 및 요건·효과를 달리하지만 손실보상청구권에 '손해전보'라는 요소가 포함되어 있어 실질적으로 같은 내용의 손해에 관하여 양자의 청구권이 동시에 성립한다면 청구권자는 어느 하나만을 선택적으로 행사할 수 있을 뿐이다.

38 **다음 공무원의 권리와 의무에 대한 설명 중 가장 옳지 않은 것은? (다툼이 있는 경우 판례에 의함)** 각론

① 사실상 노무에 종사하는 공무원과 특수경력직 공무원을 제외하고는 노동운동 및 기타 공무 이외의 일을 위한 집단적 행위는 금지된다.
② 공무원노동조합과 그 조합원은 정치활동을 할 수 없으며 파업, 태업 그 밖에 업무의 정상적인 운영을 저해하는 일체의 행위를 하여서는 아니 된다.
③ 공무원이 상급기관의 지시에 위반하여 한 처분은 공무원의 복종의무를 위반한 것이므로 위법한 처분이 된다.
④ 공무원이 그 직무를 수행함에 있어 상관이 범죄 행위 등 명백히 위법한 행위를 하도록 한 경우에는 이를 직무상의 지시명령이라 할 수 없으므로 복종할 의무가 없다.

39 **다음 〈보기〉 중 경찰관의 위험발생방지 및 범죄의 예방과 제지를 위한 활동에 대한 설명 중 타당한 것만을 모은 것은? (다툼이 있는 경우 판례에 의함)** 각론

보기

㉠ 경찰관은 사람의 생명·신체에 대한 위해가 임박하여 그 방지를 위해 부득이한 경우, 필요한 한도 내에서 타인의 토지·건물·배 또는 차에 출입할 수 있다.
㉡ 경찰관의 위험발생방지조치는 재량행위에 속하므로 그 조치를 취하지 않은 것이 현저히 불합리하더라도 위법하지는 않다.
㉢ 형사처벌의 대상이 되는 위법 시위가 예상되어 「경찰관직무집행법」에 근거하여 시위 참가를 위한 제지를 한 것은 적법하다.
㉣ 경찰관이 위험발생방지조치를 한 경우, 지체없이 소속 경찰관서의 장에게 보고하여야 한다.

① ㉠, ㉡ ② ㉡, ㉢
③ ㉢, ㉣ ④ ㉠, ㉣

40 **다음 중 경찰권의 행사 및 그 한계에 대한 설명으로 가장 옳지 않은 것은? (다툼이 있는 경우 판례에 의함)** 각론

① 경찰권의 행사가 있었던 경우에는 그것이 객관적 정당성을 상실하여 현저하게 불합리하다고 인정되지 않는 경우에도 그 경찰권 행사가 부적절하였거나 그와 다른 보다 완벽한 조치를 취하지 않았다거나 하는 이유로 경찰권 행사가 위법하게 된다.
② 경찰관이 직수살수의 방법으로 집회나 시위 참가자들을 해산시키려면, 해산사유를 구체적으로 고지하는 적법한 절차에 따른 해산명령을 시행한 후에 직수살수의 방법을 사용할 수 있다고 보아야 한다.
③ 경찰관은 형사처벌의 대상이 되는 행위가 눈앞에서 막 이루어지려고 하는 것이 객관적으로 인정될 수 있는 상황이고 그 행위를 제지하지 않으면 곧 인명·신체에 위해를 미치거나 재산에 중대한 손해를 끼칠 우려가 있는 상황이어서, 직접 제지하는 방법 외에는 위와 같은 결과를 막을 수 없는 급박할 상황일 때에만 「경찰관직무집행법」에 의하여 적법하게 그 행위를 제지할 수 있고, 그 범위 내에서만 경찰관의 제지 조치가 적법하다고 평가될 수 있다.
④ 경찰관은 불심검문 대상자에게 질문을 하기 위하여 필요한 최소한의 범위 내에서 사회통념상 용인될 수 있는 상당한 방법으로 대상자를 정지시킬 수 있고 질문에 수반하여 흉기의 소지 여부도 조사할 수 있다.

※ 지문의 내용에 대해 학설의 대립 등 다툼이 있는 경우 판례에 의함.

01 행정법의 일반원칙에 관한 설명으로 옳지 않은 것은? (다툼이 있는 경우 판례에 의함)

① 행정의 자기구속의 원칙은 재량준칙이 공표된 것만으로는 적용될 수 없다.

② 신뢰보호의 원칙에서 귀책사유의 유무는 상대방과 그로부터 신청행위를 위임받은 수임인 등 관계자 모두를 기준으로 판단하여야 한다.

③ 「행정기본법」상 권한남용금지의 원칙이란 행정주체가 행정작용을 함에 있어서 상대방에게 이와 실질적인 관련이 없는 의무를 부과하거나 그 이행을 강제하여서는 아니된다는 원칙을 말한다.

④ 신뢰보호의 원칙은 행정청이 공적인 견해를 표명할 당시의 사정이 그대로 유지됨을 전제로 적용되는 것이 원칙이므로, 사후에 그와 같은 사정이 변경된 경우에는 그 공적 견해가 더 이상 개인에게 신뢰의 대상이 된다고 보기 어려운 만큼, 특별한 사정이 없는 한 행정청이 그 견해표명에 반하는 처분을 하더라도 신뢰보호의 원칙에 위반된다고 할 수 없다.

02 재량권의 한계에 관한 설명으로 옳지 않은 것은? (다툼이 있는 경우 판례에 의함)

① 재량권 불행사 및 해태는 그 자체로서 재량권의 일탈·남용에 해당한다.

② 사실의 존부에 대한 판단에는 재량권이 인정될 수 있으므로 사실을 오인하여 재량권을 행사한 경우에는 그 처분이 위법하다고 할 수 없다.

③ 재량행위에 대한 사법심사는 행정청의 재량에 기초한 공익 판단의 여지를 감안하여 법원이 독자적인 결론을 내리지 않고 해당 처분에 재량권 일탈·남용이 있는지 여부만을 심사한다.

④ 수개의 징계사유 중 일부가 인정되지 않더라도 인정되는 다른 일부 징계사유만으로도 당해 징계처분의 타당성을 인정하기에 충분한 경우에는 그 징계처분은 위법하지 않다.

03 행정행위의 부관에 관한 설명으로 옳지 않은 것은? (다툼이 있는 경우 판례에 의함)

① 부담에 의해 부과된 의무를 불이행한 경우 부담부 행정행위는 당연히 효력을 상실한다.

② 「행정기본법」상 행정청은 부관을 붙일 수 있는 처분을 당사자가 동의한 경우에는 그 처분을 한 후에도 부관을 새로 붙이거나 종전의 부관을 변경할 수 있다.

③ 갱신신청 없이 유효기간이 지나면 주된 행정행위는 효력이 상실되므로 갱신기간이 지나 신청한 경우에는 기간연장신청이 아니라 새로운 허가신청으로 보아야 한다.

④ 행정행위가 그 내용상 장기간에 걸쳐 계속될 것이 예상되는데 유효기간이 허가 또는 특허된 사업의 성질상 부당하게 단기로 정해진 경우에는 그 유효기간을 '허가 또는 특허의 조건의 존속기간'으로 보아야 한다.

04 **행정행위의 효력발생요건에 관한 설명으로 옳지 않은 것은? (다툼이 있는 경우 판례에 의함)**

① 상대방이 존재하지 않는 행정행위에 있어서는 처분권자의 의사에 따라 상당한 방법으로 대외적으로 표시됨으로써 행정행위로서 성립하여 효력이 발생한다.

② 등기우편과는 달리, 보통우편의 방법으로 발송되었다는 사실만으로는 그 우편물이 상당한 기간 내에 도달하였다고 추정할 수 없고, 송달의 효력을 주장하는 측에서 증거에 의하여 이를 입증하여야 한다.

③ 상대방이 부당하게 등기취급 우편물의 수취를 거부함으로써 그 우편물의 내용을 알 수 있는 객관적 상태의 형성을 방해한 경우, 그러한 상태가 형성되지 아니하였다는 사정만으로 발송인의 의사표시의 효력을 부정하는 것은 신의성실의 원칙에 반하므로 허용되지 않는다.

④ 상대방이 있는 행정처분은 상대방에게 통지 또는 도달되어야 효력이 발생하므로 인터넷 홈페이지에 장해등급 결정 내용을 게시하고 상대방이 그 홈페이지에 접속하여 결정 내용을 알게 되었다면 송달이 이루어졌다고 볼 수 있다.

05 **행정행위의 하자의 승계에 관한 설명으로 옳지 않은 것은? (다툼이 있는 경우 판례에 의함)**

① 선행 행정행위에 불가쟁력이 발생하지 않은 경우에도 하자의 승계가 인정된다.

② 선행 행정행위가 무효인 경우에는 후행 행정행위도 당연히 무효이므로 하자의 승계문제가 제기되지 않는다.

③ 선행 행정행위와 후행 행정행위가 서로 합하여 1개의 법률효과를 완성하는 때에는 선행 행정행위에 하자가 있으면 그 하자는 후행 행정행위에 승계된다.

④ 선행 행정행위와 후행 행정행위가 서로 독립하여 별개의 법률효과를 목적으로 하는 경우에도 선행 행정행위의 불가쟁력이나 구속력이 그로 인하여 불이익을 입게 되는 자에게 수인한도를 넘는 가혹함을 가져오며, 그 결과가 당사자에게 예측가능한 것이 아닌 경우에는 선행행위의 위법을 후행행위의 위법사유로 주장할 수 있다.

06 **하자 있는 행정행위의 치유에 관한 설명으로 옳지 않은 것은? (다툼이 있는 경우 판례에 의함)**

① 무효인 행정행위의 치유는 인정될 수 없다.

② 하자 있는 행정행위의 치유는 행정행위의 성질이나 법치주의의 관점에서 볼 때 원칙적으로 허용될 수 없는 것이나 예외적으로 행정행위의 무용한 반복을 피하고 당사자의 법적 안정성을 위해 이를 허용할 수 있다.

③ 노선여객자동차운송사업의 사업계획변경인가처분에 관한 하자가 행정처분의 내용에 관한 것이고 새로운 노선면허가 소 제기 이후에 이루어진 사정 등에 비추어 하자의 치유를 인정하여야 한다.

④ 행정청이 처분절차에서 관계 법령의 절차 규정을 위반하여 절차적 정당성이 상실된 경우에는 해당 처분은 위법하고 원칙적으로 취소하여야 한다. 다만 처분 상대방이나 관계인의 의견진술권이나 방어권 행사에 실질적으로 지장이 초래되었다고 볼 수 없는 특별한 사정이 있는 경우에는 절차 규정 위반으로 인하여 처분절차의 절차적 정당성이 상실되었다고 볼 수 없으므로 해당 처분을 취소할 것은 아니다.

07 행정행위의 직권취소에 관한 설명으로 옳지 않은 것은? (다툼이 있는 경우 판례에 의함)

① 판례는 원칙적으로 침익적 행정행위와 수익적 행정행위 모두 취소의 취소를 인정하고 있다.

② 수익적 행정행위의 하자나 취소해야 할 필요성에 관한 증명책임은 기존 이익과 권리를 침해하는 처분을 한 행정청에 있다.

③ 수익적 행정행위의 취소 제한에 관한 법리는 처분청이 수익적 행정행위를 직권으로 취소하는 경우에 적용되는 법리일 뿐 쟁송취소의 경우에는 원칙상 적용되지 않는다.

④ 수익적 행정행위를 취소할 때에는 이를 취소하여야 할 중대한 공익상 필요와 취소로 인하여 처분 상대방이 입게 될 기득권과 법적 안정성에 대한 침해 정도 등 불이익을 비교·교량한 후 공익상 필요가 강한 경우에 한하여 취소할 수 있다.

08 「행정기본법」상 처분에 관한 규정 내용으로 옳지 않은 것은?

① 처분은 권한이 있는 기관이 취소 또는 철회하거나 기간의 경과 등으로 소멸되기 전까지는 유효한 것으로 통용된다. 다만, 무효인 처분은 처음부터 그 효력이 발생하지 아니한다.

② 당사자의 신청에 따른 처분은 법령등에 특별한 규정이 있거나 처분 당시의 법령등을 적용하기 곤란한 특별한 사정이 있는 경우를 제외하고는 처분 당시의 법령등에 따른다.

③ 행정청은 위법 또는 부당한 처분의 전부나 일부를 소급하여 취소할 수 있다. 다만, 당사자의 신뢰를 보호할 가치가 있는 등 정당한 사유가 있는 경우에는 장래를 향하여 취소할 수 있다.

④ 행정청은 법령등의 위반행위가 종료된 날부터 3년이 지나면 해당 위반행위에 대하여 제재처분(인허가의 정지·취소·철회, 등록 말소, 영업소 폐쇄와 정지를 갈음하는 과징금 부과를 말한다)을 할 수 없다.

09 「행정조사기본법」의 규정 내용으로 옳지 않은 것은?

① 행정기관의 장은 인터넷 등 정보통신망을 통하여 조사대상자로 하여금 자료의 제출 등을 하게 할 수 있다.

② 행정기관의 장은 법령등에서 규정하고 있는 조사사항을 조사대상자로 하여금 스스로 신고하도록 하는 제도를 운영할 수 있다.

③ 행정조사를 실시할 행정기관의 장은 행정조사를 실시한 후에 다른 행정기관에서 동일한 조사대상자에게 동일하거나 유사한 사안에 대하여 행정조사를 실시하였는지 여부를 확인하여야 한다.

④ 행정조사는 법령등 또는 행정조사운영계획으로 정하는 바에 따라 정기적으로 실시함을 원칙으로 하지만, 법령등의 위반에 대한 신고를 받거나 민원이 접수된 경우에는 수시조사를 할 수 있다.

10 행정상 강제집행에 관한 설명으로 옳지 않은 것은? (다툼이 있는 경우 판례에 의함)

① 행정법상의 의무 이행이 있는 경우에 행정청이 의무자의 신체 또는 재산에 실력을 가하여 의무를 이행시키거나 이행한 것과 동일한 상태를 실현하는 작용을 행정상 강제집행이라고 한다.

② 행정상 강제집행에는 장래에 향하여 의무 이행을 강제하는 것을 직접적인 목적으로 하며 이에는 행정대집행, 이행강제금의 부과, 직접강제, 강제징수, 즉시강제, 보안처분 등이 있다.

③ 대집행의 근거법으로는 대집행에 관한 일반법인 「행정대집행법」과 대집행에 관한 개별법 규정이 있고 행정상 강제징수에 대한 근거법으로 「국세징수법」과 「국세징수법」을 준용하는 여러 개별법 규정이 있다.

④ 행정청이 행정대집행의 방법으로 건물의 철거 등 대체적 작위의무의 이행을 실현할 수 있는 경우에는 따로 민사소송의 방법으로 그 의무의 이행을 구할 수 없다.

11 행정대집행에 관한 설명으로 옳지 않은 것은? (다툼이 있는 경우 판례에 의함)

① 대집행은 계고, 대집행 영장에 의한 통지, 대집행의 실행, 대집행 비용의 징수를 거쳐 행한다.
② 비상시 또는 위험이 절박한 경우에 있어서 당해 행위의 급속한 실시를 요하여 계고를 취할 여유가 없을 때에는 계고를 거치지 아니하고 대집행을 할 수 있다.
③ 대집행 비용의 징수에 있어서는 행정청은 그 금액과 그 납기일을 정하여 의무자에게 구두로써 납부를 명하여야 한다. 비용납부명령은 비용 납부의무를 발생시키는 행정행위이다.
④ 계고처분은 상당한 이행기간을 정하여야 하는데 상당한 이행기간이라 함은 사회통념상 의무자가 스스로 의무를 이행하는 데 필요한 기간을 말한다.

12 행정질서벌(과태료)에 관한 설명으로 옳은 것은? (다툼이 있는 경우 판례에 의함)

① 행정질서벌인 과태료는 형법총칙이 적용된다.
② 「질서위반행위규제법」에 의하면, 자신의 행위가 위법하지 아니한 것으로 오인하고 행한 질서위반행위는 그 오인에 정당한 이유가 있는 때에 한하여 과태료를 부과하지 아니한다.
③ 과태료 부과권자는 개별 법률에서 정함이 없이 법원이 「형법」에 따라 정하며 개별 법률에서 행정청이 부과하도록 한 경우에도 행정청의 과태료 부과에 불복하는 경우 법원이 「형사소송법」 절차에 따라 부과한다.
④ 행정청에 의해 부과되는 경우에 과태료 부과행위는 행정행위인데 「질서위반행위규제법」은 과태료 부과에 이의가 제기된 경우에 행정청의 과태료 부과처분은 그 효력이 상실되고 이의 제기를 받은 부과행정청은 관할 검찰에 통보하여 검사가 과태료를 결정한다.

13 이행강제금에 관한 설명으로 옳지 않은 것은? (다툼이 있는 경우 판례에 의함)

① 「농지법」상 이행강제금 부과처분은 항고소송의 대상이 되는 처분이 아니다.
② 이행강제금 납부의무는 상속인 기타의 사람에게 승계할 수 있는 성질의 것으로 사망한 사람에게 이행강제금을 부과하는 처분이나 결정도 가능하다.
③ 「행정기본법」상 이행강제금의 부과란 의무자가 행정상 의무를 이행하지 아니하는 경우 행정청이 적절한 이행기간을 부여하고, 그 기한까지 행정상 의무를 이행하지 아니하면 금전급부의무를 부과하는 것을 말한다.
④ 「행정기본법」상 행정청은 의무자가 계고에서 정한 기한까지 행정상 의무를 이행하지 아니한 경우 이행강제금의 부과 금액, 사유, 시기를 문서로 명확하게 적어 의무자에게 통지하여야 하고 행정상 의무를 이행할 때까지 이행강제금을 반복하여 부과할 수 있다.

14 **행정상 즉시강제에 관한 설명으로 옳지 않은 것은? (다툼이 있는 경우 판례에 의함)**

① 즉시강제는 급박한 행정상의 장애를 제거할 필요시 그 의무를 명할 시간적 여유가 없을 때 즉시 국민의 신체 또는 재산에 실력을 가하여 행정상의 필요한 상태를 실현하는 행정작용을 말한다.

② 즉시강제는 법치국가의 요청인 예측가능성과 법적 안정성에 반하고 기본권 침해의 소지가 큰 권력작용이므로 행정강제는 행정상 강제집행을 원칙으로 하고 행정상 즉시강제는 예외적으로 인정되어야 한다.

③ 즉시강제는 행정 목적을 달성하기 위하여 필요한 경우에 한하여 행해져야 하고 긴급한 필요가 있더라도 영장주의가 반드시 적용되어야 한다는 것이 판례의 입장이다.

④ 즉시강제를 실시하기 위하여 현장에 파견되는 집행책임자는 그가 집행책임자임을 표시하는 증표를 보여주어야 하며, 즉시강제의 이유와 내용을 고지하여야 하며, 즉시강제를 하려는 재산의 소유자 또는 점유자를 알 수 없거나 현장에서 그 소재를 즉시 확인하기 어려운 경우에는 즉시강제를 실시한 후 집행책임자의 이름 및 그 이유와 내용을 고지할 수 있다.

15 **「행정절차법」에 관한 설명으로 옳지 않은 것은? (다툼이 있는 경우 판례에 의함)**

① 적법절차원칙은 형사절차상의 영역에 한정되지 않고 입법, 행정 등 국가의 모든 공권력의 작용에 적용되는데 이것은 국가권력이 개인의 권익을 제한하는 경우에 개인의 권익을 보호하기 위한 적정한 절차를 거쳐야 한다는 것을 의미한다.

② 적법절차는 헌법적 효력을 가지며 행정절차에도 적용되므로 적법한 행정절차규정이 없는 경우 적법절차원칙이 직접 적용되어 적법절차에 따르지 않는 행정처분은 위법하다.

③ 행정처분을 함에 있어서 이해관계인에게 의견 진술의 기회를 주는 것은 행정절차의 요소인데 「행정절차법」상 의견청취에는 의견제출, 청문, 공청회가 있다.

④ 행정청은 당사자등이 제출한 의견을 반영하지 아니하고 처분을 한 경우 당사자등이 처분이 있음을 안 날로부터 180일 이내에 그 이유의 설명을 요청하면 서면으로 그 이유를 알려야 한다.

16 「공공기관의 정보공개에 관한 법률」상 정보공개 제도에 관한 설명으로 옳지 않은 것은? (다툼이 있는 경우 판례에 의함)

① 정보공개는 비공개를 원칙으로 하고 공개는 예외에 해당하므로 비공개 대상정보는 제한적으로 해석하여야 한다.

② 정보공개청구권자가 공공기관에 대해 정보의 사본 또는 출력물의 교부의 방법으로 공개방법을 선택하여 정보공개청구를 하는 경우에 「공공기관의 정보공개에 관한 법률」에서 규정한 정보의 사본 또는 복제물의 교부를 제한할 수 있는 사유에 해당하지 않는 한 정보공개청구권자가 선택한 공개방법에 따라 정보를 공개하여야 하므로 그 공개방법을 선택할 재량권이 없다고 해석함이 상당하다.

③ 공개청구의 대상이 되는 정보란 공공기관이 직무상 작성 또는 취득하여 현재 보유·관리하고 있는 문서·도면·사진·필름·테이프·슬라이드 및 이에 준하는 매체 등에 기록된 사항을 말하고 반드시 그 문서가 원본일 필요는 없다.

④ 공개청구의 대상이 되는 정보가 이미 다른 사람에게 공개되어 널리 알려져 있다거나 인터넷 등을 통하여 공개되어 인터넷 검색 등을 통하여 쉽게 알 수 있다는 사정만으로는 소의 이익이 없다거나 비공개 결정이 정당화될 수 없다.

17 「행정절차법」상 위반사실등의 공표에 관한 규정 내용으로 옳지 않은 것은?

① 위반사실등의 공표는 관보, 공보 또는 인터넷 홈페이지 등을 통하여 한다.

② 행정청은 법령에 따른 의무를 위반한 자의 성명·법인명, 위반사실, 의무 위반을 이유로 한 처분사실 등을 법률로 정하는 바에 따라 일반에게 공표할 수 있다.

③ 행정청은 위반사실등의 공표를 하기 전에 당사자가 공표와 관련된 의무의 이행, 원상회복, 손해배상 등의 조치를 마친 경우에도 위반사실등의 공표를 하여야 한다.

④ 행정청은 위반사실등의 공표를 하기 전에 사실과 다른 공표로 인하여 당사자의 명예·신용 등이 훼손되지 아니하도록 객관적이고 타당한 증거와 근거가 있는지를 확인하여야 한다.

18 「국가배상법」에 관한 설명으로 옳지 않은 것은? (다툼이 있으면 판례에 의함)

① 「국가배상법」상 생명·신체의 침해로 인한 국가배상을 받을 권리는 양도할 수 있으나 압류하지 못한다.

② 「국가배상법」은 외국인이 피해자인 경우에는 해당 국가와 상호 보증이 있을 때에만 적용한다.

③ 「국가배상법」에 따른 손해배상의 소송은 배상심의회에 배상신청을 하지 아니하고도 제기할 수 있다.

④ 「국가배상법」 제2조가 적용되는 '공무원의 직무'에는 권력적 작용만이 아니라 비권력적 작용도 포함되며 단지 행정주체가 사경제주체로서 하는 활동만 제외된다.

19 「공익사업을 위한 토지 등의 취득 및 보상에 관한 법률」의 규정 내용으로 옳지 않은 것은?

① 토지수용위원회의 재결은 서면으로 한다.
② 보상금증감청구소송인 경우 그 소송을 제기하는 자가 토지소유자 또는 관계인일 때에는 관할 토지수용위원회를 피고로 한다.
③ 사업인정고시가 된 후 협의가 성립되지 아니하였을 때에는 토지소유자와 관계인은 대통령령으로 정하는 바에 따라 서면으로 사업시행자에게 재결을 신청할 것을 청구할 수 있다.
④ 사업시행자는 동일한 사업지역에 보상시기를 달리하는 동일인 소유의 토지등이 여러 개 있는 경우 토지소유자나 관계인이 요구할 때에는 한꺼번에 보상금을 지급하도록 하여야 한다.

20 행정심판에 관한 설명으로 옳지 않은 것은? (다툼이 있으면 판례에 의함)

①「행정심판법」상 사정재결은 무효등확인심판에는 적용하지 아니한다.
②「행정심판법」상 법인이 아닌 사단 또는 재단으로서 대표자나 관리인이 정하여져 있는 경우에도 그 사단이나 재단의 이름으로 심판청구를 할 수 없다.
③「행정심판법」상 행정심판위원회는 심판청구가 이유가 있다고 인정하는 경우에도 이를 인용(認容)하는 것이 공공복리에 크게 위배된다고 인정하면 그 심판청구를 기각하는 재결을 할 수 있다.
④ 행정심판에 있어서 행정심판위원회의 재결 내용이 처분청의 처분을 스스로 취소하는 것일 때에는 그 재결의 형성력이 발생하여 당해 행정처분은 별도의 행정처분을 기다릴 것 없이 당연히 취소되어 소멸되는 것이다.

21 「행정심판법」의 규정 내용으로 옳지 않은 것은?

① 행정심판위원회는 필요하면 당사자가 주장하지 아니한 사실에 대하여도 심리할 수 있다.
② 행정심판위원회는 심판청구의 대상이 되는 처분보다 청구인에게 불리한 재결을 하지 못한다.
③ 행정심판위원회는 심판청구의 대상이 되는 처분 또는 부작위 외의 사항에 대하여도 재결할 수 있다.
④ 심리기일은 행정심판위원회가 직권으로 지정하며, 심리기일의 변경은 직권으로 또는 당사자의 신청에 의하여 한다.

22 행정소송의 피고에 관한 설명으로 옳은 것은? (다툼이 있는 경우 판례에 의함)

① 저작권심의조정위원회 위원장은 저작권 등록업무의 처분청으로서 그 등록처분에 대한 무효확인소송에서 피고적격을 가진다.
② 중앙노동위원회의 처분에 대한 소송은 중앙노동위원회를 피고로 한다.
③ 행정처분을 행할 적법한 권한 있는 상급행정청으로부터 내부위임을 받은 데 불과한 하급행정청이 권한 없이 행정처분을 한 경우에도 그 상급행정청을 그 처분에 대한 행정소송의 피고로 한다.
④ 에스에이치공사가 택지개발사업 시행자인 서울특별시장으로부터 이주대책 수립권한을 포함한 택지개발사업에 따른 권한을 위임 또는 위탁받은 경우, 이주대책 대상자들이 에스에이치공사 명의로 이루어진 이주대책에 관한 처분에 대한 취소소송을 제기함에 있어 정당한 피고는 에스에이치공사가 된다.

23 **항고소송의 대상에 관한 설명으로 옳은 것은? (다툼이 있는 경우 판례에 의함)**

① 「병역법」상 군의관이 하는 징병검사시의 신체등위 판정은 항고소송의 대상이 되는 행정처분이다.
② 지방의회 의장에 대한 불신임의결은 의장으로서의 권한을 박탈하는 행정처분의 일종으로서 항고소송의 대상이 된다.
③ 세무조사결정은 항고소송의 대상이 되는 행정처분에 해당하지 않는다.
④ 구 「남녀차별금지 및 구제에 관한 법률」상 국가인권위원회의 성희롱 결정 및 시정조치권고는 행정소송의 대상이 되는 행정처분에 해당하지 않는다.

24 **「행정소송법」의 규정 내용으로 옳지 않은 것은?**

① 원고가 피고를 잘못 지정한 때에는 법원은 원고의 신청에 의하여 결정으로써 피고의 경정을 허가할 수 있다.
② 사정판결의 경우 법원은 그 판결의 주문에서 그 처분 등이 위법함을 명시할 필요는 없다.
③ 법원은 필요하다고 인정할 때에는 직권으로 증거조사를 할 수 있고, 당사자가 주장하지 아니한 사실에 대하여도 판단할 수 있다.
④ 법원은 취소소송을 당해 처분등에 관계되는 사무가 귀속하는 국가 또는 공공단체에 대한 당사자소송 또는 취소소송외의 항고소송으로 변경하는 것이 상당하다고 인정할 때에는 청구의 기초에 변경이 없는 한 사실심의 변론종결시까지 원고의 신청에 의하여 결정으로써 소의 변경을 허가할 수 있다.

25 **행정소송에 관한 설명으로 옳은 것은? (다툼이 있는 경우 판례에 의함)**

① 광주광역시문화예술회관장의 시립합창단원에 대한 재위촉 거부는 공법상 당사자소송의 대상이 아니다.
② 「행정소송법」상 판결에 의하여 취소되는 처분이 당사자의 신청을 거부하는 것을 내용으로 하는 경우에는 그 처분을 행한 행정청은 판결의 취지에 따라 다시 이전의 신청에 대한 처분을 하여야 한다.
③ 납세의무부존재확인의 소는 공법상의 법률관계 그 자체를 다투는 소송으로서의 공법상 당사자소송에 해당하지 않는다.
④ 「행정소송법」상 기관소송은 국가 또는 공공단체의 기관이 법률에 위반되는 행위를 한 때에 직접 자기의 법률상 이익과 관계없이 그 시정을 구하기 위하여 제기하는 소송이다.

ANSWER + OMR 답안지

2025 전효진 행정법총론

전범위 모의고사

+ 실전 기출

정답과 해설

실전동형 모의고사 제1회								문제 6쪽	
01	③	02	③	03	①	04	②	05	①
06	③	07	②	08	①	09	③	10	①
11	①	12	③	13	①	14	③	15	②
16	③	17	④	18	③	19	②	20	③

01

정답 ③

③ ✕ 농지법 제62조 제6항, 제7항이 위와 같이 이행강제금 부과처분에 대한 불복절차를 분명하게 규정하고 있으므로, 이와 다른 불복절차를 허용할 수는 없다. 설령 관할청이 이행강제금 부과처분을 하면서 재결청에 행정심판을 청구하거나 관할 행정법원에 행정소송을 할 수 있다고 잘못 안내하거나 관할 행정심판위원회가 각하재결이 아닌 기각재결을 하면서 관할 법원에 행정소송을 할 수 있다고 잘못 안내하였다고 하더라도, 그러한 잘못된 안내로 행정법원의 항고소송 재판관할이 생긴다고 볼 수도 없다(대판 2019. 4. 11. 2018두42955).

④ ○ 대판 1982. 7. 27. 82다173

① ○ 대판 2004. 10. 15. 2003두6573

② ○ 정부의 수도권 소재 공공기관의 지방이전시책을 추진하는 과정에서 도지사가 도 내 특정시를 공공기관이 이전할 혁신도시 최종입지로 선정한 행위는 항고소송의 대상이 되는 행정처분이 아니다(대판 2007. 11. 15. 2007두10198).

02

정답 ③

ㄱ. ○ 구 건축법 시행규칙 제11조의 규정은 단순히 행정관청의 사무집행의 편의를 위한 것이 아니라, 허가대상 건축물의 양수인에게 건축주의 명의변경을 신고할 수 있는 공법상의 권리를 인정하고 있다(대판 2014. 10. 15. 2014두37658).

ㄴ. ✕ **당사자의 신청을 받아들이지 않은 거부처분이 재결에서 취소된 경우, 재결의 취소를 구할 법률상 이익이 있는지 여부(소극)** 행정청이 한 처분 등의 취소를 구하는 소송은 처분에 의하여 발생한 위법 상태를 배제하여 원래 상태로 회복시키고 처분으로 침해된 권리나 이익을 구제하고자 하는 것이다. 따라서 해당 처분 등의 취소를 구하는 것보다 실효적이고 직접적인 구제수단이 있음에도 처분 등의 취소를 구하는 것은 특별한 사정이 없는 한 분쟁해결의 유효적절한 수단이라고 할 수 없어 법률상 이익이 있다고 할 수 없다. 그런데 당사자의 신청을 받아들이지 않은 거부처분이 재결에서 취소된 경우에 행정청은 종전 거부처분 또는 재결 후에 발생한 새로운 사유를 내세워 다시 거부처분을 할 수 있다. 그 재결의 취지에 따라 이전의 신청에 대하여 다시 어떠한 처분을 하여야 할지는 처분을 할 때의 법령과 사실을 기준으로 판단하여야 하기 때문이다. 또한 행정청이 재결에 따라 이전의 신청을 받아들이는 후속처분을 하였더라도 후속처분이 위법한 경우에는 재결에 대한 취소소송을 제기하지 않고도 곧바로 후속처분에 대한 항고소송을 제기하여 다툴 수 있다. 나아가 거부처분을 취소하는 재결이 있더라도 그에 따른 후속처분이 있기까지는 제3자의 권리나 이익에 변동이 있다고 볼 수 없고 후속처분 시에 비로소 제3자의 권리나 이익에 변동이 발생하며, 재결에 대한 항고소송을 제기하여 재결을 취소하는 판결이 확정되더라도 그와 별도로 후속처분이 취소되지 않는 이상 후속처분으로 인한 제3자의 권리나 이익에 대한 침해 상태는 여전히 유지된다. 이러한 점들을 종합하면, 거부처분이 재결에서 취소된 경우 재결에 따른 후속처분이 아니라 그 재결의 취소를 구하는 것은 실효적이고 직접적인 권리구제수단이 될 수 없어 분쟁해결의 유효적절한 수단이라고 할 수 없으므로 법률상 이익이 없다(대판 2017. 10. 31. 2015두45045).

ㄷ. ✕ 행정처분의 직접 상대방이 아닌 제3자라도 당해 처분에 관하여 법률상 직접적이고 구체적인 이해관계를 가지는 경우에는 당해 처분 취소소송의 원고적격이 인정되나, 사실상 간접적이고 경제적인 이해관계를 가지는 데 불과한 경우에는 그러한 원고적격이 인정될 수 없다(대판 1997. 12. 12. 97누317).

ㄹ. ○ 원고들은 각 한문, 영어, 음악과목에 관한 교과용 도서에 대하여 검정신청을 하였던 자들이므로 자신들이 검정신청한 교과서의 과목과 전혀 관계가 없는 수학, 미술과목의 교과용 도서에 대한 합격결정처분에 대하여는 그 취소를 구할 법률상의 이익이 없다 할 것이다(대판 1992. 4. 24. 91누6634).

03

정답 ①

① ✕ 기간제로 임용되어 임용기간이 만료된 국·공립대학의 조교수는 교원으로서의 능력과 자질에 관하여 합리적인 기준에 의한 공정한 심사를 받아 위 기준에 부합되면 특별한 사정이 없는 한 재임용되리라는 기대를 가지고 재임용 여부에 관하여 합리적인 기준에 의한 공정한 심사를 요구할 법규상 또는 조리상 신청권을 가진다고 할 것이니, 임용권자가 임용기간이 만료된 조교수에 대하여 재임용을 거부하는 취지로 한 임용기간만료의 통지는 위와 같은 대학교원의 법률관계에 영향을 주는 것으로서 행정소송의 대상이 되는 처분에 해당한다(대판 2004. 4. 22. 2000두7735 전원합의체).

② ○ 건축물대장의 용도는 건축물의 소유권을 제대로 행사하기 위한 전제요건으로서 건축물 소유자의 실체적 권리관계에 밀접하게 관련되어 있으므로, 건축물대장 소관청의 용도변경신청 거부행위는 국민의 권리관계에 영향을 미치는 것으로서 항고소송의 대상이 되는 행정처분에 해당한다(대판 2009. 1. 30. 2007두7277).

③ ○ 한국철도시설공단이 甲 주식회사에 대하여 시설공사 입찰참가 당시 허위 실적증명서를 제출하였다는 이유로 향후 2년간 공사낙찰적격심사 시 종합취득점수의 10/100을 감점한다는 내용의 통보를 한 사안에서, 위 통보는 행정소송의 대상이 되는 행정처분이라고 할 수 없다고 한 사례(대판 2014. 12. 24. 2010두6700)

④ ○ 학교안전공제회는 행정청 또는 그 소속기관이나 법령에 의하여 행정권한을 위임받은 공공단체가 아니므로 보상심사청구 기각결정은 항고소송의 대상인 행정처분이 아니다(대판 2012. 12. 13. 2010두20874).

04

정답 ②

② ○ 형사본안사건에서 무죄가 선고되어 확정되었다면 형사소송법 제332조 규정에 따라 검사가 압수물을 제출자나 소유자 기타 권

리자에게 환부하여야 할 의무가 당연히 발생한 것이고, 권리자의 환부신청에 대한 검사의 환부결정 등 어떤 처분에 의하여 비로소 환부의무가 발생하는 것은 아니므로 압수가 해제된 것으로 간주된 압수물에 대하여 피압수자나 기타 권리자가 민사소송으로 그 반환을 구함은 별론으로 하고 검사가 피압수자의 압수물 환부신청에 대하여 아무런 결정이나 통지도 하지 아니하고 있다고 하더라도 그와 같은 부작위는 현행 행정소송법상의 부작위위법확인소송의 대상이 되지 아니한다(대판 1995. 3. 10. 94누14018).

① ✕ 부작위위법확인의 소는 행정청이 국민의 법규상 또는 조리상의 권리에 기한 신청에 대하여 상당한 기간내에 일정한 처분, 즉 그 신청을 인용하는 적극적처분 또는 각하하거나 기각하는 등의 소극적처분을 하여야 할 법률상의 응답의무가 있음에도 불구하고 이를 하지 아니하는 경우, 판결(사실심의구두변론종결)시를 기준으로 그 부작위의 위법을 확인함으로써 행정청의 응답을 신속하게 하여 부작위 내지 무응답이라고 하는 소극적인 위법상태를 제거하는 것을 목적으로 하는 것이고, 나아가 당해 판결의 구속력에 의하여 행정청에게 처분 등을 하게 하고 당시 당해 처분 등에 대하여 불복이 있는 때에는 그 처분 등을 다투게 함으로써 최종적으로는 국민의 권리이익을 보호하려는 제도이므로, 소제기의 전후를 통하여 판결시까지 행정청이 그 신청에 대하여 적극 또는 소극의 처분을 함으로써 부작위상태가 해소된 때에는 소의 이익을 상실하게 되어 당해 소는 각하를 면할 수가 없는 것이다(대판 1990. 9. 25. 89누4758).

③ ✕ 부작위위법확인의 소는 부작위상태가 계속되는 한 그 위법의 확인을 구할 이익이 있다고 보아야 하므로 원칙적으로 제소기간의 제한을 받지 않으나, 행정소송법 제38조 제2항이 제소기간을 규정한 같은 법 제20조를 부작위위법확인소송에 준용하고 있는 점에 비추어 보면, 행정심판 등 전심절차를 거친 경우에는 행정소송법 제20조가 정한 제소기간 내에 부작위위법확인의 소를 제기하여야 할 것이다(대판 2009. 7. 23. 2008두10560).

④ ✕

> **행정소송법 제38조(준용규정)** ② 제9조(재판관할), 제10조, 제13조 내지 제19조, 제20조, 제25조 내지 제27조, 제29조 내지 제31조, 제33조 및 제34조의 규정은 부작위위법확인소송의 경우에 준용한다.

05

정답 ①

① ✕ **국가를 상대로 하는 당사자소송의 경우에는 가집행선고를 할 수 없다고 규정한 행정소송법 제43조가 평등원칙에 위배되는지 여부(적극)** 심판대상조항은 재산권의 청구에 관한 당사자소송 중에서도 피고가 공공단체 그 밖의 권리주체인 경우와 국가인 경우를 다르게 취급한다. 가집행의 선고는 불필요한 상소권의 남용을 억제하고 신속한 권리실행을 하게 함으로써 국민의 재산권과 신속한 재판을 받을 권리를 보장하기 위한 제도이고, 당사자소송 중에는 사실상 같은 법률조항에 의하여 형성된 공법상 법률관계라도 당사자를 달리 하는 경우가 있다. 동일한 성격인 공법상 금전지급 청구소송임에도 피고가 누구인지에 따라 가집행선고를 할 수 있는지 여부가 달라진다면 상대방 소송 당사자인 원고로 하여금 불합리한 차별을 받도록 하는 결과가 된다. 재산권의 청구가 공법상 법률관계를 전제로 한다는 점만으로 국가를 상대로 하는 당사자소송에서 국가를 우대할 합리적인 이유가 있다고 할 수 없고, 집행가능성 여부에 있어서도 국가와 지방자치단체 등이 실질적인 차이가 있다고 보기 어렵다는 점에서, 심판대상조항은 국가가 당사자소송의 피고인 경우 가집행의 선고를 제한하여, 국가가 아닌 공공단체 그 밖의 권리주체가 피고인 경우에 비하여 합리적인 이유 없이 차별하고 있으므로 평등원칙에 반한다(헌재 2022. 2. 24. 2020헌가12).

② O

> **행정소송법 제44조(준용규정)** ① 제14조 내지 제17조, 제22조, **제25조(행정심판기록 제출명령)**, 제26조, 제30조제1항, 제32조 및 제33조의 규정은 당사자소송의 경우에 준용한다.

③ O 행정소송법 제44조, 제10조에 의한 관련청구소송 병합은 본래의 당사자소송이 적법할 것을 요건으로 하는 것이어서 본래의 당사자소송이 부적법하여 각하되면 그에 병합된 관련청구소송도 소송요건을 흠결하여 부적합하므로 각하되어야 한다(대판 2011. 9. 29. 2009두10963).

④ O 국토의 계획 및 이용에 관한 법률 제130조 제3항에서 정한 토지의 소유자·점유자 또는 관리인(이하 '소유자 등'이라 한다)이 사업시행자의 일시 사용에 대하여 정당한 사유 없이 동의를 거부하는 경우, 사업시행자는 해당 토지의 소유자 등을 상대로 동의의 의사표시를 구하는 소를 제기할 수 있다. 이와 같은 토지의 일시 사용에 대한 동의의 의사표시를 할 의무는 '국토의 계획 및 이용에 관한 법률'에서 특별히 인정한 공법상의 의무이므로, 그 의무의 존부를 다투는 소송은 '공법상의 법률관계에 관한 소송으로서 그 법률관계의 한쪽 당사자를 피고로 하는 소송', 즉 행정소송법 제3조 제2호에서 규정한 당사자소송이라고 보아야 한다(대판 2019. 9. 9. 2016다262550).

06

정답 ③

③ ✕ 부당결부금지의 원칙이란 행정주체가 행정작용을 함에 있어서 상대방에게 이와 실질적인 관련이 없는 의무를 부과하거나 그 이행을 강제하여서는 아니 된다는 원칙을 말한다(대판 2009. 2. 12. 2005다65500).

> **참고**
> **행정기본법 제12조(신뢰보호의 원칙)** ① 행정청은 공익 또는 제3자의 이익을 현저히 해칠 우려가 있는 경우를 제외하고는 행정에 대한 국민의 정당하고 합리적인 신뢰를 보호하여야 한다.
> ② 행정청은 권한 행사의 기회가 있음에도 불구하고 장기간 권한을 행사하지 아니하여 국민이 그 권한이 행사되지 아니할 것으로 믿을 만한 정당한 사유가 있는 경우에는 그 권한을 행사해서는 아니 된다. 다만, 공익 또는 제3자의 이익을 현저히 해칠 우려가 있는 경우는 예외로 한다.
> **제13조(부당결부금지의 원칙)** 행정청은 행정작용을 할 때 상대방에게 해당 행정작용과 실질적인 관련이 없는 의무를 부과해서는 아니 된다.

① O

> **행정기본법 제10조(비례의 원칙)** 행정작용은 다음 각 호의 원칙에 따라야 한다.
> 1. 행정목적을 달성하는 데 유효하고 적절할 것
> 2. 행정목적을 달성하는 데 필요한 최소한도에 그칠 것
> 3. 행정작용으로 인한 국민의 이익 침해가 그 행정작용이 의도하는 공익보다 크지 아니할 것

② O 「행정기본법」은 자기구속의 원칙을 명문으로 규정하고 있지 않다.
④ O 신뢰보호의 원칙은 행정청이 공적인 견해를 표명할 당시의 사정이 그대로 유지됨을 전제로 적용되는 것이 원칙이므로, 사후에 그와 같은 사정이 변경된 경우에는 그 공적 견해가 더 이상 개인에게 신뢰의 대상이 된다고 보기 어려운 만큼, 특별한 사정이 없는 한 행정청이 그 견해표명에 반하는 처분을 하더라도 신뢰보호의 원칙에 위반된다고 할 수 없다(대판 2020. 6. 25. 2018두34732).

07

정답 ②

② X

> **행정기본법 제21조(재량행사의 기준)** 행정청은 재량이 있는 처분을 할 때에는 관련 이익을 정당하게 형량하여야 하며, 그 재량권의 범위를 넘어서는 아니 된다.

① O 구 도로법(2015. 1. 28. 법률 제13086호로 개정되기 전의 것) 제61조 제1항에 의한 도로점용허가는 일반사용과 별도로 도로의 특정 부분에 대하여 특별사용권을 설정하는 설권행위이다. 도로관리청은 신청인의 적격성, 점용목적, 특별사용의 필요성 및 공익상의 영향 등을 참작하여 점용허가 여부 및 점용허가의 내용인 점용장소, 점용면적, 점용기간을 정할 수 있는 재량권을 갖는다(대판 2019. 1. 17. 2016두56721).
③ O 재량행위에 해당하는 행정행위에 대한 사법심사는 기속행위에 대한 사법심사와는 달리 행정청의 재량에 기초한 공익 판단의 여지를 감안하여 법원이 독자적인 결론을 내리지 않고 해당 행위에 재량권의 일탈·남용이 있는지 여부만을 심사하게 되고, 이러한 재량권의 일탈·남용 여부에 대한 심사는 사실오인, 비례·평등의 원칙 위배 등을 그 판단 대상으로 하며, 이러한 재량권의 일탈·남용에 대하여는 그 행정행위의 효력을 다투는 사람이 증명책임을 진다(대판 2016. 10. 27. 2015두41579).
④ O 대판 2002. 9. 24. 2002두6620

08

정답 ①

① X 사도개설허가에서 정해진 공사기간 내에 사도로 준공검사를 받지 못한 경우, 이 공사기간은 사도개설허가 자체의 존속기간(유효기간)으로 볼 수 없으므로 사도개설허가가 당연히 실효되는 것은 아니다(대판 2004. 11. 25. 2004두7023).
② O

> **행정기본법 제17조(부관)** ① 행정청은 처분에 재량이 있는 경우에는 부관(조건, 기한, 부담, 철회권의 유보 등을 말한다. 이하 이 조에서 같다)을 붙일 수 있다.
> ② 행정청은 처분에 재량이 없는 경우에는 법률에 근거가 있는 경우에 부관을 붙일 수 있다.
> ③ 행정청은 부관을 붙일 수 있는 처분이 다음 각 호의 어느 하나에 해당하는 경우에는 그 처분을 한 후에도 부관을 새로 붙이거나 종전의 부관을 변경할 수 있다.
> 1. 법률에 근거가 있는 경우
> 2. 당사자의 동의가 있는 경우
> 3. 사정이 변경되어 부관을 새로 붙이거나 종전의 부관을 변경하지 아니하면 해당 처분의 목적을 달성할 수 없다고 인정되는 경우
>
> ④ 부관은 다음 각 호의 요건에 적합하여야 한다.
> 1. 해당 처분의 목적에 위배되지 아니할 것
> 2. 해당 처분과 실질적인 관련이 있을 것
> 3. 해당 처분의 목적을 달성하기 위하여 필요한 최소한의 범위일 것

③ O 부담부 행정처분에 있어서 처분의 상대방이 부담을 이행하지 아니한 경우 후발적 하자이므로 행정청은 이를 이유로 당해 처분을 철회할 수 있다.
④ O 허가 또는 특허에 종료의 기한을 정하거나 취소권을 유보한 경우 그 기한이 그 허가 또는 특허된 그 사업의 성질상 부당하게 짧게 정하여졌다면 그 기한은 허가 또는 특허의 존속기한을 정한 것이며 그 기한도래시 그 조건의 개정을 고려한다는 뜻으로 해석할 것이고 또 취소권의 유보의 경우에 있어서도 무조건으로 취소권을 행사할 수 있는 것이 아니고 취소를 필요로 할 만한 공익상의 필요가 있는 때에 한하여 취소권을 행사할 수 있는 것이다(대판 1962. 2. 22. 4293행상42).

09

정답 ③

ㄱ. X '민주화운동관련자 명예회복 및 보상 등에 관한 법률' 제17조는 보상금 등의 지급에 관한 소송의 형태를 규정하고 있지 않지만, 위 규정 전단에서 말하는 보상금 등의 지급에 관한 소송은 '민주화운동관련자 명예회복 및 보상 심의위원회'의 보상금 등의 지급신청에 관하여 전부 또는 일부를 기각하는 결정에 대한 불복을 구하는 소송이므로 취소소송을 의미한다고 보아야 한다(대판 2008. 4. 17. 2005두16185 전원합의체).
ㄴ. O 지방소방공무원의 초과근무수당 지급청구권은 법령의 규정에 의하여 직접 그 존부나 범위가 정하여지고 법령에 규정된 수당의 지급요건에 해당하는 경우에는 곧바로 발생한다고 할 것이므로, 지방소방공무원이 자신이 소속된 지방자치단체를 상대로 초과근무수당의 지급을 구하는 청구에 관한 소송은 행정소송법 제3조 제2호에 규정된 당사자소송의 절차에 따라야 한다(대판 2013. 3. 28. 2012다102629).
ㄷ. O 도시 및 주거환경정비법상 행정주체인 주택재건축정비사업조합을 상대로 관리처분계획안에 대한 조합 총회결의의 효력 등을

다투는 소송은 행정처분에 이르는 절차적 요건의 존부나 효력 유무에 관한 소송으로서 그 소송결과에 따라 행정처분의 위법 여부에 직접 영향을 미치는 공법상 법률관계에 관한 것이므로, 이는 행정소송법상의 당사자소송에 해당한다(대판 2009. 9. 17. 2007다2428 전원합의체).

ㄹ. O 납세의무자에 대한 국가의 부가가치세 환급세액 지급의무에 대응하는 국가에 대한 납세의무자의 부가가치세 환급세액 지급청구는 민사소송이 아니라 행정소송법 제3조 제2호에 규정된 당사자소송의 절차에 따라야 한다(대판 2013. 3. 21. 2011다95564 전원합의체).

ㅁ. X 조세부과처분이 당연무효임을 전제로 하여 이미 납부한 세금의 반환을 청구하는 것은 민사상의 부당이득반환청구로서 민사소송절차에 따라야 한다(대판 1995. 4. 28. 94다55019).

10

정답 ①

① X 흠 있는 부분에 해당하는 점용료를 감액하는 처분은 당초 처분 자체를 일부 취소하는 변경처분에 해당하고, 그 실질은 종래의 위법한 부분을 제거하는 것으로서 흠의 치유와는 차이가 있다(대판 2019. 1. 17. 2016두56721·56738). → **행정소송법 제22조 제1항은 이를 전제로 처분변경으로 인한 소의 변경에 관하여 규정하고 있다. 점용료 부과처분에 취소사유에 해당하는 흠이 있는 경우 도로관리청으로서는 당초 처분 자체를 취소하고 흠을 보완하여 새로운 부과처분을 하거나, 흠 있는 부분에 해당하는 점용료를 감액하는 처분을 할 수 있다.**

② O 일정한 행정처분으로 국민이 일정한 이익과 권리를 취득하였을 경우에 종전 행정처분을 취소하는 행정처분은 이미 취득한 국민의 기존 이익과 권리를 박탈하는 별개의 행정처분으로 취소될 행정처분에 하자 또는 취소해야 할 공공의 필요가 있어야 하고, 나아가 행정처분에 하자 등이 있다고 하더라도 취소해야 할 공익상 필요와 취소로 당사자가 입게 될 기득권과 신뢰보호 및 법률생활안정의 침해 등 불이익을 비교·고량한 후 공익상 필요가 당사자가 입을 불이익을 정당화할 만큼 강한 경우에 한하여 취소할 수 있는 것이며, 하자나 취소해야 할 필요성에 관한 증명책임은 기존 이익과 권리를 침해하는 처분을 한 행정청에 있다(대판 2012. 3. 29. 2011두23375).

③ O 수익적 행정처분에 대한 취소권 등의 행사는 기득권의 침해를 정당화할 만한 중대한 공익상의 필요 또는 제3자의 이익보호의 필요가 있는 때에 한하여 허용될 수 있다는 법리는, 처분청이 수익적 행정처분을 직권으로 취소·철회하는 경우에 적용되는 법리일 뿐 쟁송취소의 경우에는 적용되지 않는다(대판 2019. 10. 17. 2018두104).

④ O 대판 1997. 10. 14. 96누14944

11

정답 ①

① X 부작위위법확인소송의 변론종결시까지 행정청의 처분으로 부작위상태가 해소된 때에는 부작위위법확인소송은 소의 이익을 상실하게 된다.

② O

행정소송법 제2조(정의) ① 이 법에서 사용하는 용어의 정의는 다음과 같다.
1. "처분등"이라 함은 행정청이 행하는 구체적 사실에 관한 법집행으로서의 공권력의 행사 또는 그 거부와 그 밖에 이에 준하는 행정작용(이하 "처분"이라 한다) 및 행정심판에 대한 재결을 말한다.
2. "부작위"라 함은 행정청이 당사자의 신청에 대하여 상당한 기간 내에 일정한 처분을 하여야 할 법률상 의무가 있음에도 불구하고 이를 하지 아니하는 것을 말한다.

② 이 법을 적용함에 있어서 행정청에는 법령에 의하여 행정권한의 위임 또는 위탁을 받은 행정기관, 공공단체 및 그 기관 또는 사인이 포함된다.

③ O 부작위 위법 여부의 판단 기준시는 사실심의 구두변론종결시이다(대판 1999. 4. 9. 98두12437).

④ O 부작위위법확인의 소는 부작위상태가 계속되는 한 그 위법의 확인을 구할 이익이 있다고 보아야 하므로 원칙적으로 제소기간의 제한을 받지 않는다. 그러나 행정소송법 제38조 제2항이 제소기간을 규정한 같은 법 제20조를 부작위위법확인소송에 준용하고 있는 점에 비추어 보면, 행정심판 등 전심절차를 거친 경우에는 행정소송법 제20조가 정한 제소기간 내에 부작위위법확인의 소를 제기하여야 한다(대판 2009. 7. 23. 2008두10560).

12

정답 ③

③ X ④ O

행정조사기본법 제25조(자율신고제도) ① 행정기관의 장은 법령등에서 규정하고 있는 조사사항을 조사대상자로 하여금 스스로 신고하도록 하는 제도를 운영할 수 있다.
② 행정기관의 장은 조사대상자가 제1항에 따라 신고한 내용이 거짓의 신고라고 인정할 만한 근거가 있거나 신고내용을 신뢰할 수 없는 경우를 제외하고는 그 신고내용을 행정조사에 갈음할 수 있다.

① O

행정조사기본법 제28조(정보통신수단을 통한 행정조사) ① 행정기관의 장은 인터넷 등 정보통신망을 통하여 조사대상자로 하여금 자료의 제출 등을 하게 할 수 있다.

② O

행정조사기본법 제25조(자율신고제도) ① 행정기관의 장은 법령등에서 규정하고 있는 조사사항을 조사대상자로 하여금 스스로 신고하도록 하는 제도를 운영할 수 있다.
② 행정기관의 장은 조사대상자가 제1항에 따라 신고한 내용이 거짓의 신고라고 인정할 만한 근거가 있거나 신고내용을 신뢰할 수 없는 경우를 제외하고는 그 신고내용을 행정조사에 갈음할 수 있다.

13

정답 ①

① × 신청에 대한 거부처분의 효력을 정지하더라도 거부처분이 없었던 것과 같은 상태, 즉 거부처분이 있기 전의 신청시의 상태로 되돌아가는 데에 불과하고 행정청에게 신청에 따른 처분을 하여야 할 의무가 생기는 것이 아니므로, 거부처분의 효력정지는 그 거부처분으로 인하여 신청인에게 생길 손해를 방지하는 데 아무런 보탬이 되지 아니하여 그 효력정지를 구할 이익이 없다(대결 1995. 6. 21. 95두26).

② ○ ④ ○

행정소송법 제23조(집행정지) ① 취소소송의 제기는 처분등의 효력이나 그 집행 또는 절차의 속행에 영향을 주지 아니한다.
② 취소소송이 제기된 경우에 처분등이나 그 집행 또는 절차의 속행으로 인하여 생길 회복하기 어려운 손해를 예방하기 위하여 긴급한 필요가 있다고 인정할 때에는 본안이 계속되고 있는 법원은 당사자의 신청 또는 직권에 의하여 처분등의 효력이나 그 집행 또는 절차의 속행의 전부 또는 일부의 정지(이하 "집행정지"라 한다)를 결정할 수 있다. 다만, 처분의 효력정지는 처분등의 집행 또는 절차의 속행을 정지함으로써 목적을 달성할 수 있는 경우에는 허용되지 아니한다.
③ 집행정지는 공공복리에 중대한 영향을 미칠 우려가 있을 때에는 허용되지 아니한다.
④ 제2항의 규정에 의한 집행정지의 결정을 신청함에 있어서는 그 이유에 대한 소명이 있어야 한다.
⑤ 제2항의 규정에 의한 집행정지의 결정 또는 기각의 결정에 대하여는 즉시항고할 수 있다. 이 경우 집행정지의 결정에 대한 즉시항고에는 결정의 집행을 정지하는 효력이 없다.
⑥ 제30조 제1항의 규정은 제2항의 규정에 의한 집행정지의 결정에 이를 준용한다.

행정소송법 제30조(취소판결등의 기속력) ① 처분등을 취소하는 확정판결은 그 사건에 관하여 당사자인 행정청과 그 밖의 관계행정청을 기속한다.

③ ○ 행정소송법이 정한 소송중 항고소송에 있어서는 행정소송법 제14조의 규정에 불구하고 민사소송법의 규정중 가처분에 관한 규정은 준용되지 않는다고 할 것이므로, 행정처분의 효력정지결정신청을 기각하는 결정에 대하여는 불복신청을 못한다고 할 것이나 민사소송법 제420조 제1항 소정의 특별항고는 할 수 있다(대결 1984. 6. 5. 84프2).

④ ○ 집행정지는 소송이 계속되는한 허용되므로 항소심이나 상고심에서도 집행정지의 신청이 가능하다.

14

정답 ③

③ ×

행정대집행법 제2조(대집행과 그 비용징수) 법률(법률의 위임에 의한 명령, 지방자치단체의 조례를 포함한다. 이하 같다)에 의하여 직접명령되었거나 또는 법률에 의거한 행정청의 명령에 의한 행위로서 타인이 대신하여 행할 수 있는 행위를 의무자가 이행하지 아니하는 경우 다른 수단으로써 그 이행을 확보하기 곤란하고 또한 그 불이행을 방치함이 심히 공익을 해할 것으로 인정될 때에는 당해 행정청은 스스로 의무자가 하여야 할 행위를 하거나 또는 제삼자로 하여금 이를 하게 하여 그 비용을 의무자로부터 징수할 수 있다.

① ○ 대집행의 발동 여부는 행정청의 재량에 속한다.

② ○ ④ ○

행정대집행법 제3조(대집행의 절차) ① 전조의 규정에 의한 처분(이하 대집행이라 한다)을 하려함에 있어서는 상당한 이행기한을 정하여 그 기한까지 이행되지 아니할 때에는 대집행을 한다는 뜻을 미리 문서로써 계고하여야 한다. 이 경우 행정청은 상당한 이행기한을 정함에 있어 의무의 성질·내용 등을 고려하여 사회통념상 해당 의무를 이행하는 데 필요한 기간이 확보되도록 하여야 한다.
② 의무자가 전항의 계고를 받고 지정기한까지 그 의무를 이행하지 아니할 때에는 당해 행정청은 대집행영장으로써 대집행을 할 시기, 대집행을 시키기 위하여 파견하는 집행책임자의 성명과 대집행에 요하는 비용의 개산에 의한 견적액을 의무자에게 통지하여야 한다.
③ 비상시 또는 위험이 절박한 경우에 있어서 당해 행위의 급속한 실시를 요하여 전2항에 규정한 수속을 취할 여유가 없을 때에는 그 수속을 거치지 아니하고 대집행을 할 수 있다.

제4조(대집행의 실행 등) ① 행정청(제2조에 따라 대집형을 실행하는 제3자를 포함한다. 이하 이 조에서 같다)은 해가 뜨기 전이나 해가 진 후에는 대집행을 하여서는 아니 된다. 다만, 다음 각 호의 어느 하나에 해당하는 경우에는 그러하지 아니하다.
1. 의무자가 동의한 경우
2. 해가 지기 전에 대집행을 착수한 경우
3. 해가 뜬 후부터 해가 지기 전까지 대집행을 하는 경우에는 대집행의 목적 달성이 불가능한 경우
4. 그 밖에 비상시 또는 위험이 절박한 경우

② 행정청은 대집행을 할 때 대집행 과정에서의 안전 확보를 위하여 필요하다고 인정하는 경우 현장에 긴급 의료장비나 시설을 갖추는 등 필요한 조치를 하여야 한다.
③ 대집행을 하기 위하여 현장에 파견되는 집행책임자는 그가 집행책임자라는 것을 표시한 증표를 휴대하여 대집행시에 이해관계인에게 제시하여야 한다.

제5조(비용납부명령서) 대집행에 요한 비용의 징수에 있어서는 실제에 요한 비용액과 그 납기일을 정하여 의무자에게 문서로써 그 납부를 명하여야 한다.

제6조(비용징수) ① 대집행에 요한 비용은 국세징수법의 예에 의하여 징수할 수 있다.
② 대집행에 요한 비용에 대하여서는 행정청은 사무비의 소속에 따라 국세에 다음가는 순위의 선취득권을 가진다.
③ 대집행에 요한 비용을 징수하였을 때에는 그 징수금은 사무비의 소속에 따라 국고 또는 지방자치단체의 수입으로 한다.

15

정답 ②

② ✗ 공무원에 대한 전보인사가 법령이 정한 기준과 원칙에 위배되거나 인사권을 다소 부적절하게 행사한 것으로 볼 여지가 있다 하더라도 그러한 사유만으로 그 전보인사가 당연히 불법행위를 구성한다고 볼 수는 없고, 인사권자가 당해 공무원에 대한 보복감정 등 다른 의도를 가지고 인사재량권을 일탈·남용하여 객관적 정당성을 상실하였음이 명백한 경우 등 전보인사가 우리의 건전한 사회통념이나 사회상규상 도저히 용인될 수 없음이 분명한 경우에, 그 전보인사는 위법하게 상대방에게 정신적 고통을 가하는 것이 되어 당해 공무원에 대한 관계에서 불법행위를 구성한다(대판 2009. 5. 28. 2006다16215).

① ○ 공무원이 고의 또는 과실로 그에게 부과된 직무상 의무를 위반하였을 경우라고 하더라도 국가는 그러한 직무상의 의무 위반과 피해자가 입은 손해 사이에 상당인과관계가 인정되는 범위 내에서만 배상책임을 지는 것이고, 이 경우 상당인과관계가 인정되기 위하여는 공무원에게 부과된 직무상 의무의 내용이 단순히 공공 일반의 이익을 위한 것이거나 행정기관 내부의 질서를 규율하기 위한 것이 아니고 전적으로 또는 부수적으로 사회구성원 개인의 안전과 이익을 보호하기 위하여 설정된 것이어야 한다(대판 2010. 9. 9. 2008다77795).

③ ○ 국가배상법 제5조 소정의 공공의 영조물이란 공유나 사유임을 불문하고 행정주체에 의하여 특정공공의 목적에 공여된 유체물 또는 물적 설비를 의미하므로 사실상 군민의 통행에 제공되고 있던 도로 옆의 암벽으로부터 떨어진 낙석에 맞아 소외인이 사망하는 사고가 발생하였다고 하여도 동 사고지점 도로가 피고 군에 의하여 노선인정 기타 공용개시가 없었으면 이를 영조물이라 할 수 없다(대판 1981. 7. 7. 80다2478).

④ ○ 지방자치단체가 비탈사면인 언덕에 대하여 현장조사를 한 결과 붕괴의 위험이 있음을 발견하고 이를 붕괴위험지구로 지정하여 관리하여 오다가 붕괴를 예방하기 위하여 언덕에 옹벽을 설치하기로 하고 소외 회사에게 옹벽시설공사를 도급 주어 소외 회사가 공사를 시행하다가 깊이 3m의 구덩이를 파게 되었는데, 피해자가 공사현장 주변을 지나가다가 흙이 무너져 내리면서 위 구덩이에 추락하여 상해를 입게된 경우, 위 사고 당시 설치하고 있던 옹벽은 소외 회사가 공사를 도급받아 공사 중에 있었을 뿐만 아니라 아직 완성도 되지 아니하여 일반 공중의 이용에 제공되지 않고 있었던 이상 국가배상법 제5조 제1항 소정의 영조물에 해당한다고 할 수 없다(대판 1998. 10. 23. 98다17381).

16

정답 ③

행정절차법 제40조의3(위반사실 등의 공표) ① 행정청은 법령에 따른 의무를 위반한 자의 성명·법인명, 위반사실, 의무 위반을 이유로 한 처분사실 등(이하 "위반사실등"이라 한다)을 법률로 정하는 바에 따라 일반에게 공표할 수 있다.

② 행정청은 위반사실등의 공표를 하기 전에 사실과 다른 공표로 인하여 당사자의 명예·신용 등이 훼손되지 아니하도록 객관적이고 타당한 증거와 근거가 있는지를 확인하여야 한다.

③ 행정청은 위반사실등의 공표를 할 때에는 미리 당사자에게 그 사실을 통지하고 의견제출의 기회를 주어야 한다. 다만, 다음 각 호의 어느 하나에 해당하는 경우에는 그러하지 아니하다.

1. 공공의 안전 또는 복리를 위하여 긴급히 공표를 할 필요가 있는 경우
2. 해당 공표의 성질상 의견청취가 현저히 곤란하거나 명백히 불필요하다고 인정될 만한 타당한 이유가 있는 경우
3. 당사자가 의견진술의 기회를 포기한다는 뜻을 명백히 밝힌 경우

④ 제3항에 따라 의견제출의 기회를 받은 당사자는 공표 전에 관할 행정청에 서면이나 말 또는 정보통신망을 이용하여 의견을 제출할 수 있다.

⑤ 제4항에 따른 의견제출의 방법과 제출 의견의 반영 등에 관하여는 제27조 및 제27조의2를 준용한다. 이 경우 "처분"은 "위반사실등의 공표"로 본다.

⑥ 위반사실등의 공표는 관보, 공보 또는 인터넷 홈페이지 등을 통하여 한다.

⑦ 행정청은 위반사실등의 공표를 하기 전에 당사자가 공표와 관련된 의무의 이행, 원상회복, 손해배상 등의 조치를 마친 경우에는 위반사실등의 공표를 하지 아니할 수 있다.

⑧ 행정청은 공표된 내용이 사실과 다른 것으로 밝혀지거나 공표에 포함된 처분이 취소된 경우에는 그 내용을 정정하여, 정정한 내용을 지체 없이 해당 공표와 같은 방법으로 공표된 기간 이상 공표하여야 한다. 다만, 당사자가 원하지 아니하면 공표하지 아니할 수 있다.

17

정답 ④

ㄱ. ○ 여객자동차운수사업법에 따른 개인택시운송사업 면허는 특정인에게 권리나 이익을 부여하는 재량행위이다(대판 2002. 1. 22. 2001두8414).

ㄴ. ○ 구 수도권대기환경특별법 제14조 제1항에서 정한 대기오염물질 총량관리사업장 설치의 허가 또는 변경허가는 특정인에게 인구가 밀집되고 대기오염이 심각하다고 인정되는 수도권 대기관리권역에서 총량관리대상 오염물질을 일정량을 초과하여 배출할 수 있는 특정한 권리를 설정하여 주는 행위로서 그 처분의 여부 및 내용의 결정은 행정청의 재량에 속한다(대판 2013. 5. 9. 2012두22799).

ㄷ. ○ 국립의료원 부설주차장에 관한 이 사건 위탁관리용역운영계약의 실질은 행정재산인 위 부설주차장에 대한 국유재산법 제24조 제1항에 의한 사용·수익 허가로서 이루어진 것임을 알 수 있으므로, 이는 위 국립의료원이 원고의 신청에 의하여 공권력을 가진 우월적 지위에서 행한 행정처분으로서 특정인에게 행정재산을 사용할 수 있는 권리를 설정하여 주는 강학상 특허에 해당한다 할 것이고 순전히 사경제주체로서 원고와 대등한 위치에서 행한 사법상의 계약으로 보기 어렵다고 할 것이다(대판 2006. 3. 9. 2004다31074).

ㄹ. O 출입국관리법상 체류자격 변경허가는 신청인에게 당초의 체류자격과 다른 체류자격에 해당하는 활동을 할 수 있는 권한을 부여하는 일종의 설권적 처분의 성격을 가지므로, 허가권자는 신청인이 관계 법령에서 정한 요건을 충족하였더라도, 신청인의 적격성, 체류목적, 공익상의 영향 등을 참작하여 허가 여부를 결정할 수 있는 재량을 가진다(대판 2016. 7. 14. 2015두48846).

18

정답 ③

③ X **불가쟁력이 발생한 행정행위로 손해를 입은 국민은 국가배상청구를 할 수 있다.** 일반적으로 행정처분이나 행정심판 재결이 불복기간의 경과로 확정될 경우 그 확정력에 판결과 같은 기판력이 인정되는 것은 아니어서 그 처분의 기초가 된 사실관계나 법률적 판단이 확정되고 당사자들이나 법원이 이에 기속되어 모순되는 주장이나 판단을 할 수 없게 되는 것은 아니다. 피재해자에게 이루어진 요양승인처분이 불복기간의 경과로 확정되었다 하더라도 사업주는 피재해자가 재해 발생 당시 자신의 근로자가 아니라는 사정을 들어 보험급여액 징수처분의 위법성을 주장할 수 있다(대판 2008. 7. 24. 2006두20808).

① O 종전의 산업재해요양보상급여취소처분이 불복기간의 경과로 인하여 확정되었더라도 요양급여청구권이 없다는 내용의 법률관계까지 확정된 것은 아니며 소멸시효에 걸리지 아니한 이상 다시 요양급여를 청구할 수 있고 그것이 거부된 경우 이는 새로운 거부처분으로서 위법 여부를 소구할 수 있다(대판 1993. 4. 13. 92누17181).

② O 거부처분은 관할 행정청이 국민의 처분신청에 대하여 거절의 의사표시를 함으로써 성립되고, 그 이후 동일한 내용의 새로운 신청에 대하여 다시 거절의 의사표시를 한 경우에는 새로운 거부처분이 있는 것으로 보아야 한다(대판 1998. 3. 13. 96누15251).

④ O 행정처분에 부담인 부관을 붙인 경우 부관의 무효화에 의하여 본체인 행정처분 자체의 효력에도 영향이 있게 될 수는 있지만, 그 처분을 받은 사람이 부담의 이행으로 사법상 매매 등의 법률행위를 한 경우에는 그 부관은 특별한 사정이 없는 한 법률행위를 하게 된 동기 내지 연유로 작용하였을 뿐이므로 이는 법률행위의 취소사유가 될 수 있음은 별론으로 하고 그 법률행위 자체를 당연히 무효화하는 것은 아니다. 또한, 행정처분에 붙은 부담인 부관이 제소기간의 도과로 확정되어 이미 불가쟁력이 생겼다면 그 하자가 중대하고 명백하여 당연무효로 보아야 할 경우 외에는 누구나 그 효력을 부인할 수 없을 것이지만, 부담의 이행으로서 하게 된 사법상 매매 등의 법률행위는 부담을 붙인 행정처분과는 어디까지나 별개의 법률행위이므로 그 부담의 불가쟁력의 문제와는 별도로 법률행위가 사회질서 위반이나 강행규정에 위반되는지 여부 등을 따져보아 그 법률행위의 유효 여부를 판단하여야 한다(대판 2009. 6. 25. 2006다18174). → **행정처분에 붙인 부담인 부관이 제소기간 도과로 불가쟁력이 생긴 경우에도 그 부담의 이행으로 한 사법상 법률행위의 효력을 다툴 수 있다고 본 사례**

19

정답 ②

ㄱ. O ㄴ. X 위헌결정의 효력은 그 결정 이후에 당해 법률이 재판의 전제가 되었음을 이유로 법원에 제소된 일반사건에도 미치므로, 당해 법률에 근거하여 행정처분이 발하여진 후에 헌법재판소가 그 행정처분의 근거가 된 법률을 위헌으로 결정하였다면 결과적으로 행정처분은 법률의 근거가 없이 행하여진 것과 마찬가지가 되어 하자가 있는 것이 되나, 이미 취소소송의 제기기간을 경과하여 확정력이 발생한 행정처분의 경우에는 위헌결정의 소급효가 미치지 않는다고 보아야 할 것이고, 일반적으로 법률이 헌법에 위반된다는 사정은 헌법재판소의 위헌결정이 있기 전에는 객관적으로 명백한 것이라고 할 수는 없으므로 헌법재판소의 위헌결정 전에 행정처분의 근거되는 당해 법률이 헌법에 위반된다는 사유는 특별한 사정이 없는 한 그 행정처분의 취소소송의 전제가 될 수 있을 뿐 당연무효사유는 아니라고 봄이 상당하다(대판 2002. 11. 8. 2001두3181).

ㄷ. O 구 헌법재판소법(2011. 4. 5. 법률 제10546호로 개정되기 전의 것) 제47조 제1항은 "법률의 위헌결정은 법원 기타 국가기관 및 지방자치단체를 기속한다."고 규정하고 있는데, 이러한 위헌결정의 기속력과 헌법을 최고규범으로 하는 법질서의 체계적 요청에 비추어 국가기관 및 지방자치단체는 위헌으로 선언된 법률규정에 근거하여 새로운 행정처분을 할 수 없음은 물론이고, 위헌결정 전에 이미 형성된 법률관계에 기한 후속처분이라도 그것이 새로운 위헌적 법률관계를 생성·확대하는 경우라면 이를 허용할 수 없다. 따라서 조세 부과의 근거가 되었던 법률규정이 위헌으로 선언된 경우, 비록 그에 기한 과세처분이 위헌결정 전에 이루어졌고, 과세처분에 대한 제소기간이 이미 경과하여 조세채권이 확정되었으며, 조세채권의 집행을 위한 체납처분의 근거규정 자체에 대하여는 따로 위헌결정이 내려진 바 없다고 하더라도, 위와 같은 위헌결정 이후에 조세채권의 집행을 위한 새로운 체납처분에 착수하거나 이를 속행하는 것은 더 이상 허용되지 않고, 나아가 이러한 위헌결정의 효력에 위배하여 이루어진 체납처분은 그 사유만으로 하자가 중대하고 객관적으로 명백하여 당연무효라고 보아야 한다(대판 2012. 2. 16. 2010두10907 전원합의체).

20

정답 ③

③ X

행정절차법 제28조(청문 주재자) ① 행정청은 소속 직원 또는 대통령령으로 정하는 자격을 가진 사람 중에서 청문 주재자를 공정하게 선정하여야 한다.
② 행정청은 다음 각 호의 어느 하나에 해당하는 처분을 하려는 경우에는 청문 주재자를 2명 이상으로 선정할 수 있다. 이 경우 선정된 청문 주재자 중 1명이 청문 주재자를 대표한다.
1. 다수 국민의 이해가 상충되는 처분
2. 다수 국민에게 불편이나 부담을 주는 처분
3. 그 밖에 전문적이고 공정한 청문을 위하여 행정청이 청문 주재자를 2명 이상으로 선정할 필요가 있다고 인정하는 처분
③ 행정청은 청문이 시작되는 날부터 7일 전까지 청문 주재자에게 청문과 관련한 필요한 자료를 미리 통지하여야 한다.

④ 청문 주재자는 독립하여 공정하게 직무를 수행하며, 그 직무 수행을 이유로 본인의 의사에 반하여 신분상 어떠한 불이익도 받지 아니한다.
⑤ 제1항 또는 제2항에 따라 선정된 청문 주재자는 「형법」이나 그 밖의 다른 법률에 따른 벌칙을 적용할 때에는 공무원으로 본다.
⑥ 제1항부터 제5항까지에서 규정한 사항 외에 청문 주재자의 선정 등에 필요한 사항은 대통령령으로 정한다.

실전동형 모의고사 제2회 문제 13쪽

01	②	02	③	03	②	04	①	05	③
06	③	07	④	08	③	09	①	10	③
11	②	12	④	13	④	14	②	15	③
16	③	17	③	18	②	19	①	20	①

01

정답 ②

② X 어떤 행정처분이 실효의 법리를 위반하여 위법한 것이라고 하더라도, 이러한 하자의 존부는 개별·구체적인 사정을 심리한 후에야 판단할 수 있는 사항이어서 객관적으로 명백한 것이라고 할 수 없으므로, 이는 행정처분의 취소사유에 해당할 뿐 당연무효사유는 아니다(대판 2021. 12. 30. 2018다241458).
① O 대판 2019. 7. 11. 2017두38874
③ O 대판 2006. 4. 14. 2004두3847
④ O

행정절차법 제14조(송달) ① 송달은 우편, 교부 또는 정보통신망 이용 등의 방법으로 하되, 송달받을 자(대표자 또는 대리인을 포함한다. 이하 같다)의 주소·거소(居所)·영업소·사무소 또는 전자우편주소(이하 "주소등"이라 한다)로 한다. 다만, 송달받을 자가 동의하는 경우에는 그를 만나는 장소에서 송달할 수 있다.
② 교부에 의한 송달은 수령확인서를 받고 문서를 교부함으로써 하며, 송달하는 장소에서 송달받을 자를 만나지 못한 경우에는 그 사무원·피용자(被傭者) 또는 동거인으로서 사리를 분별할 지능이 있는 사람(이하 이 조에서 "사무원등"이라 한다)에게 문서를 교부할 수 있다. 다만, 문서를 송달받을 자 또는 그 사무원등이 정당한 사유 없이 송달받기를 거부하는 때에는 그 사실을 수령확인서에 적고, 문서를 송달할 장소에 놓아둘 수 있다.
③ 정보통신망을 이용한 송달은 송달받을 자가 동의하는 경우에만 한다. 이 경우 송달받을 자는 송달받을 전자우편주소 등을 지정하여야 한다.
④ 다음 각 호의 어느 하나에 해당하는 경우에는 송달받을 자가 알기 쉽도록 관보, 공보, 게시판, 일간신문 중 하나 이상에 공고하고 인터넷에도 공고하여야 한다.
1. 송달받을 자의 주소등을 통상적인 방법으로 확인할 수 없는 경우
2. 송달이 불가능한 경우

행정절차법 제15조(송달의 효력 발생) ① 송달은 다른 법령등에 특별한 규정이 있는 경우를 제외하고는 해당 문서가 송달받을 자에게 도달됨으로써 그 효력이 발생한다.
② 제14조제3항에 따라 정보통신망을 이용하여 전자문서로 송달하는 경우에는 송달받을 자가 지정한 컴퓨터 등에 입력된 때에 도달된 것으로 본다.
③ 제14조제4항의 경우에는 다른 법령등에 특별한 규정이 있는 경우를 제외하고는 공고일부터 14일이 지난 때에 그 효력이 발생한다. 다만, 긴급히 시행하여야 할 특별한 사유가 있어 효력 발생 시기를 달리 정하여 공고한 경우에는 그에 따른다.

02

정답 ③

③ ✕ 행정소송법 제18조 제1항, 제20조 제1항, 구 행정심판법 제18조 제1항을 종합해 보면, 행정처분이 있음을 알고 처분에 대하여 곧바로 취소소송을 제기하는 방법을 선택한 때에는 처분이 있음을 안 날부터 90일 이내에 취소소송을 제기하여야 하고, 행정심판을 청구하는 방법을 선택한 때에는 처분이 있음을 안 날부터 90일 이내에 행정심판을 청구하고 행정심판의 재결서를 송달받은 날부터 90일 이내에 취소소송을 제기하여야 한다. 따라서 처분이 있음을 안 날부터 90일 이내에 행정심판을 청구하지도 않고 취소소송을 제기하지도 않은 경우에는 그 후 제기된 취소소송은 제소기간을 경과한 것으로서 부적법하고, 처분이 있음을 안 날부터 90일을 넘겨 청구한 부적법한 행정심판청구에 대한 재결이 있은 후 재결서를 송달받은 날부터 90일 이내에 원래의 처분에 대하여 취소소송을 제기하였다고 하여 취소소송이 다시 제소기간을 준수한 것으로 되는 것은 아니다(대판 2011. 11. 24. 2011두18786).

① O 하자 있는 행정처분을 놓고 이를 무효로 볼 것인지 아니면 단순히 취소할 수 있는 처분으로 볼 것인지는 동일한 사실관계를 토대로 한 법률적 평가의 문제에 불과하고, 행정처분의 무효확인을 구하는 소에는 특단의 사정이 없는 한 그 취소를 구하는 취지도 포함되어 있다고 보아야 하는 점 등에 비추어 볼 때, 동일한 행정처분에 대하여 무효확인의 소를 제기하였다가 그 후 그 처분의 취소를 구하는 소를 추가적으로 병합한 경우, 주된 청구인 무효확인의 소가 적법한 제소기간 내에 제기되었다면 추가로 병합된 취소청구의 소도 적법하게 제기된 것으로 봄이 상당하다(대판 2005. 12. 23. 2005두3554).

② O

> **국세기본법 제56조(다른 법률과의 관계)** ② 제55조에 규정된 위법한 처분에 대한 행정소송은 행정소송법 제18조 제1항 본문, 제2항 및 제3항에도 불구하고 이 법에 따른 심사청구 또는 심판청구와 그에 대한 결정을 거치지 아니하면 제기할 수 없다. 다만, 심사청구 또는 심판청구에 대한 제65조 제1항 제3호 단서(제81조에서 준용하는 경우를 포함한다)의 재조사 결정에 따른 처분청의 처분에 대한 행정소송은 그러하지 아니하다.
> ③ 제2항 본문에 따른 행정소송은 행정소송법 제20조에도 불구하고 심사청구 또는 심판청구에 대한 결정의 통지를 받은 날부터 90일 이내에 제기하여야 한다.

④ O 부작위위법확인의 소는 부작위상태가 계속되는 한 그 위법의 확인을 구할 이익이 있다고 보아야 하므로 원칙적으로 제소기간의 제한을 받지 않는다. 그러나 행정소송법 제38조 제2항이 제소기간을 규정한 같은 법 제20조를 부작위위법확인소송에 준용하고 있는 점에 비추어 보면, 행정심판 등 전심절차를 거친 경우에는 행정소송법 제20조가 정한 제소기간 내에 부작위위법확인의 소를 제기하여야 한다(대판 2009. 7. 23. 2008두10560).

03

정답 ②

ㄱ. O 국가작용 중 특히 입법작용에 있어서의 과잉입법금지의 원칙이라 함은 법치국가의 원리에서 당연히 파생되는 헌법상의 기본원리의 하나인 비례의 원칙을 말하는 것이다(헌재 1992. 12. 24. 92헌가8).

ㄴ. ✕ 평등의 원칙은 본질적으로 같은 것을 자의적으로 다르게 취급함을 금지하는 것이고, 위법한 행정처분이 수차례에 걸쳐 반복적으로 행하여졌다 하더라도 그러한 처분이 위법한 것인 때에는 행정청에 대하여 자기구속력을 갖게 된다고 할 수 없다(대판 2009. 6. 25. 2008두13132).

ㄷ. ✕ 폐기물처리업에 대하여 사전에 관할 관청으로부터 적정통보를 받고 막대한 비용을 들여 허가요건을 갖춘 다음 허가신청을 하였음에도 다수 청소업자의 난립으로 안정적이고 효율적인 청소업무의 수행에 지장이 있다는 이유로 한 (폐기물처리업 허가신청에 대한) 불허가처분은 신뢰보호의 원칙 및 비례의 원칙에 반하는 것으로서 재량권을 남용한 위법한 처분이다(대판 1998. 5. 8. 98두4061).

ㄹ. O 폐기물관리법령에 의한 폐기물처리업 사업계획에 대한 적정통보와 국토이용관리법령에 의한 국토이용계획변경은 각기 그 제도적 취지와 결정단계에서 고려해야 할 사항들이 다르다는 이유로, 폐기물처리업 사업계획에 대하여 적정통보를 한 것만으로 그 사업부지 토지에 대한 국토이용계획변경신청을 승인하여 주겠다는 취지의 공적인 견해표명을 한 것으로 볼 수 없고, 그럼에도 불구하고 원고가 그 승인을 받을 것으로 신뢰하였다면 원고에게 귀책사유가 있다할 것이므로, 이 사건 처분이 신뢰보호의 원칙에 위배된다고 할 수 없다(대판 2005. 4. 28. 2004두8828).

04

정답 ①

① ✕ ② O

> **행정기본법 제32조(직접강제)** ① 직접강제는 행정대집행이나 이행강제금 부과의 방법으로는 행정상 의무 이행을 확보할 수 없거나 그 실현이 불가능한 경우에 실시하여야 한다.
> ② 직접강제를 실시하기 위하여 현장에 파견되는 집행책임자는 그가 집행책임자임을 표시하는 증표를 보여 주어야 한다.
> ③ 직접강제의 계고 및 통지에 관하여는 제31조제3항 및 제4항을 준용한다.

③ O

> **행정기본법 제30조(행정상 강제)** ① 행정청은 행정목적을 달성하기 위하여 필요한 경우에는 법률로 정하는 바에 따라 필요한 최소한의 범위에서 다음 각 호의 어느 하나에 해당하는 조치를 할 수 있다.
> 1. 행정대집행: 의무자가 행정상 의무(법령등에서 직접 부과하거나 행정청이 법령등에 따라 부과한 의무를 말한다. 이하 이 절에서 같다)로서 타인이 대신하여 행할 수 있는 의무를 이행하지 아니하는 경우 법률로 정하는 다른 수단으로는 그 이행을 확보하기 곤란하고 그 불이행을 방치하면 공익을 크게 해칠 것으로 인정될 때에 행정청이 의무자가 하여야 할 행위를 스스로 하거나 제3자에게 하게 하고 그 비용을 의무자로부터 징수하는 것
> 2. 이행강제금의 부과: 의무자가 행정상 의무를 이행하지 아니하는 경우 행정청이 적절한 이행기간을 부여하고, 그 기한까지 행정상 의무를 이행하지 아니하면 금전급부의무를 부과하는 것

3. 직접강제: 의무자가 행정상 의무를 이행하지 아니하는 경우 행정청이 의무자의 신체나 재산에 실력을 행사하여 그 행정상 의무의 이행이 있었던 것과 같은 상태를 실현하는 것
4. 강제징수: 의무자가 행정상 의무 중 금전급부의무를 이행하지 아니하는 경우 행정청이 의무자의 재산에 실력을 행사하여 그 행정상 의무가 실현된 것과 같은 상태를 실현하는 것
5. 즉시강제: 현재의 급박한 행정상의 장해를 제거하기 위한 경우로서 다음 각 목의 어느 하나에 해당하는 경우에 행정청이 곧바로 국민의 신체 또는 재산에 실력을 행사하여 행정목적을 달성하는 것
가. 행정청이 미리 행정상 의무 이행을 명할 시간적 여유가 없는 경우
나. 그 성질상 행정상 의무의 이행을 명하는 것만으로는 행정목적 달성이 곤란한 경우
② 행정상 강제 조치에 관하여 이 법에서 정한 사항 외에 필요한 사항은 따로 법률로 정한다.
③ 형사(刑事), 행형(行刑) 및 보안처분 관계 법령에 따라 행하는 사항이나 외국인의 출입국·난민인정·귀화·국적회복에 관한 사항에 관하여는 이 절을 적용하지 아니한다.

④ O

행정기본법 제31조(이행강제금의 부과) ③ 행정청은 이행강제금을 부과하기 전에 미리 의무자에게 적절한 이행기간을 정하여 그 기한까지 항정상 의무를 이행하지 아니하면 이행강제금을 부과한다는 뜻을 문서로 계고(戒告)하여야 한다.
④ 행정청은 의무자가 제3항에 따른 계고에서 정한 기한까지 행정상 의무를 이행하지 아니한 경우 이행강제금의 부과 금액·사유·시기를 문서로 명확하게 적어 의무자에게 통지하여야 한다.
⑤ 행정청은 의무자가 행정상 의무를 이행할 때까지 이행강제금을 반복하여 부과할 수 있다. 다만, 의무자가 의무를 이행하면 새로운 이행강제금의 부과를 즉시 중지하되, 이미 부과한 이행강제금은 징수하여야 한다.

05

정답 ③

③ X 행정처분의 무효확인청구와 취소청구는 그 소송의 요건을 달리하므로 위 두가지 청구는 예비적으로 병합할 수 있다(대판 1970. 12. 22. 70누123).
① O 행정처분의 당연무효를 주장하여 그 무효확인을 구하는 행정소송에 있어서는 원고에게 그 행정처분이 무효인 사유를 주장·입증할 책임이 있다(대판 2010. 5. 13. 2009두3460).
② O

행정소송법 제34조(거부처분취소판결의 간접강제) ① 행정청이 제30조제2항의 규정에 의한 처분을 하지 아니하는 때에는 제1심수소법원은 당사자의 신청에 의하여 결정으로써 상당한 기간을 정하고 행정청이 그 기간내에 이행하지 아니하는 때에는 그 지연기간에 따라 일정한 배상을 할 것을 명하거나 즉시 손해배상을 할 것을 명할 수 있다.

제38조(준용규정) ① 제9조, 제10조, 제13조 내지 제17조, 제19조, 제22조 내지 제26조, 제29조 내지 제31조 및 제33조의 규정은 무효등 확인소송의 경우에 준용한다.

④ O 행정처분의 근거 법률에 의하여 보호되는 직접적이고 구체적인 이익이 있는 경우에는 행정소송법 제35조에 규정된 '무효확인을 구할 법률상 이익'이 있다고 보아야 하고, 이와 별도로 무효확인소송의 보충성이 요구되는 것은 아니므로 행정처분의 무효를 전제로 한 이행소송 등과 같은 직접적인 구제수단이 있는지 여부를 따질 필요가 없다고 해석함이 상당하다(대판 2008. 3. 20. 2007두6342, 전원합의체).

06

정답 ③

③ X ④ O 부가가치세법상의 사업자등록은 과세관청으로 하여금 부가가치세의 납세의무자를 파악하고 그 과세자료를 확보케 하려는 데 입법취지가 있는 것으로서, 이는 단순한 사업사실의 신고로서 사업자가 소관 세무서장에게 소정의 사업자등록신청서를 제출함으로써 성립되는 것이고, 사업자등록증의 교부는 이와 같은 등록사실을 증명하는 증서의 교부행위에 불과한 것이며, 부가가치세법 제5조 제5항에 의하면 사업자가 폐업하거나 또는 신규로 사업을 개시하고자 하여 사업개시일 전에 등록한 후 사실상 사업을 개시하지 아니하게 되는 때에는 과세관청이 직권으로 이를 말소하도록 하고 있는데, 사업자등록의 말소 또한 폐업사실의 기재일 뿐 그에 의하여 사업자로서의 지위에 변동을 가져오는 것이 아니라는 점에서 과세관청의 사업자등록 직권말소행위는 불복의 대상이 되는 행정처분으로 볼 수가 없다(대판 2000. 12. 22. 99두6903).
① O 사업의 양도행위가 무효라고 주장하는 양도자는 양도·양수행위의 무효를 구함이 없이 사업양도·양수에 따른 허가관청의 지위승계신고 수리처분의 무효확인을 구할 법률상 이익이 있다(대판 2005. 12. 23. 2005두3554).
② O 건축주 등은 신고제하에서도 건축신고가 반려될 경우 당해 건축물의 건축을 개시하면 시정명령, 이행강제금, 벌금의 대상이 되거나 당해 건축물을 사용하여 행할 행위의 허가가 거부될 우려가 있어 불안정한 지위에 놓이게 된다. 따라서 건축신고 반려행위가 이루어진 단계에서 당사자로 하여금 반려행위의 적법성을 다투어 그 법적 불안을 해소한 다음 건축행위에 나아가도록 함으로써 장차 있을지도 모르는 위험에서 미리 벗어날 수 있도록 길을 열어 주고, 위법한 건축물의 양산과 그 철거를 둘러싼 분쟁을 조기에 근본적으로 해결할 수 있게 하는 것이 법치행정의 원리에 부합한다. 그러므로 건축신고 반려행위는 항고소송의 대상이 된다고 보는 것이 옳다(대판 2010. 11. 18. 2008두167, 전원합의체).

07

정답 ④

취소소송에서 법원이 원고의 청구를 기각하면서 판결의 주문에서 취소대상인 처분이 위법함을 명시하여야 하는 경우는 **사정판결을 할 때**이다.

④ ✕ 판결의 기속력은 인용판결의 경우만 발생한다. 사정판결은 원고의 청구를 기각하는 판결로 기속력은 발생하지 않는다.
① ○ 행정소송법 제26조, 제28조 제1항 전단의 각 규정에 비추어 보면, 법원은 행정소송에 있어서 행정처분이 위법하여 운전자의 청구가 이유 있다고 인정하는 경우에도 그 처분 등을 취소하는 것이 현저히 공공복리에 적합하지 아니하다고 인정하는 때에는 원고의 청구를 기각하는 사정판결을 할 수 있고, 이러한 사정판결을 할 필요가 있다고 인정하는 때에는 당사자의 명백한 주장이 없는 경우에도 일건 기록에 나타난 사실을 기초로 하여 직권으로 사정판결을 할 수 있다(대판 1995. 7. 28. 95누4629).
② ○ 사정판결을 하여야 할 공익성의 판단은 변론종결시이다(대판 1970. 3. 24. 69누29).
③ ○

행정소송법 제32조(소송비용의 부담) 취소청구가 제28조(사정판결)의 규정에 의하여 기각되거나 행정청이 처분등을 취소 또는 변경함으로 인하여 청구가 각하 또는 기각된 경우에는 소송비용은 피고의 부담으로 한다.

08

정답 ③

행정절차법 제17조(처분의 신청) ① 행정청에 처분을 구하는 신청은 문서로 하여야 한다. 다만, 다른 법령등에 특별한 규정이 있는 경우와 행정청이 미리 다른 방법을 정하여 공시한 경우에는 그러하지 아니하다.
② 제1항에 따라 처분을 신청할 때 전자문서로 하는 경우에는 행정청의 컴퓨터 등에 입력된 때에 신청한 것으로 본다.
③ 행정청은 신청에 필요한 구비서류, 접수기관, 처리기간, 그 밖에 필요한 사항을 게시(인터넷 등을 통한 게시를 포함한다)하거나 이에 대한 편람을 갖추어 두고 누구나 열람할 수 있도록 하여야 한다.
④ 행정청은 신청을 받았을 때에는 다른 법령등에 특별한 규정이 있는 경우를 제외하고는 그 접수를 보류 또는 거부하거나 부당하게 되돌려 보내서는 아니 되며, 신청을 접수한 경우에는 신청인에게 접수증을 주어야 한다. 다만, 대통령령으로 정하는 경우에는 접수증을 주지 아니할 수 있다.
⑤ 행정청은 신청에 구비서류의 미비 등 흠이 있는 경우에는 보완에 필요한 상당한 기간을 정하여 지체 없이 신청인에게 보완을 요구하여야 한다.
⑥ 행정청은 신청인이 제5항에 따른 기간 내에 보완을 하지 아니하였을 때에는 그 이유를 구체적으로 밝혀 접수된 신청을 되돌려 보낼 수 있다.
⑦ 행정청은 신청인의 편의를 위하여 다른 행정청에 신청을 접수하게 할 수 있다. 이 경우 행정청은 다른 행정청에 접수할 수 있는 신청의 종류를 미리 정하여 공시하여야 한다.
⑧ 신청인은 처분이 있기 전에는 그 신청의 내용을 보완·변경하거나 취하(取下)할 수 있다. 다만, 다른 법령등에 특별한 규정이 있거나 그 신청의 성질상 보완·변경하거나 취하할 수 없는 경우에는 그러하지 아니하다.

① ○ ② ○ ③ ✕ 행정절차법 제17조가 '구비서류의 미비 등 흠의 보완'과 '신청 내용의 보완'을 분명하게 구분하고 있는 점에 비추어 보면, 행정절차법 제17조 제5항은 신청인이 신청할 때 관계 법령에서 필수적으로 첨부하여 제출하도록 규정한 서류를 첨부하지 않은 경우와 같이 쉽게 보완이 가능한 사항을 누락하는 등의 흠이 있을 때 행정청이 곧바로 거부처분을 하는 것보다는 신청인에게 보완할 기회를 주도록 함으로써 행정의 공정성·투명성 및 신뢰성을 확보하고 국민의 권익을 보호하려는 행정절차법의 입법 목적을 달성하고자 함이지, 행정청으로 하여금 신청에 대하여 거부처분을 하기 전에 반드시 신청인에게 신청의 내용이나 처분의 실체적 발급요건에 관한 사항까지 보완할 기회를 부여하여야 할 의무를 정한 것은 아니라고 보아야 한다(대판 2020. 7. 23. 2020두36007).
④ ○ 행정절차법 제17조 제3항 본문은 "행정청은 신청이 있는 때에는 다른 법령 등에 특별한 규정이 있는 경우를 제외하고는 그 접수를 보류 또는 거부하거나 부당하게 되돌려 보내서는 아니 되며, 신청을 접수한 경우에는 신청인에게 접수증을 교부하여야 한다."고 규정하고 있는바, 여기에서의 신청인의 행정청에 대한 신청의 의사표시는 명시적이고 확정적인 것이어야 한다고 할 것이므로 신청인이 신청에 앞서 행정청의 허가업무 담당자에게 신청서의 내용에 대한 검토를 요청한 것만으로는 다른 특별한 사정이 없는 한 명시적이고 확정적인 신청의 의사표시가 있었다고 하기 어렵다(대판 2004. 9. 24. 2003두13236).

09

정답 ①

① ✕ 법원이 행정기관의 정보공개거부처분의 위법 여부를 심리한 결과 공개를 거부한 정보에 비공개사유에 해당하는 부분과 그렇지 않은 부분이 혼합되어 있고, 공개청구의 취지에 어긋나지 않는 범위 안에서 두 부분을 분리할 수 있음을 인정할 수 있을 때에는 공개가 가능한 정보에 국한하여 일부취소를 명할 수 있다(대판 2009. 12. 10. 2009두12785).
② ○ 학교환경위생구역 내 금지행위(숙박시설) 해제결정에 관한 학교환경위생정화위원회의 회의록에 기재된 발언내용에 대한 해당 발언자의 인적사항 부분에 관한 정보는 공공기관의 정보공개에 관한 법률 제7조 제1항 제5호 소정의 비공개대상에 해당한다(대판 2003. 8. 22. 2002두12946).
③ ○

공공기관의 정보공개에 관한 법률 제22조(정보공개위원회의 설치) 다음 각 호의 사항을 심의·조정하기 위하여 국무총리 소속으로 정보공개위원회(이하 "위원회"라 한다)를 둔다.
1. 정보공개에 관한 정책 수립 및 제도 개선에 관한 사항
2. 정보공개에 관한 기준 수립에 관한 사항
3. 제12조에 따른 심의회 심의결과의 조사·분석 및 심의기준 개선 관련 의견제시에 관한 사항
4. 제24조제2항 및 제3항에 따른 공공기관의 정보공개 운영실태 평가 및 그 결과 처리에 관한 사항
5. 정보공개와 관련된 불합리한 제도·법령 및 그 운영에 대한 조사 및 개선권고에 관한 사항
6. 그 밖에 정보공개에 관하여 대통령령으로 정하는 사항

④ ㅇ 검찰보존사무규칙은 사무처리준칙으로서 행정규칙에 불과하므로, 위 규칙에 의한 열람·등사의 제한을 정보공개법 제9조 제1항 제1호의 '다른 법률 또는 법률에 의한 명령에 의하여 비공개사항으로 규정된 경우'에 해당한다고 볼 수 없다(대판 2004. 9. 23. 2003두1370).

10

정답 ③

③ X 도시 및 주거환경정비법상 주택재건축정비사업조합이 같은 법 제48조에 따라 수립한 관리처분계획에 대하여 관할 행정청의 인가·고시까지 있게 되면 관리처분계획은 행정처분으로서 효력이 발생하게 되므로, 총회결의의 하자를 이유로 하여 행정처분의 효력을 다투는 항고소송의 방법으로 관리처분계획의 취소 또는 무효확인을 구하여야 하고, 그와 별도로 행정처분에 이르는 절차적 요건 중 하나에 불과한 총회결의 부분만을 따로 떼어내어 효력 유무를 다투는 확인의 소를 제기하는 것은 특별한 사정이 없는 한 허용되지 않는다(대판 2009. 9. 17. 2007다2428, 전원합의체).

① ㅇ 주택재개발사업에 대한 사업시행계획에 당연무효인 하자가 있는 경우에는 재개발사업조합은 사업시행계획을 새로이 수립하여 관할관청에게서 인가를 받은 후 다시 분양신청을 받아 관리처분계획을 수립하여야 한다. 따라서 분양신청기간 내에 분양신청을 하지 않거나 분양신청을 철회함으로 인해 구 도시정비법 제47조 및 조합정관 규정에 의하여 조합원의 지위를 상실한 토지 등 소유자도 그때 분양신청을 함으로써 건축물 등을 분양받을 수 있으므로 사업시행계획의 무효확인 또는 취소를 구할 법률상 이익이 있다. 위 법리에 따르면, 원고들이 이 사건 사업시행인가 이후 분양신청기간 내에 분양신청을 하지 않아 조합원의 지위를 상실하였다고 하더라도 원고들에게는 이 사건 사업시행계획의 효력을 다툴 법률상 이익이 있다(대판 2014. 2. 27. 2011두25173).

② ㅇ 기본행위인 사업시행계획이 무효인 경우 그에 대한 인가처분이 있다고 하더라도 그 기본행위인 사업시행계획이 유효한 것으로 될 수 없으며, 기본행위가 적법·유효하고 보충행위인 인가처분 자체에만 하자가 있다면 그 인가처분의 무효나 취소를 주장할 수 있다고 할 것이지만, 인가처분에 하자가 없다면 기본행위에 하자가 있다고 하더라도 따로 그 기본행위의 하자를 다투는 것은 별론으로 하고 기본행위의 무효를 내세워 바로 그에 대한 인가처분의 취소 또는 무효확인을 구할 수 없다(대판 2001. 12. 11. 2001두7541).

④ ㅇ 행정청이 도시 및 주거환경정비법 등 관련 법령에 근거하여 행하는 조합설립인가처분은 단순히 사인들의 조합설립행위에 대한 보충행위로서의 성질을 갖는 것에 그치는 것이 아니라 법령상 요건을 갖출 경우 도시 및 주거환경정비법상 주택재건축사업을 시행할 수 있는 권한을 갖는 행정주체(공법인)로서의 지위를 부여하는 일종의 설권적 처분의 성격을 갖는다고 보아야 한다. 그리고 그와 같이 보는 이상 조합설립결의는 조합설립인가처분이라는 행정처분을 하는 데 필요한 요건 중 하나에 불과한 것이어서, 조합설립결의에 하자가 있다면 그 하자를 이유로 직접 항고소송의 방법으로 조합설립인가처분의 취소 또는 무효확인을 구하여야 하고, 이와는 별도로 조합설립결의 부분만을 따로 떼어내어 그 효력 유무를 다투는 확인의 소를 제기하는 것은 원고의 권리 또는 법률상의 지위에 현존하는 불안·위험을 제거하는 데 가장 유효·적절한 수단이라 할 수 없어 특별한 사정이 없는 한 확인의 이익은 인정되지 아니한다(대판 2009. 9. 24. 2008다60568).

11

정답 ②

② X 피고는 사업인정고시가 없으므로 영업손실 보상의무가 없다고 주장한다. 그러나 사업인정고시는 수용재결절차로 나아가 강제적인 방식으로 토지소유자나 관계인의 권리를 취득·보상하기 위한 절차적 요건에 지나지 않고 영업손실보상의 요건이 아니다. 토지보상법령도 반드시 사업인정이나 수용이 전제되어야 영업손실 보상의무가 발생한다고 규정하고 있지 않다. 따라서 피고가 시행하는 사업이 토지보상법상 공익사업에 해당하고 원고들의 영업이 해당 공익사업으로 폐업하거나 휴업하게 된 것이어서 토지보상법령에서 정한 영업손실 보상대상에 해당하면, 사업인정고시가 없더라도 피고는 원고들에게 영업손실을 보상할 의무가 있다. 피고의 위 주장은 받아들일 수 없다(대판 2021. 11. 11. 2018다204022).

① ㅇ 공익사업을 위한 토지 등의 취득 및 보상에 관한 법률(이하 '토지보상법'이라고 한다) 제72조의 문언, 연혁 및 취지 등에 비추어 보면, 위 규정이 정한 수용청구권은 토지보상법 제74조 제1항이 정한 잔여지 수용청구권과 같이 손실보상의 일환으로 토지소유자에게 부여되는 권리로서 그 청구에 의하여 수용효과가 생기는 형성권의 성질을 지니므로, 토지소유자의 토지수용청구를 받아들이지 아니한 토지수용위원회의 재결에 대하여 토지소유자가 불복하여 제기하는 소송은 토지보상법 제85조 제2항에 규정되어 있는 '보상금의 증감에 관한 소송'에 해당하고, 피고는 토지수용위원회가 아니라 사업시행자로 하여야 한다(대판 2015. 4. 9. 2014두46669).

③ ㅇ 어떤 보상항목이 토지보상법령상 손실보상대상에 해당함에도 관할 토지수용위원회가 사실을 오인하거나 법리를 오해함으로써 손실보상대상에 해당하지 않는다고 잘못된 내용의 재결을 한 경우에는 사업시행자를 상대로 토지보상법 제85조 제2항에 따른 보상금증감소송을 제기하여야 한다(대판 2019. 11. 28. 2018두227).

④ ㅇ [1] 공익사업의 시행자는 해당 공익사업을 위한 공사에 착수하기 이전에 토지소유자와 관계인에게 보상액 전액을 지급하여야 한다(공익사업을 위한 토지 등의 취득 및 보상에 관한 법률 제62조 본문). 공익사업의 시행자가 토지소유자와 관계인에게 보상액을 지급하지 않고 승낙도 받지 않은 채 공사에 착수함으로써 토지소유자와 관계인이 손해를 입은 경우, 토지소유자와 관계인에 대하여 불법행위가 성립할 수 있고, 사업시행자는 그로 인한 손해를 배상할 책임을 진다.

[2] 공익사업의 시행자가 사전보상을 하지 않은 채 공사에 착수함으로써 토지소유자와 관계인이 손해를 입은 경우, 토지소유자와 관계인이 입은 손해는 손실보상청구권이 침해된 데에 따른 손해이므로, 사업시행자가 배상해야 할 손해액은 원칙적으로 손실보상금이다. 다만 그 과정에서 토지소유자와 관계인에게 손실보상금에 해당하는 손해 외에 별도의 손해가 발생하였다면, 사업시행자는 그 손해를 배상할 책임이 있으나, 이와 같은 손해배상책임의 발생과 범위는 이를 주장하는 사람에게 증명책임이 있다(대판 2021. 11. 11. 2018다204022).

12

정답 ④

④ ⊗ 지방자치단체가 보조금 지급결정을 하면서 일정 기한 내에 보조금을 반환하도록 하는 교부조건을 부가한 경우, 보조사업자의 지방자치단체에 대한 보조금 반환의무는 행정처분인 위 보조금 지급결정에 부가된 부관상 의무이고, 이러한 부관상 의무는 보조사업자가 지방자치단체에 부담하는 공법상 의무이므로, 보조사업자에 대한 지방자치단체의 보조금반환청구는 공법상 권리관계의 일방 당사자를 상대로 하여 공법상 의무이행을 구하는 청구로서 행정소송법 제3조 제2호에 규정한 당사자소송의 대상이다(대판 2011. 6. 9. 2011다2951).

① ⊙ 공법상 계약의 한쪽 당사자가 다른 당사자를 상대로 효력을 다투거나 이행을 청구하는 소송은 공법상의 법률관계에 관한 분쟁이므로 분쟁의 실질이 공법상 권리·의무의 존부·범위에 관한 다툼이 아니라 손해배상액의 구체적인 산정방법·금액에 국한되는 등의 특별한 사정이 없는 한 공법상 당사자소송으로 제기하여야 한다(대판 2021. 2. 4. 2019다277133).

② ⊙ 대판 2021. 2. 4. 2020두48772

③ ⊙ 구「보조금의 예산 및 관리에 관한 법률」(2009. 1. 30. 법률 제9347호로 개정되기 전의 것, 이하 '구 보조금관리법') 제30조 제1항, 제31조 제1항에 의한 보조금의 교부결정취소 및 보조금 반환명령은 행정처분이고 그 처분이 있어야 반환의무가 발생하는 것이므로, 반환받을 보조금에 대한 징수권은 공법상의 권리로서 사법상의 채권과는 그 성질을 달리한다. 따라서 구 보조금관리법 제33조가 '반환하여야 할 보조금에 대하여는 국세징수의 예에 따라 이를 징수할 수 있다'고 규정한 것은 보조금의 반환에 대하여는 국세체납처분의 예에 따라 강제징수할 수 있도록 한 것뿐이고, 이를 상고이유의 주장처럼 민사집행법에 의한 강제집행과 국세체납처분에 의한 강제징수 중에서 선택할 수 있도록 허용한 규정이라고 볼 것은 아니다(대판 2012. 4. 26. 2010도5693).

13

정답 ④

ㄱ. ⊙ 부담부 행정처분에 있어서 처분의 상대방이 부담(의무)을 이행하지 아니한 경우에 처분행정청으로서는 이를 들어 당해 처분을 취소(철회)할 수 있는 것이다(대판 1989. 10. 24. 89누2431). → **부담의무를 불이행하였다고 하여 해제조건이 성취된 것과 같이 주된 행정행위의 효력이 당연히 소멸하는 것은 아니고, 철회사유가 될 뿐이다.**

ㄴ. ⊙ 수익적 행정처분에 있어서는 법령에 특별한 근거규정이 없다고 하더라도 그 부관으로서 부담을 붙일 수 있고, 그와 같은 부담은 행정청이 행정처분을 하면서 일방적으로 부가할 수도 있지만 부담을 부가하기 이전에 상대방과 협의하여 부담의 내용을 협약의 형식으로 미리 정한 다음 행정처분을 하면서 이를 부가할 수도 있다(대판 2009. 2. 12. 2005다65500).

ㄷ. ⊙ 건축허가를 하면서 일정 토지를 기부채납하도록 하는 내용의 허가조건은 부관을 붙일 수 없는 기속행위 내지 기속적 재량행위인 건축허가에 붙인 부담이거나 또는 법령상 아무런 근거가 없는 부관이어서 무효이다(대판 1995. 6. 13. 94다56883).

14

정답 ②

② ⊗ 공정거래위원회의 입찰참가자격제한 등 요청 결정은 항고소송의 대상이 되는 처분에 해당한다(대판 2023. 4. 27. 2020두47892). **→ 구 하도급거래 공정화에 관한 법률 제26조 제2항에 따른 공정거래위원회의 입찰참가자격제한 등 요청 결정을 요청받은 관계 행정기관의 장은 특별한 사정이 없는 한 그 사업자에 대하여 입찰참가자격제한 등의 처분을 해야 하므로 ……**

① ⊙ 이 사건 벌점 부과행위는, 입찰참가자격의 제한 요청 등의 기초자료로 사용하기 위한 것일 뿐 원고의 권리·의무에 직접 영향을 미치는 행위라고 볼 수 없으므로 항고소송의 대상이 되는 행정처분에 해당하지 않는다(대판 2023. 1. 12. 2020두50683).

③ ⊙ 대판 2001. 11. 9. 98두892

④ ⊙ 대판 1984. 4. 10. 84누91

15

정답 ③

③ ⊗ 행정소송법 제38조 제1항이 무효확인 판결에 관하여 취소판결에 관한 규정을 준용함에 있어서 같은 법 제30조 제2항을 준용한다고 규정하면서도 같은 법 제34조는 이를 준용한다는 규정을 두지 않고 있으므로, 행정처분에 대하여 무효확인 판결이 내려진 경우에는 그 행정처분이 거부처분인 경우에도 행정청에 판결의 취지에 따른 재처분의무가 인정될 뿐 그에 대하여 간접강제까지 허용되는 것은 아니라고 할 것이다(대결 1998. 12. 24. 98무37).

① ⊙ 대판 1996. 4. 26. 95누5820

② ⊙ 대판 1982. 7. 27. 82다173

④ ⊙ 대판 1989. 5. 9. 88다카16096

16

정답 ③

③ ⊗

행정심판법 제31조(임시처분) ① 위원회는 처분 또는 부작위가 위법·부당하다고 상당히 의심되는 경우로서 처분 또는 부작위 때문에 당사자가 받을 우려가 있는 중대한 불이익이나 당사자에게 생길 급박한 위험을 막기 위하여 임시지위를 정하여야 할 필요가 있는 경우에는 직권으로 또는 당사자의 신청에 의하여 임시처분을 결정할 수 있다.
② 제1항에 따른 임시처분에 관하여는 제30조제3항부터 제7항까지를 준용한다. 이 경우 같은 조 제6항 전단 중 "중대한 손해가 생길 우려"는 "중대한 불이익이나 급박한 위험이 생길 우려"로 본다.
③ 제1항에 따른 임시처분은 제30조제2항에 따른 집행정지로 목적을 달성할 수 있는 경우에는 허용되지 아니한다.

① O

행정심판법 제13조(청구인 적격) ① 취소심판은 처분의 취소 또는 변경을 구할 법률상 이익이 있는 자가 청구할 수 있다. 처분의 효과가 기간의 경과, 처분의 집행, 그 밖의 사유로 소멸된 뒤에도 그 처분의 취소로 회복되는 법률상 이익이 있는 자의 경우에도 또한 같다.
② 무효등확인심판은 처분의 효력 유무 또는 존재 여부의 확인을 구할 법률상 이익이 있는 자가 청구할 수 있다.
③ 의무이행심판은 처분을 신청한 자로서 행정청의 거부처분 또는 부작위에 대하여 일정한 처분을 구할 법률상 이익이 있는 자가 청구할 수 있다.

② O

행정심판법 제27조(심판청구의 기간) ① 행정심판은 처분이 있음을 알게 된 날부터 90일 이내에 청구하여야 한다.
② 청구인이 천재지변, 전쟁, 사변(事變), 그 밖의 불가항력으로 인하여 제1항에서 정한 기간에 심판청구를 할 수 없었을 때에는 그 사유가 소멸한 날부터14일 이내에 행정심판을 청구할 수 있다. 다만, 국외에서 행정심판을 청구하는 경우에는 그 기간을30일로 한다.
③ 행정심판은 처분이 있었던 날부터180일이 지나면 청구하지 못한다. 다만, 정당한 사유가 있는 경우에는 그러하지 아니하다.
④ 제1항과 제2항의 기간은 불변기간(不變期間)으로 한다.
⑤ 행정청이 심판청구 기간을 제1항에 규정된 기간보다 긴 기간으로 잘못 알린 경우 그 잘못 알린 기간에 심판청구가 있으면 그 행정심판은 제1항에 규정된 기간에 청구된 것으로 본다.
⑥ 행정청이 심판청구 기간을 알리지 아니한 경우에는 제3항에 규정된 기간에 심판청구를 할 수 있다.
⑦ 제1항부터 제6항까지의 규정은 무효등확인심판청구와 부작위에 대한 의무이행심판청구에는 적용하지 아니한다.

④ O

행정심판법 제30조(집행정지) ① 심판청구는 처분의 효력이나 그 집행 또는 절차의 속행(續行)에 영향을 주지 아니한다.
② 위원회는 처분, 처분의 집행 또는 절차의 속행 때문에 중대한 손해가 생기는 것을 예방할 필요성이 긴급하다고 인정할 때에는 직권으로 또는 당사자의 신청에 의하여 처분의 효력, 처분의 집행 또는 절차의 속행의 전부 또는 일부의 정지(이하 "집행정지"라 한다)를 결정할 수 있다. 다만, 처분의 효력정지는 처분의 집행 또는 절차의 속행을 정지함으로써 그 목적을 달성할 수 있을 때에는 허용되지 아니한다.
③ 집행정지는 공공복리에 중대한 영향을 미칠 우려가 있을 때에는 허용되지 아니한다.
④ 위원회는 집행정지를 결정한 후에 집행정지가 공공복리에 중대한 영향을 미치거나 그 정지사유가 없어진 경우에는 직권으로 또는 당사자의 신청에 의하여 집행정지 결정을 취소할 수 있다.

17

정답 ③

③ X 행정청이 건설산업기본법 및 구 건설산업기본법 시행령의 규정에 따라 건설업자에 대하여 영업정지 처분을 할 때 건설업자에게 영업정지 기간의 감경에 관한 참작 사유가 있음에도 이를 전혀 고려하지 않거나 감경 사유에 해당하지 않는다고 오인하여 영업정지 기간을 감경하지 아니한 경우라면 영업정지 처분은 재량권을 일탈·남용한 것으로 위법하다(대판 2017. 10. 12. 2017두43968).

① O 제재적 행정처분이 그 처분에서 정한 제재기간의 경과로 인하여 그 효과가 소멸되었으나, 부령인 시행규칙 또는 지방자치단체의 규칙(이하 이들을 '규칙'이라고 한다)의 형식으로 정한 처분기준에서 제재적 행정처분(이하 '선행처분'이라고 한다)을 받은 것을 가중사유나 전제요건으로 삼아 장래의 제재적 행정처분(이하 '후행처분'이라고 한다)을 하도록 정하고 있는 경우, 제재적 행정처분의 가중사유나 전제요건에 관한 규정이 법령이 아니라 규칙의 형식으로 되어 있다고 하더라도, 그러한 규칙이 법령에 근거를 두고 있는 이상 그 법적 성질이 대외적·일반적 구속력을 갖는 법규명령인지 여부와는 상관없이, 관할 행정청이나 담당공무원은 이를 준수할 의무가 있으므로 이들이 그 규칙에 정해진 바에 따라 행정작용을 할 것이 당연히 예견되고, 그 결과 행정작용의 상대방인 국민으로서는 그 규칙의 영향을 받을 수밖에 없다. 따라서 그러한 규칙이 정한 바에 따라 선행처분을 받은 상대방이 그 처분의 존재로 인하여 장래에 받을 불이익, 즉 후행처분의 위험은 구체적이고 현실적인 것이므로, 상대방에게는 선행처분의 취소소송을 통하여 그 불이익을 제거할 필요가 있다. …… 선행처분을 받은 상대방은 비록 그 처분에서 정한 제재기간이 경과하였다 하더라도 그 처분의 취소소송을 통하여 그러한 불이익을 제거할 권리보호의 필요성이 충분히 인정된다고 할 것이므로, 선행처분의 취소를 구할 법률상 이익이 있다고 보아야 한다(대판 2006. 6. 22. 2003두1684 전합).

② O ④ O 행정법규 위반에 대하여 가하는 제재조치는 행정목적의 달성을 위하여 행정법규 위반이라는 객관적 사실에 착안하여 가하는 제재이므로 반드시 현실적인 행위자가 아니라도 법령상 책임자로 규정된 자에게 부과되고 특별한 사정이 없는 한 위반자에게 고의나 과실이 없더라도 부과할 수 있다(대판 2012. 5. 10. 2012두1297).

18

정답 ②

② X

행정기본법 제17조(부관) ① 행정청은 처분에 재량이 있는 경우에는 부관(조건, 기한, 부담, 철회권의 유보 등을 말한다. 이하 이 조에서 같다)을 붙일 수 있다.
② 행정청은 처분에 재량이 없는 경우에는 법률에 근거가 있는 경우에 부관을 붙일 수 있다.
③ 행정청은 부관을 붙일 수 있는 처분이 다음 각 호의 어느 하나에 해당하는 경우에는 그 처분을 한 후에도 부관을 새로 붙이거나 종전의 부관을 변경할 수 있다.
1. 법률에 근거가 있는 경우

2. 당사자의 동의가 있는 경우
3. 사정이 변경되어 부관을 새로 붙이거나 종전의 부관을 변경하지 아니하면 해당 처분의 목적을 달성할 수 없다고 인정되는 경우

④ 부관은 다음 각 호의 요건에 적합하여야 한다.
1. 해당 처분의 목적에 위배되지 아니할 것
2. 해당 처분과 실질적인 관련이 있을 것
3. 해당 처분의 목적을 달성하기 위하여 필요한 최소한의 범위일 것

① O 수익적 행정처분에 있어서는 법령에 특별한 근거규정이 없다고 하더라도 그 부관으로서 부담을 붙일 수 있고, 그와 같은 부담은 행정청이 행정처분을 하면서 일방적으로 부가할 수도 있지만 부담을 부가하기 이전에 상대방과 협의하여 부담의 내용을 협약의 형식으로 미리 정한 다음 행정처분을 하면서 이를 부가할 수도 있다(대판 2009. 2. 12. 2005다65500).

③ O 행정처분에 이미 부담이 부가되어 있는 상태에서 그 의무의 범위 또는 내용 등을 변경하는 부관의 사후변경은, 법률에 명문의 규정이 있거나 그 변경이 미리 유보되어 있는 경우 또는 상대방의 동의가 있는 경우에 한하여 허용되는 것이 원칙이지만, 사정변경으로 인하여 당초에 부담을 부가한 목적을 달성할 수 없게 된 경우에도 그 목적달성에 필요한 범위 내에서 예외적으로 허용된다(대판 1997. 5. 30. 97누2627).

④ O 건축허가를 하면서 일정 토지를 기부채납하도록 하는 내용의 허가조건은 부관을 붙일 수 없는 기속행위 내지 기속적 재량행위인 건축허가에 붙인부담이거나 또는 법령상 아무런 근거가 없는 부관이어서 무효이다(대판 1995. 6. 13. 94다56883).

19

정답 ①

① X 지문은 실체적 심리설의 내용으로 우리 판례는 법원은 부작위의 위법여부를 확인하는데 그칠 뿐 행정청이 처할 구체적 내용까지 심리·판단할 수 없다는 절차적 심리설의 입장이다.

② O 부작위위법확인의 소는 행정청이 국민의 법규상 또는 조리상의 권리에 기한 신청에 대하여 상당한 기간내에 그 신청을 인용하는 적극적 처분 또는 각하하거나 기각하는 등의 소극적 처분을 하여야 할 법률상의 응답의무가 있음에도 불구하고 이를 하지 아니하는 경우, 판결(사실심의 구두변론 종결)시를 기준으로 그 부작위의 위법을 확인함으로써 행정청의 응답을 신속하게 하여 부작위 내지 무응답이라고 하는 소극적인 위법상태를 제거하는 것을 목적으로 하는 것이고, 나아가 당해 판결의 구속력에 의하여 행정청에게 처분 등을 하게 하고 다시 당해 처분 등에 대하여 불복이 있는 때에는 그 처분 등을 다투게 함으로써 최종적으로는 국민의 권리이익을 보호하려는 제도이므로, 소제기의 전후를 통하여 판결시까지 행정청이 그 신청에 대하여 적극 또는 소극의 처분을 함으로써 부작위상태가 해소된 때에는 소의 이익을 상실하게 되어 당해 소는 각하를 면할 수가 없는 것이다(대판 1990. 9. 25. 89누4758).

③ O 부작위위법확인소송은 처분의 신청을 한 자로서 부작위의 위법확인을 구할 법률상 이익이 있는 자만이 제기할 수 있다 할 것이며 이를 통하여 구하는 행정청의 응답행위는 행정소송법 제2조 제1항 제1호 소정의 처분에 관한 것이라야 하므로 당사자가 행정청에 대하여 어떠한 행정행위를 하여 줄 것을 신청하지 아니하였거나 신청을 하였더라도 당사자가 행정청에 대하여 그러한 행정행위를 하여 줄 것을 요구할 수 있는 법규상 또는 조리상 권리를 갖고 있지 아니하든지 또는 행정청이 당사자의 신청에 대하여 거부처분을 한 경우에는 원고적격이 없거나 항고소송의 대상인 위법한 부작위가 있다고 볼 수 없어 그 부작위위법확인의 소는 부적법하다(대판 1993. 4. 23. 92누17099).

④ O

행정소송법 제38조(준용규정) ② 제9조, 제10조, 제13조 내지 제19조, 제20조, 제25조 내지 제27조, 제29조 내지 제31조, 제33조 및 제34조의 규정은 부작위위법확인소송의 경우에 준용한다.

제29조(취소판결등의 효력) ① 처분등을 취소하는 확정판결은 제3자에 대하여도 효력이 있다.

제30조(취소판결등의 기속력) ① 처분등을 취소하는 확정판결은 그 사건에 관하여 당사자인 행정청과 그 밖의 관계행정청을 기속한다.

제34조(거부처분취소판결의 간접강제) ① 행정청이 제30조 제2항의 규정에 의한 처분을 하지 아니하는 때에는 제1심수소법원은 당사자의 신청에 의하여 결정으로써 상당한 기간을 정하고 행정청이 그 기간내에 이행하지 아니하는 때에는 그 지연기간에 따라 일정한 배상을 할 것을 명하거나 즉시 손해배상을 할 것을 명할 수 있다.
② 판결에 의하여 취소되는 처분이 당사자의 신청을 거부하는 것을 내용으로 하는 경우에는 그 처분을 행한 행정청은 판결의 취지에 따라 다시 이전의 신청에 대한 처분을 하여야 한다.

20

정답 ①

① X ② O

행정조사기본법 제4조(행정조사의 기본원칙) ① 행정조사는 조사목적을 달성하는데 필요한 최소한의 범위 안에서 실시하여야 하며, 다른 목적 등을 위하여 조사권을 남용하여서는 아니 된다.
② 행정기관은 조사목적에 적합하도록 조사대상자를 선정하여 행정조사를 실시하여야 한다.
③ 행정기관은 유사하거나 동일한 사안에 대하여는 공동조사 등을 실시함으로써 행정조사가 중복되지 아니하도록 하여야 한다.
④ 행정조사는 법령등의 위반에 대한 처벌보다는 법령등을 준수하도록 유도하는 데 중점을 두어야 한다.
⑤ 다른 법률에 따르지 아니하고는 행정조사의 대상자 또는 행정조사의 내용을 공표하거나 직무상 알게 된 비밀을 누설하여서는 아니된다.
⑥ 행정기관은 행정조사를 통하여 알게 된 정보를 다른 법률에 따라 내부에서 이용하거나 다른 기관에 제공하는 경우를 제외하고는 원래의 조사목적 이외의 용도로 이용하거나 타인에게 제공하여서는 아니 된다.

③ ○ 우편물 통관검사절차에서 이루어지는 우편물의 개봉, 시료채취, 성분분석 등의 검사는 수출입물품에 대한 적정한 통관 등을 목적으로 한 행정조사의 성격을 가지는 것으로서 수사기관의 강제처분이라고 할 수 없으므로, 압수·수색영장 없이 우편물의 개봉, 시료채취, 성분분석 등 검사가 진행되었다 하더라도 특별한 사정이 없는 한 위법하다고 볼 수 없다(대판 2013. 9. 26. 2013도7718).

④ ○ 마약류 불법거래 방지에 관한 특례법 제4조 제1항에 따른 조치의 일환으로 특정한 수출입물품을 개봉하여 검사하고 그 내용물의 점유를 취득한 행위는 범죄수사인 압수 또는 수색에 해당하여 사전 또는 사후에 영장을 받아야 한다(대판 2017. 7. 18. 2014도8719).

실전동형 모의고사 제3회 문제 20쪽

01	①	02	③	03	③	04	②	05	②
06	②	07	③	08	①	09	④	10	④
11	①	12	②	13	④	14	③	15	④
16	④	17	①	18	②	19	③	20	④

01

정답 ①

① × 기반시설부담금 납부의무자의 환급신청에 대하여 행정청의 전부 또는 일부 환급을 거부하는 결정은 항고소송의 대상인 처분에 해당한다(대판 2018. 6. 28. 2016두50990).

② ○ 거부처분의 처분성을 인정하기 위한 전제요건이 되는 신청권의 존부는 구체적 사건에서 신청인이 누구인가를 고려하지 않고 관계 법규의 해석에 의하여 일반 국민에게 그러한 신청권을 인정하고 있는가를 살펴 추상적으로 결정되는 것이고, 신청인이 그 신청에 따른 단순한 응답을 받을 권리를 넘어서 신청의 인용이라는 만족적 결과를 얻을 권리를 의미하는 것은 아니므로, 국민이 어떤 신청을 한 경우에 그 신청의 근거가 된 조항의 해석상 행정발동에 대한 개인의 신청권을 인정하고 있다고 보이면 그 거부행위는 항고소송의 대상이 되는 처분으로 보아야 하고, 구체적으로 그 신청이 인용될 수 있는가 하는 점은 본안에서 판단하여야 할 사항이다(대판 2009. 9. 10. 2007두20638).

③ ○ 甲 시장이 감사원으로부터 감사원법 제32조에 따라 乙에 대하여 징계의 종류를 정직으로 정한 징계 요구를 받게 되자 감사원에 징계 요구에 대한 재심의를 청구하였고, 감사원이 재심의청구를 기각하자 乙이 감사원의 징계 요구와 그에 대한 재심의결정의 취소를 구하고 甲 시장이 감사원의 재심의결정 취소를 구하는 소를 제기한 사안에서, 징계 요구는 징계 요구를 받은 기관의 장이 요구받은 내용대로 처분하지 않더라도 불이익을 받는 규정도 없고, 징계 요구 내용대로 효과가 발생하는 것도 아니며, 징계 요구에 의하여 행정청이 일정한 행정처분을 하였을 때 비로소 이해관계인의 권리관계에 영향을 미칠 뿐, 징계 요구 자체만으로는 징계 요구 대상 공무원의 권리·의무에 직접적인 변동을 초래하지도 아니하므로, 행정청 사이의 내부적인 의사결정의 경로로서 '징계 요구, 징계 절차 회부, 징계'로 이어지는 과정에서의 중간처분에 불과하여, 감사원의 징계 요구와 재심의결정이 항고소송의 대상이 되는 행정처분이라고 할 수 없다고 한 사례(대판 2016. 12. 27. 2014두5637).

④ ○ **국방전력발전업무훈령에 따른 연구개발확인서 발급 및 그 거부의 법적 성질(=행정처분)** 국방전력발전업무훈령 제113조의5 제1항에 의한 연구개발확인서 발급은 개발업체가 '업체투자연구개발' 방식 또는 '정부·업체공동투자연구개발' 방식으로 전력지원체계 연구개발사업을 성공적으로 수행하여 군사용 적합판정을 받고 국방규격이 제·개정된 경우에 사업관리기관이 개발업체에게 해당 품목의 양산과 관련하여 경쟁입찰에 부치지 않고 수의계약의 방식으로 국방조달계약을 체결할 수 있는 지위(경쟁입찰의 예외사유)가 있음을 인정해 주는 '확인적 행정행위'로서 공권력의 행사인 '처분'에 해당하고, 연구개발확인서 발급 거부는 신청에 따른 처분 발급을 거부하는 '거부처분'에 해당한다(대판 2020. 1. 16. 2019다264700).

02

정답 ③

③ ✕ 하천의 점용허가권은 특허에 의한 공물사용권의 일종으로서 하천의 관리주체에 대하여 일정한 특별사용을 청구할 수 있는 채권에 지나지 아니하고 대세적 효력이 있는 물권이라 할 수 없다(대판 1990. 2. 13. 89다카23022).

① ○ 도로법의 제반 규정에 비추어 보면, 같은 법 제80조의2의 규정에 의한 변상금 부과권한은 적정한 도로관리를 위하여 도로의 관리청에게 부여된 권한이라 할 것이지 도로부지의 소유권에 기한 권한이라고 할 수 없으므로, 도로의 관리청은 도로부지에 대한 소유권을 취득하였는지 여부와는 관계없이 도로를 무단점용하는 자에 대하여 변상금을 부과할 수 있다(대판 2005. 11. 25. 2003두7194).

② ○ 하천법 제5조, 제33조 제1항, 제50조, 부칙(2007. 4. 6.) 제9조의 규정 내용과 구 하천법(1999. 2. 8. 법률 제5893호로 전부 개정되기 전의 것) 제25조 제1항 제1호, 구 하천법(2007. 4. 6. 법률 제8338호로 전부 개정되기 전의 것) 제33조 제1항 제1호의 개정 경위 등에 비추어 볼 때, 하천법 제50조에 의한 하천수 사용권(2007. 4. 6. 하천법 개정 이전에 종전의 규정에 따라 유수의 점용·사용을 위한 관리청의 허가를 받음으로써 2007. 4. 6. 개정 하천법 부칙 제9조에 따라 현행 하천법 제50조에 의한 하천수 사용허가를 받은 것으로 보는 경우를 포함한다. 이하 같다)은 하천법 제33조에 의한 하천의 점용허가에 따라 해당 하천을 점용할 수 있는 권리와 마찬가지로 특허에 의한 공물사용권의 일종으로서, 양도가 가능하고 이에 대한 민사집행법상의 집행 역시 가능한 독립된 재산적 가치가 있는 구체적인 권리라고 보아야 한다. 따라서 하천법 제50조에 의한 하천수 사용권은 공익사업을 위한 토지 등의 취득 및 보상에 관한 법률 제76조 제1항이 손실보상의 대상으로 규정하고 있는 '물의 사용에 관한 권리'에 해당한다(대판 2018. 12. 27. 2014두11601).

④ ○ 구 도시 및 주거환경정비법(2007. 12. 21. 법률 제8785호로 개정되기 전의 것)에 따른 주택재건축정비사업조합은 관할 행정청의 감독 아래 위 법상 주택재건축사업을 시행하는 공법인으로서, 그 목적 범위 내에서 법령이 정하는 바에 따라 일정한 행정작용을 행하는 행정주체의 지위를 가진다 할 것인데, 재건축정비사업조합이 이러한 행정주체의 지위에서 위 법에 기초하여 수립한 사업시행계획은 인가·고시를 통해 확정되면 이해관계인에 대한 구속적 행정계획으로서 독립된 행정처분에 해당하고, 이와 같은 사업시행계획안에 대한 조합 총회결의는 그 행정처분에 이르는 절차적 요건 중 하나에 불과한 것으로서, 그 계획이 확정된 후에는 항고소송의 방법으로 계획의 취소 또는 무효확인을 구할 수 있을 뿐, 절차적 요건에 불과한 총회결의 부분만을 대상으로 그 효력 유무를 다투는 확인의 소를 제기하는 것은 허용되지 아니한다(대결 2009. 11. 2. 2009마596).

03

정답 ③

③ ✕ 丙이 부담금부과처분에 대한 행정심판청구를 하여 기각재결서를 송달받았으나, 재결서 송달일로부터 90일 이내에 취소소송을 제기하였다면, **병행사건에 해당하므로 위헌결정의 소급효가 미치고, 제소기간도 준수하였으므로, 丙의 청구는 인용될 수 있다.**

> **행정소송법 제20조(제소기간)** ① 취소소송은 처분등이 있음을 안 날부터 90일 이내에 제기하여야 한다. 다만, 제18조 제1항 단서에 규정한 경우와 그 밖에 행정심판청구를 할 수 있는 경우 또는 행정청이 행정심판청구를 할 수 있다고 잘못 알린 경우에 행정심판청구가 있은 때의 기간은 재결서의 정본을 송달받은 날부터 기산한다.

② ○ **헌법재판소**는 ① 헌법재판소에 법률의 위헌결정을 위한 계기를 부여한 당해 사건, ② 위헌결정이 있기 전에 이와 동종의 위헌여부에 관하여 헌법재판소에 위헌제청을 하였거나 법원에 위헌제청신청을 한 사건과 **따로 위헌제청신청을 아니하였지만 당해 법률 또는 법률조항이 재판의 전제가 되어 법원에 계속 중인 병행사건**, ③ 위헌결정 이후 제소한 일반사건 중에서 당사자의 권리구제를 위한 구체적 타당성의 요청이 현저한 반면에 소급효를 인정하여도 법적 안정성을 침해할 우려가 없는 사건에는 위헌결정의 소급효가 미친다고 보았다(헌재 1993.5.13. 92헌가10등). **대법원**도 따로 위헌제청신청은 아니하였지만 당해 법률 또는 법률의 조항이 재판의 전제가 되어 법원에 계속 중인 사건에도 위헌결정의 효력이 미친다고 본다(대판 1993.1.15. 92다12377). 따라서 **乙에게도 위헌결정의 소급효가 미친다.**

① ○ 위헌결정의 효력은 그 결정 이후에 당해 법률이 재판의 전제가 되었음을 이유로 법원에 제소된 일반사건에도 미치므로, 당해 법률에 근거하여 행정처분이 발하여진 후에 헌법재판소가 그 행정처분의 근거가 된 법률을 위헌으로 결정하였다면 결과적으로 행정처분은 법률의 근거가 없이 행하여진 것과 마찬가지가 되어 하자가 있는 것이 되나, **이미 취소소송의 제기기간을 경과하여 확정력이 발생한 행정처분의 경우에는 위헌결정의 소급효가 미치지 않는다고 보아야 할 것**이다(대판 2002. 11. 8. 2001두3181). 따라서 甲이 부담금을 납부하였고 부담금부과처분에 불가쟁력이 발생한 상태라면, 해당 조항이 위헌으로 결정되더라도 이미 납부한 부담금을 반환받을 수 없다.

④ ○ 위헌법률에 기한 행정처분의 집행이나 집행력을 유지하기 위한 행위는 위헌결정의 기속력에 위반되어 허용되지 않는다고 보아야 할 것인데, 그 규정 이외에는 체납부담금을 강제로 징수할 수 있는 다른 법률적 근거가 없으므로, 그 위헌결정 이전에 이미 부담금 부과처분과 압류처분 및 이에 기한 압류등기가 이루어지고 위의 각 처분이 확정되었다고 하여도, **위헌결정 이후에는 별도의 행정처분인 매각처분, 분배처분 등 후속 체납처분절차를 진행할 수 없는 것은 물론**이고, 특별한 사정이 없는 한 기존의 압류등기나 교부청구만으로는 다른 사람에 의하여 개시된 경매절차에서 배당을 받을 수도 없다(대판 2002. 8. 23. 2001두2959).

04

정답 ②

② ○ 대판 1997. 2. 25. 96추213

① ✕ 일반적으로 행정상의 법률관계 있어서 행정청의 행위에 대하여 신뢰보호의 원칙이 적용되기 위하여는 행정청이 개인에 대하여 신뢰의 대상이 되는 공적인 견해표명을 하였다는 점이 전제되어야 한다. 그리고 평등의 원칙은 본질적으로 같은 것을 자의적으로 다르

게 취급함을 금지하는 것이고, 위법한 행정처분이 수차례에 걸쳐 반복적으로 행하여졌다 하더라도 그러한 처분이 위법한 것인 때에는 행정청에 대하여 자기구속력을 갖게 된다고 할 수 없다(대판 2009. 6. 25. 2008두13132).

③ ✕ 폐기물처리업에 대하여 사전에 관할 관청으로부터 적정통보를 받고 막대한 비용을 들여 허가요건을 갖춘 다음 허가신청을 하였음에도 다수 청소업자의 난립으로 안정적이고 효율적인 청소업무의 수행에 지장이 있다는 이유로 한 불허가처분은 신뢰보호의 원칙 및 비례의 원칙에 반하는 것으로서 재량권을 남용한 위법한 처분에 해당한다(대판 1998. 5. 8. 98두4061).

④ ✕ 귀책사유라 함은 행정청의 견해표명의 하자가 상대방 등 관계자의 사실은폐나 기타 사위의 방법에 의한 신청행위 등 부정행위에 기인한 것이거나 그러한 부정행위가 없다고 하더라도 하자가 있음을 알았거나 중대한 과실로 알지 못한 경우 등을 의미한다고 해석함이 상당하고, 귀책사유의 유무는 상대방과 그로부터 신청행위를 위임받은 수임인 등 관계자 모두를 기준으로 판단하여야 한다(대판 2002. 11. 8. 2001두1512).

05

정답 ②

② O 사업양도·양수에 따른 허가관청의 지위승계신고의 수리는 적법한 사업의 양도·양수가 있었음을 전제로 하는 것이므로 그 수리대상인 사업양도·양수가 존재하지 아니하거나 무효인 때에는 수리를 하였다 하더라도 그 수리는 유효한 대상이 없는 것으로서 당연히 무효라 할 것이고, 사업의 양도행위가 무효라고 주장하는 양도자는 민사쟁송으로 양도·양수행위의 무효를 구함이 없이 **막바로 허가관청을 상대로 하여 행정소송으로 위 신고수리처분의 무효확인을 구할 법률상 이익이 있다**(대판 2005. 12. 23. 2005두3554).

① ✕ 광주광역시문화예술회관장의 단원 위촉은 광주광역시문화예술회관장이 행정청으로서 공권력을 행사하여 행하는 행정처분이 아니라 공법상의 근무관계의 설정을 목적으로 하여 광주광역시와 단원이 되고자 하는 자 사이에 대등한 지위에서 의사가 합치되어 성립하는 공법상 근로계약에 해당한다고 보아야 할 것이므로, 광주광역시립합창단원으로서 위촉기간이 만료되는 자들의 재위촉 신청에 대하여 광주광역시문화예술회관장이 실기와 근무성적에 대한 평정을 실시하여 재위촉을 하지 아니한 것을 항고소송의 대상이 되는 불합격처분이라고 할 수는 없다(대판 2001. 12. 11. 2001두7794).

③ ✕ 납세의무부존재확인의 소는 공법상의 법률관계 그 자체를 다투는 소송으로서 당사자소송이라 할 것이므로 행정소송법 제3조 제2호, 제39조에 의하여 그 법률관계의 한쪽 당사자인 국가·공공단체 그 밖의 권리주체가 피고적격을 가진다(대판 2000. 9. 8. 99두2765).

④ ✕ 지방자치법상 주민소송은 민중소송이다.

06

정답 ②

② ✕ 제재처분에 대한 행정쟁송절차에서 처분에 대해 집행정지결정이 이루어졌더라도 본안에서 해당 처분이 최종적으로 적법한 것으로 확정되어 집행정지결정이 실효되고 제재처분을 다시 집행할 수 있게 되면, 처분청으로서는 당초 집행정지결정이 없었던 경우와 동등한 수준으로 해당 제재처분이 집행되도록 필요한 조치를 취하여야 한다(대판 2020. 9. 3. 2020두34070).

① O 허가신청에 대한 거부처분은 그 효력이 정지되더라도 그 처분이 없었던 것과 같은 상태를 만드는 것에 지나지 아니하는 것이고 그 이상으로 행정청에 대하여 어떠한 처분을 명하는 등 적극적인 상태를 만들어 내는 경우를 포함하지 아니하는 것이므로, 교도소장이 접견을 불허한 처분에 대하여 효력정지를 한다 하여도 이로 인하여 위 교도소장에게 접견의 허가를 명하는 것이 되는 것도 아니고 또 당연히 접견이 되는 것도 아니어서 접견허가거부처분에 의하여 생길 회복할 수 없는 손해를 피하는 데 아무런 보탬도 되지 아니하니 접견허가거부처분의 효력을 정지할 필요성이 없다(대판 1991. 5. 2. 91두15).

③ O 행정소송법 제23조 제3항에서 집행정지의 요건으로 규정하고 있는 '공공복리에 중대한 영향을 미칠 우려'가 없을 것이라고 할 때의 '공공복리'는 그 처분의 집행과 관련된 구체적이고도 개별적인 공익을 말하는 것으로서 이러한 집행정지의 소극적 요건에 대한 주장·소명책임은 행정청에게 있다(대결 1999. 12. 20. 99무42).

④ O 행정소송법 제23조에 따른 집행정지결정의 효력은 결정 주문에서 정한 종기까지 존속하고, 그 종기가 도래하면 당연히 소멸한다. 따라서 효력기간이 정해져 있는 제재적 행정처분에 대한 취소소송에서 법원이 본안소송의 판결 선고 시까지 집행정지결정을 하면, 처분에서 정해 둔 효력기간(집행정지결정 당시 이미 일부 집행되었다면 그 나머지 기간)은 판결 선고 시까지 진행하지 않다가 판결이 선고되면 그때 집행정지결정의 효력이 소멸함과 동시에 처분의 효력이 당연히 부활하여 처분에서 정한 효력기간이 다시 진행한다(대판 2022. 2. 11. 2021두40720).

07

정답 ③

ㄱ. ✕ 토지대장에 기재된 일정한 사항을 변경하는 행위는, 그것이 지목의 변경이나 정정 등과 같이 토지소유권 행사의 전제요건으로서 토지소유자의 실체적 권리관계에 영향을 미치는 사항에 관한 것이 아닌 한 행정사무집행의 편의와 사실증명의 자료로 삼기 위한 것일 뿐이어서, 그 소유자 명의가 변경된다고 하여도 이로 인하여 당해 토지에 대한 실체상의 권리관계에 변동을 가져올 수 없고 토지 소유권이 지적공부의 기재만에 의하여 증명되는 것도 아니다. 따라서 소관청이 토지대장상의 소유자명의변경신청을 거부한 행위는 이를 항고소송의 대상이 되는 행정처분이라고 할 수 없다(대판 2012. 1. 12. 2010두12354).

ㄴ. O 토지대장은 토지에 대한 공법상의 규제, 개발부담금의 부과대상, 지방세의 과세대상, 공시지가의 산정, 손실보상가액의 산정 등 토지행정의 기초자료로서 공법상의 법률관계에 영향을 미칠 뿐만 아니라, 토지에 관한 소유권보존등기 또는 소유권이전등기를 신청하려면 이를 등기소에 제출해야 하는 점 등을 종합해 보면, 토지대장은 토지의 소유권을 제대로 행사하기 위한 전제요건으로서 토지 소유자의 실체적 권리관계에 밀접하게 관련되어 있으므로, 이러한 토지대장을 직권으로 말소한 행위는 국민의 권리관계에 영향을 미

치는 것으로서 항고소송의 대상이 되는 행정처분에 해당한다(대판 2013. 10. 24. 2011두13286).

ㄷ. ○ 구 건축법(2005. 11. 8. 법률 제7696호로 개정되기 전의 것) 제14조 제4항의 규정은 건축물의 소유자에게 건축물대장의 용도변경신청권을 부여한 것이고, 한편 건축물의 용도는 토지의 지목에 대응하는 것으로서 건물의 이용에 대한 공법상의 규제, 건축법상의 시정명령, 지방세 등의 과세대상 등 공법상 법률관계에 영향을 미치고, 건물소유자는 용도를 토대로 건물의 사용·수익·처분에 일정한 영향을 받게 된다. 이러한 점 등을 고려해 보면, 건축물대장의 용도는 건축물의 소유권을 제대로 행사하기 위한 전제요건으로서 건축물 소유자의 실체적 권리관계에 밀접하게 관련되어 있으므로, 건축물대장 소관청의 용도변경신청 거부행위는 국민의 권리관계에 영향을 미치는 것으로서 항고소송의 대상이 되는 행정처분에 해당한다(대판 2009. 1. 30. 2007두7277).

ㄹ. ○ 건축물대장은 건축물에 대한 공법상의 규제, 지방세의 과세대상, 손실보상가액의 산정 등 건축행정의 기초자료로서 공법상의 법률관계에 영향을 미칠 뿐만 아니라, 건축물에 관한 소유권보존등기 또는 소유권이전등기를 신청하려면 이를 등기소에 제출하여야 하는 점 등을 종합해 보면, 건축물대장은 건축물의 소유권을 제대로 행사하기 위한 전제요건으로서 건축물 소유자의 실체적 권리관계에 밀접하게 관련되어 있으므로, 이러한 건축물대장을 직권말소한 행위는 국민의 권리관계에 영향을 미치는 것으로서 항고소송의 대상이 되는 행정처분에 해당한다(대판 2010. 5. 27. 2008두22655).

ㅁ. ○ 건축물대장은 건축물에 대한 공법상의 규제, 지방세의 과세대상, 손실보상가액의 산정 등 건축행정의 기초자료로서 공법상의 법률관계에 영향을 미칠 뿐만 아니라, 건축물에 관한 소유권보존등기 또는 소유권이전등기를 신청하려면 이를 등기소에 제출하여야 하는 점 등을 종합해 보면, 건축물대장의 작성은 건축물의 소유권을 제대로 행사하기 위한 전제요건으로서 건축물 소유자의 실체적 권리관계에 밀접하게 관련되어 있으므로 건축물대장 소관청의 작성신청 반려행위는 국민의 권리관계에 영향을 미치는 것으로서 항고소송의 대상이 되는 행정처분에 해당한다(대판 2009. 2. 12. 2007두17359).

08

정답 ①

① × 가압류등기가 마쳐져 있어 건축물대장을 합병할 수 없는 건물에 대하여 근거법령을 잘못 해석하여 건축물대장을 합병한 처분은 하자가 중대하고 객관적으로 명백하여 당연무효이다(대판 2009. 5.28. 2007두19775).

② ○ 대판 2016. 10. 27. 2015두41579

③ ○ 국민건강보험공단이 행한 '직장가입자 자격상실 및 자격변동 안내' 통보는 가입자 자격의 변동 여부 및 시기를 확인하는 의미에서 한 사실상 통지행위에 불과할 뿐, 항고소송의 대상이 되는 행정처분에 해당하지 않는다(대판 2019. 2. 14. 2016두41729).

④ ○ 행정절차법 제9조에서는 자연인, 법인, 법인 아닌 사단 또는 재단 외에 '다른 법령 등에 따라 권리·의무의 주체가 될 수 있는 자' 역시 '당사자 등'이 될 수 있다고 규정하고 있을 뿐, 국가를 '당사자 등'에서 제외하지 않고 있다. 또한 행정절차법 제3조 제2항에서 행정절차법이 적용되지 않는 사항을 열거하고 있는데, '국가를 상대로 하는 행정행위'는 그 예외사유에 해당하지 않는다(대판 2023. 9. 21. 2023두39724). → **국가에 대해 행정처분을 할 때에도 사전 통지, 의견청취, 이유 제시와 관련한 행정절차법이 그대로 적용된다고 보아야 한다.**

09

정답 ④

④ ×

행정절차법 제40조의2(확약) ① 법령등에서 당사자가 신청할 수 있는 처분을 규정하고 있는 경우 행정청은 당사자의 신청에 따라 장래에 어떤 처분을 하거나 하지 아니할 것을 내용으로 하는 의사표시(이하 "확약"이라 한다)를 할 수 있다.
② 확약은 문서로 하여야 한다.
③ 행정청은 다른 행정청과의 협의 등의 절차를 거쳐야 하는 처분에 대하여 확약을 하려는 경우에는 확약을 하기 전에 그 절차를 거쳐야 한다.
④ 행정청은 다음 각 호의 어느 하나에 해당하는 경우에는 확약에 기속되지 아니한다.
1. 확약을 한 후에 확약의 내용을 이행할 수 없을 정도로 법령등이나 사정이 변경된 경우
2. 확약이 위법한 경우
⑤ 행정청은 확약이 제4항 각 호의 어느 하나에 해당하여 확약을 이행할 수 없는 경우에는 지체 없이 당사자에게 그 사실을 통지하여야 한다.

10

정답 ④

④ ○ 청구취지를 변경하여 구소가 취하되고 새로운 소가 제기된 것으로 변경되었을 때 새로운 소에 대한 제소기간의 준수등은 원칙적으로 소의 변경이 있은 때를 기준으로 하여야 한다(대판 1974. 2. 26. 73누171).

① × 행정소송법 제20조 제1항은 '취소소송은 처분 등이 있음을 안 날부터 90일 이내에 제기하여야 하나 행정청이 행정심판청구를 할 수 있다고 잘못 알린 경우에 행정심판청구가 있은 때의 기간은 재결서의 정본을 송달받은 날부터 기산한다'고 규정하고 있는데, 위 규정의 취지는 불가쟁력이 발생하지 않아 적법하게 불복청구를 할 수 있었던 처분 상대방에 대하여 행정청이 법령상 행정심판청구가 허용되지 않음에도 행정심판청구를 할 수 있다고 잘못 알린 경우에, 잘못된 안내를 신뢰하여 부적법한 행정심판을 거치느라 본래 제소기간 내에 취소소송을 제기하지 못한 자를 구제하려는 데에 있다. 이와 달리 이미 제소기간이 지남으로써 불가쟁력이 발생하여 불복청구를 할 수 없었던 경우라면 그 이후에 행정청이 행정심판청구를 할 수 있다고 잘못 알렸다고 하더라도 그 때문에 처분 상대방이 적법한 제소기간 내에 취소소송을 제기할 수 있는 기회를 상실하게 된 것은 아니므로 이러한 경우에 잘못된 안내에 따라 청구된 행정심판 재결서 정본을 송달받은 날부터 다시 취소소송의 제소기간이 기산

되는 것은 아니다. 불가쟁력이 발생하여 더 이상 불복청구를 할 수 없는 처분에 대하여 행정청의 잘못된 안내가 있었다고 하여 처분 상대방의 불복청구 권리가 새로이 생겨나거나 부활한다고 볼 수는 없기 때문이다(대판 2012. 9. 27. 2011두27247).

② X 이의신청 등에 대한 결정의 한 유형으로 실무상 행해지고 있는 재조사결정은 처분청으로 하여금 하나의 과세단위의 전부 또는 일부에 관하여 당해 결정에서 지적된 사항을 재조사하여 그 결과에 따라 과세표준과 세액을 경정하거나 당초 처분을 유지하는 등의 후속 처분을 하도록 하는 형식을 취하고 있다. 이에 따라 재조사결정을 통지받은 이의신청인 등은 그에 따른 후속 처분의 통지를 받은 후에야 비로소 다음 단계의 쟁송절차에서 불복할 대상과 범위를 구체적으로 특정할 수 있게 된다. 이와 같은 재조사결정의 형식과 취지, 그리고 행정심판제도의 자율적 행정통제기능 및 복잡하고 전문적·기술적 성격을 갖는 조세법률관계의 특수성 등을 감안하면, 재조사결정은 당해 결정에서 지적된 사항에 관해서는 처분청의 재조사결과를 기다려 그에 따른 후속 처분의 내용을 이의신청 등에 대한 결정의 일부분으로 삼겠다는 의사가 내포된 변형결정에 해당한다고 볼 수밖에 없다. 그렇다면 재조사결정은 처분청의 후속 처분에 의하여 그 내용이 보완됨으로써 이의신청 등에 대한 결정으로서의 효력이 발생한다고 할 것이므로, 재조사결정에 따른 심사청구기간이나 심판청구기간 또는 행정소송의 제소기간은 이의신청인 등이 후속 처분의 통지를 받은 날부터 기산된다고 봄이 타당하다(대판 2010. 6. 25. 2007두12514, 전원합의체).

③ X 행정청이 산업재해보상보험법에 의한 보험급여 수급자에 대하여 부당이득 징수결정을 한 후 징수결정의 하자를 이유로 징수금 액수를 감액하는 경우에 감액처분은 감액된 징수금 부분에 관해서만 법적 효과가 미치는 것으로서 당초 징수결정과 별개 독립의 징수금 결정처분이 아니라 그 실질은 처음 징수결정의 변경이고, 그에 의하여 징수금의 일부취소라는 징수의무자에게 유리한 결과를 가져오는 처분이므로 징수의무자에게는 그 취소를 구할 소의 이익이 없다. 이에 따라 감액처분으로도 아직 취소되지 않고 남아 있는 부분이 위법하다 하여 다투고자 하는 경우, 감액처분을 항고소송의 대상으로 할 수는 없고, 당초 징수결정 중 감액처분에 의하여 취소되지 않고 남은 부분을 항고소송의 대상으로 할 수 있을 뿐이며, 그 결과 제소기간의 준수 여부도 감액처분이 아닌 당초 처분을 기준으로 판단해야 한다(대판 2012. 9. 27. 2011두27247).

11

정답 ①

ㄱ. O 병무청장이 하는 병역의무 기피자의 인적사항 등 공개는, 특정인을 병역의무 기피자로 판단하여 그 사실을 일반 대중에게 공표함으로써 그의 명예를 훼손하고 그에게 수치심을 느끼게 하여 병역의무 이행을 간접적으로 강제하려는 조치로서 병역법에 근거하여 이루어지는 공권력의 행사에 해당한다(대판 2019. 6. 27. 2018두49130).

ㄴ. O 행정처분이 외부적으로 성립하려면 행정청의 의사표시가 공식적인 방법으로 외부에 표시되어야 하므로, 가급적 외부로 표시되는 행정청의 의사표시를 항고소송의 대상으로 포착하는 것이 바람직하다. 그런데 관할 지방병무청장의 공개 대상자 결정의 경우 상대방에게 통보하는 등 외부에 표시하는 절차가 관계 법령에 규정되어 있지 않아, 행정실무상으로도 상대방에게 통보되지 않는 경우가 많다. 또한 관할 지방병무청장이 위원회의 심의를 거쳐 공개 대상자를 1차로 결정하기는 하지만, 병무청장에게 최종적으로 공개 여부를 결정할 권한이 있으므로, 관할 지방병무청장의 공개 대상자 결정은 병무청장의 최종적인 결정에 앞서 이루어지는 행정기관 내부의 중간적 결정에 불과하다. 가까운 시일 내에 최종적인 결정과 외부적인 표시가 예정되어 있는 상황에서, 외부에 표시되지 않은 행정기관 내부의 결정을 항고소송의 대상인 처분으로 보아야 할 필요성은 크지 않다. 만일 관할 지방병무청장의 공개 대상자 결정이 대상자에게 개별적으로 통보되는 등으로 대상자가 그 결정이 이루어진 사실을 알게 되었다면, 공개 대상자에게 조기의 권리구제 기회를 부여하지 않을 특별한 이유도 없으므로 관할 지방병무청장의 공개 대상자 결정을 항고소송으로 다툴 수 있도록 하는 것도 가능하지만, 이것이 병무청장의 최종적 결정의 처분성을 부정하는 논거가 될 수는 없다. 관할 지방병무청장이 1차로 공개 대상자 결정을 하고, 그에 따라 병무청장이 같은 내용으로 최종적 공개결정을 하였다면, 공개 대상자는 병무청장의 최종적 공개결정만을 다투는 것으로 충분하고, 관할 지방병무청장의 공개 대상자 결정을 별도로 다툴 소의 이익은 없어진다고 보아야 한다(대판 2019. 6. 27. 2018두49130).

ㄷ. O 병무청장이 인터넷 홈페이지 등에 게시하는 사실행위를 함으로써 공개 대상자의 인적사항 등이 이미 공개되었더라도, 재판에서 병무청장의 공개결정이 위법함이 확인되어 취소판결이 선고되는 경우, 병무청장은 취소판결의 기속력에 따라 위법한 결과를 제거하는 조치를 할 의무가 있으므로 공개 대상자의 실효적 권리구제를 위해 병무청장의 공개결정을 행정처분으로 인정할 필요성이 있다(대판 2019. 6. 27. 2018두49130).

ㄹ. X

행정절차법 제40조의3(위반사실 등의 공표) ① 행정청은 법령에 따른 의무를 위반한 자의 성명·법인명, 위반사실, 의무 위반을 이유로 한 처분사실 등(이하 "위반사실등"이라 한다)을 법률로 정하는 바에 따라 일반에게 공표할 수 있다.
② 행정청은 위반사실등의 공표를 하기 전에 사실과 다른 공표로 인하여 당사자의 명예·신용 등이 훼손되지 아니하도록 객관적이고 타당한 증거와 근거가 있는지를 확인하여야 한다.
③ 행정청은 위반사실등의 공표를 할 때에는 미리 당사자에게 그 사실을 통지하고 의견제출의 기회를 주어야 한다. 다만, 다음 각 호의 어느 하나에 해당하는 경우에는 그러하지 아니하다.
1. 공공의 안전 또는 복리를 위하여 긴급히 공표를 할 필요가 있는 경우
2. 해당 공표의 성질상 의견청취가 현저히 곤란하거나 명백히 불필요하다고 인정될 만한 타당한 이유가 있는 경우
3. 당사자가 의견진술의 기회를 포기한다는 뜻을 명백히 밝힌 경우

④ 제3항에 따라 의견제출의 기회를 받은 당사자는 공표 전에 관할 행정청에 서면이나 말 또는 정보통신망을 이용하여 의견을 제출할 수 있다.

⑤ 제4항에 따른 의견제출의 방법과 제출 의견의 반영 등에 관하여는 제27조 및 제27조의2를 준용한다. 이 경우 "처분"은 "위반사실등의 공표"로 본다.
⑥ 위반사실등의 공표는 관보, 공보 또는 인터넷 홈페이지 등을 통하여 한다.
⑦ 행정청은 위반사실등의 공표를 하기 전에 당사자가 공표와 관련된 의무의 이행, 원상회복, 손해배상 등의 조치를 마친 경우에는 위반사실등의 공표를 하지 아니할 수 있다.
⑧ 행정청은 공표된 내용이 사실과 다른 것으로 밝혀지거나 공표에 포함된 처분이 취소된 경우에는 그 내용을 정정하여, 정정한 내용을 지체 없이 해당 공표와 같은 방법으로 공표된 기간 이상 공표하여야 한다. 다만, 당사자가 원하지 아니하면 공표하지 아니할 수 있다.

12

정답 ②

② × 행정절차법에 규정되어 있다.

행정절차법 제40조의4(행정계획) 행정청은 행정청이 수립하는 계획 중 국민의 권리·의무에 직접 영향을 미치는 계획을 수립하거나 변경·폐지할 때에는 관련된 여러 이익을 정당하게 형량하여야 한다.

① ○ 구 국토이용관리법(2002. 2. 4. 법률 제6655호 국토의계획및이용에관한법률 부칙 제2조로 폐지)상 주민이 국토이용계획의 변경에 대하여 신청을 할 수 있다는 규정이 없을 뿐만 아니라, 국토건설종합계획의 효율적인 추진과 국토이용질서를 확립하기 위한 국토이용계획은 장기성, 종합성이 요구되는 행정계획이어서 원칙적으로는 그 계획이 일단 확정된 후에 어떤 사정의 변동이 있다고 하여 그러한 사유만으로는 지역주민이나 일반 이해관계인에게 일일이 그 계획의 변경을 신청할 권리를 인정하여 줄 수는 없을 것이지만, 장래 일정한 기간 내에 관계 법령이 규정하는 시설 등을 갖추어 일정한 행정처분을 구하는 신청을 할 수 있는 법률상 지위에 있는 자의 국토이용계획변경신청을 거부하는 것이 실질적으로 당해 행정처분 자체를 거부하는 결과가 되는 경우에는 예외적으로 그 신청인에게 국토이용계획변경을 신청할 권리가 인정된다고 봄이 상당하므로, 이러한 신청에 대한 거부행위는 항고소송의 대상이 되는 행정처분에 해당한다(대판 2003. 9. 23. 2001두10936).
② × 도시계획의 결정·변경 등에 관한 권한을 가진 행정청은 이미 도시계획이 결정·고시된 지역에 대하여도 다른 내용의 도시계획을 결정·고시할 수 있고, 이 때에 후행 도시계획에 선행 도시계획과 서로 양립할 수 없는 내용이 포함되어 있다면, 특별한 사정이 없는 한 선행 도시계획은 후행 도시계획과 같은 내용으로 변경되는 것이나, 후행 도시계획의 결정을 하는 행정청이 선행 도시계획의 결정·변경 등에 관한 권한을 가지고 있지 아니한 경우에 선행 도시계획과 서로 양립할 수 없는 내용이 포함된 후행 도시계획결정을 하는 것은 아무런 권한 없이 선행 도시계획결정을 폐지하고, 양립할 수 없는 새로운 내용이 포함된 후행 도시계획결정을 하는 것으로서, 선행 도시계획결정의 폐지 부분은 권한 없는 자에 의하여 행해진 것으로서 무효이고, 같은 대상지역에 대하여 선행 도시계획결정이 적법하게 폐지되지 아니한 상태에서 그 위에 다시 한 후행 도시계획결정 역시 위법하고, 그 하자는 중대하고도 명백하여 다른 특별한 사정이 없는 한 무효라고 보아야 한다(대판 2000. 9. 8. 99두11257).
③ ○ 행정계획은 특정한 행정목표를 달성하기 위하여 행정에 관한 전문적·기술적 판단을 기초로 관련되는 행정수단을 종합·조정함으로써 장래의 일정한 시점에 일정한 질서를 실현하기 위하여 설정한 활동기준이나 그 설정행위를 말한다. 행정청은 구체적인 행정계획을 입안·결정할 때 비교적 광범위한 형성의 재량을 가진다. 다만 행정청의 이러한 형성의 재량이 무제한적이라고 할 수는 없고, 행정계획에서는 그에 관련되는 자들의 이익을 공익과 사익 사이에서는 물론이고 공익 사이에서나 사익 사이에서도 정당하게 비교·교량하여야 한다는 제한이 있으므로, 행정청이 행정계획을 입안·결정할 때 이익형량을 전혀 행하지 아니하거나 이익형량의 고려 대상에 마땅히 포함시켜야 할 사항을 누락한 경우 또는 이익형량을 하였으나 정당성과 객관성이 결여된 경우에는 그 행정계획 결정은 이익형량에 하자가 있어 위법하게 될 수 있다. 이러한 법리는 산업입지 및 개발에 관한 법률상 산업단지개발계획 변경권자가 산업단지 입주업체 등의 신청에 따라 산업단지개발계획을 변경할 것인지를 결정하는 경우에도 마찬가지로 적용된다(대판 2021. 7. 29. 2021두33593).
④ ○ 문화재보호법은 문화재를 보존하여 이를 활용함으로써 국민의 문화적 생활의 향상을 도모함과 아울러 인류문화의 발전에 기여함을 목적으로 하면서도, 문화재보호구역의 지정에 따른 재산권행사의 제한을 줄이기 위하여, 행정청에게 보호구역을 지정한 경우에 일정한 기간마다 적정성 여부를 검토할 의무를 부과하고, 그 검토사항 등에 관한 사항은 문화관광부령으로 정하도록 위임하였으며, 검토 결과 보호구역의 지정이 적정하지 아니하거나 기타 특별한 사유가 있는 때에는 보호구역의 지정을 해제하거나 그 범위를 조정하여야 한다고 규정하고 있는 점, 같은 법 제8조 제3항의 위임에 의한 같은법시행규칙 제3조의2 제1항은 그 적정성 여부의 검토에 있어서 당해 문화재의 보존 가치 외에도 보호구역의 지정이 재산권 행사에 미치는 영향 등을 고려하도록 규정하고 있는 점 등과 헌법상 개인의 재산권 보장의 취지에 비추어 보면, 문화재보호구역 내에 있는 토지소유자 등으로서는 위 보호구역의 지정해제를 요구할 수 있는 법규상 또는 조리상의 신청권이 있다고 할 것이고, 이러한 신청에 대한 거부행위는 항고소송의 대상이 되는 행정처분에 해당한다(대판 2004. 4. 27. 2003두8821).

13

정답 ④

④ ○

행정심판법 제31조(임시처분) ① 위원회는 처분 또는 부작위가 위법·부당하다고 상당히 의심되는 경우로서 처분 또는 부작위 때문에 당사자가 받을 우려가 있는 중대한 불이익이나 당사자에게 생길 급박한 위험을 막기 위하여 임시지위를 정하여야 할 필요가 있는 경우에는 직권으로 또는 당사자의 신청에 의하여 임시처분을 결정할 수 있다.

① X 180일 이내에 심판청구를 하여야 한다.

행정심판법 제27조(심판청구의 기간) ① 행정심판은 처분이 있음을 알게 된 날부터 90일 이내에 청구하여야 한다.
② 청구인이 천재지변, 전쟁, 사변(事變), 그 밖의 불가항력으로 인하여 제1항에서 정한 기간에 심판청구를 할 수 없었을 때에는 그 사유가 소멸한 날부터 14일 이내에 행정심판을 청구할 수 있다. 다만, 국외에서 행정심판을 청구하는 경우에는 그 기간을 30일로 한다.
③ 행정심판은 처분이 있었던 날부터 180일이 지나면 청구하지 못한다. 다만, 정당한 사유가 있는 경우에는 그러하지 아니하다.
④ 제1항과 제2항의 기간은 불변기간(不變期間)으로 한다.
⑤ 행정청이 심판청구 기간을 제1항에 규정된 기간보다 긴 기간으로 잘못 알린 경우 그 잘못 알린 기간에 심판청구가 있으면 그 행정심판은 제1항에 규정된 기간에 청구된 것으로 본다.
⑥ 행정청이 심판청구 기간을 알리지 아니한 경우에는 제3항에 규정된 기간에 심판청구를 할 수 있다.
⑦ 제1항부터 제6항까지의 규정은 무효등확인심판청구와 부작위에 대한 의무이행심판청구에는 적용하지 아니한다.

② X

행정심판법 제43조의2(조정) ① 위원회는 당사자의 권리 및 권한의 범위에서 당사자의 동의를 받아 심판청구의 신속하고 공정한 해결을 위하여 조정을 할 수 있다. 다만, 그 조정이 공공복리에 적합하지 아니하거나 해당처분의 성질에 반하는 경우에는 그러하지 아니하다.
② 위원회는 제1항의 조정을 함에 있어서 심판청구된 사건의 법적·사실적 상태와 당사자 및 이해관계자의 이익 등 모든 사정을 참작하고, 조정의 이유와 취지를 설명하여야 한다.
③ 조정은 당사자가 합의한 사항을 조정서에 기재한 후 당사자가 서명 또는 날인하고 위원회가 이를 확인함으로써 성립한다.
④ 제3항에 따른 조정에 대하여는 제48조부터 제50조까지, 제50조의2, 제51조의 규정을 준용한다.
→ 제48조(재결의 송달과 효력 발생), 제49조(재결의 기속력 등), 제50조(위원회의 직접 처분), 제50조의2(위원회의 간접강제), 제51조(행정심판 재청구의 금지)

③ X

행정심판법 제30조(집행정지) ② 위원회는 처분, 처분의 집행 또는 절차의 속행 때문에 중대한 손해가 생기는 것을 예방할 필요성이 긴급하다고 인정할 때에는 직권으로 또는 당사자의 신청에 의하여 처분의 효력, 처분의 집행 또는 절차의 속행의 전부 또는 일부의 정지(이하 "집행정지"라 한다)를 결정할 수 있다.

행정소송법 제23조(집행정지) ② 취소소송이 제기된 경우에 처분등이나 그 집행 또는 절차의 속행으로 인하여 생길 회복하기 어려운 손해를 예방하기 위하여 긴급한 필요가 있다고 인정할 때에는 본안이 계속되고 있는 법원은 당사자의 신청 또는 직권에 의하여 처분등의 효력이나 그 집행 또는 절차의 속행의 전부 또는 일부의 정지(이하 "집행정지"라 한다)를 결정할 수 있다. 다만, 처분의 효력정지는 처분등의 집행 또는 절차의 속행을 정지함으로써 목적을 달성할 수 있는 경우에는 허용되지 아니한다.

14

정답 ③

③ X ④ O

행정절차법 제33조(증거조사) ① 청문 주재자는 직권으로 또는 당사자의 신청에 따라 필요한 조사를 할 수 있으며, 당사자등이 주장하지 아니한 사실에 대하여도 조사할 수 있다.
③ 청문 주재자는 필요하다고 인정할 때에는 관계 행정청에 필요한 문서의 제출 또는 의견의 진술을 요구할 수 있다. 이 경우 관계 행정청은 직무 수행에 특별한 지장이 없으면 그 요구에 따라야 한다.

① O

행정절차법 제28조(청문 주재자) ① 행정청은 소속 직원 또는 대통령령으로 정하는 자격을 가진 사람 중에서 청문 주재자를 공정하게 선정하여야 한다.
② 행정청은 다음 각 호의 어느 하나에 해당하는 처분을 하려는 경우에는 청문 주재자를 2명 이상으로 선정할 수 있다. 이 경우 선정된 청문 주재자 중 1명이 청문 주재자를 대표한다.
1. 다수 국민의 이해가 상충되는 처분
2. 다수 국민에게 불편이나 부담을 주는 처분
3. 그 밖에 전문적이고 공정한 청문을 위하여 행정청이 청문 주재자를 2명 이상으로 선정할 필요가 있다고 인정하는 처분

② O

행정절차법 제30조(청문의 공개) 청문은 당사자가 공개를 신청하거나 청문 주재자가 필요하다고 인정하는 경우 공개할 수 있다. 다만, 공익 또는 제3자의 정당한 이익을 현저히 해칠 우려가 있는 경우에는 공개하여서는 아니 된다.

15

정답 ④

④ X 지방의회를 대표하고 의사를 정리하며 회의장 내의 질서를 유지하고 의회의 사무를 감독하며 위원회에 출석하여 발언할 수 있는 등의 직무권한을 가지는 지방의회 의장에 대한 불신임의결은 의장으로서의 권한을 박탈하는 행정처분의 일종으로서 항고소송의 대상이 된다(대결 1994. 10. 11. 94두23).
① O 대판 1986. 8. 19. 86누202
② O 공정거래위원회가 부당한 공동행위를 행한 사업자로서 구 독점규제 및 공정거래에 관한 법률(2013. 7. 16. 법률 제11937호로 개정되기 전의 것) 제22조의2에서 정한 자진신고자나 조사협조자에 대하여 과징금 부과처분(이하 '선행처분'이라 한다)을 한 뒤, 독점규제 및 공정거래에 관한 법률 시행령 제35조 제3항에 따라 다시 자진신고자 등에 대한 사건을 분리하여 자진신고 등을 이유로 한 과징금 감면처분(이하 '후행처분'이라 한다)을 하였다면, 후행처분은 자진신고 감면까지 포함하여 처분 상대방이 실제로 납부하여야 할 최종적인 과징금액을 결정하는 종국적 처분이고, 선행처분은 이러한 종국적 처분을 예정하고 있는 일종의 잠정적 처분으로서 후행처분이 있을 경우 선행처분은 후행처분에 흡수되어 소멸한다. 따라서 위와 같은 경우에 선행처분의 취소를 구하는 소는 이미 효력을 잃은

처분의 취소를 구하는 것으로 부적법하다(대판 2015. 2. 12. 2013두987).

③ O 행정소송법 제30조 제2항의 규정에 의하면 행정청의 거부처분을 취소하는 판결이 확정된 경우에는 그 처분을 행한 행정청이 판결의 취지에 따라 이전의 신청에 대하여 재처분할 의무가 있다고 할 것이나, 그 취소사유가 행정처분의 절차, 방법의 위법으로 인한 것이라면 그 처분 행정청은 그 확정판결의 취지에 따라 그 위법사유를 보완하여 다시 종전의 신청에 대한 거부처분을 할 수 있고, 그러한 처분도 위 조항에 규정된 재처분에 해당한다(대판 2005. 1. 14. 2003두13045).

16

정답 ④

① O ② O ③ O ④ X

행정기본법 제36조(처분에 대한 이의신청) ① 행정청의 처분(「행정심판법」 제3조에 따라 같은 법에 따른 행정심판의 대상이 되는 처분을 말한다. 이하 이 조에서 같다)에 이의가 있는 당사자는 처분을 받은 날부터 30일 이내에 해당 행정청에 이의신청을 할 수 있다.

② 행정청은 제1항에 따른 이의신청을 받으면 그 신청을 받은 날부터 14일 이내에 그 이의신청에 대한 결과를 신청인에게 통지하여야 한다. 다만, 부득이한 사유로 14일 이내에 통지할 수 없는 경우에는 그 기간을 만료일 다음 날부터 기산하여 10일의 범위에서 한 차례 연장할 수 있으며, 연장 사유를 신청인에게 통지하여야 한다.

③ 제1항에 따라 이의신청을 한 경우에도 그 이의신청과 관계없이 「행정심판법」에 따른 행정심판 또는 「행정소송법」에 따른 행정소송을 제기할 수 있다.

④ 이의신청에 대한 결과를 통지받은 후 행정심판 또는 행정소송을 제기하려는 자는 그 결과를 통지받은 날(제2항에 따른 통지기간 내에 결과를 통지받지 못한 경우에는 같은 항에 따른 통지기간이 만료되는 날의 다음 날을 말한다)부터 90일 이내에 행정심판 또는 행정소송을 제기할 수 있다.

⑤ 다른 법률에서 이의신청과 이에 준하는 절차에 대하여 정하고 있는 경우에도 그 법률에서 규정하지 아니한 사항에 관하여는 이 조에서 정하는 바에 따른다.

⑥ 제1항부터 제5항까지에서 규정한 사항 외에 이의신청의 방법 및 절차 등에 관한 사항은 대통령령으로 정한다.

⑦ 다음 각 호의 어느 하나에 해당하는 사항에 관하여는 이 조를 적용하지 아니한다.

1. 공무원 인사 관계 법령에 따른 징계 등 처분에 관한 사항
2. 「국가인권위원회법」 제30조에 따른 진정에 대한 국가인권위원회의 결정
3. 「노동위원회법」 제2조의2에 따라 노동위원회의 의결을 거쳐 행하는 사항
4. 형사, 행형 및 보안처분 관계 법령에 따라 행하는 사항
5. 외국인의 출입국·난민인정·귀화·국적회복에 관한 사항
6. 과태료 부과 및 징수에 관한 사항

17

정답 ①

① O 처분청이 처분 당시에 적시한 구체적 사실을 변경하지 아니하는 범위 내에서 단지 그 처분의 근거 법령만을 추가·변경하는 것에 불과한 경우에는 새로운 처분사유의 추가라고 볼 수 없으므로 행정청이 처분 당시에 적시한 구체적 사실에 대하여 처분 후에 추가·변경한 법령을 적용하여 그 처분의 적법 여부를 판단할 수 있다. 그러나 처분의 근거 법령을 변경하는 것이 종전 처분과 동일성을 인정할 수 없는 별개의 처분을 하는 것과 다름없는 경우에는 허용될 수 없다(대판 2021. 7. 29. 2021두34756).

② X 행정소송법에는 처분사유의 추가·변경에 대하여 규정하고 있지 않다. 행정소송규칙에서 규정하고 있다.

③ X 행정처분의 취소를 구하는 항고소송에서 처분청은 당초 처분의 근거로 삼은 사유와 기본적 사실관계가 동일성이 있다고 인정되는 한도 내에서만 다른 사유를 추가 또는 변경할 수 있고, 이러한 기본적 사실관계의 동일성 유무는 처분사유를 법률적으로 평가하기 이전의 구체적 사실에 착안하여 그 기초인 사회적 사실관계가 기본적인 점에서 동일한지에 따라 결정되므로, 추가 또는 변경된 사유가 처분 당시에 이미 존재하고 있었다거나 당사자가 그 사실을 알고 있었다고하여 당초의 처분사유와 동일성이 있다고 할 수 없다. 그리고 이러한 법리는 행정심판 단계에서도 그대로 적용된다(대판 2014. 5. 16. 2013두26118).

④ X 행정청은 기본적 사실관계의 동일성이 있다고 인정되는 한도 내에서만 다른 처분사유를 추가, 변경할 수 있다고 할 것이나 이는 사실심 변론종결시까지만 허용된다(대판 1999. 8. 20. 98두17043).

18

정답 ②

② X 수산청장으로부터 뱀장어에 대한 수출추천업무를 위탁받은 수산업협동조합은 국가배상법상의 공무원에 해당한다(대판 2003. 11. 14. 2002다55304).

① O 어떠한 행정처분이 항고소송에서 취소되었다고 할지라도 그 기판력으로 곧바로 국가배상책임이 인정될 수는 없고, '공무원이 직무를 집행하면서 고의 또는 과실로 법령을 위반하여 타인에게 손해를 입힌 때'라고 하는 국가배상법 제2조 제1항의 요건이 충족되어야 한다. 보통 일반의 공무원을 표준으로 공무원이 객관적 주의의무를 소홀히 하고 그로 말미암아 객관적 정당성을 잃었다고 볼 수 있으면 국가배상법 제2조가 정한 국가배상책임이 성립할 수 있다. 객관적 정당성을 잃었는지는 침해행위가 되는 행정처분의 양태와 목적, 피해자의 관여 여부와 정도, 침해된 이익의 종류와 손해의 정도 등 여러 사정을 종합하여 판단하여야 한다(대판 2022. 4. 28. 2017다233061).

③ O 국가배상책임에서 공무원의 가해행위는 법령을 위반한 것이어야 한다. 여기에서 법령 위반이란 엄격한 의미의 법령 위반뿐 아니라 인권존중, 권력남용금지, 신의성실과 같이 공무원으로서 마땅히 지켜야 할 준칙이나 규범을 지키지 않고 위반한 경우를 포함하여 널리 그 행위가 객관적인 정당성을 잃고 있음을 뜻한다(대판 2022. 7. 14. 2020다253287).

④ ○ 공무원의 직무집행상 과실이란 공무원이 직무를 수행하면서 해당 직무를 담당하는 평균인이 통상 갖추어야 할 주의의무를 게을리한 것을 말한다. 공무원에게 부과된 직무상 의무의 내용이 단순히 공공 일반의 이익을 위한 것이거나 행정기관 내부의 질서를 규율하기 위한 것이 아니고 전적으로 또는 부수적으로 사회구성원 개인의 안전과 이익을 보호하기 위하여 설정된 것이라면, 공무원이 그와 같은 직무상 의무를 위반함으로써 피해자가 입은 손해에 대해서는 상당인과관계가 인정되는 범위에서 국가가 배상책임을 진다(대판 2021. 6. 10. 2017다286874).

19

정답 ③

③ X 법령이 특정한 행정기관 등으로 하여금 다른 행정기관을 상대로 제재적 조치를 취할 수 있도록 하면서, 그에 따르지 않으면 그 행정기관에 대하여 과태료를 부과하거나 형사처벌을 할 수 있도록 정하는 경우가 있다. 이러한 경우에는 단순히 국가기관이나 행정기관의 내부적 문제라거나 권한 분장에 관한 분쟁으로만 볼 수 없다. 행정기관의 제재적 조치의 내용에 따라 '구체적 사실에 대한 법집행으로서 공권력의 행사'에 해당할 수 있고, 그러한 조치의 상대방인 행정기관이 입게 될 불이익도 명확하다. 그런데도 그러한 제재적 조치를 기관소송이나 권한쟁의심판을 통하여 다툴 수 없다면, 제재적 조치는 그 성격상 단순히 행정기관 등 내부의 권한 행사에 머무는 것이 아니라 상대방에 대한 공권력 행사로서 항고소송을 통한 주관적 구제대상이 될 수 있다고 보아야 한다(대판 2018. 8. 1. 2014두35379).

① ○ 피고적격에 대해서만 규정하고 있다(행정소송법 제39조).

② ○ 행정처분의 직접 상대방이 아닌 제3자라도 행정처분으로 인하여 법률상 보호되는 이익을 침해당한 경우에는 취소소송을 제기하여 당부의 판단을 받을 자격이 있고, 여기에서 말하는 법률상 보호되는 이익은 처분의 근거 법규 및 관련 법규에 의하여 보호되는 개별적·직접적·구체적 이익을 말한다(대판 2016. 11. 25. 2014두5316).

④ ○ 구 건축법(2011. 5. 30. 법률 제10755호로 개정되어 2011. 12. 1. 시행되기 전의 것, 이하 같다) 제29조 제1항, 제2항, 제11조 제1항 등의 규정 내용에 의하면, 건축협의의 실질은 지방자치단체 등에 대한 건축허가와 다르지 아니하므로, 지방자치단체 등이 건축물을 건축하려는 경우 등에는 미리 건축물의 소재지를 관할하는 허가권자인 지방자치단체의 장과 건축협의를 하지 아니하면, 지방자치단체라 하더라도 건축물을 건축할 수 없다. 그리고 구 지방자치법 등 관련 법령을 살펴보아도 지방자치단체의 장이 다른 지방자치단체를 상대로 한 건축협의 취소에 관하여 다툼이 있는 경우에 그 법적 분쟁을 실효적으로 해결할 구제수단을 찾기도 어렵다. 따라서 이 사건 건축협의 취소는 비록 그 상대방이 다른 지방자치단체 등 행정주체라 하더라도 '행정청이 행하는 구체적 사실에 관한 법집행으로서의 공권력 행사'(행정소송법 제2조 제1항 제1호)로서 처분에 해당한다고 볼 수 있고, 지방자치단체인 원고가 이를 다툴 실효적 해결 수단이 없는 이상, 원고는 피고를 상대로 항고소송을 통해 이 사건 건축협의 취소의 취소를 구할 수 있다고 봄이 타당하다(대판 2014. 2. 27. 2012두22980).

20

정답 ④

④ X

질서위반행위규제법 제12조(다수인의 질서위반행위 가담)
① 2인 이상이 질서위반행위에 가담한 때에는 각자가 질서위반행위를 한 것으로 본다.
② 신분에 의하여 성립하는 질서위반행위에 신분이 없는 자가 가담한 때에는 신분이 없는 자에 대하여도 질서위반행위가 성립한다.
③ 신분에 의하여 과태료를 감경 또는 가중하거나 과태료를 부과하지 아니하는 때에는 그 신분의 효과는 신분이 없는 자에게는 미치지 아니한다.

① ○ 양벌규정에 의한 영업주의 처벌은 금지위반행위자인 종업원의 처벌에 종속하는 것이 아니라 독립하여 그 자신의 종업원에 대한 선임감독상의 과실로 인하여 처벌되는 것이므로 종업원의 범죄성립이나 처벌이 영업주 처벌의 전제조건이 될 필요는 없다(대판 2006. 2. 24. 2005도7673).

② ○ 경찰서장이 범칙행위에 대하여 통고처분을 한 이상, 범칙자의 위와 같은 절차적 지위를 보장하기 위하여 통고처분에서 정한 범칙금 납부기간까지는 원칙적으로 경찰서장은 즉결심판을 청구할 수 없고, 검사도 동일한 범칙행위에 대하여 공소를 제기할 수 없다. 또한 범칙자가 범칙금 납부기간이 지나도록 범칙금을 납부하지 아니하였다면 경찰서장이 즉결심판을 청구하여야 하고, 검사는 동일한 범칙행위에 대하여 공소를 제기할 수 없다. 나아가 특별한 사정이 없는 이상 경찰서장은 범칙행위에 대한 형사소추를 위하여 이미 한 통고처분을 임의로 취소할 수 없다(대판 2021. 4. 1. 2020도15194).

③ ○ 지방국세청장 또는 세무서장이 조세범 처벌절차법 제17조 제1항에 따라 통고처분을 거치지 아니하고 즉시 고발하였다면 이로써 조세범칙사건에 대한 조사 및 처분 절차는 종료되고 형사사건 절차로 이행되어 지방국세청장 또는 세무서장으로서는 동일한 조세범칙행위에 대하여 더 이상 통고처분을 할 권한이 없다(대판 2016. 9. 28. 2014도10748).

실전동형 모의고사 제4회									문제 27쪽
01	②	02	④	03	③	04	①	05	③
06	②	07	③	08	①	09	①	10	②
11	①	12	②	13	④	14	④	15	②
16	②	17	①	18	①	19	③	20	②

01

정답 ②

② ✕ 취소 확정판결의 기속력은 판결의 주문 및 전제가 되는 처분 등의 구체적 위법사유에 관한 판단에도 미치나, 종전 처분이 판결에 의하여 취소되었더라도 종전 처분과 다른 사유를 들어서 새로이 처분을 하는 것은 기속력에 저촉되지 않는다. 여기에서 동일 사유인지 다른 사유인지는 확정판결에서 위법한 것으로 판단된 종전 처분사유와 기본적 사실관계에서 동일성이 인정되는지 여부에 따라 판단되어야 하고, 기본적 사실관계의 동일성 유무는 처분사유를 법률적으로 평가하기 이전의 구체적인 사실에 착안하여 그 기초인 사회적 사실관계가 기본적인 점에서 동일한지에 따라 결정된다. 또한 행정처분의 위법 여부는 행정처분이 행하여진 때의 법령과 사실을 기준으로 판단하므로, 확정판결의 당사자인 처분 행정청은 종전 처분 후에 발생한 새로운 사유를 내세워 다시 처분을 할 수 있고, 새로운 처분의 처분사유가 종전 처분의 처분사유와 기본적 사실관계에서 동일하지 않은 다른 사유에 해당하는 이상, 처분사유가 종전 처분 당시 이미 존재하고 있었고 당사자가 이를 알고 있었더라도 이를 내세워 새로이 처분을 하는 것은 확정판결의 기속력에 저촉되지 않는다 (대판 2016. 3. 24. 2015두48235).

① O

> **행정소송법 제29조(취소판결등의 효력)** ① 처분등을 취소하는 확정판결은 제3자에 대하여도 효력이 있다.

③ O

> **행정소송법 제28조(사정판결)** ① 원고의 청구가 이유있다고 인정하는 경우에도 처분등을 취소하는 것이 현저히 공공복리에 적합하지 아니하다고 인정하는 때에는 법원은 원고의 청구를 기각할 수 있다. 이 경우 법원은 그 판결의 주문에서 그 처분등이 위법함을 명시하여야 한다.

④ O 과세의 절차 내지 형식에 위법이 있어 과세처분을 취소하는 판결이 확정되었을 때는 그 확정판결의 기판력은 거기에 적시된 절차내지 형식의 위법사유에 한하여 미치는 것이므로 과세관청은 그 위법사유를 보완하여 다시 새로운 과세처분을 할 수 있고 그 새로운 과세처분은 확정판결에 의하여 취소된 종전의 과세처분과는 별개의 처분이라 할 것이어서 확정판결의 기판력에 저촉되는 것이 아니다 (대판 1987. 2. 10. 86누91).

02

정답 ④

④ ✕ 당사자소송에 대하여는 행정소송법 제23조 제2항의 집행정지에 관한 규정이 준용되지 아니하므로(행정소송법 제44조 제1항 참조), 이를 본안으로 하는 가처분에 대하여는 행정소송법 제8조 제2항에 따라 민사집행법상 가처분에 관한 규정이 준용되어야 한다 (대결 2015. 8. 21. 2015무26).

① O

> **행정소송법 제3조(행정소송의 종류)** 행정소송은 다음의 네가지로 구분한다.
> 2. 당사자소송: 행정청의 처분등을 원인으로 하는 법률관계에 관한 소송 그 밖에 공법상의 법률관계에 관한 소송으로서 그 법률관계의 한쪽 당사자를 피고로 하는 소송

② O 공법상 계약의 한쪽 당사자가 다른 당사자를 상대로 효력을 다투거나 이행을 청구하는 소송은 공법상의 법률관계에 관한 분쟁이므로 분쟁의 실질이 공법상 권리·의무의 존부·범위에 관한 다툼이 아니라 **손해배상액의 구체적인 산정방법·금액에 국한되는 등의 특별한 사정이 없는 한** 공법상 당사자소송으로 제기하여야 한다(대판 2021. 2. 4. 2019다277133).

③ O 명예퇴직한 법관이 미지급 명예퇴직수당액에 대하여 가지는 권리는 명예퇴직수당 지급대상자 결정 절차를 거쳐 명예퇴직수당 규칙에 의하여 확정된 공법상 법률관계에 관한 권리로서, 그 지급을 구하는 소송은 행정소송법의 당사자소송에 해당하며, 그 법률관계의 당사자인 국가를 상대로 제기하여야 한다(대판 2016. 5. 24. 2013두14863).

03

정답 ③

③ ✕

> **행정기본법 시행령 제7조(과징금의 납부기한 연기 및 분할 납부)**
> ① 과징금 납부 의무자는 법 제29조 각 호 외의 부분 단서에 따라 과징금 납부기한을 연기하거나 과징금을 분할 납부하려는 경우에는 납부기한 10일 전까지 과징금 납부기한의 연기나 과징금의 분할 납부를 신청하는 문서에 같은 조 각 호의 사유를 증명하는 서류를 첨부하여 행정청에 신청해야 한다.
> ② 법 제29조제4호에서 "대통령령으로 정하는 사유"란 같은 조 제1호부터 제3호까지에 준하는 것으로서 과징금 납부기한의 연기나 과징금의 분할 납부가 필요하다고 행정청이 인정하는 사유를 말한다.
> ③ 행정청은 법 제29조 각 호 외의 부분 단서에 따라 과징금 납부기한이 연기되거나 과징금의 분할 납부가 허용된 과징금 납부 의무자가 다음 각 호의 어느 하나에 해당하는 경우에는 그 즉시 과징금을 한꺼번에 징수할 수 있다.
> 1. 분할 납부하기로 한 과징금을 그 납부기한까지 내지 않은 경우
> 2. 담보 제공 요구에 따르지 않거나 제공된 담보의 가치를 훼손하는 행위를 한 경우

3. 강제집행, 경매의 개시, 파산선고, 법인의 해산, 국세 또는 지방세 강제징수 등의 사유로 과징금의 전부 또는 나머지를 징수할 수 없다고 인정되는 경우
4. 법 제29조 각 호의 사유가 해소되어 과징금을 한꺼번에 납부할 수 있다고 인정되는 경우
5. 그 밖에 제1호부터 제4호까지에 준하는 사유가 있는 경우
④ 과징금 납부기한 연기의 기간, 분할 납부의 횟수·간격 등 세부 사항은 대통령령, 총리령, 부령 또는 훈령·예규·고시 등 행정규칙으로 정한다.

① O 구 여객자동차 운수사업법(2012. 2. 1. 법률 제11295호로 개정되기 전의 것) 제88조 제1항의 과징금부과처분은 제재적 행정처분으로서 여객자동차 운수사업에 관한 질서를 확립하고 여객의 원활한 운송과 여객자동차 운수사업의 종합적인 발달을 도모하여 공공복리를 증진한다는 행정목적의 달성을 위하여 행정법규 위반이라는 객관적 사실에 착안하여 가하는 제재이므로 반드시 현실적인 행위자가 아니라도 법령상 책임자로 규정된 자에게 부과되고 원칙적으로 위반자의 고의·과실을 요하지 아니하나, 위반자의 의무 해태를 탓할 수 없는 정당한 사유가 있는 등의 특별한 사정이 있는 경우에는 이를 부과할 수 없다(대판 2014. 10. 15. 2013두5005).

② O

행정기본법 제29조(과징금의 납부기한 연기 및 분할 납부) 과징금은 한꺼번에 납부하는 것을 원칙으로 한다. 다만, 행정청은 과징금을 부과받은 자가 다음 각 호의 어느 하나에 해당하는 사유로 과징금 전액을 한꺼번에 내기 어렵다고 인정될 때에는 그 납부기한을 연기하거나 분할 납부하게 할 수 있으며, 이 경우 필요하다고 인정하면 담보를 제공하게 할 수 있다.
1. 재해 등으로 재산에 현저한 손실을 입은 경우
2. 사업 여건의 악화로 사업이 중대한 위기에 처한 경우
3. 과징금을 한꺼번에 내면 자금 사정에 현저한 어려움이 예상되는 경우
4. 그 밖에 제1호부터 제3호까지에 준하는 경우로서 대통령령으로 정하는 사유가 있는 경우

④ O

행정기본법 제28조(과징금의 기준) ① 행정청은 법령등에 따른 의무를 위반한 자에 대하여 법률로 정하는 바에 따라 그 위반행위에 대한 제재로서 과징금을 부과할 수 있다.
② 과징금의 근거가 되는 법률에는 과징금에 관한 다음 각 호의 사항을 명확하게 규정하여야 한다.
1. 부과·징수 주체
2. 부과 사유
3. 상한액
4. 가산금을 징수하려는 경우 그 사항
5. 과징금 또는 가산금 체납 시 강제징수를 하려는 경우 그 사항

04

정답 ①

① X 개인정보처리자의 고의 또는 중대한 과실로 인하여 개인정보가 분실·도난·유출·위조·변조 또는 훼손된 경우 손해배상책임의 한도액을 종전 손해액의 3배에서 5배로 상향함(제39조 제3항).

개인정보 보호법 제39조(손해배상책임) ③ 개인정보처리자의 고의 또는 중대한 과실로 인하여 개인정보가 분실·도난·유출·위조·변조 또는 훼손된 경우로서 정보주체에게 손해가 발생한 때에는 법원은 그 손해액의 5배를 넘지 아니하는 범위에서 손해배상액을 정할 수 있다. 다만, 개인정보처리자가 고의 또는 중대한 과실이 없음을 증명한 경우에는 그러하지 아니하다.

② O 개인정보자기결정권은 자신에 관한 정보가 언제 누구에게 어느 범위까지 알려지고 또 이용되도록 할 것인지를 그 정보주체가 스스로 결정할 수 있는 권리, 즉 정보주체가 개인정보의 공개와 이용에 관하여 스스로 결정할 권리를 말하는바, 개인의 고유성, 동일성을 나타내는 지문은 그 정보주체를 타인으로부터 식별가능하게 하는 개인정보이므로, 시장·군수 또는 구청장이 개인의 지문정보를 수집하고, 경찰청장이 이를 보관·전산화하여 범죄수사목적에 이용하는 것은 모두 개인정보자기결정권을 제한하는 것이다(헌재 2005. 5. 26. 99헌마513).

③ O 개인정보자기결정권의 보호대상이 되는 개인정보는 개인의 신체, 신념, 사회적 지위, 신분 등과 같이 개인의 인격주체성을 특징짓는 사항으로서 그 개인의 동일성을 식별할 수 있게 하는 일체의 정보라고 할 수 있고, 반드시 개인의 내밀한 영역이나 사사(私事)의 영역에 속하는 정보에 국한되지 않으며, 공적 생활에서 형성되었거나 이미 공개된 개인정보까지 포함한다. 또한 그러한 개인정보를 대상으로 한 조사·수집·보관·처리·이용 등의 행위는 모두 원칙적으로 개인정보자기결정권에 대한 제한에 해당한다(헌재 2017. 10. 26. 2016헌마656).

④ O

개인정보 보호법 제36조(개인정보의 정정·삭제) ① 제35조에 따라 자신의 개인정보를 열람한 정보주체는 개인정보처리자에게 그 개인정보의 정정 또는 삭제를 요구할 수 있다. 다만, 다른 법령에서 그 개인정보가 수집 대상으로 명시되어 있는 경우에는 그 삭제를 요구할 수 없다.

05

정답 ③

③ X 법원 이외의 공공기관이 정보공개법 제9조 제1항 제4호에서 정한 '진행 중인 재판에 관련된 정보'에 해당한다는 사유로 정보공개를 거부하기 위하여는 반드시 그 정보가 진행 중인 재판의 소송기록 자체에 포함된 내용일 필요는 없다. 그러나 재판에 관련된 일체의 정보가 그에 해당하는 것은 아니고 진행 중인 재판의 심리 또는 재판결과에 구체적으로 영향을 미칠 위험이 있는 정보에 한정된다고 보는 것이 타당하다(대판 2011. 11. 24. 2009두19021).

① ○ 당해 정보를 공공기관이 보유·관리하고 있다는 점에 관하여 정보공개를 구하는 자에게 입증책임이 있다 할 것이지만, 그 입증의 정도는 그러한 정보를 공공기관이 보유·관리하고 있을 상당한 개연성이 있다는 점을 증명하면 족하다 할 것이다(대판 2007. 6. 1. 2006두20587).

② ○

공공기관의 정보공개에 관한 법률 제11조(정보공개 여부의 결정) ③ 공공기관은 공개 청구된 공개 대상 정보의 전부 또는 일부가 제3자와 관련이 있다고 인정할 때에는 그 사실을 제3자에게 지체 없이 통지하여야 하며, 필요한 경우에는 그의 의견을 들을 수 있다.

④ ○

공공기관의 정보공개에 관한 법률 제21조(제3자의 비공개 요청 등) ① 제11조제3항에 따라 공개 청구된 사실을 통지받은 제3자는 그 통지를 받은 날부터 3일 이내에 해당 공공기관에 대하여 자신과 관련된 정보를 공개하지 아니할 것을 요청할 수 있다.
② 제1항에 따른 비공개 요청에도 불구하고 공공기관이 공개 결정을 할 때에는 공개 결정 이유와 공개 실시일을 분명히 밝혀 지체 없이 문서로 통지하여야 하며, 제3자는 해당 공공기관에 문서로 이의신청을 하거나 행정심판 또는 행정소송을 제기할 수 있다. 이 경우 이의신청은 통지를 받은 날부터 7일 이내에 하여야 한다.

06

정답 ②

ㄱ. ○ 甲 광역자치단체와 터널 민간투자사업 실시협약을 체결한 당사자(乙 유한회사)는 공법상 당사자소송에 의하여 그 실시협약에 따른 재정지원금의 지급을 구하여야 한다(대판 2019. 1. 31. 2017두46455).

ㄴ. × 계약직공무원 채용계약해지의 의사표시는 항고소송의 대상이 되는 처분 등의 성격을 가진 것으로 인정되지 아니하므로 행정처분과 같이 행정절차법에 의하여 근거와 이유를 제시하여야 하는 것은 아니다(대판 2002. 11. 26. 2002두5948).

ㄷ. × 협의취득시 채무불이행책임이나 매매대금 과부족금에 대한 지급의무를 약정할 수 있다(대판 2012. 2. 23. 2010다91206).

ㄹ. ○

행정기본법 제27조(공법상 계약의 체결) ① 행정청은 법령등을 위반하지 아니하는 범위에서 행정목적을 달성하기 위하여 필요한 경우에는 공법상 법률관계에 관한 계약(이하 "공법상 계약"이라 한다)을 체결할 수 있다. 이 경우 계약의 목적 및 내용을 명확하게 적은 계약서를 작성하여야 한다.
② 행정청은 공법상 계약의 상대방을 선정하고 계약 내용을 정할 때 공법상 계약의 공공성과 제3자의 이해관계를 고려하여야 한다.

07

정답 ③

③ × '위법성 일반'을 소송물로 보는 통설·판례에 의하면 하나의 처분에 대하여 여러 개의 위법사유가 있더라도 소송물은 위법성 전체가 되므로 그 범위 안에서 처분사유의 추가·변경이 가능하다. 따라서 행정청은 처분의 동일성이 유지되는 범위 내(=소송물의 범위 내)에서 처분사유를 교환·변경할 수 있다.

① ○ 처분청은 당초의 처분사유와 기본적 사실관계가 동일한 한도 내에서 새로운 처분사유를 추가하거나 변경할 수 있고 법원으로서도 당초의 처분사유와 기본적 사실관계의 동일성이 없는 사실을 처분사유로 인정할 수 없는 것인 바, 이 사건에서 당초의 처분사유인 중기취득세의 체납과 그 후 추가된 처분사유인 자동차세의 체납은 각 세목, 과세년도, 납세의무자의 지위(연대납세의무자와 직접의 납세의무자) 및 체납액 등을 달리하고 있어 기본적 사실관계가 동일하다고 볼 수 없고, 중기취득세의 체납이나 자동차세의 체납이 다같이 지방세의 체납이고 그 과세대상도 다같은 지입중기에 대한 것이라는 점만으로는 기본적 사실관계의 동일성을 인정하기에 미흡하다(대판 1989. 6. 27. 88누6160).

② ○ 추가 또는 변경된 사유가 당초의 처분시 그 사유를 명기하지 않았을 뿐 처분시에 이미 존재하고 있었고 당사자도 그 사실을 알고 있었다 하여 당초의 처분사유와 동일성이 있는 것이라 할 수 없다(대판 1992. 2. 14. 91누3895).

④ ○

행정소송규칙 제9조(처분사유의 추가·변경) 행정청은 사실심 변론을 종결할 때까지 당초의 처분사유와 기본적 사실관계가 동일한 범위 내에서 처분사유를 추가 또는 변경할 수 있다.

2022 세무사 행정소송법은 처분사유의 추가·변경에 관하여 명문의 규정을 두고 있지 않다. (○)

08

정답 ①

① × ② ○

행정절차법 제40조의2(확약) ① 법령등에서 당사자가 신청할 수 있는 처분을 규정하고 있는 경우 행정청은 당사자의 신청에 따라 장래에 어떤 처분을 하거나 하지 아니할 것을 내용으로 하는 의사표시(이하 "확약"이라 한다)를 할 수 있다.
② 확약은 문서로 하여야 한다.
③ 행정청은 다른 행정청과의 협의 등의 절차를 거쳐야 하는 처분에 대하여 확약을 하려는 경우에는 확약을 하기 전에 그 절차를 거쳐야 한다.
④ 행정청은 다음 각 호의 어느 하나에 해당하는 경우에는 확약에 기속되지 아니한다.
1. 확약을 한 후에 확약의 내용을 이행할 수 없을 정도로 법령등이나 사정이 변경된 경우
2. 확약이 위법한 경우

⑤ 행정청은 확약이 제4항 각 호의 어느 하나에 해당하여 확약을 이행할 수 없는 경우에는 지체 없이 당사자에게 그 사실을 통지하여야 한다.

③ ○ 행정절차법 제40조의2 제4,5항

> **[관련판례]** 확약 또는 공적인 의사표명이 있은 후에 사실적·법률적 상태가 변경되었다면, 그와 같은 확약 또는 공적인 의사표명은 행정청의 별다른 의사표시를 기다리지 않고 실효된다(대판 1996. 8. 20. 95누10877).

④ ○ 어업권면허에 선행하는 우선순위결정은 행정청이 우선권자로 결정된 자의 신청이 있으면 어업권면허처분을 하겠다는 것을 약속하는 행위로서 강학상 확약에 불과하고 행정처분은 아니므로, 우선순위결정에 공정력이나 불가쟁력과 같은 효력은 인정되지 아니한다(대판 1995. 1. 20. 94누6529).

09

정답 ①

① × 행정처분의 당연무효를 선언하는 의미에서 그 취소를 청구하는 행정소송을 제기하는 경우에도 소원의 전치와 제소기간의 준수등 취소소송의 제소요건을 갖추어야 한다(대판 1984. 5. 29. 84누175).

② ○ 대판 2004. 4. 16. 2003두7019

③ ○ 대판 2001. 6. 26. 99두11592

④ ○ 대판 1996. 3. 22. 95누10075

10

정답 ②

② × 행정소송법 제39조는, "당사자소송은 국가·공공단체 그 밖의 권리주체를 피고로 한다."라고 규정하고 있다. 이것은 당사자소송의 경우 항고소송과 달리 '행정청'이 아닌 '권리주체'에게 피고적격이 있음을 규정하는 것일 뿐, 피고적격이 인정되는 권리주체를 행정주체로 한정한다는 취지가 아니므로, 이 규정을 들어 사인을 피고로 하는 당사자소송을 제기할 수 없다고 볼 것은 아니다(대판 2019. 9. 9. 2016다262550).

① ○ 당사자의 신청에 대한 행정청의 거부처분이 있는 경우에는 행정청이 당사자의 신청에 대하여 상당한 기간 내에 일정한 처분을 하여야 할 법률상의 응답의무를 이행하지 아니함으로써 야기된 부작위라는 위법상태를 제거하기 위하여 제기하는 부작위위법확인소송은 허용되지 아니한다(대판 1991. 11. 8. 90누9391).

③ ○ 일반적으로 행정처분의 무효확인을 구하는 소에는 원고가 그 처분의 취소는 구하지 아니 한다고 밝히고 있지 아니하는 이상 그 처분이 만약 당연무효가 아니라면 그 취소를 구하는 취지도 포함되어 있는 것으로 볼 것이나 행정심판절차를 거치지 아니한 까닭에 행정처분 취소의 소를 무효확인의 소로 변경한 경우에는 무효확인을 구하는 취지속에 그 처분이 당연무효가 아니라면 그 취소를 구하는 취지까지 포함된 것으로 볼 여지가 전혀 없다고 할 것이므로 법원으로서는 그 처분이 당연무효인가 여부만 심리판단하면 족하다고 할 것이다(대판 1987. 4. 28. 86누887).

④ ○ 행정소송법 제23조 제2항에서 행정청의 처분에 대한 집행정지의 요건으로 들고 있는 '회복하기 어려운 손해'라고 하는 것은 원상회복 또는 금전배상이 불가능한 손해는 물론 종국적으로 금전배상이 가능하다고 하더라도 그 손해의 성질이나 태양 등에 비추어 사회통념상 그러한 금전배상만으로는 전보되지 아니할 것으로 인정되는 현저한 손해를 가리키는 것으로서 이러한 집행정지의 적극적 요건에 관한 주장·소명책임은 원칙적으로 신청인측에 있다(대결 1999. 12. 20. 99무42). 행정처분의 효력정지나 집행정지를 구하는 신청사건에 있어서는 행정처분자체의 적법 여부를 판단할 것이 아니고 그 행정처분의 효력이나 집행 등을 정지시킬 필요가 있는지의 여부, 즉 행정소송법 제23조 제2항 소정 요건의 존부만이 판단대상이 되는 것이므로 이러한 요건을 결여하였다는 이유로 효력정지신청을 기각한 결정에 대하여 행정처분 자체의 적법 여부를 가지고 불복사유로 할 수 없다(대결 1991. 5. 2. 91두15).
2024 소방직 '처분등이나 그 집행 또는 절차의 속행으로 인한 손해발생의 우려' 등 적극적 요건에 관한 주장·소명 책임은 원칙적으로 신청인 측에 있고, 이 요건을 결여하였다는 이유로 효력정지 신청을 기각한 결정에 대하여 행정처분 자체의 적법 여부를 가지고 불복사유로 삼을 수 없다. (○)

11

정답 ①

① × 민사소송에 있어서 어느 행정처분의 당연무효 여부가 선결문제로 되는 때에는 이를 판단하여 당연무효임을 전제로 판결할 수 있고 반드시 행정소송 등의 절차에 의하여 그 취소나 무효확인을 받아야 하는 것은 아니다(대판 2010. 4. 8. 2009다90092).

> **행정기본법 제15조(처분의 효력)** 처분은 권한이 있는 기관이 취소 또는 철회하거나 기간의 경과 등으로 소멸되기 전까지는 유효한 것으로 통용된다. 다만, 무효인 처분은 처음부터 그 효력이 발생하지 아니한다.

② ○ 위법한 행정대집행이 완료되면 그 처분의 무효확인 또는 취소를 구할 소의 이익은 없다 하더라도, 미리 그 행정처분의 취소판결이 있어야만, 그 행정처분의 위법임을 이유로 한 손해배상 청구를 할 수 있는 것은 아니다(대판 1972. 4. 28. 72다337).

③ ○ 과세처분이 당연무효라고 볼 수 없는 한 과세처분에 취소할 수 있는 위법사유가 있다 하더라도 그 과세처분은 행정행위의 공정력 또는 집행력에 의하여 그것이 적법하게 취소되기 전까지는 유효하다 할 것이므로, 민사소송절차에서 그 과세처분의 효력을 부인할 수 없다(대판 1999. 8. 20. 99다20179). → **절차상 하자는 원칙적으로 취소사유에 불과하고 민사법원은 취소사유 있는 처분의 효력을 부인할 수 없다.**

④ ○ 행정행위가 당연무효에 해당하는 경우 공정력이 인정되지 않으므로 민사법원이나 형사법원은 직접 무효판단이 가능하며 각각에 제기된 청구에 대해 판결을 할 수 있다.

12

정답 ②

② ⓧ 재결이 있게 되면 재결은 피청구인인 행정청과 그 밖의 관계 행정청을 기속하므로(행정심판법 제49조 제1항) 인용재결이 있으면 피청구인인 행정청은 이에 불복할 수 없다.

① ⓞ

행정심판법 제3조(행정심판의 대상) ② 대통령의 처분 또는 부작위에 대하여는 다른 법률에서 행정심판을 청구할 수 있도록 정한 경우 외에는 행정심판을 청구할 수 없다.

③ ⓞ

행정심판법 제21조(심판참가의 요구) ① 위원회는 필요하다고 인정하면 그 행정심판 결과에 이해관계가 있는 제3자나 행정청에 그 사건 심판에 참가할 것을 요구할 수 있다.

④ ⓞ

행정심판법 제4조(특별행정심판 등) ① 사안(事案)의 전문성과 특수성을 살리기 위하여 특히 필요한 경우 외에는 이 법에 따른 행정심판을 갈음하는 특별한 행정불복절차(이하 "특별행정심판"이라 한다)나 이 법에 따른 행정심판 절차에 대한 특례를 다른 법률로 정할 수 없다.
② 다른 법률에서 특별행정심판이나 이 법에 따른 행정심판 절차에 대한 특례를 정한 경우에도 그 법률에서 규정하지 아니한 사항에 관하여는 이 법에서 정하는 바에 따른다.
③ 관계 행정기관의 장이 특별행정심판 또는 이 법에 따른 행정심판 절차에 대한 특례를 신설하거나 변경하는 법령을 제정·개정할 때에는 미리 중앙행정심판위원회와 협의하여야 한다.

13

정답 ④

④ ⓧ

행정조사기본법 제17조(조사의 사전통지) ① 행정조사를 실시하고자 하는 행정기관의 장은 제9조에 따른 출석요구서, 제10조에 따른 보고요구서·자료제출요구서 및 제11조에 따른 현장출입조사서(이하 "출석요구서등"이라 한다)를 조사개시 7일 전까지 조사대상자에게 서면으로 통지하여야 한다. 다만, 다음 각 호의 어느 하나에 해당하는 경우에는 행정조사의 개시와 동시에 출석요구서등을 조사대상자에게 제시하거나 행정조사의 목적 등을 조사대상자에게 구두로 통지할 수 있다.
1. 행정조사를 실시하기 전에 관련 사항을 미리 통지하는 때에는 증거인멸 등으로 행정조사의 목적을 달성할 수 없다고 판단되는 경우
2. 「통계법」 제3조제2호에 따른 지정통계의 작성을 위하여 조사하는 경우
3. 제5조 단서에 따라 조사대상자의 자발적인 협조를 얻어 실시하는 행정조사의 경우

① ⓞ 우편물 통관검사절차에서 이루어지는 우편물의 개봉, 시료채취, 성분분석 등의 검사는 수출입물품에 대한 적정한 통관 등을 목적으로 한 행정조사의 성격을 가지는 것으로서 수사기관의 강제처분이라고 할 수 없으므로, 압수·수색영장 없이 우편물의 개봉, 시료채취, 성분분석 등 검사가 진행되었다 하더라도 특별한 사정이 없는 한 위법하다고 볼 수 없다(대판 2013. 9. 26. 2013도7718).

② ⓞ 세무조사결정은 납세의무자의 권리·의무에 직접 영향을 미치는 공권력의 행사에 따른 행정작용으로서 항고소송의 대상이 된다(대판 2011. 3. 10. 2009두23617,23624).

③ ⓞ

행정조사기본법 제20조(자발적인 협조에 따라 실시하는 행정조사) ① 행정기관의 장이 제5조 단서에 따라 조사대상자의 자발적인 협조를 얻어 행정조사를 실시하고자 하는 경우 조사대상자는 문서·전화·구두 등의 방법으로 당해 행정조사를 거부할 수 있다.
② 제1항에 따른 행정조사에 대하여 조사대상자가 조사에 응할 것인지에 대한 응답을 하지 아니하는 경우에는 법령등에 특별한 규정이 없는 한 그 조사를 거부한 것으로 본다.
③ 행정기관의 장은 제1항 및 제2항에 따른 조사거부자의 인적 사항 등에 관한 기초자료는 특정 개인을 식별할 수 없는 형태로 통계를 작성하는 경우에 한하여 이를 이용할 수 있다.

14

정답 ④

④ ⓧ

행정기본법 제18조(위법 또는 부당한 처분의 취소) ① 행정청은 위법 또는 부당한 처분의 전부나 일부를 소급하여 취소할 수 있다. 다만, 당사자의 신뢰를 보호할 가치가 있는 등 정당한 사유가 있는 경우에는 장래를 향하여 취소할 수 있다.
② 행정청은 제1항에 따라 당사자에게 권리나 이익을 부여하는 처분을 취소하려는 경우에는 취소로 인하여 당사자가 입게 될 불이익을 취소로 달성되는 공익과 비교·형량(衡量)하여야 한다. 다만, 다음 각 호의 어느 하나에 해당하는 경우에는 그러하지 아니하다.
1. 거짓이나 그 밖의 부정한 방법으로 처분을 받은 경우
2. 당사자가 처분의 위법성을 알고 있었거나 중대한 과실로 알지 못한 경우

① ⓞ 행정처분에 있어 수개의 처분사유 중 일부가 적법하지 않다고 하더라도 다른 처분사유로써 그 처분의 정당성이 인정되는 경우에는 그 처분을 위법하다고 할 수 없을 것이므로, 구 법 제206조의11에 따라 과징금을 부과함에 있어 여러 개의 처분사유에 기하여 하나의 과징금 부과처분을 하였으나 그 처분사유들 중 일부에 위법이 있다고 하더라도 위법한 부분이 그 과징금 부과처분에 영향을 미치지 아니하였다면 그 부과처분을 위법하다고 볼 것은 아니다(대판 2010. 12. 9. 2010두15674).

② ⓞ 운전면허에 대한 정지처분권한은 경찰청장으로부터 경찰서장에게 권한위임된 것이므로 음주운전자를 적발한 단속 경찰관으로서는 관할 경찰서장의 명의로 운전면허정지처분을 대행처리할 수 있을지는 몰라도 자신의 명의로 이를 할 수는 없다 할 것이므로, 단

속 경찰관이 자신의 명의로 운전면허행정처분통지서를 작성·교부하여 행한 운전면허정지처분은 비록 그 처분의 내용·사유·근거" 등이 기재된 서면을 교부하는 방식으로 행하여졌다고 하더라도 권한 없는 자에 의하여 행하여진 점에서 무효의 처분에 해당한다(대판 1997. 5. 16. 97누2313).

③ ⭘ 행정청이 구 학교보건법(2005. 12. 7. 법률 제7700호로 개정되기 전의 것) 소정의 학교환경위생정화구역 내에서 금지행위 및 시설의 해제 여부에 관한 행정처분을 함에 있어 학교환경위생정화위원회의 심의를 누락한 흠이 있다면 그와 같은 흠을 가리켜 위 행정처분의 효력에 아무런 영향을 주지 않는다거나 경미한 정도에 불과하다고 볼 수는 없으므로, 특별한 사정이 없는 한 이는 행정처분을 위법하게 하는 취소사유가 된다(대판 2007. 3. 15. 2006두15806).

15

정답 ②

ㄱ. ⭘ 보상금 증액 청구의 소의 청구채권에 관하여 압류 및 추심명령이 있다고 하더라도 토지소유자 등이 그 소송을 수행할 당사자적격을 상실한다고 볼 것은 아니다(대판 2022. 11. 24. 2018두67).

ㄴ. ✕ 공익사업을 위한 토지 등의 취득 및 보상에 관한 법률상 사업폐지에 대한 손실보상청구권, 농업손실에 대한 보상청구권은 행정소송법상 당사자소송에 의해야 한다(대판 2012. 10. 11. 2010다23210).

ㄷ. ✕

공익사업을 위한 토지 등의 취득 및 보상에 관한 법률 제85조(행정소송의 제기) ② 제1항에 따라 제기하려는 행정소송이 보상금의 증감(增減)에 관한 소송인 경우 그 소송을 제기하는 자가 토지소유자 또는 관계인일 때에는 사업시행자를, 사업시행자일 때에는 토지소유자 또는 관계인을 각각 피고로 한다.

ㄹ. ⭘ 수용재결에 불복하여 취소소송을 제기하는 때에는 이의신청을 거친 경우에도 수용재결을 한 중앙토지수용위원회 또는 지방토지수용위원회를 피고로 하여 수용재결의 취소를 구하여야 하고, 다만 이의신청에 대한 재결 자체에 고유한 위법이 있음을 이유로 하는 경우에는 그 이의재결을 한 중앙토지수용위원회를 피고로 하여 이의재결의 취소를 구할 수 있다고 보아야 한다(대판 2010. 1. 28. 2008두1504).

16

정답 ②

가. ⭘ 영업의 금지를 명한 영업허가취소처분 자체가 나중에 행정쟁송절차에 의하여 취소되었다면 그 영업허가취소처분은 그 처분시에 소급하여 효력을 잃게 되며, 그 영업허가취소처분에 복종할 의무가 원래부터 없었음이 확정되었다고 봄이 타당하고, 영업허가취소처분이 장래에 향하여서만 효력을 잃게 된다고 볼 것은 아니므로 그 영업허가취소처분 이후의 영업행위를 무허가영업이라고 볼 수는 없다(대판 1993. 6. 25. 93도277).

나. ⭘ 취소 확정판결의 기판력은 그 판결의 주문에만 미치고, 또한 소송물인 행정처분의 위법성 존부에 관한 판단 그 자체에만 미치는 것이므로 전소와 후소가 그 소송물을 달리하는 경우에는 전소 확정판결의 기판력이 후소에 미치지 아니한다(대판 2016. 3. 24. 2015두48235).

다. ✕ 확정판결의 당사자인 처분행정청이 그 행정소송의 사실심 변론종결 이전의 사유를 내세워 다시 확정판결과 저촉되는 행정처분을 하는 것은 허용되지 않는 것으로서 이러한 행정처분은 그 하자가 중대하고도 명백한 것이어서 당연무효라 할 것이다(대판 1990. 12. 11. 90누3560).

라. ✕ 행정처분을 취소한다는 확정판결이 있으면 그 취소판결의 형성력에 의하여 당해 행정처분의 취소나 취소통지 등의 별도의 절차를 요하지 아니하고 당연히 취소의 효과가 발생한다(대판 1991. 10. 11. 90누5443).

17

정답 ①

① ✕

행정기본법 제30조(행정상 강제) ③ 형사(刑事), 행형(行刑) 및 보안처분 관계 법령에 따라 행하는 사항이나 외국인의 출입국·난민인정·귀화·국적회복에 관한 사항에 관하여는 이 절을 적용하지 아니한다.

③ ⭘ 행정대집행법 제2조는 '행정청의 명령에 의한 행위로서 타인이 대신하여 행할 수 있는 행위를 의무자가 이행하지 아니하는 경우'에 대집행할 수 있도록 규정하고 있는데, 이 사건 용도위반 부분을 장례식장으로 사용하는 것이 관계 법령에 위반한 것이라는 이유로 장례식장의 사용을 중지할 것과 이를 불이행할 경우 행정대집행법에 의하여 대집행하겠다는 내용의 이 사건 처분은, 이 사건 처분에 따른 '장례식장 사용중지 의무'가 원고 이외의 '타인이 대신'할 수도 없고, 타인이 대신하여 '행할 수 있는 행위'라고도 할 수 없는 비대체적 부작위 의무에 대한 것이므로, 그 자체로 위법함이 명백하다고 할 것이다(대판 2005. 9. 28. 2005두7464).

② ⭘ 관계 법령상 행정대집행의 절차가 인정되어 행정청이 행정대집행의 방법으로 건물의 철거 등 대체적 작위의무의 이행을 실현할 수 있는 경우에는 따로 민사소송의 방법으로 그 의무의 이행을 구할 수 없다(대판 2017. 4. 28. 2016다213916).

④ ⭘ 개발제한구역의 지정 및 관리에 관한 특별조치법 제30조 제1항, 제30조의2 제1항 및 제2항의 규정에 의하면 시정명령을 받은 후 그 시정명령의 이행을 하지 아니한 자에 대하여 이행강제금을 부과할 수 있고, 이행강제금을 부과하기 전에 상당한 기간을 정하여 그 기한까지 이행되지 아니할 때에 이행강제금을 부과·징수한다는 뜻을 문서로 계고하여야 하므로, 이행강제금의 부과·징수를 위한 계고는 시정명령을 불이행한 경우에 취할 수 있는 절차라 할 것이고, 따라서 이행강제금을 부과·징수할 때마다 그에 앞서 시정명령 절차를 다시 거쳐야 할 필요는 없다(대판 2013. 12. 12. 2012두20397).

18

정답 ①

① ✕

질서위반행위규제법 제42조(과태료 재판의 집행) ① 과태료 재판은 검사의 명령으로써 집행한다. 이 경우 그 명령은 집행력 있는 집행권원과 동일한 효력이 있다.

② ○

질서위반행위규제법 제13조(수개의 질서위반행위의 처리)
① 하나의 행위가 2 이상의 질서위반행위에 해당하는 경우에는 각 질서위반행위에 대하여 정한 과태료 중 가장 중한 과태료를 부과한다.
② 제1항의 경우를 제외하고 2 이상의 질서위반행위가 경합하는 경우에는 각 질서위반행위에 대하여 정한 과태료를 각각 부과한다. 다만, 다른 법령(지방자치단체의 조례를 포함한다. 이하 같다)에 특별한 규정이 있는 경우에는 그 법령으로 정하는 바에 따른다.

③ ○

질서위반행위규제법 제3조(법 적용의 시간적 범위) ① 질서위반행위의 성립과 과태료 처분은 행위 시의 법률에 따른다.
② 질서위반행위 후 법률이 변경되어 그 행위가 질서위반행위에 해당하지 아니하게 되거나 과태료가 변경되기 전의 법률보다 가볍게 된 때에는 법률에 특별한 규정이 없는 한 변경된 법률을 적용한다.

④ ○

질서위반행위규제법 제4조(법 적용의 장소적 범위) ① 이 법은 대한민국 영역 안에서 질서위반행위를 한 자에게 적용한다.
② 이 법은 대한민국 영역 밖에서 질서위반행위를 한 대한민국의 국민에게 적용한다.
③ 이 법은 대한민국 영역 밖에 있는 대한민국의 선박 또는 항공기 안에서 질서위반행위를 한 외국인에게 적용한다.

19

정답 ③

③ ✕ 구 계엄법 제15조에서 정하고 있는 '제13조의 규정에 의하여 취한 계엄사령관의 조치'는 구 계엄법 제13조, 제15조의 내용을 보충하는 기능을 하고 그와 결합하여 대외적으로 구속력이 있는 법규명령으로서 효력을 가진다(대판 2018. 11. 29. 2016도14781).
→ 그러므로 법원은 현행 헌법 제107조 제2항에 따라서 심사할 권한을 가진다.

① ○ 대판 2021. 2. 25. 2019두53389

② ○ 대판 1989. 9. 12. 88누6962

④ ○ 법원이 법률 하위의 법규명령, 규칙, 조례, 행정규칙 등(이하 '규정'이라 한다)이 위헌·위법인지를 심사하려면 그것이 '재판의 전제'가 되어야 한다. 여기에서 '재판의 전제'란 구체적 사건이 법원에 계속 중이어야 하고, 위헌·위법인지가 문제 된 경우에는 규정의 특정 조항이 해당 소송사건의 재판에 적용되는 것이어야 하며, 그 조항이 위헌·위법인지에 따라 그 사건을 담당하는 법원이 다른 판단을 하게 되는 경우를 말한다. 따라서 법원이 구체적 규범통제를 통해 위헌·위법으로 선언할 심판대상은, 해당 규정의 전부가 불가분적으로 결합되어 있어 일부를 무효로 하는 경우 나머지 부분이 유지될 수 없는 결과를 가져오는 특별한 사정이 없는 한, 원칙적으로 해당 규정 중 재판의 전제성이 인정되는 조항에 한정된다(대판 2019. 6. 13. 2017두33985).

20

정답 ②

② ✕ '민주화운동관련자 명예회복 및 보상 등에 관한 법률' 제17조는 보상금 등의 지급에 관한 소송의 형태를 규정하고 있지 않지만, 위 규정 전단에서 말하는 보상금 등의 지급에 관한 소송은 '민주화운동관련자 명예회복 및 보상 심의위원회'의 보상금 등의 지급신청에 관하여 전부 또는 일부를 기각하는 결정에 대한 불복을 구하는 소송이므로 취소소송을 의미한다고 보아야 한다(대판 2008. 4. 17. 2005두16185 전합).

① ○ 대판 2004. 7. 8. 2004두244

③ ○ 대판 1997. 5. 30. 95다28960

④ ○ 대판 1996. 5. 31. 95누10617

실전동형 모의고사 제5회								문제 34쪽	
01	②	02	③	03	②	04	②	05	①
06	③	07	④	08	③	09	④	10	③
11	③	12	①	13	④	14	③	15	②
16	④	17	④	18	①	19	③	20	③

01

정답 ②

② ○ 도시환경정비사업에 대한 사업시행계획이 당연무효인 경우, 분양신청기간 내에 분양신청을 하지 않거나 분양신청을 철회하여 도시 및 주거환경정비법 제47조 등에 의하여 조합원의 지위를 상실한 토지등소유자에게도 관리처분계획의 무효확인 또는 취소를 구할 법률상 이익이 있다(대판 2011. 12. 8. 2008두18342).

① × 이 사건 건축협의 취소는 비록 그 상대방이 다른 지방자치단체 등 행정주체라 하더라도 '행정청이 행하는 구체적 사실에 관한 법집행으로서의 공권력 행사'(행정소송법 제2조 제1항 제1호)로서 처분에 해당한다고 볼 수 있고, 지방자치단체인 원고가 이를 다툴 실효적 해결 수단이 없는 이상, 원고는 피고를 상대로 항고소송을 통해 이 사건 건축협의 취소의 취소를 구할 수 있다고 봄이 타당하다(대판 2014. 2. 27. 2012두22980).

③ × 교원지위 향상을 위한 특별법 제10조 제3항, 대학교원 기간임용제 탈락자 구제를 위한 특별법 제10조 제2항, 사립학교법 제53조의2 제1항, 제2항 규정들의 내용 및 원래 교원만이 교원소청심사위원회의 결정에 대하여 행정소송을 제기할 수 있도록 한 구 교원지위 향상을 위한 특별법(2007. 5. 11. 법률 제8414호로 개정되기 전의 것) 제10조 제3항이 헌법재판소의 위헌결정에 따라 학교법인 및 사립학교 경영자뿐 아니라 소청심사의 피청구인이 된 학교의 장 등도 행정소송을 제기할 수 있도록 현재와 같이 개정된 경위, 학교의 장은 학교법인의 위임 등을 받아 교원에 대한 징계처분, 인사발령 등 각종 업무를 수행하는 등 독자적 기능을 수행하고 있어 이러한 경우 하나의 활동단위로 특정될 수 있는 점까지 아울러 고려하여 보면, 교원소청심사위원회의 결정에 대하여 행정소송을 제기할 수 있는 자에는 교원지위 향상을 위한 특별법 제10조 제3항에서 명시하고 있는 교원, 사립학교법 제2조에 의한 학교법인, 사립학교 경영자뿐 아니라 소청심사의 피청구인이 된 학교의 장도 포함된다고 보는 것이 타당하다(대판 2011. 6. 24. 2008두9317).

④ × 사증발급의 법적 성질, 출입국관리법의 입법 목적, 사증발급 신청인의 대한민국과의 실질적 관련성, 상호주의원칙 등을 고려하면, 우리 출입국관리법의 해석상 외국인에게는 사증발급 거부처분의 취소를 구할 법률상 이익이 인정되지 않는다(대판 2018. 5. 15. 2014두42506).

02

정답 ③

① ○ ② ○ ③ × ④ ○

행정기본법 제6조(행정에 관한 기간의 계산) ① 행정에 관한 기간의 계산에 관하여는 이 법 또는 다른 법령등에 특별한 규정이 있는 경우를 제외하고는 「민법」을 준용한다.
② 법령등 또는 처분에서 국민의 권익을 제한하거나 의무를 부과하는 경우 권익이 제한되거나 의무가 지속되는 기간의 계산은 다음 각 호의 기준에 따른다. 다만, 다음 각 호의 기준에 따르는 것이 국민에게 불리한 경우에는 그러하지 아니하다.
1. 기간을 일, 주, 월 또는 연으로 정한 경우에는 기간의 첫날을 산입한다.
2. 기간의 말일이 토요일 또는 공휴일인 경우에도 기간은 그 날로 만료한다.

03

정답 ②

② × 국적법 제5조의 귀화는 성질상 행정절차를 거치기 곤란하거나 거칠 필요가 없다고 인정되어 처분의 이유제시 등을 규정한 행정절차법이 적용되지 않는다(제3조 제2항 제9호)(대판 2018. 12. 13. 2016두31616). → 국적법 제5조의 귀화허가는 귀화의 요건이 항목별로 구분되어 구체적으로 규정되어 있어 각호 사유 중 일부를 갖추지 못하였다는 이유로 행정청이 귀화 신청을 받아들이지 않는 처분을 한 경우에 '그 각호 사유 중 일부를 갖추지 못하였다는 판단' 자체가 처분의 사유가 된다.

① ○ 군인사법령에 의하여 진급예정자명단에 포함된 자에 대하여 의견제출의 기회를 부여하지 아니한 채 진급선발을 취소하는 처분을 한 것이 절차상 하자가 있어 위법하다고 한 사례(대판 2007. 9. 21. 2006두20631)

③ ○ 행정절차법 제20조 제1항에 따라 정하여 공표한 처분기준은, 그것이 해당 처분의 근거 법령에서 구체적 위임을 받아 제정·공포되었다는 특별한 사정이 없는 한, 원칙적으로 대외적 구속력이 없는 행정규칙에 해당한다(대판 2020. 12. 24. 2018두45633).

④ ○ 행정절차법 제9조에서는 자연인, 법인, 법인 아닌 사단 또는 재단 외에 '다른 법령 등에 따라 권리·의무의 주체가 될 수 있는 자' 역시 '당사자 등'이 될 수 있다고 규정하고 있을 뿐, 국가를 '당사자 등'에서 제외하지 않고 있다. 또한 행정절차법 제3조 제2항에서 행정절차법이 적용되지 않는 사항을 열거하고 있는데, '국가를 상대로 하는 행정행위'는 그 예외사유에 해당하지 않는다(대판 2023. 9. 21. 2023두39724). → 국가에 대해 행정처분을 할 때에도 사전 통지, 의견청취, 이유 제시와 관련한 행정절차법이 그대로 적용된다고 보아야 한다.

04

정답 ②

② ×

행정기본법 제5조(다른 법률과의 관계) ① 행정에 관하여 다른 법률에 특별한 규정이 있는 경우를 제외하고는 이 법에서 정하는 바에 따른다.
② 행정에 관한 다른 법률을 제정하거나 개정하는 경우에는 이 법의 목적과 원칙, 기준 및 취지에 부합되도록 **노력하여야** 한다.

① O

행정기본법 제13조(부당결부금지의 원칙) 행정청은 행정작용을 할 때 상대방에게 해당 행정작용과 실질적인 관련이 없는 의무를 부과해서는 아니 된다.

③ O

행정기본법 제4조(행정의 적극적 추진) ② 국가와 지방자치단체는 소속 공무원이 공공의 이익을 위하여 적극적으로 직무를 수행할 수 있도록 제반 여건을 조성하고, 이와 관련된 시책 및 조치를 추진하여야 한다.

④ O

행정기본법 제3조(국가와 지방자치단체의 책무) ① 국가와 지방자치단체는 국민의 삶의 질을 향상시키기 위하여 적법절차에 따라 공정하고 합리적인 행정을 수행할 책무를 진다.

05

정답 ①

① ×

행정기본법 제34조(수리 여부에 따른 신고의 효력) 법령등으로 정하는 바에 따라 행정청에 일정한 사항을 통지하여야 하는 신고로서 법률에 신고의 수리가 필요하다고 명시되어 있는 경우(행정기관의 내부 업무 처리 절차로서 수리를 규정한 경우는 제외한다)에는 행정청이 수리하여야 효력이 발생한다. [시행일: 2023. 3. 24.]

② O 정신과의원을 개설하려는 자가 법령에 규정되어 있는 요건을 갖추어 개설신고를 한 때에, 행정청은 원칙적으로 이를 수리하여 신고필증을 교부하여야 하고, 법령에서 정한 요건 이외의 사유를 들어 의원급 의료기관 개설신고의 수리를 거부할 수는 없다(대판 2018. 10. 25. 2018두44302).

③ O 행정관청은 일단 제출된 설립신고서와 규약의 내용을 기준으로 심사하되, 설립신고서를 접수할 당시 그 해당 여부가 문제된다고 볼 만한 객관적인 사정이 있는 경우에 한하여 설립신고서와 규약 내용 외의 사항에 대하여 실질적인 심사를 거쳐 반려 여부를 결정할 수 있다(대판 2014. 4. 10. 2011두6998). → **행정관청이 노동조합으로 설립신고를 한 단체가 노동조합 및 노동관계조정법 제2조 제4호 각 목에 해당하는지 여부를 실질적으로 심사할 수 있는지 여부(적극)**

[관련판례] 노동조합을 설립할 때 행정관청에 설립신고서를 제출하게 하고 그 요건을 충족하지 못하는 경우 설립신고서를 반려하도록 하고 있는 노동조합 및 노동관계조정법이 헌법상 금지된 단체결성에 대한 허가제에 해당하는지 여부(소극) (헌재결 2012. 3. 29. 2011헌바53)

④ O 전입신고자가 거주의 목적 이외에 다른 이해관계에 관한 의도를 가지고 있는지 여부, 전입신고를 수리함으로써 당해 지방자치단체에 미치는 영향 등과 같은 사유는 주민등록전입신고의 수리 여부를 심사하는 단계에서는 고려대상이 될 수 없다(대판 2009. 6. 18. 2008두10997 전원합의체).

06

정답 ③

③ O 공공기관이 보유·관리하고 있는 개인정보의 공개에 관하여는 구 정보공개법 제9조 제1항 제6호가 「개인정보 보호법」에 우선하여 적용된다(대판 2021. 11. 11. 2015두53770).

① ×

공공기관의 정보공개에 관한 법률 제17조(비용 부담) ① 정보의 공개 및 우송 등에 드는 비용은 실비(實費)의 범위에서 청구인이 부담한다.

② × 공공기관의 정보공개에 관한 법률 시행령 제2조 제1호는 대통령령이 정하는 기관에 초·중등교육법 및 고등교육법 그 밖에 다른 법률에 의하여 설치된 각급학교를 포함시키고 있어, 사립대학교는 정보공개의무가 있는 공공기관에 해당하게 되었다(대판 2013. 11. 28. 2011두5049).

④ ×

공공기관의 정보공개에 관한 법률 시행령 제3조(외국인의 정보공개 청구) 법 제5조제2항에 따라 정보공개를 청구할 수 있는 외국인은 다음 각 호의 어느 하나에 해당하는 자로 한다.
1. 국내에 일정한 주소를 두고 거주하거나 학술·연구를 위하여 일시적으로 체류하는 사람
2. 국내에 사무소를 두고 있는 법인 또는 단체

07

정답 ④

④ O **행정절차에 참여할 권리 그 자체가 사적 권리로서의 성질을 가지는 것은 아니다.** 행정절차는 그 자체가 독립적으로 의미를 가지는 것이라기보다는 행정의 공정성과 적정성을 보장하는 **공법적 수단**으로서의 의미가 크므로, 관련 행정처분의 성립이나 무효·취소 여부 등을 따지지 않은 채 주민들이 일시적으로 **행정절차에 참여할 권리를 침해받았다는 사정만으로 곧바로 국가나 지방자치단체가 주민들에게 정신적 손해에 대한 배상의무를 부담한다고 단정할 수 없다**(대판 2021. 7. 29. 2015다221668).

① ⊗ 행정절차법의 규정 내용과 체계에 의하면, 행정청이 당사자에게 의무를 부과하거나 권익을 제한하는 처분을 하는 경우에는 원칙적으로 행정절차법 제21조 제1항에 따른 사전통지를 하고, 제22조 제3항에 따른 의견제출 기회를 주는 것으로 족하며, 다른 법령 등에서 반드시 청문을 실시하도록 규정한 경우이거나 행정청이 필요하다고 인정하는 경우 등에 한하여 청문을 실시할 의무가 있다. 따라서 지방자치단체의 장이 공유재산 및 물품관리법에 근거하여 민간투자사업을 추진하던 중 우선협상대상자 지위를 박탈하는 처분을 하기 위하여 반드시 청문을 실시할 의무가 있다고 볼 수는 없다(대판 2020. 4. 29. 2017두31064). → **지방자치단체의 장이 공유재산 및 물품관리법에 근거하여 민간투자사업을 추진하던 중 우선협상대상자 지위를 박탈하는 처분을 하는 경우, 반드시 청문을 실시할 의무가 있는지 여부(소극)**

② ⊗ 처분의 전제가 되는 '일부' 사실만 증명된 경우이거나 의견청취에 따라 행정청의 처분 여부나 처분 수위가 달라질 수 있는 경우라면 위 예외사유에 해당하지 않는다(대판 2020. 7. 23. 2017두66602). → **법원의 재판 등에 따라 처분의 전제가 되는 사실이 객관적으로 증명되면 행정청이 반드시 일정한 처분을 해야 하는 경우 등 의견청취가 행정청의 처분 여부나 그 수위 결정에 영향을 미치지 못하는 경우를 의미한다.**

③ ⊗ 추모공원건립추진협의회가 개최한 공청회는 행정청이 도시계획시설결정을 하면서 개최한 공청회가 아니므로, 위 공청회의 개최에 관하여 행정절차법에서 정한 절차를 준수하여야 하는 것은 아니다(대판 2007. 4. 12. 2005두1893). → **서울시가 업무지원을 하였더라도 마찬가지!**

08

정답 ③

③ ⊗ 건축법상의 이행강제금은 시정명령의 불이행이라는 과거의 위반행위에 대한 제재가 아니라, 의무자에게 시정명령을 받은 의무의 이행을 명하고 그 이행기간 안에 의무를 이행하지 않으면 이행강제금이 부과된다는 사실을 고지함으로써 의무자에게 심리적 압박을 주어 의무의 이행을 간접적으로 강제하는 행정상의 간접강제 수단에 해당한다. 이러한 이행강제금의 본질상 시정명령을 받은 의무자가 이행강제금이 부과되기 전에 그 의무를 이행한 경우에는 비록 시정명령에서 정한 기간을 지나서 이행한 경우라도 이행강제금을 부과할 수 없다(대판 2018. 1. 25. 2015두35116).

① ⓞ 이행강제금 납부의무는 상속인 기타의 사람에게 승계될 수 없는 일신전속적인 성질의 것이므로 이미 사망한 사람에게 이행강제금을 부과하는 내용의 처분이나 결정은 당연무효이고, 이행강제금을 부과받은 사람의 이의에 의하여 비송사건절차법에 의한 재판절차가 개시된 후에 그 이의한 사람이 사망한 때에는 사건 자체가 목적을 잃고 절차가 종료한다(대결 2006. 12. 8. 2006마470).

② ⓞ 행정청은 개별사건에 있어서 위반내용, 위반자의 시정의지 등을 감안하여 대집행과 이행강제금을 선택적으로 활용할 수 있으며, 이처럼 그 합리적인 재량에 의해 선택하여 활용하는 이상 중첩적인 제재에 해당한다고 볼 수 없다(헌재 2004. 2. 26. 2001헌바80).

④ ⓞ 건축주 등이 장기간 시정명령을 이행하지 아니하였더라도, 그 기간 중에는 시정명령의 이행 기회가 제공되지 아니하였다가 뒤늦게 시정명령의 이행 기회가 제공된 경우라면, 시정명령의 이행 기회 제공을 전제로 한 1회분의 이행강제금만을 부과할 수 있고, 시정명령의 이행 기회가 제공되지 아니한 과거의 기간에 대한 이행강제금까지 한꺼번에 부과할 수는 없다(대판 2016. 7. 14. 2015두46598).

09

정답 ④

④ ⊗ 의제된 인허가는 통상적인 인허가와 동일한 효력을 가지므로, 적어도 '부분 인허가 의제'가 허용되는 경우에는 그 효력을 제거하기 위한 법적 수단으로 의제된 인허가의 취소나 철회가 허용될 수 있고, 이러한 직권 취소·철회가 가능한 이상 그 의제된 인허가에 대한 쟁송취소 역시 허용된다. 따라서 주택건설사업계획 승인처분에 따라 의제된 인허가가 위법함을 다투고자 하는 이해관계인은, 주택건설사업계획 승인처분의 취소를 구할 것이 아니라 의제된 인허가의 취소를 구하여야 하며, 의제된 인허가는 주택건설사업계획 승인처분과 별도로 항고소송의 대상이 되는 처분에 해당한다(대판 2018. 11. 29. 2016두38792).

① ⓞ 대결 2003. 10. 9. 2003무23

② ⓞ 공공기관이 공개청구의 대상이 된 정보를 공개는 하되, 청구인이 신청한 공개방법 이외의 방법으로 공개하기로 하는 결정을 하였다면, 이는 정보공개청구 중 정보공개방법에 관한 부분에 대하여 일부 거부처분을 한 것이고, 청구인은 그에 대하여 항고소송으로 다툴 수 있다(대판 2016. 11. 10. 2016두44674).

③ ⓞ 대판 1995. 5. 12. 94누13794

10

정답 ③

① ⓞ ② ⓞ ③ ⊗ ④ ⓞ

> **행정기본법 제36조(처분에 대한 이의신청)** ① 행정청의 처분(「행정심판법」 제3조에 따라 같은 법에 따른 행정심판의 대상이 되는 처분을 말한다. 이하 이 조에서 같다)에 이의가 있는 당사자는 처분을 받은 날부터 30일 이내에 해당 행정청에 이의신청을 할 수 있다.
> ② 행정청은 제1항에 따른 이의신청을 받으면 그 신청을 받은 날부터 14일 이내에 그 이의신청에 대한 결과를 신청인에게 통지하여야 한다. 다만, 부득이한 사유로 14일 이내에 통지할 수 없는 경우에는 그 기간을 만료일 다음 날부터 기산하여 10일의 범위에서 한 차례 연장할 수 있으며, 연장 사유를 신청인에게 통지하여야 한다.
> ③ 제1항에 따라 이의신청을 한 경우에도 그 이의신청과 관계없이 「행정심판법」에 따른 행정심판 또는 「행정소송법」에 따른 행정소송을 제기할 수 있다.

④ 이의신청에 대한 결과를 통지받은 후 행정심판 또는 행정소송을 제기하려는 자는 그 결과를 통지받은 날(제2항에 따른 통지기간 내에 결과를 통지받지 못한 경우에는 같은 항에 따른 통지기간이 만료되는 날의 다음 날을 말한다)부터 90일 이내에 행정심판 또는 행정소송을 제기할 수 있다.
⑤ 다른 법률에서 이의신청과 이에 준하는 절차에 대하여 정하고 있는 경우에도 그 법률에서 규정하지 아니한 사항에 관하여는 이 조에서 정하는 바에 따른다.
⑥ 제1항부터 제5항까지에서 규정한 사항 외에 이의신청의 방법 및 절차 등에 관한 사항은 대통령령으로 정한다.
⑦ 다음 각 호의 어느 하나에 해당하는 사항에 관하여는 이 조를 적용하지 아니한다.
1. 공무원 인사 관계 법령에 따른 징계 등 처분에 관한 사항
2. 「국가인권위원회법」 제30조에 따른 진정에 대한 국가인권위원회의 결정
3. 「노동위원회법」 제2조의2에 따라 노동위원회의 의결을 거쳐 행하는 사항
4. 형사, 행형 및 보안처분 관계 법령에 따라 행하는 사항
5. 외국인의 출입국·난민인정·귀화·국적회복에 관한 사항
6. 과태료 부과 및 징수에 관한 사항

11

정답 ③

③ X 영조물 설치의 하자유무는 객관적 견지에서 본 안전성의 문제이고, 재정사정이나 사용목적에 의한 사정은, 안전성을 요구하는 데 대한 정도문제로서의 참작사유에는 해당할지언정, 안전성을 결정지을 절대적 요건에는 해당하지 아니한다(대판 1967. 2. 21. 66다1723).

① O 이 사건 사고 당시 설치하고 있던 옹벽은 소외 회사가 그 공사를 도급받아 공사 중에 있었을 뿐만 아니라 아직 완성도 되지 아니하여 일반 공중의 이용에 제공되지 않고 있었던 이상 원심 판시와 같이 국가배상법 제5조 제1항 소정의 영조물에 해당한다고 할 수 없고, 따라서 이 사건 사고를 영조물의 설치상의 하자로 인하여 발생한 것이라고는 볼 수 없다고 할 것이다(대판 1998. 10. 23. 98다17381).

② O 고등학교 3학년 학생이 교사의 단속을 피해 담배를 피우기 위하여 3층 건물 화장실 밖의 난간을 지나다가 실족하여 사망한 사안에서 학교 관리자에게 그와 같은 이례적인 사고가 있을 것을 예상하여 복도나 화장실 창문에 난간으로의 출입을 막기 위하여 출입금지장치나 추락위험을 알리는 경고표지판을 설치할 의무가 있다고 볼 수는 없다는 이유로 학교시설의 설치·관리상의 하자가 없다고 본 사례(대판 1997. 5. 16. 96다54102).

④ O 100년 발생빈도의 강우량을 기준으로 책정된 계획홍수위를 초과하여 600년 또는 1,000년 발생빈도의 강우량에 의한 하천의 범람은 예측가능성 및 회피가능성이 없는 불가항력적인 재해로서 그 영조물의 관리청에게 책임을 물을 수 없다(대판 2003. 10. 23. 2001다48057).

12

정답 ①

① X

행정기본법 제17조(부관) ① 행정청은 처분에 재량이 있는 경우에는 부관(조건, 기한, 부담, 철회권의 유보 등을 말한다. 이하 이 조에서 같다)을 붙일 수 있다.
② 행정청은 처분에 재량이 없는 경우에는 법률에 근거가 있는 경우에 부관을 붙일 수 있다.
③ 행정청은 부관을 붙일 수 있는 처분이 다음 각 호의 어느 하나에 해당하는 경우에는 그 처분을 한 후에도 부관을 새로 붙이거나 종전의 부관을 변경할 수 있다.
1. 법률에 근거가 있는 경우
2. 당사자의 동의가 있는 경우
3. 사정이 변경되어 부관을 새로 붙이거나 종전의 부관을 변경하지 아니하면 해당 처분의 목적을 달성할 수 없다고 인정되는 경우

② O 수익적 행정처분에 있어서는 법령에 특별한 근거규정이 없다고 하더라도 그 부관으로서 부담을 붙일 수 있고, 그와 같은 부담은 행정청이 행정처분을 하면서 일방적으로 부가할 수도 있지만 부담을 부가하기 이전에 상대방과 협의하여 부담의 내용을 협약의 형식으로 미리 정한 다음 행정처분을 하면서 이를 부가할 수도 있다(대판 2009. 2. 12. 2005다65500).

③ O

행정기본법 제17조(부관) ① 행정청은 처분에 재량이 있는 경우에는 부관(조건, 기한, 부담, 철회권의 유보 등을 말한다. 이하 이 조에서 같다)을 붙일 수 있다.
② 행정청은 처분에 재량이 없는 경우에는 법률에 근거가 있는 경우에 부관을 붙일 수 있다.

④ O 부담부 행정처분에 있어서 처분의 상대방이 부담(의무)을 이행하지 아니한 경우에 처분행정청으로서는 이를 들어 당해 처분을 취소(철회)할 수 있는 것이다(대판 1989. 10. 24. 89누2431).

13

정답 ④

④ X

개인정보 보호법 제37조의2(자동화된 결정에 대한 정보주체의 권리 등) ① 정보주체는 완전히 자동화된 시스템(인공지능 기술을 적용한 시스템을 포함한다)으로 개인정보를 처리하여 이루어지는 결정(「행정기본법」 제20조에 따른 행정청의 자동적 처분은 제외하며, 이하 이 조에서 "자동화된 결정"이라 한다)이 자신의 권리 또는 의무에 중대한 영향을 미치는 경우에는 해당 개인정보처리자에 대하여 해당 결정을 거부할 수 있는 권리를 가진다. 다만, 자동화된 결정이 제15조제1항제1호·제2호 및 제4호에 따라 이루어지는 경우에는 그러하지 아니하다.

① O

개인정보 보호법 제25조(고정형 영상정보처리기기의 설치·운영 제한) ① 누구든지 다음 각 호의 경우를 제외하고는 공개된 장소에 고정형 영상정보처리기기를 설치·운영하여서는 아니 된다.
1. 법령에서 구체적으로 허용하고 있는 경우
2. 범죄의 예방 및 수사를 위하여 필요한 경우
3. 시설의 안전 및 관리, 화재 예방을 위하여 정당한 권한을 가진 자가 설치·운영하는 경우
4. 교통단속을 위하여 정당한 권한을 가진 자가 설치·운영하는 경우
5. 교통정보의 수집·분석 및 제공을 위하여 정당한 권한을 가진 자가 설치·운영하는 경우
6. 촬영된 영상정보를 저장하지 아니하는 경우로서 대통령령으로 정하는 경우

② 누구든지 불특정 다수가 이용하는 목욕실, 화장실, 발한실(發汗室), 탈의실 등 개인의 사생활을 현저히 침해할 우려가 있는 장소의 내부를 볼 수 있도록 고정형 영상정보처리기기를 설치·운영하여서는 아니 된다. 다만, 교도소, 정신보건 시설 등 법령에 근거하여 사람을 구금하거나 보호하는 시설로서 대통령령으로 정하는 시설에 대하여는 그러하지 아니하다.
③ 제1항 각 호에 따라 고정형 영상정보처리기기를 설치·운영하려는 공공기관의 장과 제2항 단서에 따라 고정형 영상정보처리기기를 설치·운영하려는 자는 공청회·설명회의 개최 등 대통령령으로 정하는 절차를 거쳐 관계 전문가 및 이해관계인의 의견을 수렴하여야 한다.
④ 제1항 각 호에 따라 고정형 영상정보처리기기를 설치·운영하는 자(이하 "고정형영상정보처리기기운영자"라 한다)는 정보주체가 쉽게 인식할 수 있도록 다음 각 호의 사항이 포함된 안내판을 설치하는 등 필요한 조치를 하여야 한다. 다만, 「군사기지 및 군사시설 보호법」 제2조제2호에 따른 군사시설, 「통합방위법」 제2조제13호에 따른 국가중요시설, 그 밖에 대통령령으로 정하는 시설의 경우에는 그러하지 아니하다.
1. 설치 목적 및 장소
2. 촬영 범위 및 시간
3. 관리책임자의 연락처
4. 그 밖에 대통령령으로 정하는 사항

⑤ 고정형영상정보처리기기운영자는 고정형 영상정보처리기기의 설치 목적과 다른 목적으로 고정형 영상정보처리기기를 임의로 조작하거나 다른 곳을 비춰서는 아니 되며, 녹음기능은 사용할 수 없다.
⑥ 고정형영상정보처리기기운영자는 개인정보가 분실·도난·유출·위조·변조 또는 훼손되지 아니하도록 제29조에 따라 안전성 확보에 필요한 조치를 하여야 한다.
⑦ 고정형영상정보처리기기운영자는 대통령령으로 정하는 바에 따라 고정형 영상정보처리기기 운영·관리 방침을 마련하여야 한다. 다만, 제30조에 따른 개인정보 처리방침을 정할 때 고정형 영상정보처리기기 운영·관리에 관한 사항을 포함시킨 경우에는 고정형 영상정보처리기기 운영·관리 방침을 마련하지 아니할 수 있다.
⑧ 고정형영상정보처리기기운영자는 고정형 영상정보처리기기의 설치·운영에 관한 사무를 위탁할 수 있다. 다만, 공공기관이 고정형 영상정보처리기기 설치·운영에 관한 사무를 위탁하는 경우에는 대통령령으로 정하는 절차 및 요건에 따라야 한다.

② O 조정안을 제시받은 날부터 15일 이내에 수락 여부를 알리지 아니할 경우 종전에는 조정을 거부한 것으로 간주하던 것을, 앞으로는 조정안을 수락한 것으로 간주하도록 분쟁조정제도를 개선함.

개인정보 보호법 제47조(분쟁의 조정) ③ 제2항에 따라 조정안을 제시받은 당사자가 제시받은 날부터 15일 이내에 수락 여부를 알리지 아니하면 조정을 수락한 것으로 본다.

③ O

개인정보 보호법 제16조(개인정보의 수집 제한) ① 개인정보처리자는 제15조제1항 각 호의 어느 하나에 해당하여 개인정보를 수집하는 경우에는 그 목적에 필요한 최소한의 개인정보를 수집하여야 한다. 이 경우 최소한의 개인정보 수집이라는 입증책임은 개인정보처리자가 부담한다.
② 개인정보처리자는 정보주체의 동의를 받아 개인정보를 수집하는 경우 필요한 최소한의 정보 외의 개인정보 수집에는 동의하지 아니할 수 있다는 사실을 구체적으로 알리고 개인정보를 수집하여야 한다.
③ 개인정보처리자는 정보주체가 필요한 최소한의 정보 외의 개인정보 수집에 동의하지 아니한다는 이유로 정보주체에게 재화 또는 서비스의 제공을 거부하여서는 아니 된다.

14

정답 ③

③ X

행정기본법 제15조(처분의 효력) 처분은 권한이 있는 기관이 취소 또는 철회하거나 기간의 경과 등으로 소멸되기 전까지는 유효한 것으로 통용된다. 다만, 무효인 처분은 처음부터 그 효력이 발생하지 아니한다.

① O 과세처분에 관한 이의신청절차에서 과세관청이 이의신청 사유가 옳다고 인정하여 과세처분을 직권으로 취소한 이상 그 후 특별한 사유 없이 이를 번복하고 종전 처분을 되풀이하는 것은 허용되지 않는다(대판 2010. 9. 30. 2009두1020).
② O 시장 등이 한 운행정지명령을 위반하여 자동차를 운행하였다는 이유로 같은 법 제82조 제2호의2에 따른 처벌을 하기 위해서는 그 운행정지명령이 적법한 것이어야 하고, 그 운행정지명령이 당연무효는 아니더라도 위법한 처분으로 인정된다면 같은 법 제82조 제2호의2 위반죄는 성립할 수 없다(대판 2023. 4. 27. 2020도17883).
④ O 제소기간이 이미 도과하여 불가쟁력이 생긴 행정처분에 대하여는 개별 법규에서 그 변경을 요구할 신청권을 규정하고 있거나 관계 법령의 해석상 그러한 신청권이 인정될 수 있는 등 특별한 사정이 없는 한 변경을 구할 신청권이 없다(대판 2007. 4. 26. 2005두11104).

15

정답 ②

① O ② X ③ O ④ O

행정기본법 제37조(처분의 재심사) ① 당사자는 처분(제재처분 및 행정상 강제는 제외한다. 이하 이 조에서 같다)이 행정심판, 행정소송 및 그 밖의 쟁송을 통하여 다툴 수 없게 된 경우(법원의 확정판결이 있는 경우는 제외한다)라도 다음 각 호의 어느 하나에 해당하는 경우에는 해당 처분을 한 행정청에 처분을 취소·철회하거나 변경하여 줄 것을 신청할 수 있다.

1. 처분의 근거가 된 사실관계 또는 법률관계가 추후에 당사자에게 유리하게 바뀐 경우
2. 당사자에게 유리한 결정을 가져다주었을 새로운 증거가 있는 경우
3. 「민사소송법」 제451조에 따른 재심사유에 준하는 사유가 발생한 경우 등 대통령령으로 정하는 경우

② 제1항에 따른 신청은 해당 처분의 절차, 행정심판, 행정소송 및 그 밖의 쟁송에서 당사자가 중대한 과실 없이 제1항 각 호의 사유를 주장하지 못한 경우에만 할 수 있다.

⑤ 제4항에 따른 처분의 재심사 결과 중 처분을 유지하는 결과에 대해서는 행정심판, 행정소송 및 그 밖의 쟁송수단을 통하여 불복할 수 없다.

⑧ 다음 각 호의 어느 하나에 해당하는 사항에 관하여는 이 조를 적용하지 아니한다.

1. 공무원 인사 관계 법령에 따른 징계 등 처분에 관한 사항
2. 「노동위원회법」 제2조의2에 따라 노동위원회의 의결을 거쳐 행하는 사항
3. 형사, 행형 및 보안처분 관계 법령에 따라 행하는 사항
4. 외국인의 출입국·난민인정·귀화·국적회복에 관한 사항
5. 과태료 부과 및 징수에 관한 사항
6. 개별 법률에서 그 적용을 배제하고 있는 경우

16

정답 ④

④ X

공공기관의 정보공개에 관한 법률 제6조의2(정보공개 담당자의 의무) 공공기관의 정보공개 담당자(정보공개 청구 대상 정보와 관련된 업무 담당자를 포함한다)는 정보공개 업무를 성실하게 수행하여야 하며, 공개 여부의 자의적인 결정, 고의적인 처리 지연 또는 위법한 공개 거부 및 회피 등 부당한 행위를 하여서는 아니 된다.

① O 정보위원회 회의는 공개하지 아니한다고 정하고 있는 국회법 제54조의2 제1항은 청구인들의 알 권리를 침해한다(헌재 2022. 1. 27. 2018헌마1162).

② O 「공공기관의 정보공개에 관한 법률」 제8조의2

③ O 청구인이 공공기관의 비공개 결정 또는 부분 공개 결정에 대한 이의신청을 하여 공공기관으로부터 이의신청에 대한 결과를 통지받은 후 취소소송을 제기하는 경우 그 제소기간은 이의신청에 대한 결과를 통지받은 날부터 기산한다고 봄이 타당하다(대판 2023. 7. 27. 2022두52980).

17

정답 ④

ㄱ. O ㄴ. X

근로복지공단이 사업종류 변경결정을 하면서 개별 사업주에 대하여 사전통지 및 의견청취, 이유제시 및 불복방법 고지가 포함된 처분서를 작성하여 교부하는 등 실질적으로 행정절차법에서 정한 처분절차를 준수함으로써 사업주에게 방어권행사 및 불복의 기회가 보장된 경우에는, 그 사업종류 변경결정은 그 내용·형식·절차의 측면에서 단순히 조기의 권리구제를 가능하게 하기 위하여 행정소송법상 처분으로 인정되는 소위 '쟁송법적 처분'이 아니라, 개별·구체적 사안에 대한 규율로서 외부에 대하여 직접적 법적 효과를 갖는 행정청의 의사표시인 소위 '실체법적 처분'에 해당하는 것으로 보아야 한다. 이 경우 사업주는 그 사업종류변경결정에 기초하여 이루어진 각각의 산재보험료 부과처분에 대한 쟁송절차에서는 선행처분인 사업종류 변경결정의 위법성을 주장할 수 없다. 다만 근로복지공단이 사업종류 변경결정을 하면서 실질적으로 행정절차법에서 정한 처분절차를 준수하지 않아 사업주에게 방어권행사 및 불복의 기회가 보장되지 않은 경우에는 사업주가 사업종류변경결정에 대해 제소기간 내에 취소소송을 제기하지 않았다고 하더라도 후행처분인 각각의 산재보험료 부과처분에 대한 쟁송절차에서 비로소 선행처분인 사업종류 변경결정의 위법성을 다투는것이 허용되어야 한다(대판 2020. 4. 9. 2019두61137).

ㄷ. O 표준지공시지가결정이 위법한 경우에는 그 자체를 행정소송의 대상이 되는 행정처분으로 보아 그 위법 여부를 다툴 수 있음은 물론, 수용보상금의 증액을 구하는 소송에서도 선행처분으로서 그 수용대상 토지 가격 산정의 기초가 된 비교표준지공시지가결정의 위법을 독립한 사유로 주장할 수 있다(대판 2008. 8. 21. 2007두13845).

ㄹ. X 구 경찰공무원법 제50조 제1항에 의한 직위해제처분과 같은 제3항에 의한 면직처분은 후자가 전자의 처분을 전제로 한 것이기는 하나 각각 단계적으로 별개의 법률효과를 발생하는 행정처분이어서 선행직위 해제처분의 위법사유가 면직처분에는 승계되지 아니한다 할 것이므로 선행된 직위해제 처분의 위법사유를 들어 면직처분의 효력을 다툴 수는 없다(대판 1984. 9. 11. 84누191).

18

정답 ①

① X 사업주가 당연가입자가 되는 **고용보험 및 산재보험에서 보험료 납부의무 부존재확인의 소**는 공법상의 법률관계 자체를 다투는 소송으로서 공법상 **당사자소송**이다(대판 2016. 10. 13. 2016다221658).

② O 甲 광역자치단체와 터널 민간투자사업 실시협약을 체결한 당사자(을 유한회사)는 공법상 당사자소송에 의하여 그 실시협약에 따른 재정지원금의 지급을 구하여야 한다(대판 2019. 1. 31. 2017두46455).

③ O 대결 2015. 8. 21. 2015무26

④ O 원고가 고의 또는 중대한 과실 없이 행정소송으로 제기하여야 할 사건을 민사소송으로 잘못 제기한 경우, 수소법원으로서는 만약 그 행정소송에 대한 관할을 동시에 가지고 있다면 이를 행정소송으로 심리·판단하여야 하고, 그 행정소송에 대한 관할을 가지고 있

지 아니하다면 당해 소송이 이미 행정소송으로서의 전심절차와 제소기간을 도과하였거나 행정소송의 대상이 되는 처분 등이 존재하지도 아니한 상태에 있는 등 행정소송으로서 소송요건을 결하고 있음이 명백하여 행정소송으로 제기되었더라도 어차피 부적법하게 되는 경우가 아닌 이상 이를 부적법한 소라고 하여 각하할 것이 아니라 관할법원에 이송하여야 한다(대판 2018. 7. 26. 2015다221569).

19

정답 ③

③ X 국책사업인 '한국형 헬기 개발사업'(Korean Helicopter Program)에 개발주관사업자 중 하나로 참여하여 국가 산하 중앙행정기관인 방위사업청과 '한국형헬기 민군겸용 핵심구성품 개발협약'을 체결한 甲 주식회사가 협약을 이행하는 과정에서 환율변동 및 물가상승 등 외부적 요인 때문에 협약금액을 초과하는 비용이 발생하였다고 주장하면서 국가를 상대로 초과비용의 지급을 구하는 소송은 행정소송으로 제기하여야 한다(대판 2017. 11. 9. 2015다215526).

① O ② O

행정기본법 제27조(공법상 계약의 체결) ① 행정청은 법령등을 위반하지 아니하는 범위에서 행정목적을 달성하기 위하여 필요한 경우에는 공법상 법률관계에 관한 계약을 체결할 수 있다. 이 경우 계약의 목적 및 내용을 명확하게 적은 계약서를 작성하여야 한다.
② 행정청은 공법상 계약의 상대방을 선정하고 계약 내용을 정할 때 공법상 계약의 공공성과 제3자의 이해관계를 고려하여야 한다.

④ O 행정기본법에 '공법상 계약의 해지'에 대하여는 규정하고 있지 않다.

20

정답 ③

③ X 공정거래위원회의 입찰참가자격제한 등 요청 결정은 항고소송의 대상이 되는 처분에 해당한다(대판 2023. 4. 27. 2020두47892).
→ 구 하도급거래 공정화에 관한 법률 제26조 제2항에 따른 공정거래위원회의 입찰참가자격제한 등 요청 결정을 요청받은 관계 행정기관의 장은 특별한 사정이 없는 한 그 사업자에 대하여 입찰참가자격제한 등의 처분을 해야 하므로 ……

① O 학교안전공제회는 행정청 또는 그 소속기관이나 법령에 의하여 행정권한을 위임받은 공공단체가 아니므로 보상심사청구 기각결정은 항고소송의 대상인 행정처분이 아니다(대판 2012. 12. 13. 2010두20874).

② O 방송통신심의위원회의 고지방송명령은 권고적 효력만을 가지는 비권력적 사실행위에 해당할 뿐, 항고소송의 대상이 되는 행정처분에 해당하지 않는다(대판 2023. 7. 13. 2016두34257).

④ O 이 사건 벌점 부과행위는, 입찰참가자격의 제한 요청 등의 기초자료로 사용하기 위한 것일 뿐 원고의 권리·의무에 직접 영향을 미치는 행위라고 볼 수 없으므로 항고소송의 대상이 되는 행정처분에 해당하지 않는다(대판 2023.1.12. 2020두50683).

실전동형 모의고사 제6회 문제 41쪽

01	④	02	③	03	④	04	②	05	②
06	④	07	④	08	③	09	④	10	④
11	④	12	③	13	②	14	②	15	②
16	③	17	②	18	④	19	②	20	③

01

정답 ④

④ X 행정소송에서 쟁송의 대상이 되는 행정처분의 존부는 소송요건으로서 직권조사사항이고, 자백의 대상이 될 수 없는 것이므로, 설사 그 존재를 당사자들이 다투지 아니한다 하더라도 그 존부에 관하여 의심이 있는 경우에는 이를 직권으로 밝혀 보아야 한다(대판 2001. 11. 9. 98두892).

① O 특허출원에 대한 심사관의 거절결정에 대하여 특허심판원에 심판청구를 한 후 소송을 제기하는 경우, 거절결정이 아니라 특허심판원의 심결(재결) 그 자체를 소송의 대상으로 하여 특허법원에 심결취소를 구하는 소를 제기하여야 한다(특허법 제186조).

② O 행정처분이 취소되면 그 처분은 취소로 인하여 그 효력이 상실되어 더 이상 존재하지 않는 것이고, 존재하지 않는 행정처분을 대상으로 한 취소소송은 소의 이익이 없어 부적법하다(대판 2006. 9. 28. 2004두5317).

③ O 감사원의 변상판정처분에 대하여서는 행정소송을 제기할 수 없고, 재결에 해당하는 재심의 판정에 대하여서만 감사원을 피고로 하여 행정소송을 제기할 수 있다(대판 1984. 4. 10. 84누91).

02

정답 ③

② O ③ X

행정소송법 제31조(제3자에 의한 재심청구) ① 처분등을 취소하는 판결에 의하여 권리 또는 이익의 침해를 받은 제3자는 자기에게 책임없는 사유로 소송에 참가하지 못함으로써 판결의 결과에 영향을 미칠 공격 또는 방어방법을 제출하지 못한 때에는 이를 이유로 확정된 종국판결에 대하여 재심의 청구를 할 수 있다.
② 제1항의 규정에 의한 청구는 확정판결이 있음을 안 날로부터 30일 이내, 판결이 확정된 날로부터 1년 이내에 제기하여야 한다.

① O 제3자에게도 제소기간 규정이 적용된다. 다만 제소기간을 준수하지 못한 정당한 사유가 인정될 수 있다.

행정소송법 제20조(제소기간) ① 취소소송은 처분등이 있음을 안 날부터 90일 이내에 제기하여야 한다. 다만, 제18조제1항 단서에 규정한 경우와 그 밖에 행정심판청구를 할 수 있는 경우 또는 행정청이 행정심판청구를 할 수 있다고 잘못 알린 경우에 행정심판청구가 있은 때의 기간은 재결서의 정본을 송달받은 날부터 기산한다.
② 취소소송은 처분등이 있은 날부터 1년(제1항 단서의 경우는 재결이 있은 날부터 1년)을 경과하면 이를 제기하지 못한다. 다만, 정당한 사유가 있는 때에는 그러하지 아니하다.

④ O 이른바 복효적 행정행위, 특히 제3자효를 수반하는 행정행위에 대한 행정심판청구에 있어서 그 청구를 인용하는 내용의 재결로 인하여 비로소 권리이익을 침해받게 되는 자는 그 인용재결에 대하여 다툴 필요가 있고, 그 인용재결은 원처분과 내용을 달리하는 것이므로 그 인용재결의 취소를 구하는 것은 원처분에는 없는 재결에 고유한 하자를 주장하는 셈이어서 당연히 항고소송의 대상이 된다(대판 1997. 12. 23. 96누1091).

03

정답 ④

④ O 구 청소년보호법 시행령 제40조 [별표 6]의 '위반행위의 종별에 따른 과징금처분기준'은 법규명령이며, 그 과징금의 수액은 정액이 아니라 최고한도액이다(대판 2001. 3. 9. 99누5207).

① X 수질오염공정시험기준(국립환경과학원고시)은 형식 및 내용에 비추어 행정기관 내부의 사무처리준칙에 불과하다(대판 2022. 9. 16. 2021두58912).

② X 국토의 계획 및 이용에 관한 법률 및 같은 법 시행령이 정한 이행강제금의 부과기준은 단지 상한을 정한 것에 불과한 것이 아니라 위반행위 유형별로 계산된 특정 금액을 규정한 것이므로 행정청에 이와 다른 이행강제금액을 결정할 재량권이 없다(대판 2014. 11. 27. 2013두8653).

③ X 공정거래위원회가 입찰담합에 관한 과징금의 기본 산정기준이 되는 '계약금액'은 위와 같은 법령의 해석을 통하여 산정되는 것이지 공정거래위원회가 재량에 따라 결정할 수 있는 것이 아니다(대판 2020. 10. 29. 2019두37233). → **공정거래법 제22조는 공정거래위원회가 부당한 공동행위를 행한 사업자에 대하여 '대통령령이 정하는 매출액'에 100분의 10을 곱한 금액(매출액이 없는 경우 등에는 20억 원)을 초과하지 아니하는 한도 내에서 과징금을 부과할 수 있도록 정하고 있고, 그 위임에 따라 구 독점규제 및 공정거래에 관한 법률 시행령(2014. 2. 11. 대통령령 제25173호로 개정되기 전의 것) 제9조 제1항은 본문에서 "공정거래법 제22조에서 '대통령령이 정하는 매출액'이란 위반사업자가 위반기간 동안 일정한 거래분야에서 판매한 관련 상품이나 용역의 매출액 또는 이에 준하는 금액을 말한다."라고 정하면서, 그 단서에서 "다만 입찰담합 및 이와 유사한 행위인 경우에는 계약금액을 말한다."라고 정하고 있다.**

04

정답 ②

② X 「산업재해보상보험법」상 각종 보험급여 등의 지급결정을 변경 또는 취소하는 처분과 처분에 터 잡아 잘못 지급된 보험급여액에 해당하는 금액을 징수하는 처분이 적법한지를 판단하는 경우, 지급결정을 변경 또는 취소하는 처분이 적법하다고 하여 그에 터 잡은 징수처분도 반드시 적법하다고 판단해야 하는 것은 아니다(대판 2014. 7. 24. 2013두27159).

① O 행정행위를 한 처분청은 그 행위에 하자가 있는 경우에는 별도의 법적 근거가 없더라도 스스로 이를 취소할 수 있고, 다만 수익적 행정처분을 취소할 때에는 이를 취소하여야 할 공익상의 필요와 그 취소로 인하여 당사자가 입게 될 기득권과 신뢰보호 및 법률생활 안정의 침해 등 불이익을 비교·교량한 후 공익상의 필요가 당사자가 입을 불이익을 정당화할 만큼 강한 경우에 한하여 취소할 수 있으며, 나아가 수익적 행정처분의 하자가 당사자의 사실은폐나 기타 사위의 방법에 의한 신청행위에 기인한 것이라면 당사자는 처분에 의한 이익이 위법하게 취득되었음을 알아 취소가능성도 예상하고 있었다 할 것이므로, 그 자신이 처분에 관한 신뢰이익을 원용할 수 없음은 물론 행정청이 이를 고려하지 아니하였다고 하여도 재량권의 남용이 되지 않는다(대판 2006. 5. 25. 2003두4669).

③ O 수익적 행정행위의 철회는 침익적 처분이므로 행정절차법상의 처분절차를 거쳐야 한다.

④ O 도로관리청이 도로점용허가를 함에 있어서 특별사용의 필요가 없는 부분을 도로점용허가의 점용장소 및 점용면적으로 포함한 흠이 있고 그로 인하여 점용료 부과처분에도 흠이 있게 된 경우, 흠 있는 부분에 해당하는 점용료를 감액하는 것은 당초 처분 자체를 일부 취소하는 변경처분에 해당하고, 그 실질은 종래의 위법한 부분을 제거하는 것으로서 흠의 치유와는 차이가 있다(대판 2019. 1. 17. 2016두56721). → **행정청은 행정소송이 계속되고 있는 때에도 직권으로 그 처분을 변경할 수 있고, 행정소송법 제22조 제1항은 이를 전제로 처분변경으로 인한 소의 변경에 관하여 규정하고 있다.**

05

정답 ②

② X 수도권매립지관리공사가 한 입찰참가자격을 제한하는 내용의 부정당업자제재처분은 행정소송의 대상이 되는 행정처분이 아니므로 효력정지신청은 부적법하다(대결 2010. 11. 26. 2010무137).

① O 제안비용보상금 지급 신청에 대한 주무관청의 결정은 '민간투자법령을 집행하는 행위로서의 공권력의 행사 또는 그 거부'에 해당하므로 항고소송의 대상인 '처분'이라고 보아야 한다(대판 2020. 10. 15. 2020다222382).

③ O

> **행정소송규칙 제9조(처분사유의 추가·변경)** 행정청은 사실심 변론을 종결할 때까지 당초의 처분사유와 기본적 사실관계가 동일한 범위 내에서 처분사유를 추가 또는 변경할 수 있다.

④ O 대판 1997. 12. 23. 96누1091

06

정답 ④

④ X 마약류 불법거래 방지에 관한 특례법 제4조 제1항에 따른 조치의 일환으로 특정한 수출입물품을 개봉하여 검사하고 그 내용물의 점유를 취득한 행위는 범죄수사인 압수 또는 수색에 해당하여 사전 또는 사후에 영장을 받아야 한다(대판 2017. 7. 18. 2014도8719).

우편물 통관검사절차에서 이루어지는 우편물의 개봉, 시료채취, 성분분석 등의 검사는 수출입물품에 대한 적정한 통관 등을 목적으로 한 행정조사의 성격을 가지는 것으로서 수사기관의 강제처분이라고 할 수 없으므로, 압수·수색영장 없이 우편물의 개봉, 시료채추, 성분분석 등 검사가 진행되었다 하더라도 특별한 사정이 없는 한 위법하다고 볼 수 없다(대판 2013. 9. 26. 2013도7718).

① ○ ② ○ ③ ○

행정조사기본법 제4조(행정조사의 기본원칙) ① 행정조사는 조사목적을 달성하는데 필요한 최소한의 범위 안에서 실시하여야 하며, 다른 목적 등을 위하여 조사권을 남용하여서는 아니된다.
② 행정기관은 조사목적에 적합하도록 조사대상자를 선정하여 행정조사를 실시하여야 한다.
③ 행정기관은 유사하거나 동일한 사안에 대하여는 공동조사 등을 실시함으로써 행정조사가 중복되지 아니하도록 하여야 한다.
④ 행정조사는 법령등의 위반에 대한 처벌보다는 법령등을 준수하도록 유도하는 데 중점을 두어야 한다.
⑤ 다른 법률에 따르지 아니하고는 행정조사의 대상자 또는 행정조사의 내용을 공표하거나 직무상 알게 된 비밀을 누설하여서는 아니된다.
⑥ 행정기관은 행정조사를 통하여 알게 된 정보를 다른 법률에 따라 내부에서 이용하거나 다른 기관에 제공하는 경우를 제외하고는 원래의 조사목적 이외의 용도로 이용하거나 타인에게 제공하여서는 아니 된다.

07

정답 ④

④ × 행정처분을 한 처분청은 처분에 하자가 있는 경우에는 별도의 법적 근거가 없더라도 스스로 이를 취소하거나 변경할 수 있는바, 과징금 부과처분에서 행정청이 납부의무자에 대하여 부과처분을 한 후 부과처분의 하자를 이유로 과징금의 액수를 감액하는 경우에 감액처분은 감액된 과징금 부분에 관하여만 법적 효과가 미치는 것으로서 당초 부과처분과 별개 독립의 과징금 부과처분이 아니라 실질은 당초 부과처분의 변경이고, 그에 의하여 과징금의 일부취소라는 납부의무자에게 유리한 결과를 가져오는 처분이므로 당초 부과처분이 전부 실효되는 것은 아니다. 따라서 감액처분에 의하여 감액된 부분에 대한 부과처분 취소청구는 이미 소멸하고 없는 부분에 대한 것으로서 소의 이익이 없어 부적법하다(대판 2017. 1. 12. 2015두2352).

① ○ 자동차운수사업면허조건 등을 위반한 사업자에 대하여 행정청이 행정제재수단으로 사업 정지를 명할 것인지, 과징금을 부과할 것인지, 과징금을 부과키로 한다면 그 금액은 얼마로 할 것인지에 관하여 재량권이 부여되었다 할 것이므로 과징금부과처분이 법이 정한 한도액을 초과하여 위법할 경우 법원으로서는 그 전부를 취소할 수밖에 없고, 그 한도액을 초과한 부분이나 법원이 적정하다고 인정되는 부분을 초과한 부분만을 취소할 수 없다(대판 1998. 4. 10. 98두2270).

② ○ 수개의 행위에 대하여 공정거래위원회가 하나의 과징금부과처분을 하였으나 수개의 위반행위 중 일부의 위반행위에 대한 과징금부 과만이 위법하고, 그 일부의 위반행위를 기초로 한 과징금액을 산정할 수 있는 자료가 있는 경우에는, 하나의 과징금 납부명령일지라도 그 일부의 위반행위에 대한 과징금액에 해당하는 부분만을 취소하여야 한다(대판 2006. 12. 22. 2004두1483).

③ ○ 개별법에서 이행강제금의 부과처분에 대한 불복방법에 관하여 아무런 규정을 두고 있지 않은 경우, 이행강제금 부과처분은 급부하명으로서 행정행위에 해당하므로, 행정심판 또는 행정소송을 제기할 수 있다.

08

정답 ③

ㄱ. ○ 지방계약직공무원규정의 시행에 필요한 사항을 규정하기 위한 '서울특별시 지방계약직공무원 인사관리규칙' 제8조 제3항은 근무실적 평가 결과 근무실적이 불량한 사람에 대하여 봉급을 삭감할 수 있도록 규정하고 있는바, 보수의 삭감은 이를 당하는 공무원의 입장에서는 **징계처분의 일종인 감봉과 다를 바 없음**에도 징계처분에 있어서와 같이 자기에게 이익이 되는 사실을 진술하거나 증거를 제출할 수 있는 등(지방공무원징계및소청규정 제5조)의 절차적 권리가 보장되지 않고 소청(지방공무원징계및소청규정 제16조) 등의 구제수단도 인정되지 아니한 채 이를 감수하도록 하는 위 규정은, 그 자체 부당할 뿐만 아니라 지방공무원법이나 지방계약직공무원규정에 아무런 위임의 근거도 없는 것이거나 위임의 범위를 벗어난 것으로서 무효이다(대판 2008. 6. 12. 2006두16328).

ㄴ. ○ 지목은 토지소유권을 제대로 행사하기 위한 전제요건으로서 토지소유자의 실체적 권리관계에 밀접하게 관련되어 있으므로 지적공부 소관청의 지목변경신청 반려행위는 국민의 권리관계에 영향을 미치는 것으로서 항고소송의 대상이 되는 행정처분에 해당한다(대판 2004. 4. 22. 2003두9015).

ㄷ. ○ 건축계획심의신청에 대한 반려처분은 항고소송의 대상이 되는 행정처분에 해당한다(대판 2007. 10. 11. 2007두1316).

ㄹ. × 하수도정비기본계획은 항고소송의 대상이 되는 행정처분에 해당하지 아니한다(대판 2002. 5. 17. 2001두10578).

ㅁ. × 국세기본법 제51조 및 제52조 국세환급금 및 국세가산금결정에 관한 규정은 이미 납세의무자의 환급청구권이 확정된 국세환급금 및 가산금에 대하여 내부적 사무처리절차로서 과세관청의 환급절차를 규정한 것에 지나지 않고 그 규정에 의한 국세환급금(가산금 포함)결정에 의하여 비로소 환급청구권이 확정되는 것은 아니므로, 국세환급금결정이나 이 결정을 구하는 신청에 대한 환급거부결정 등은 납세의무자가 갖는 환급청구권의 존부나 범위에 구체적이고 직접적인 영향을 미치는 처분이 아니어서 항고소송의 대상이 되는 처분이라고 볼 수 없다(대판 1989. 6. 15. 88누6436, 전원합의체).

ㅂ. ○ 공정거래위원회의 '표준약관 사용권장행위'는 그 통지를 받은 해당 사업자 등에게 표준약관과 다른 약관을 사용할 경우 표준약관과 다르게 정한 주요내용을 고객이 알기 쉽게 표시하여야 할 의무를 부과하고, 그 불이행에 대해서는 과태료에 처하도록 되어 있으므로, 이는 사업자 등의 권리·의무에 직접 영향을 미치는 행정처분으로서 항고소송의 대상이 된다(대판 2010. 10. 14. 2008두23184).

09

정답 ④

④ O

행정소송법 제38조(준용규정) ① 제9조, 제10조, 제13조 내지 제17조, 제19조, 제22조 내지 제26조, 제29조 내지 제31조 및 제33조의 규정은 무효등 확인소송의 경우에 준용한다.
② 제9조, 제10조, 제13조 내지 제19조, 제20조, 제25조 내지 제27조, 제29조 내지 제31조, 제33조 및 제34조의 규정은 부작위위법확인소송의 경우에 준용한다.

① X 부작위의 위법을 확인하는 법원의 판결이 확정되면 행정청은 응답의무를 부담할 뿐이라 원고의 신청대로 처분을 하지 않을 수도 있다.

② X 부작위위법확인소송은 처분의 신청을 한 자로서 부작위의 위법의 확인을 구할 법률상 이익이 있는 자만이 제기할 수 있다 할 것이며 이를 통하여 구하는 행정청의 응답행위는 행정소송법 제2조 제1항 제1호 소정의 처분에 관한 것이라야 하므로 당사자가 행정청에 대하여 어떠한 행정행위를 하여 줄 것을 신청하지 아니하였거나 그러한 신청을 하였더라도 당사자가 행정청에 대하여 그러한 행정행위를 하여 줄 것을 요구할 수 있는 법규상 또는 조리상의 권리를 갖고 있지 아니하든지 또는 행정청이 당사자의 신청에 대하여 거부처분을 한 경우에는 원고 적격이 없거나 항고소송의 대상인 위법한 부작위가 있다고 볼 수 없어 그 부작위위법확인의 소는 부적법하다고 할 것이다(대판 1992. 6. 9. 91누11278).

③ X 행정소송은 구체적 사건에 대한 법률상 분쟁을 법에 의하여 해결함으로써 법적 안정을 기하자는 것이므로 부작위위법확인소송의 대상이 될 수 있는 것은 구체적 권리의무에 관한 분쟁이어야 하고 추상적인 법령에 관하여 제정의 여부 등은 그 자체로서 국민의 구체적인 권리의무에 직접적 변동을 초래하는 것이 아니어서 그 소송의 대상이 될 수 없다(대판 1992. 5. 8. 91누11261).

10

정답 ④

행정기본법 제23조(제재처분의 제척기간) ① 행정청은 법령등의 위반행위가 종료된 날부터 5년이 지나면 해당 위반행위에 대하여 제재처분(인허가의 정지·취소·철회, 등록 말소, 영업소 폐쇄와 정지를 갈음하는 과징금 부과를 말한다)을 할 수 없다.
② 다음 각 호의 어느 하나에 해당하는 경우에는 제1항을 적용하지 아니한다.
1. 거짓이나 그 밖의 부정한 방법으로 인허가를 받거나 신고를 한 경우
2. 당사자가 인허가나 신고의 위법성을 알고 있었거나 중대한 과실로 알지 못한 경우
3. 정당한 사유 없이 행정청의 조사·출입·검사를 기피·방해·거부하여 제척기간이 지난 경우
4. 제재처분을 하지 아니하면 국민의 안전·생명 또는 환경을 심각하게 해치거나 해칠 우려가 있는 경우

③ 행정청은 제1항에도 불구하고 행정심판의 재결이나 법원의 판결에 따라 제재처분이 취소·철회된 경우에는 재결이나 판결이 확정된 날부터 1년(합의제행정기관은 2년)이 지나기 전까지는 그 취지에 따른 새로운 제재처분을 할 수 있다.
④ 다른 법률에서 제1항 및 제3항의 기간보다 짧거나 긴 기간을 규정하고 있으면 그 법률에서 정하는 바에 따른다.

11

정답 ④

④ X 환경정책기본법 제1조, 제3조, 제6조의2, 제8조 제1항, 제2항, 제12조 제1항, 제2항과 악취방지법 제6조, 제7조 제2항, 제8조 제1항, 제2항, 제8조의2 제1항, 제2항, 악취방지법 시행규칙 제11조 제1항 [별표 4]의 입법 취지, 내용과 체계에 비추어 보면, 행정청은 사람의 건강이나 생활환경에 미치는 영향을 두루 검토하여 악취방지계획의 적정 여부를 판단할 수 있고, 이에 관해서는 행정청의 광범위한 재량권이 인정된다. 따라서 법원이 악취방지계획의 적정 여부 판단과 관련한 행정청의 재량권 일탈·남용 여부를 심사할 때에는 해당 지역 주민들의 생활환경 등 구체적 지역 상황, 상반되는 이익을 가진 이해관계자들 사이의 권익 균형과 환경권의 보호에 관한 각종 규정의 입법 취지 등을 종합하여 신중하게 판단해야 한다. 그리고 행정청의 재량적 판단은 그 내용이 현저히 합리적이지 않다거나 상반되는 이익이나 가치를 대비해 볼 때 형평이나 비례의 원칙에 뚜렷하게 배치되는 등의 사정이 없는 한 폭넓게 존중될 필요가 있다(대판 2022. 9. 7. 2020두40327).

① O 구 건축법 시행규칙 제11조의 규정은 단순히 행정관청의 사무집행의 편의를 위한 것이 아니라, 허가대상 건축물의 양수인에게 건축주의 명의변경을 신고할 수 있는 공법상의 권리를 인정하고 있다(대판 2014. 10. 15. 2014두37658).

② O 인·허가의제 효과를 수반하는 건축신고는 일반적인 건축신고와는 달리, 특별한 사정이 없는 한 행정청이 그 실체적 요건에 관한 심사를 한 후 수리하여야 하는 이른바 '수리를 요하는 신고'로 보는 것이 옳다(대판 2011. 1. 20. 2010두14954 전합).

③ O 악취배출시설 설치·운영신고는 수리를 요하는 신고에 해당하고, 이에 관해서는 행정청의 광범위한 재량권이 인정된다(대판 2022. 9. 7. 2020두40327). → **의제하는 규정을 두고 있지 않으므로 대기오염물질배출시설 설치허가를 받았다고 하더라도 악취배출시설 설치·운영신고가 수리되어 효력이 발생한다고 볼 수 없다.**

12

정답 ③

③ X 행정청이 행정의사를 외부에 표시하여 행정청이 자유롭게 취소·철회할 수 없는 구속을 받기 전에는 '처분'이 성립하지 않으므로 법무부장관이 출입국관리법 제11조 제1항 제3호 또는 제4호, 출입국관리법 시행령 제14조 제1항, 제2항에 따라 위 입국금지결정을 했다고 해서 '처분'이 성립한다고 볼 수는 없고, 위 입국금지결정은 법무부장관의 의사가 공식적인 방법으로 외부에 표시된 것이 아니

라 단지 그 정보를 내부전산망인 '출입국관리정보시스템'에 입력하여 관리한 것에 지나지 않으므로, 위 입국금지결정은 항고소송의 대상이 될 수 있는 '처분'에 해당하지 않는다(대판 2019. 7. 11. 2017두38874).

① ○ ② ○ ④ ○ 일반적으로 처분이 주체·내용·절차와 형식의 요건을 모두 갖추고 외부에 표시된 경우에는 처분의 존재가 인정된다. 행정의사가 외부에 표시되어 행정청이 자유롭게 취소·철회할 수 없는 구속을 받게 되는 시점에 처분이 성립하고, 그 성립 여부는 행정청이 행정의사를 공식적인 방법으로 외부에 표시하였는지를 기준으로 판단해야 한다(대판 2019. 7. 11. 2017두38874).

13

정답 ②

① ○ 재외동포에 대한 사증발급은 행정청의 재량행위에 속한다(대판 2019. 7. 11. 2017두38874).

② ✕ 공정거래위원회가 부당한 공동행위를 행한 사업자로서 구 독점규제 및 공정거래에 관한 법률 제22조의2에서 정한 자진신고자나 조사협조자에 대하여 과징금 부과처분을 한 뒤, 독점규제 및 공정거래에 관한 법률 시행령 제35조 제3항에 따라 다시 자진신고자 등에 대한 사건을 분리하여 자진신고 등을 이유로 한 과징금 감면처분을 하였다면, 후행처분은 자진신고 감면까지 포함하여 처분 상대방이 실제로 납부하여야 할 최종적인 과징금액을 결정하는 종국적 처분이고, 선행처분은 이러한 종국적 처분을 예정하고 있는 일종의 잠정적 처분으로서 후행처분이 있을 경우 선행처분은 후행처분에 흡수되어 소멸한다. 따라서 위와 같은 경우에 선행처분의 취소를 구하는 소는 이미 효력을 잃은 처분의 취소를 구하는 것으로 부적법하다(대판 2015. 2. 12. 2013두987).

③ ○ 원자로 및 관계 시설의 부지사전승인처분은 그 자체로서 건설부지를 확정하고 사전공사를 허용하는 법률효과를 지닌 독립한 행정처분이기는 하지만, 건설허가 전에 신청자의 편의를 위하여 미리 그 건설허가의 일부 요건을 심사하여 행하는 사전적 부분 건설허가처분의 성격을 갖고 있는 것이어서 나중에 건설허가처분이 있게 되면 그 건설허가처분에 흡수되어 독립된 존재가치를 상실함으로써 그 건설허가처분만이 쟁송의 대상이 되는 것이므로, 부지사전승인처분의 취소를 구하는 소는 소의 이익을 잃게 되고, 따라서 부지사전승인처분의 위법성은 나중에 내려진 건설허가처분의 취소를 구하는 소송에서 이를 다투면 된다(대판 1998. 9. 4. 97누19588).

④ ○ **어떤 개발사업의 시행과 관련하여 인허가의 근거 법령에서 절차간소화를 위하여 관련 인허가를 의제 처리할 수 있는 근거 규정을 둔 경우, 사업시행자가 인허가를 신청하면서 반드시 관련 인허가 의제 처리를 신청할 의무가 있는지 여부(소극)** 어떤 개발사업의 시행과 관련하여 여러 개별 법령에서 각각 고유한 목적과 취지를 가지고 요건과 효과를 달리하는 인허가 제도를 각각 규정하고 있다면, 그 개발사업을 시행하기 위해서는 개별 법령에 따른 여러 인허가 절차를 각각 거치는 것이 원칙이다. 다만 어떤 인허가의 근거 법령에서 절차간소화를 위하여 관련 인허가를 의제 처리할 수 있는 근거 규정을 둔 경우에는, 사업시행자가 인허가를 신청하면서 하나의 절차 내에서 관련 인허가를 의제 처리해줄 것을 신청할 수 있다. 관련 인허가 의제 제도는 사업시행자의 이익을 위하여 만들어진 것이므로, 사업시행자가 반드시 관련 인허가 의제 처리를 신청할 의무가 있는 것은 아니다(대판 2020. 7. 23. 2019두31839).

14

정답 ②

② ✕ 헌법 제107조 제3항은 행정심판의 심리절차에서도 관계인의 충분한 의견진술 및 자료제출과 당사자의 자유로운 변론 보장 등과 같은 대심구조적 사법절차가 준용되어야 한다는 취지일 뿐, 사법절차의 심급제에 따른 불복할 권리까지 준용되어야 한다는 취지는 아니다(헌재결 2014. 6. 26. 2013헌바122).

> **헌법 제107조** ③ 재판의 전심절차로서 행정심판을 할 수 있다. 행정심판의 절차는 법률로 정하되, 사법절차가 준용되어야 한다.

① ○ 재결은 준법률행위적 행정행위인 확인행위이므로 일단 재결이 있게되면 불가변력에 의해 행정심판위원회는 그것이 위법, 부당하다고 생각되는 경우에도 스스로 이를 취소하거나 변경할 수 없다. 여기서 유의할 것은 행정심판위원회가 불가변력에 의해 취소나 변경할 수 없다는 것으로 처분청은 기각재결 이후에도 직권으로 처분을 취소하거나 변경할 수 있다.

③ ○

> **행정심판법 제47조(재결의 범위)** ① 위원회는 심판청구의 대상이 되는 처분 또는 부작위 외의 사항에 대하여는 재결하지 못한다. → 불고불리의 원칙
> ② 위원회는 심판청구의 대상이 되는 처분보다 청구인에게 불리한 재결을 하지 못한다. → **불이익변경금지원칙**
> **제51조(행정심판 재청구의 금지)** 심판청구에 대한 재결이 있으면 그 재결 및 같은 처분 또는 부작위에 대하여 다시 행정심판을 청구할 수 없다.

④ ○ '행정심판법'은 재결을 피청구인 또는 위원회가 심판청구서를 받은 날부터 60일 이내에 하여야 한다고 규정하고 있을 뿐, 재결기간을 도과한 경우의 효력이나 제재조치에 관하여 규정하고 있지 않으므로, 「행정심판법」상 재결기간에 대한 규정은 위원회로 하여금 가능한 한 조속하게 재결을 하도록 정한 훈시규정에 불과하다.

15

정답 ②

② ✕ 공법인의 임직원이나 피용인은 실질적인 의미에서 공무를 수행한 사람으로서 국가배상법 제2조에서 정한 공무원에 해당하므로 고의 또는 중과실이 있는 경우에만 배상책임을 부담하고 경과실이 있는 경우에는 배상책임을 면한다(대판 2021. 1. 28. 2019다260197).

① ○ 전투·훈련 등 직무집행과 관련하여 공상을 입은 군인 등이 먼저 「국가배상법」에 따라 손해배상금을 지급받은 다음 「보훈보상대상자 지원에 관한 법률」이 정한 보상금등 보훈급여금의 지급을 청구하는 경우, 보훈지청장은「국가배상법」에 따라 손해배상을 받았다는 사정을 들어 지급을 거부할 수 없다(대판 2017. 2. 3. 2014두40012).

③ ○ 피고 금융감독원에 금융기관에 대한 검사·감독의무를 부과한 법령의 목적이 금융상품에 투자한 투자자 개인의 이익을 직접 보호하기 위한 것이라고 할 수 없으므로 피고 금융감독원 및 그 직원들의 위법한 직무집행과 부산저축은행의 후순위사채에 투자한 원고들이 입은 손해 사이에 상당인과관계가 있다고 보기 어렵다(대판 2015. 12. 23. 2015다210194).

2022 소방직 9급 「금융위원회의 설치 등에 관한 법률」의 입법 취지에 비추어 볼 때, 금융감독원에 금융기관에 대한 검사·감독의무를 부과한 법령의 목적이 금융상품에 투자한 투자자 개인의 이익을 직접 보호하기 위한 것이라고 할 수 있으므로, 피고 금융감독원 및 그 직원들의 위법한 직무집행과 해당 저축은행의 후순위사채에 투자한 원고들이 입은 손해 사이에 상당인과관계가 인정된다. (×)

④ ○

국가배상법 제5조(공공시설 등의 하자로 인한 책임) ① 도로·하천, 그 밖의 공공의 영조물(營造物)의 설치나 관리에 하자(瑕疵)가 있기 때문에 타인에게 손해를 발생하게 하였을 때에는 국가나 지방자치단체는 그 손해를 배상하여야 한다. 이 경우 제2조제1항 단서(이중배상금지), 제3조 및 제3조의2를 준용한다.

2021 군무원 9급 도로·하천, 그 밖의 공공의 영조물(營造物)의 설치나 관리에 하자(瑕疵)가 있기 때문에 타인에게 손해를 발생하게 하였을 때에는 국가나 지방자치단체는 그 손해를 배상하여야 한다. 이 경우 군인·군무원의 2중배상금지에 관한 규정은 적용되지 않는다. (×)

16

정답 ③

③ × 갑 지방자치단체가 을 사찰로 출입하는 유일한 통행로로서 사찰의 승려, 신도, 탐방객 및 인근 주민들이 이용하고 있던 도로를 농어촌도로정비법 제2조 제1항의 농어촌도로로 지정하고 30년 이상 관리하고 있었는데, 위 도로가 있는 임야를 임의경매절차에서 매수한 병이 갑 지방자치단체를 상대로 도로의 철거 및 인도를 구한 사안에서, 위 도로는 아주 오래전에 자연발생적으로 형성되었고 甲 지방자치단체가 농어촌도로 정비법상 농어촌도로로 지정하고 30년 이상 관리하면서 일반 공중의 통행에 공용되는 도로, 즉 공로에 해당한다고 봄이 타당하고, 이러한 이용상황을 알면서도 임의경매절차에서 위 임야를 매수한 병이 갑 지방자치단체를 상대로 도로의 철거·인도를 구하는 것은 권리남용이라고 볼 여지가 큰데도, 이와 달리 본 원심판단에 법리오해의 잘못이 있다고 한 사례(대판 2021. 3. 11. 2020다229239)

① ○ 하나의 재결에서 피보상자별로 여러 가지의 토지, 물건, 권리 또는 영업(이처럼 손실보상 대상에 해당하는지, 나아가 그 보상금액이 얼마인지를 심리·판단하는 기초 단위를 이하 '보상항목'이라고 한다)의 손실에 관하여 심리·판단이 이루어졌을 때, 피보상자 또는 사업시행자가 반드시 재결 전부에 관하여 불복하여야 하는 것은 아니며, 여러 보상항목들 중 일부에 관해서만 불복하는 경우에는 그 부분에 관해서만 개별적으로 불복의 사유를 주장하여 행정소송을 제기할 수 있다. 이러한 보상금 증감 소송에서 법원의 심판범위는 하나의 재결 내에서 소송당사자가 구체적으로 불복신청을 한 보상항목들로 제한된다(대판 2018. 5. 15. 2017두41221).

② ○ 도로법은 토지소유자의 도로부지 인도청구 등의 사권행사를 제한함으로써 도로개설행위에 의하여 제한된 재산권의 내용을 규정하는 조항이므로, 헌법 제23조 제1항 및 제2항에 규정한 재산권의 내용과 한계 조항에 해당한다(헌재결 2013. 10. 24. 2012헌바376).

④ ○ 공익사업의 시행자가 사전보상을 하지 않은 채 공사에 착수함으로써 토지소유자와 관계인이 손해를 입은 경우, 토지소유자와 관계인이 입은 손해는 손실보상청구권이 침해된 데에 따른 손해이므로, 사업시행자가 배상해야 할 손해액은 원칙적으로 손실보상금이다. 다만 그 과정에서 토지소유자와 관계인에게 손실보상금에 해당하는 손해 외에 별도의 손해가 발생하였다면, 사업시행자는 그 손해를 배상할 책임이 있으나, 이와 같은 손해배상책임의 발생과 범위는 이를 주장하는 사람에게 증명책임이 있다(대판 2021. 11. 11. 2018다204022).

17

정답 ②

② ×

개인정보 보호법 제47조(분쟁의 조정) ① 분쟁조정위원회는 다음 각 호의 어느 하나의 사항을 포함하여 조정안을 작성할 수 있다.

1. 조사 대상 침해행위의 중지
2. 원상회복, 손해배상, 그 밖에 필요한 구제조치
3. 같거나 비슷한 침해의 재발을 방지하기 위하여 필요한 조치

② 분쟁조정위원회는 제1항에 따라 조정안을 작성하면 지체 없이 각 당사자에게 제시하여야 한다.

③ 제2항에 따라 조정안82을 제시받은 당사자가 제시받은 날부터 15일 이내에 수락 여부를 알리지 아니하면 조정을 수락한 것으로 본다. <개정 2023. 3. 14.>

④ 당사자가 조정내용을 수락한 경우(제3항에 따라 수락한 것으로 보는 경우를 포함한다) 분쟁조정위원회는 조정서를 작성하고, 분쟁조정위원회의 위원장과 각 당사자가 기명날인 또는 서명을 한 후 조정서 정본을 지체 없이 각 당사자 또는 그 대리인에게 송달하여야 한다. 다만, 제3항에 따라 수락한 것으로 보는 경우에는 각 당사자의 기명날인 및 서명을 생략할 수 있다. <개정 2023. 3. 14.>

⑤ 제4항에 따른 조정의 내용은 재판상 화해와 동일한 효력을 갖는다.

① ○ 이미 공개된 개인정보를 정보주체의 동의가 있었다고 객관적으로 인정되는 범위 내에서 수집·이용·제공 등 처리를 할 때는 정보주체의 별도의 동의는 불필요하다고 보아야 하고, 영리목적으로 이용하였다 하더라도 개인정보 보호법 제15조나 제17조를 위반한 것으로 볼 수 없다(대판 2016. 8. 17. 2014다235080).

③ ○

개인정보 보호법 제35조(개인정보의 열람) ① 정보주체는 개인정보처리자가 처리하는 자신의 개인정보에 대한 열람을 해당 개인정보처리자에게 요구할 수 있다.

② 제1항에도 불구하고 정보주체가 자신의 개인정보에 대한 열람을 공공기관에 요구하고자 할 때에는 공공기관에 직접 열람을 요구하거나 대통령령으로 정하는 바에 따라 보호위원회를 통하여 열람을 요구할 수 있다.

④ ○

개인정보 보호법 제17조(개인정보의 제공) ④ 개인정보처리자는 당초 수집 목적과 합리적으로 관련된 범위에서 정보주체에게 불이익이 발생하는지 여부, 암호화 등 안전성 확보에 필요한 조치를 하였는지 여부 등을 고려하여 대통령령으로 정하는 바에 따라 정보주체의 동의 없이 개인정보를 제공할 수 있다.

18

정답 ④

④ × 귀화신청인이 구 국적법(2017. 12. 19. 법률 제15249호로 개정되기 전의 것) 제5조 각호에서 정한 귀화요건을 갖추지 못한 경우 법무부장관은 귀화 허부에 관한 재량권을 행사할 여지 없이 귀화불허처분을 하여야 한다(대판 2018. 12. 13. 2016두31616).

① ○ 대판 2011. 1. 27. 2010두23033

② ○ 처분을 할 것인지 여부와 처분의 정도에 관하여 재량이 인정되는 과징금 납부명령에 대하여 그 명령이 재량권을 일탈하였을 경우 법원으로서는 재량권의 일탈 여부만 판단할 수 있을 뿐이지 재량권의 범위 내에서 어느 정도가 적정한 것인지에 관하여는 판단할 수 없어 그 전부를 취소할 수밖에 없고, 법원이 적정하다고 인정되는 부분을 초과한 부분만 취소할 수는 없다(대판 2009. 6. 23. 2007두18062).

③ ○

행정소송법 제27조(재량처분의 취소) 행정청의 재량에 속하는 처분이라도 재량권의 한계를 넘거나 그 남용이 있는 때에는 법원은 이를 취소할 수 있다.

19

정답 ②

② × 경찰서장이 범칙행위에 대하여 통고처분을 한 이상, 범칙자의 위와 같은 절차적 지위를 보장하기 위하여 통고처분에서 정한 범칙금 납부기간까지는 원칙적으로 경찰서장은 즉결심판을 청구할 수 없고, 검사도 동일한 범칙행위에 대하여 공소를 제기할 수 없다. 또한 범칙자가 범칙금 납부기간이 지나도록 범칙금을 납부하지 아니하였다면 경찰서장이 즉결심판을 청구하여야 하고, 검사는 동일한 범칙행위에 대하여 공소를 제기할 수 없다(대판 2021. 4. 1. 2020도15194).

① ○ 국가가 본래 그의 사무의 일부를 지방자치단체의 장에게 위임하여 처리하게 하는 기관위임사무의 경우 지방자치단체는 국가기관의 일부로 볼 수 있고, 지방자치단체가 그 고유의 자치사무를 처리하는 경우 지방자치단체는 국가기관의 일부가 아니라 국가기관과는 별도의 독립한 공법인으로서 양벌규정에 의한 처벌대상이 되는 법인에 해당한다. 또한, 법령상 지방자치단체의 장이 처리하도록 하고 있는 사무가 자치사무인지, 기관위임사무에 해당하는지 여부를 판단하는 때에는 그에 관한 법령의 규정 형식과 취지를 우선 고려하여야 하며, 그 외에도 그 사무의 성질이 전국적으로 통일적인 처리가 요구되는 사무인지 여부나 그에 관한 경비부담과 최종적인 책임귀속의 주체 등도 아울러 고려하여 판단하여야 한다(대판 2009. 6. 11. 2008도6530).

③ ○

질서위반행위규제법 제6조(질서위반행위 법정주의) 법률에 따르지 아니하고는 어떤 행위도 질서위반행위로 과태료를 부과하지 아니한다.

④ ○ 대판 1987. 11. 10. 87도1213

20

정답 ③

③ ○

질서위반행위규제법 제20조(이의제기) ① 행정청의 과태료 부과에 불복하는 당사자는 제17조 제1항에 따른 과태료 부과통지를 받은 날부터 60일 이내에 해당 행정청에 서면으로 이의제기를 할 수 있다.
② 제1항에 따른 이의제기가 있는 경우에는 행정청의 과태료 부과처분은 그 효력을 상실한다.
③ 당사자는 행정청으로부터 제21조 제3항에 따른 통지를 받기 전까지는 행정청에 대하여 서면으로 이의제기를 철회할 수 있다.

① ×

질서위반행위규제법 제2조(정의) 이 법에서 사용하는 용어의 뜻은 다음과 같다.
1. "질서위반행위"란 법률(지방자치단체의 조례를 포함한다. 이하 같다)상의 의무를 위반하여 과태료를 부과하는 행위를 말한다. 다만, 다음 각 목의 어느 하나에 해당하는 행위를 제외한다.
  가. 대통령령으로 정하는 사법(私法)상·소송법상 의무를 위반하여 과태료를 부과하는 행위
  나. 대통령령으로 정하는 법률에 따른 징계사유에 해당하여 과태료를 부과하는 행위

② ×

질서위반행위규제법 제11조(법인의 처리 등) ① 법인의 대표자, 법인 또는 개인의 대리인·사용인 및 그 밖의 종업원이 업무에 관하여 법인 또는 그 개인에게 부과된 법률상의 의무를 위반한 때에는 법인 또는 그 개인에게 과태료를 부과한다.

④ × 법원이 비송사건절차법에 따라서 하는 과태료 재판은 관할관청이 부과한 과태료처분에 대한 당부를 심판하는 행정소송절차

가 아니라 법원이 직권으로 개시·결정하는 것이므로, 원칙적으로 과태료 재판에서는 행정소송에서와 같은 신뢰보호의 원칙 위반 여부가 문제로 되지 아니하고, 다만 위반자가 그 의무를 알지 못하는 것이 무리가 아니었다고 할 수 있어 그것을 정당시할 수 있는 사정이 있을 때 또는 그 의무의 이행을 그 당사자에게 기대하는 것이 무리라고 하는 사정이 있을 때 등 그 의무 해태를 탓할 수 없는 정당한 사유가 있는 때에는 이를 부과할 수 없다(대결 2006. 4. 28. 2003마715).

01 실전 기출문제 2024. 11. 2. 시행 지방직 7급 행정법 문제 50쪽

01	①	02	④	03	①	04	③	05	②
06	④	07	④	08	③	09	③	10	③
11	②	12	④	13	②	14	②	15	①
16	③	17	③	18	①	19	④	20	④

01

정답 ①

① O

공공기관의 정보공개에 관한 법률 제18조(이의신청) ① 청구인이 정보공개와 관련한 공공기관의 비공개 결정 또는 부분 공개 결정에 대하여 불복이 있거나 정보공개 청구 후 20일이 경과하도록 정보공개 결정이 없는 때에는 공공기관으로부터 정보공개 여부의 결정 통지를 받은 날 또는 정보공개 청구 후 20일이 경과한 날부터 30일 이내에 해당 공공기관에 문서로 이의신청을 할 수 있다.

② 국가기관등은 제1항에 따른 이의신청이 있는 경우에는 심의회를 개최하여야 한다. 다만, 다음 각 호의 어느 하나에 해당하는 경우에는 심의회를 개최하지 아니할 수 있으며 개최하지 아니하는 사유를 청구인에게 문서로 통지하여야 한다.

1. 심의회의 심의를 이미 거친 사항
2. 단순·반복적인 청구
3. 법령에 따라 비밀로 규정된 정보에 대한 청구

③ 공공기관은 이의신청을 받은 날부터 7일 이내에 그 이의신청에 대하여 결정하고 그 결과를 청구인에게 지체 없이 문서로 통지하여야 한다. 다만, 부득이한 사유로 정하여진 기간 이내에 결정할 수 없을 때에는 그 기간이 끝나는 날의 다음 날부터 기산하여 7일의 범위에서 연장할 수 있으며, 연장 사유를 청구인에게 통지하여야 한다.

④ 공공기관은 이의신청을 각하(却下) 또는 기각(棄却)하는 결정을 한 경우에는 청구인에게 행정심판 또는 행정소송을 제기할 수 있다는 사실을 제3항에 따른 결과 통지와 함께 알려야 한다.

② X 청구인이 정보공개거부처분의 취소를 구하는 소송에서 공공기관이 청구정보를 증거 등으로 법원에 제출하여 법원을 통하여 그 사본을 청구인에게 교부 또는 송달되게 하여 결과적으로 청구인에게 정보를 공개하는 셈이 되었다고 하더라도, 이러한 우회적인 방법은 정보공개법이 예정하고 있지 아니한 방법으로서 정보공개법에 의한 공개라고 볼 수는 없으므로, 당해 정보의 비공개결정의 취소를 구할 소의 이익은 소멸되지 않는다(대판 2016. 12. 15. 2012두11409).

③ X 법원이 행정기관의 정보공개거부처분의 위법 여부를 심리한 결과 공개를 거부한 정보에 비공개사유에 해당하는 부분과 그렇지 않은 부분이 혼합되어 있고, 공개청구의 취지에 어긋나지 않는 범위 안에서 두 부분을 분리할 수 있음을 인정할 수 있을 때에는 공개가 가능한 정보에 국한하여 일부취소를 명할 수 있다. 이러한 정보의 부분 공개가 허용되는 경우란 그 정보의 공개방법 및 절차에 비추어 당해 정보에서 비공개대상정보에 관련된 기술 등을 제외 혹은 삭제하고 나머지 정보만을 공개하는 것이 가능하고 나머지 부분의 정

보만으로도 공개의 가치가 있는 경우를 의미한다(대판 2009. 12. 10. 2009두12785).
④ ✕ 공공기관이 공개청구의 대상이 된 정보를 공개는 하되, 청구인이 신청한 공개방법 이외의 방법으로 공개하기로 하는 결정을 하였다면, 이는 정보공개청구 중 정보공개방법에 관한 부분에 대하여 일부 거부처분을 한 것이고, 청구인은 그에 대하여 항고소송으로 다툴 수 있다(대판 2016. 11. 10. 2016두44674).

02

정답 ④

④ ✕ 택지개발촉진법 제3조에 의한 건설교통부장관의 택지개발예정지구의 지정은 그 처분의 고시에 의하여 개발할 토지의 위치, 면적과 그 행사가 제한되는 권리내용 등이 특정되는 처분인 반면에, 같은 법 제8조에 의한 건설교통부장관의 택지개발계획 시행자에 대한 택지개발계획의 승인은 당해 사업이 택지개발촉진법상의 택지개발사업에 해당함을 인정하여 시행자가 그 후 일정한 절차를 거칠 것을 조건으로 하여 일정한 내용의 수용권을 설정하여 주는 처분으로서 그 승인고시에 의하여 수용할 목적물의 범위가 확정되는 것이므로, 그 두 처분은 후자가 전자의 처분을 전제로 하는 것이기는 하나 각각 단계적으로 별개의 법률효과를 발생하는 독립한 행정처분이다(대판 1996. 12. 6. 95누8409).
① ○

행정절차법 제40조의4(행정계획) 행정청은 행정청이 수립하는 계획 중 국민의 권리·의무에 직접 영향을 미치는 계획을 수립하거나 변경·폐지할 때에는 관련된 여러 이익을 정당하게 형량하여야 한다.

② ○ 도시계획구역 내 토지 등을 소유하고 있는 사람과 같이 당해 도시계획시설결정에 이해관계가 있는 주민으로서는 도시시설계획의 입안권자 내지 결정권자에게 도시시설계획의 입안 내지 변경을 요구할 수 있는 법규상 또는 조리상의 신청권이 있고, 이러한 신청에 대한 거부행위는 항고소송의 대상이 되는 행정처분에 해당한다(대판 2015. 3. 26. 2014두42742).
③ ○ 구 도시계획법(1999. 2. 8. 법률 제5898호로 개정되기 전의 것) 제10조의2, 제16조의2, 같은법시행령(1999. 6. 16. 대통령령 제16403호로 개정되기 전의 것) 제7조, 제14조의2의 각 규정을 종합하면, 도시기본계획은 도시의 기본적인 공간구조와 장기발전방향을 제시하는 종합계획으로서 그 계획에는 토지이용계획, 환경계획, 공원녹지계획 등 장래의 도시개발의 일반적인 방향이 제시되지만, 그 계획은 도시계획입안의 지침이 되는 것에 불과하여 일반 국민에 대한 직접적인 구속력은 없는 것이므로, 도시기본계획을 입안함에 있어 토지이용계획에는 세부적인 내용을 기재하지 아니하고 다소 포괄적으로 기재하였다 하더라도 기본구상도상에 분명하게 그 내용을 표시한 이상 도시기본계획으로서 입안된 것이라고 봄이 상당하고, 또 공청회 등 절차에서 다른 자료에 의하여 그 내용이 제시된 다음 관계 법령이 정하는 절차에 따라 건설교통부장관의 승인을 받아 공람공고까지 되었다면 도시기본계획으로서 적법한 효력이 있는 것이다(대판 2002. 10. 11. 2000두8226).

03

정답 ①

① ✕ 수익적 행정처분에 있어서는 법령에 특별한 근거규정이 없다고 하더라도 그 부관으로서 부담을 붙일 수 있고, 그와 같은 부담은 행정청이 행정처분을 하면서 일방적으로 부가할 수도 있지만 부담을 부가하기 이전에 상대방과 협의하여 부담의 내용을 협약의 형식으로 미리 정한 다음 행정처분을 하면서 이를 부가할 수도 있다(대판 2009. 2. 12. 2005다65500).
② ○ 대판 2001. 6. 15. 99두509
③ ○ 대판 1989. 10. 24. 89누2431
④ ○ 행정청이 재량행위인 수익적 행정처분을 하면서 처분의 상대방에게 일정한 의무를 부과하는 부담을 부가하였다면 이때 부담은 독립하여 행정소송의 대상이 되는 행정처분이 된다. 그런데 행정처분의 위법 여부는 행정처분이 있을 때의 법령과 사실상태를 기준으로 하여 판단하여야 하고, 처분 후 법령의 개폐나 사실상태의 변동에 의하여 영향을 받지 않는다. 그러므로 행정청이 재량행위인 수익적 행정처분을 하면서 부가한 부담 역시 처분 당시 법령을 기준으로 위법 여부를 판단하여야 하고, 부담이 처분 당시 법령을 기준으로 적법하다면 처분 후 부담의 전제가 된 주된 행정처분의 근거 법령이 개정됨으로써 행정청이 더 이상 부관을 붙일 수 없게 되었다 하더라도 곧바로 위법하게 되거나 그 효력이 소멸하게 되는 것은 아니라고 할 것이다. 따라서 행정처분의 상대방이 수익적 행정처분을 얻기 위하여 행정청과 사이에 행정처분에 부가할 부담에 관한 협약을 체결하고 행정청이 수익적 행정처분을 하면서 협약상의 의무를 부담으로 부가하였으나 부담의 전제가 된 주된 행정처분의 근거 법령이 개정됨으로써 행정청이 더 이상 부관을 붙일 수 없게 된 경우에도 곧바로 그 전에 행하여진 협약의 효력이 소멸하게 되는 것은 아니다(대판 2009. 2. 12. 2008다56262).

04

정답 ③

③ ✕ 산림법령에는 채석허가처분을 한 처분청이 산림을 복구한 자에 대하여 복구설계서승인 및 복구준공통보를 한 경우 그 취소신청과 관련하여 아무런 규정을 두고 있지 않고, 원래 행정처분을 한 처분청은 그 처분에 하자가 있는 경우에는 원칙적으로 별도의 법적 근거가 없더라도 스스로 이를 직권으로 취소할 수 있지만, 그와 같이 직권취소를 할 수 있다는 사정만으로 이해관계인에게 처분청에 대하여 그 취소를 요구할 신청권이 부여된 것으로 볼 수는 없으므로, 처분청이 위와 같이 법규상 또는 조리상의 신청권이 없이 한 이해관계인의 복구준공통보 등의 취소신청을 거부하더라도, 그 거부행위는 항고소송의 대상이 되는 처분에 해당하지 않는다고 한 사례(대판 2006. 6. 30. 2004두701)
① ○ 대판 2010. 9. 30. 2009두1020
② ○ 원래 행정처분을 한 처분청은 그 행위에 하자가 있는 경우에는 원칙적으로 별도의 법적 근거가 없더라도 스스로 이를 직권으로 취소할 수 있는 것이고, 행정처분에 대한 법정의 불복기간이 지난다고 해도 직권으로도 취소할 수 없게 되는 것은 아니다(대판 1995. 9. 15. 95누6311).
④ ○ 도로점용허가는 도로의 일부에 대한 특정사용을 허가하는 것으로서 도로의 일반사용을 저해할 가능성이 있으므로 그 범위는 점

용목적 달성에 필요한 한도로 제한되어야 한다. 도로관리청이 도로점용허가를 하면서 특별사용의 필요가 없는 부분을 점용장소 및 점용면적에 포함하는 것은 그 재량권 행사의 기초가 되는 사실인정에 잘못이 있는 경우에 해당하므로 그 도로점용허가 중 특별사용의 필요가 없는 부분은 위법하다. 이러한 경우 도로점용허가를 한 도로관리청은 위와 같은 흠이 있다는 이유로 유효하게 성립한 도로점용허가 중 특별사용의 필요가 없는 부분을 직권취소할 수 있음이 원칙이다. 다만 이 경우 행정청이 소급적 직권취소를 하려면 이를 취소하여야 할 공익상 필요와 그 취소로 당사자가 입을 기득권 및 신뢰보호와 법률생활 안정의 침해 등 불이익을 비교 교량한 후 공익상 필요가 당사자의 기득권 침해 등 불이익을 정당화할 수 있을 만큼 강한 경우여야 한다. 이에 따라 도로관리청이 도로점용허가 중 특별사용의 필요가 없는 부분을 소급적으로 직권취소하였다면, 도로관리청은 이미 징수한 점용료 중 취소된 부분의 점용면적에 해당하는 점용료를 반환하여야 한다(대판 2019. 1. 17. 2016두56721).

05

정답 ②

② ⓧ 행정행위를 한 처분청은 그 행위에 하자가 있는 경우에는 별도의 법적 근거가 없더라도 스스로 이를 취소할 수 있고, 다만 수익적 행정처분을 취소할 때에는 이를 취소하여야 할 공익상의 필요와 그 취소로 인하여 당사자가 입게 될 기득권과 신뢰보호 및 법률생활 안정의 침해 등 불이익을 비교·교량한 후 공익상의 필요가 당사자가 입을 불이익을 정당화할 만큼 강한 경우에 한하여 취소할 수 있으나, 나아가 수익적 행정처분의 하자가 당사자의 사실은폐나 기타 사위의 방법에 의한 신청행위에 기인한 것이라면 당사자는 처분에 의한 이익이 위법하게 취득되었음을 알아 취소가능성도 예상하고 있었다 할 것이므로, 그 자신이 처분에 관한 신뢰이익을 원용할 수 없음은 물론, 행정청이 이를 고려하지 아니하였다고 하여도 재량권의 남용이 되지 않고, 이 경우 당사자의 사실은폐나 기타 사위의 방법에 의한 신청행위가 제3자를 통하여 소극적으로 이루어졌다고 하여 달리 볼 것이 아니다(대판 2008. 11. 13. 2008두8628).

① ⓞ 선행처분과 후행처분이 서로 독립하여 별개의 법률효과를 목적으로 하는 때에도 선행처분이 당연무효이면 선행처분의 하자를 이유로 후행처분의 효력을 다툴 수 있다. 도시계획시설사업의 시행자가 작성한 실시계획을 인가하는 처분은 도시계획시설사업 시행자에게 도시계획시설사업의 공사를 허가하고 수용권을 부여하는 처분으로서 선행처분인 도시계획시설사업 시행자 지정 처분이 처분 요건을 충족하지 못하여 당연무효인 경우에는 사업시행자 지정 처분이 유효함을 전제로 이루어진 후행처분인 실시계획 인가처분도 무효라고 보아야 한다(대판 2017. 7. 11. 2016두35144).

③ ⓞ 대판 2017. 7. 11. 2016두35120

④ ⓞ 관할청이 시정을 요구하면서 부여한 기간이 너무 불합리하거나 부당하지 않는 한 단기간이라는 이유만으로 그 시정 요구가 위법하다고 볼 수는 없으며, 또한 시정이 가능한 사항에 대하여만 시정요구할 것을 전제로 하고 있다거나 시정이 불가능하여 시정 요구가 무의미한 경우에는 임원취임승인취소처분을 할 수 없다고 해석할 수는 없다(대판 2007. 7. 19. 2006두19297 전원합의체).

06

정답 ④

ㄱ. ⓧ 구 행정절차법(2012. 10. 22. 법률 제11498호로 개정되기 전의 것) 제3조 제2항 제9호, 구 행정절차법 시행령(2011. 12. 21. 대통령령 제23383호로 개정되기 전의 것) 제2조 제3호의 내용을 행정의 공정성, 투명성 및 신뢰성을 확보하고 국민의 권익을 보호함을 목적으로 하는 행정절차법의 입법 목적에 비추어 보면, 공무원 인사관계 법령에 의한 처분에 관한 사항이라 하더라도 전부에 대하여 행정절차법의 적용이 배제되는 것이 아니라, 성질상 행정절차를 거치기 곤란하거나 불필요하다고 인정되는 처분이나 행정절차에 준하는 절차를 거치도록 하고 있는 처분의 경우에만 행정절차법의 적용이 배제되는 것으로 보아야 하고, 이러한 법리는 '공무원 인사관계 법령에 의한 처분'에 해당하는 별정직 공무원에 대한 직권면직 처분의 경우에도 마찬가지로 적용된다(대판 2013. 1. 16. 2011두30687).

ㄴ. ⓧ

행정절차법 제21조(처분의 사전 통지) ① 행정청은 당사자에게 의무를 부과하거나 권익을 제한하는 처분을 하는 경우에는 미리 다음 각 호의 사항을 당사자등에게 통지하여야 한다.

1. 처분의 제목
2. 당사자의 성명 또는 명칭과 주소
3. 처분하려는 원인이 되는 사실과 처분의 내용 및 법적 근거
4. 제3호에 대하여 의견을 제출할 수 있다는 뜻과 의견을 제출하지 아니하는 경우의 처리방법
5. 의견제출기관의 명칭과 주소
6. 의견제출기한
7. 그 밖에 필요한 사항

② 행정청은 청문을 하려면 청문이 시작되는 날부터 10일 전까지 제1항 각 호의 사항을 당사자등에게 통지하여야 한다. 이 경우 제1항제4호부터 제6호까지의 사항은 청문 주재자의 소속·직위 및 성명, 청문의 일시 및 장소, 청문에 응하지 아니하는 경우의 처리방법 등 청문에 필요한 사항으로 갈음한다.

③ 제1항제6호에 따른 기한은 의견제출에 필요한 기간을 10일 이상으로 고려하여 정하여야 한다.

④ 다음 각 호의 어느 하나에 해당하는 경우에는 제1항에 따른 통지를 하지 아니할 수 있다.

1. 공공의 안전 또는 복리를 위하여 긴급히 처분을 할 필요가 있는 경우
2. 법령등에서 요구된 자격이 없거나 없어지게 되면 반드시 일정한 처분을 하여야 하는 경우에 그 자격이 없거나 없어지게 된 사실이 법원의 재판 등에 의하여 객관적으로 증명된 경우
3. 해당 처분의 성질상 의견청취가 현저히 곤란하거나 명백히 불필요하다고 인정될 만한 상당한 이유가 있는 경우

ㄷ. ⓞ 행정청이 처분을 할 때에는 원칙적으로 당사자에게 그 근거와 이유를 제시하여야 한다(행정절차법 제23조 제1항). 이 경우 행정청은 처분의 원인이 되는 사실과 근거가 되는 법령 또는 자치법규의 내용을 구체적으로 명시하여야 한다(행정절차법 시행령 제14조의2). 다만 행정청의 자의적 결정을 배제하고 당사자로 하여금 행정구제절차에서 적절히 대처할 수 있도록 하는 처분의 근거 및 이유제

시 제도의 취지에 비추어, 처분을 하면서 당사자가 그 근거를 알 수 있을 정도로 이유를 제시한 경우에는 처분의 근거와 이유를 구체적으로 명시하지 않았더라도 그로 말미암아 그 처분이 위법하다고 볼 수는 없다. 이때 '이유를 제시한 경우'는 처분서에 기재된 내용과 관계 법령 및 당해 처분에 이르기까지의 전체적인 과정 등을 종합적으로 고려하여, 처분 당시 당사자가 어떠한 근거와 이유로 처분이 이루어진 것인지를 충분히 알 수 있어서 그에 불복하여 행정구제절차로 나아가는 데 별다른 지장이 없었다고 인정되는 경우를 뜻한다(대판 2019. 1. 31. 2016두64975).

ㄹ. O 행정절차법 제21조 제4항 제3호는 침해적 행정처분을 할 경우 청문을 실시하지 않을 수 있는 사유로서 "당해 처분의 성질상 의견청취가 현저히 곤란하거나 명백히 불필요하다고 인정될 만한 상당한 이유가 있는 경우"를 규정하고 있으나, 여기에서 말하는 '의견청취가 현저히 곤란하거나 명백히 불필요하다고 인정될 만한 상당한 이유가 있는지 여부'는 당해 행정처분의 성질에 비추어 판단하여야 하는 것이지, 청문통지서의 반송 여부, 청문통지의 방법 등에 의하여 판단할 것은 아니며, 또한 행정처분의 상대방이 통지된 청문일시에 불출석하였다는 이유만으로 행정청이 관계 법령상 그 실시가 요구되는 청문을 실시하지 아니한 채 침해적 행정처분을 할 수는 없을 것이므로, 행정처분의 상대방에 대한 청문통지서가 반송되었다거나, 행정처분의 상대방이 청문일시에 불출석하였다는 이유로 청문을 실시하지 아니하고 한 침해적 행정처분은 위법하다(대판 2001. 4. 13. 2000두3337).

07

정답 ④

④ O

행정기본법 제36조(처분에 대한 이의신청) ① 행정청의 처분(「행정심판법」 제3조에 따라 같은 법에 따른 행정심판의 대상이 되는 처분을 말한다. 이하 이 조에서 같다)에 이의가 있는 당사자는 처분을 받은 날부터 30일 이내에 해당 행정청에 이의신청을 할 수 있다.
② 행정청은 제1항에 따른 이의신청을 받으면 그 신청을 받은 날부터 14일 이내에 그 이의신청에 대한 결과를 신청인에게 통지하여야 한다. 다만, 부득이한 사유로 14일 이내에 통지할 수 없는 경우에는 그 기간을 만료일 다음 날부터 기산하여 10일의 범위에서 한 차례 연장할 수 있으며, 연장 사유를 신청인에게 통지하여야 한다.
③ 제1항에 따라 이의신청을 한 경우에도 그 이의신청과 관계없이 「행정심판법」에 따른 행정심판 또는 「행정소송법」에 따른 행정소송을 제기할 수 있다.
④ 이의신청에 대한 결과를 통지받은 후 행정심판 또는 행정소송을 제기하려는 자는 그 결과를 통지받은 날(제2항에 따른 통지기간 내에 결과를 통지받지 못한 경우에는 같은 항에 따른 통지기간이 만료되는 날의 다음 날을 말한다)부터 90일 이내에 행정심판 또는 행정소송을 제기할 수 있다.
⑤ 다른 법률에서 이의신청과 이에 준하는 절차에 대하여 정하고 있는 경우에도 그 법률에서 규정하지 아니한 사항에 관하여는 이 조에서 정하는 바에 따른다.
⑥ 제1항부터 제5항까지에서 규정한 사항 외에 이의신청의 방법 및 절차 등에 관한 사항은 대통령령으로 정한다.
⑦ 다음 각 호의 어느 하나에 해당하는 사항에 관하여는 이 조를 적용하지 아니한다.
1. 공무원 인사 관계 법령에 따른 징계 등 처분에 관한 사항
2. 「국가인권위원회법」 제30조에 따른 진정에 대한 국가인권위원회의 결정
3. 「노동위원회법」 제2조의2에 따라 노동위원회의 의결을 거쳐 행하는 사항
4. 형사, 행형 및 보안처분 관계 법령에 따라 행하는 사항
5. 외국인의 출입국·난민인정·귀화·국적회복에 관한 사항
6. 과태료 부과 및 징수에 관한 사항

① X

행정기본법 제7조(법령등 시행일의 기간 계산) 법령등(훈령·예규·고시·지침 등을 포함한다. 이하 이 조에서 같다)의 시행일을 정하거나 계산할 때에는 다음 각 호의 기준에 따른다.
1. 법령등을 공포한 날부터 시행하는 경우에는 공포한 날을 시행일로 한다.
2. 법령등을 공포한 날부터 일정 기간이 경과한 날부터 시행하는 경우 법령등을 공포한 날을 첫날에 산입하지 아니한다.
3. 법령등을 공포한 날부터 일정 기간이 경과한 날부터 시행하는 경우 그 기간의 말일이 토요일 또는 공휴일인 때에는 그 말일로 기간이 만료한다.

② X

행정기본법 제14조(법 적용의 기준) ① 새로운 법령등은 법령등에 특별한 규정이 있는 경우를 제외하고는 그 법령등의 효력 발생 전에 완성되거나 종결된 사실관계 또는 법률관계에 대해서는 적용되지 아니한다.
② 당사자의 신청에 따른 처분은 법령등에 특별한 규정이 있거나 처분 당시의 법령등을 적용하기 곤란한 특별한 사정이 있는 경우를 제외하고는 처분 당시의 법령등에 따른다.
③ 법령등을 위반한 행위의 성립과 이에 대한 제재처분은 법령등에 특별한 규정이 있는 경우를 제외하고는 법령등을 위반한 행위 당시의 법령등에 따른다. 다만, 법령등을 위반한 행위 후 법령등의 변경에 의하여 그 행위가 법령등을 위반한 행위에 해당하지 아니하거나 제재처분 기준이 가벼워진 경우로서 해당 법령등에 특별한 규정이 없는 경우에는 변경된 법령등을 적용한다.

③ X

행정기본법 제20조(자동적 처분) 행정청은 법률로 정하는 바에 따라 완전히 자동화된 시스템(인공지능 기술을 적용한 시스템을 포함한다)으로 처분을 할 수 있다. 다만, 처분에 재량이 있는 경우는 그러하지 아니하다.

08

정답 ③

③ ✕ 구 독점규제및공정거래에관한법률(1996. 12. 30. 법률 제5235호로 개정되기 전의 것) 제23조 제1항의 규정에 위반하여 불공정거래행위를 한 사업자에 대하여 같은 법 제24조의2 제1항의 규정에 의하여 부과되는 과징금은 행정법상의 의무를 위반한 자에 대하여 당해 위반행위로 얻게 된 경제적 이익을 박탈하기 위한 목적으로 부과하는 금전적인 제재로서, 같은 법이 규정한 범위 내에서 그 부과처분 당시까지 부과관청이 확인한 사실을 기초로 일의적으로 확정되어야 할 것이고, 그렇지 아니하고 부과관청이 과징금을 부과하면서 추후에 부과금 산정 기준이 되는 새로운 자료가 나올 경우에는 과징금액이 변경될 수도 있다고 유보한다든지, 실제로 추후에 새로운 자료가 나왔다고 하여 새로운 부과처분을 할 수는 없다 할 것인바, 왜냐하면 과징금의 부과와 같이 재산권의 직접적인 침해를 가져오는 처분을 변경하려면 법령에 그 요건 및 절차가 명백히 규정되어 있어야 할 것인데, 위와 같은 변경처분에 대한 법령상의 근거 규정이 없고, 이를 인정하여야 할 합리적인 이유 또한 찾아 볼 수 없기 때문이다(대판 1999. 5. 28. 99두1571).

① O 대판 1999. 5. 14. 99두35

② O 대판 2007. 7. 12. 2006두4554

④ O 대판 1998. 4. 10. 98두2270

09

정답 ③

③ O 대판 2019. 8. 9. 2018다272407

① ✕ 농지법은 농지 처분명령에 대한 이행강제금 부과처분에 불복하는 자가 그 처분을 고지받은 날부터 30일 이내에 부과권자에게 이의를 제기할 수 있고, 이의를 받은 부과권자는 지체 없이 관할 법원에 그 사실을 통보하여야 하며, 그 통보를 받은 관할 법원은 비송사건절차법에 따른 과태료 재판에 준하여 재판을 하도록 정하고 있다(제62조 제1항, 제6항, 제7항). 따라서 농지법 제62조 제1항에 따른 이행강제금 부과처분에 불복하는 경우에는 비송사건절차법에 따른 재판절차가 적용되어야 하고, 행정소송법상 항고소송의 대상은 될 수 없다(대판 2019. 4. 11. 2018두42955).

② ✕ 관계 법령상 행정대집행의 절차가 인정되어 행정청이 행정대집행의 방법으로 건물의 철거 등 대체적 작위의무의 이행을 실현할 수 있는 경우에는 따로 민사소송의 방법으로 그 의무의 이행을 구할 수 없다. 한편 건물의 점유자가 철거의무자일 때에는 건물철거의무에 퇴거의무도 포함되어 있는 것이어서 별도로 퇴거를 명하는 집행권원이 필요하지 않다(대판 2017. 4. 28. 2016다213916).

④ ✕ 과세관청이 납세자에 대한 체납처분으로서 제3자의 소유 물건을 압류하고 공매하더라도 그 처분으로 인하여 제3자가 소유권을 상실하는 것이 아니고, 체납처분으로서 압류의 요건을 규정하는 '국세징수법' 제24조 각 항의 규정을 보면 어느 경우에나 압류의 대상을 납세자의 재산에 국한하고 있으므로, 납세자가 아닌 제3자의 재산을 대상으로 한 압류처분은 그 처분의 내용이 법률상 실현될 수 없는 것이어서 당연무효이다(대판 2006. 4. 13. 2005두15151).

10

정답 ③

③ ✕ 위 협정은 국가와 국가 사이의 권리·의무관계를 설정하는 국제협정으로, 그 내용 및 성질에 비추어 이와 관련한 법적 분쟁은 위 WTO 분쟁해결기구에서 해결하는 것이 원칙이고, 사인(私人)에 대하여는 위 협정의 직접 효력이 미치지 아니한다고 보아야 할 것이므로, 위 협정에 따른 회원국 정부의 반덤핑부과처분이 WTO 협정 위반이라는 이유만으로 사인이 직접 국내 법원에 회원국 정부를 상대로 그 처분의 취소를 구하는 소를 제기하거나 위 협정위반을 처분의 독립된 취소사유로 주장할 수는 없다 할 것이다(대판 2009. 1. 30. 2008두17936).

① O 국립대학교 총장은 공권력을 행사하는 주체이자 기본권 수범자로서의 지위를 갖는다. 그 결과 사적 단체 또는 사인의 경우 차별처우가 사회공동체의 건전한 상식과 법감정에 비추어 볼 때 도저히 용인될 수 있는 한계를 벗어난 경우에 한해 사회질서에 위반되는 행위로서 위법한 행위로 평가되는 것과 달리, 국립대학교 총장은 헌법상 평등원칙의 직접적인 구속을 받고, 국민의 기본권을 보호 내지 실현할 책임과 의무를 부담하므로, 그 차별처우의 위법성이 보다 폭넓게 인정된다(대판 2024. 4. 4. 2022두56661).

② O 대판 2020. 8. 27. 2019두60776

④ O 행정처분은 그 근거 법령이 개정된 경우에도 경과 규정에서 달리 정함이 없는 한 처분 당시 시행되는 개정 법령과 그에서 정한 기준에 의하는 것이 원칙이고, 그 개정 법령이 기존의 사실 또는 법률관계를 적용대상으로 하면서 종전보다 불리한 법률효과를 규정하고 있는 경우에도 그러한 사실 또는 법률관계가 개정 법률이 시행되기 이전에 이미 종결된 것이 아니라면 이를 헌법상 금지되는 소급입법이라고 할 수는 없으며, 그러한 개정 법률의 적용과 관련하여서는 개정 전 법령의 존속에 대한 국민의 신뢰가 개정 법령의 적용에 관한 공익상의 요구보다 더 보호가치가 있다고 인정되는 경우에 그러한 국민의 신뢰보호를 보호하기 위하여 그 적용이 제한될 수 있는 여지가 있을 따름이다(대판 2010. 3. 11. 2008두15169).

11

정답 ②

② ✕

공익사업을 위한 토지 등의 취득 및 보상에 관한 법률 제85조(행정소송의 제기) ① 사업시행자, 토지소유자 또는 관계인은 제34조에 따른 재결에 불복할 때에는 재결서를 받은 날부터 90일 이내에, 이의신청을 거쳤을 때에는 이의신청에 대한 재결서를 받은 날부터 60일 이내에 각각 행정소송을 제기할 수 있다. 이 경우 사업시행자는 행정소송을 제기하기 전에 제84조에 따라 늘어난 보상금을 공탁하여야 하며, 보상금을 받을 자는 공탁된 보상금을 소송이 종결될 때까지 수령할 수 없다.

② 제1항에 따라 제기하려는 행정소송이 보상금의 증감(增減)에 관한 소송인 경우 그 소송을 제기하는 자가 토지소유자 또는 관계인일 때에는 사업시행자를, 사업시행자일 때에는 토지소유자 또는 관계인을 각각 피고로 한다.

① O 공익사업을위한토지등의취득및보상에관한법률의 규정에 의한 사업인정처분이라 함은 공익사업을 토지 등을 수용 또는 사용할 사업으로 결정하는 것으로서(같은 법 제2조 제7호) 단순한 확인행위가 아니라 형성행위이므로, 당해 사업이 외형상 토지 등을 수용 또는 사용할 수 있는 사업에 해당된다 하더라도 행정주체로서는 그 사업이 공용수용을 할 만한 공익성이 있는지의 여부와 공익성이 있는 경우에도 그 사업의 내용과 방법에 대하여 사업인정처분에 관련된 자들의 이익을 공익과 사익 간에서는 물론, 공익 상호간 및 사익 상호간에도 정당하게 비교·교량하여야 하고, 그 비교·교량은 비례의 원칙에 적합하도록 하여야 한다(대판 2005. 4. 29. 2004두14670).

③ O 대판 2013. 8. 22. 2012다3517

④ O 대판 2011. 1. 27. 2009두1051

12

정답 ④

④ X 기간을 정하여 임용된 국·공립대학의 교원은 특별한 사정이 없는 한 그 임용기간의 만료로 교원으로서의 신분관계가 종료되는 것이고, 임용기간이 만료된 교원의 재임용이 거부되었다가 그 재임용거부처분이 법원의 판결에 의하여 취소되었다고 하더라도 임용권자는 다시 재임용 심의를 하여 재임용 여부를 결정할 의무를 부담할 뿐, 위와 같은 취소판결로 인하여 당연히 그 교원이 재임용거부처분 당시로 소급하여 신분관계를 회복한다고 볼 수는 없다. 그러므로 재임용거부처분 취소판결을 거쳐 재임용된 교원이라 하더라도 임용기간 만료로 교원으로서의 신분을 상실한 후 재임용되기 전까지의 기간은 공무원연금법 제23조 제1항에 정한 재직기간에 산입할 수 없다(대판 2009. 3. 26. 2009두416).

① O

행정소송법 제30조(취소판결등의 기속력) ① 처분등을 취소하는 확정판결은 그 사건에 관하여 당사자인 행정청과 그 밖의 관계행정청을 기속한다.
② 판결에 의하여 취소되는 처분이 당사자의 신청을 거부하는 것을 내용으로 하는 경우에는 그 처분을 행한 행정청은 판결의 취지에 따라 다시 이전의 신청에 대한 처분을 하여야 한다.
③ 제2항의 규정은 신청에 따른 처분이 절차의 위법을 이유로 취소되는 경우에 준용한다.

② O 취소 확정판결의 기속력은 판결의 주문 및 전제가 되는 처분 등의 구체적 위법사유에 관한 판단에도 미치나, 종전 처분이 판결에 의하여 취소되었더라도 종전 처분과 다른 사유를 들어서 새로이 처분을 하는 것은 기속력에 저촉되지 않는다. 여기에서 동일 사유인지 다른 사유인지는 확정판결에서 위법한 것으로 판단된 종전 처분사유와 기본적 사실관계에서 동일성이 인정되는지 여부에 따라 판단되어야 하고, 기본적 사실관계의 동일성 유무는 처분사유를 법률적으로 평가하기 이전의 구체적인 사실에 착안하여 그 기초인 사회적 사실관계가 기본적인 점에서 동일한지에 따라 결정된다(대판 2016. 3. 24. 2015두48235).

③ O 확정판결의 당사자인 처분행정청이 그 행정소송의 사실심 변론종결 이전의 사유를 내세워 다시 확정판결과 저촉되는 행정처분을 하는 것은 허용되지 않는 것으로서 이러한 행정처분은 그 하자가 중대하고도 명백한 것이어서 당연무효라 할 것이다(대판 1990. 12. 11. 90누3560).

13

정답 ②

② X

행정심판법 제15조(선정대표자) ① 여러 명의 청구인이 공동으로 심판청구를 할 때에는 청구인들 중에서 3명 이하의 선정대표자를 선정할 수 있다.
② 청구인들이 제1항에 따라 선정대표자를 선정하지 아니한 경우에 위원회는 필요하다고 인정하면 청구인들에게 선정대표자를 선정할 것을 권고할 수 있다.
③ 선정대표자는 다른 청구인들을 위하여 그 사건에 관한 모든 행위를 할 수 있다. 다만, 심판청구를 취하하려면 다른 청구인들의 동의를 받아야 하며, 이 경우 동의받은 사실을 서면으로 소명하여야 한다.
④ 선정대표자가 선정되면 다른 청구인들은 그 선정대표자를 통해서만 그 사건에 관한 행위를 할 수 있다.
⑤ 선정대표자를 선정한 청구인들은 필요하다고 인정하면 선정대표자를 해임하거나 변경할 수 있다. 이 경우 청구인들은 그 사실을 지체 없이 위원회에 서면으로 알려야 한다.

① O 대판 2001. 7. 27. 99두2970

③ O

행정심판법 제31조(임시처분) ① 위원회는 처분 또는 부작위가 위법·부당하다고 상당히 의심되는 경우로서 처분 또는 부작위 때문에 당사자가 받을 우려가 있는 중대한 불이익이나 당사자에게 생길 급박한 위험을 막기 위하여 임시지위를 정하여야 할 필요가 있는 경우에는 직권으로 또는 당사자의 신청에 의하여 임시처분을 결정할 수 있다.
② 제1항에 따른 임시처분에 관하여는 제30조제3항부터 제7항까지를 준용한다. 이 경우 같은 조 제6항 전단 중 "중대한 손해가 생길 우려"는 "중대한 불이익이나 급박한 위험이 생길 우려"로 본다.
③ 제1항에 따른 임시처분은 제30조제2항에 따른 집행정지로 목적을 달성할 수 있는 경우에는 허용되지 아니한다.

④ O

행정심판법 제48조(재결의 송달과 효력 발생) ① 위원회는 지체 없이 당사자에게 재결서의 정본을 송달하여야 한다. 이 경우 중앙행정심판위원회는 재결 결과를 소관 중앙행정기관의 장에게도 알려야 한다.
② 재결은 청구인에게 제1항 전단에 따라 송달되었을 때에 그 효력이 생긴다.
③ 위원회는 재결서의 등본을 지체 없이 참가인에게 송달하여야 한다.
④ 처분의 상대방이 아닌 제3자가 심판청구를 한 경우 위원회는 재결서의 등본을 지체 없이 피청구인을 거쳐 처분의 상대방에게 송달하여야 한다.

14

정답 ②

② O 직무이행명령의 요건 중 '법령의 규정에 따라 지방자치단체의 장에게 특정 국가위임사무를 관리·집행할 의무가 있는지' 여부의 판단대상은 문언대로 그 법령상 의무의 존부이지, 지방자치단체의 장이 그 사무의 관리·집행을 하지 아니한 데 합리적 이유가 있는지 여부가 아니다. 그 법령상 의무의 존부는 원칙적으로 직무이행명령 당시의 사실관계에 관련 법령을 해석·적용하여 판단하되, 직무이행명령 이후의 정황도 고려할 수 있다(대판 2013. 6. 27. 2009추206).

① X 지방교육자치에 관한 법률 제3조, 지방자치법 제170조 제1항에 따르면, 교육부장관이 교육감에 대하여 할 수 있는 직무이행명령의 대상사무는 '국가위임사무의 관리와 집행'이다. 그 규정의 문언과 함께 직무이행명령 제도의 취지, 즉 교육감이나 지방자치단체의 장 등, 기관에 위임된 국가사무의 통일적 실현을 강제하고자 하는 점 등을 고려하면, 여기서 국가위임사무란 교육감 등에 위임된 국가사무, 즉 기관위임 국가사무를 뜻한다고 보는 것이 타당하다(대판 2013. 6. 27. 2009추206).

③ X ④ X

지방자치법 제189조(지방자치단체의 장에 대한 직무이행명령)
① 지방자치단체의 장이 법령에 따라 그 의무에 속하는 국가위임사무나 시·도위임사무의 관리와 집행을 명백히 게을리하고 있다고 인정되면 시·도에 대해서는 주무부장관이, 시·군 및 자치구에 대해서는 시·도지사가 기간을 정하여 서면으로 이행할 사항을 명령할 수 있다.
② 주무부장관이나 시·도지사는 해당 지방자치단체의 장이 제1항의 기간에 이행명령을 이행하지 아니하면 그 지방자치단체의 비용부담으로 대집행 또는 행정상·재정상 필요한 조치(이하 이 조에서 "대집행등"이라 한다)를 할 수 있다. 이 경우 행정대집행에 관하여는 「행정대집행법」을 준용한다.
③ 주무부장관은 시장·군수 및 자치구의 구청장이 법령에 따라 그 의무에 속하는 국가위임사무의 관리와 집행을 명백히 게을리하고 있다고 인정됨에도 불구하고 시·도지사가 제1항에 따른 이행명령을 하지 아니하는 경우 시·도지사에게 기간을 정하여 이행명령을 하도록 명할 수 있다.
④ 주무부장관은 시·도지사가 제3항에 따른 기간에 이행명령을 하지 아니하면 제3항에 따른 기간이 지난 날부터 7일 이내에 직접 시장·군수 및 자치구의 구청장에게 기간을 정하여 이행명령을 하고, 그 기간에 이행하지 아니하면 주무부장관이 직접 대집행등을 할 수 있다.
⑤ 주무부장관은 시·도지사가 시장·군수 및 자치구의 구청장에게 제1항에 따라 이행명령을 하였으나 이를 이행하지 아니한 데 따른 대집행등을 하지 아니하는 경우에는 시·도지사에게 기간을 정하여 대집행등을 하도록 명하고, 그 기간에 대집행등을 하지 아니하면 주무부장관이 직접 대집행등을 할 수 있다.
⑥ 지방자치단체의 장은 제1항 또는 제4항에 따른 이행명령에 이의가 있으면 이행명령서를 접수한 날부터 15일 이내에 대법원에 소를 제기할 수 있다. 이 경우 지방자치단체의 장은 이행명령의 집행을 정지하게 하는 집행정지결정을 신청할 수 있다.

15

정답 ①

① X 공무원에게 징계사유가 인정되는 이상 관련된 형사사건이 아직 유죄로 확정되지 아니하였거나 수사기관에서 이를 수사중에 있다 하여도 징계처분은 할 수 있다(대판 1984. 9. 11. 84누110).

② O 대판 2012. 6. 28. 2011두20505

③ O 대판 2007. 7. 12. 2006도1390

④ O 직위해제처분이 공무원에 대한 불이익한 처분이긴 하나 징계처분과 같은 성질의 처분이라 할 수 없으므로 동일한 사유로 직위해제 처분을 하고 다시 감봉처분을 하였다 하여 일사부재리원칙에 위배된다 할 수 없다(대판 1983. 10. 25. 83누184).

16

정답 ③

③ X 임의동행은 상대방의 동의 또는 승낙을 그 요건으로 하는 것이므로 경찰관으로부터 임의동행 요구를 받은 경우 상대방은 이를 거절할 수 있을 뿐만 아니라 임의동행 후 언제든지 경찰관서에서 퇴거할 자유가 있다 할 것이고, 경찰관직무집행법 제3조 제6항이 임의동행한 경우 당해인을 6시간을 초과하여 경찰관서에 머물게 할 수 없다고 규정하고 있다고 하여 그 규정이 임의동행한 자를 6시간 동안 경찰관서에 구금하는 것을 허용하는 것은 아니다(대판 1997. 8. 22. 97도1240).

① O

경찰관직무집행법 제3조(불심검문) ① 경찰관은 다음 각 호의 어느 하나에 해당하는 사람을 정지시켜 질문할 수 있다.
1. 수상한 행동이나 그 밖의 주위 사정을 합리적으로 판단하여 볼 때 어떠한 죄를 범하였거나 범하려 하고 있다고 의심할 만한 상당한 이유가 있는 사람
2. 이미 행하여진 범죄나 행하여지려고 하는 범죄행위에 관한 사실을 안다고 인정되는 사람

② 경찰관은 제1항에 따라 같은 항 각 호의 사람을 정지시킨 장소에서 질문을 하는 것이 그 사람에게 불리하거나 교통에 방해가 된다고 인정될 때에는 질문을 하기 위하여 가까운 경찰서·지구대·파출소 또는 출장소(지방해양경찰관서를 포함하며, 이하 "경찰관서"라 한다)로 동행할 것을 요구할 수 있다. 이 경우 동행을 요구받은 사람은 그 요구를 거절할 수 있다.
③ 경찰관은 제1항 각 호의 어느 하나에 해당하는 사람에게 질문을 할 때에 그 사람이 흉기를 가지고 있는지를 조사할 수 있다.
④ 경찰관은 제1항이나 제2항에 따라 질문을 하거나 동행을 요구할 경우 자신의 신분을 표시하는 증표를 제시하면서 소속과 성명을 밝히고 질문이나 동행의 목적과 이유를 설명하여야 하며, 동행을 요구하는 경우에는 동행 장소를 밝혀야 한다.
⑤ 경찰관은 제2항에 따라 동행한 사람의 가족이나 친지 등에게 동행한 경찰관의 신분, 동행 장소, 동행 목적과 이유를 알리거나 본인으로 하여금 즉시 연락할 수 있는 기회를 주어야 하며, 변호인의 도움을 받을 권리가 있음을 알려야 한다.
⑥ 경찰관은 제2항에 따라 동행한 사람을 6시간을 초과하여 경찰관서에 머물게 할 수 없다.

⑦ 제1항부터 제3항까지의 규정에 따라 질문을 받거나 동행을 요구받은 사람은 형사소송에 관한 법률에 따르지 아니하고는 신체를 구속당하지 아니하며, 그 의사에 반하여 답변을 강요당하지 아니한다.

② O ④ O

경찰관직무집행법 제4조(보호조치 등) ① 경찰관은 수상한 행동이나 그 밖의 주위 사정을 합리적으로 판단해 볼 때 다음 각 호의 어느 하나에 해당하는 것이 명백하고 응급구호가 필요하다고 믿을 만한 상당한 이유가 있는 사람(이하 "구호대상자"라 한다)을 발견하였을 때에는 보건의료기관이나 공공구호기관에 긴급구호를 요청하거나 경찰관서에 보호하는 등 적절한 조치를 할 수 있다.

1. 정신착란을 일으키거나 술에 취하여 자신 또는 다른 사람의 생명·신체·재산에 위해를 끼칠 우려가 있는 사람
2. 자살을 시도하는 사람
3. 미아, 병자, 부상자 등으로서 적당한 보호자가 없으며 응급구호가 필요하다고 인정되는 사람. 다만, 본인이 구호를 거절하는 경우는 제외한다.

② 제1항에 따라 긴급구호를 요청받은 보건의료기관이나 공공구호기관은 정당한 이유 없이 긴급구호를 거절할 수 없다.
③ 경찰관은 제1항의 조치를 하는 경우에 구호대상자가 휴대하고 있는 무기·흉기 등 위험을 일으킬 수 있는 것으로 인정되는 물건을 경찰관서에 임시로 영치(領置)하여 놓을 수 있다.
④ 경찰관은 제1항의 조치를 하였을 때에는 지체 없이 구호대상자의 가족, 친지 또는 그 밖의 연고자에게 그 사실을 알려야 하며, 연고자가 발견되지 아니할 때에는 구호대상자를 적당한 공공보건의료기관이나 공공구호기관에 즉시 인계하여야 한다.
⑤ 경찰관은 제4항에 따라 구호대상자를 공공보건의료기관이나 공공구호기관에 인계하였을 때에는 즉시 그 사실을 소속 경찰서장이나 해양경찰서장에게 보고하여야 한다.
⑥ 제5항에 따라 보고를 받은 소속 경찰서장이나 해양경찰서장은 대통령령으로 정하는 바에 따라 구호대상자를 인계한 사실을 지체 없이 해당 공공보건의료기관 또는 공공구호기관의 장 및 그 감독행정청에 통보하여야 한다.
⑦ 제1항에 따라 구호대상자를 경찰관서에서 보호하는 기간은 24시간을 초과할 수 없고, 제3항에 따라 물건을 경찰관서에 임시로 영치하는 기간은 10일을 초과할 수 없다.

17

정답 ③

③ X 하천의 점용허가권은 특허에 의한 공물사용권의 일종으로서 하천의 관리주체에 대하여 일정한 특별사용을 청구할 수 있는 채권에 지나지 아니하고 대세적 효력이 있는 물권이라 할 수 없다(대판 1990. 2. 13. 89다카23022).

① O 도로법의 제반 규정에 비추어 보면, 같은 법 제80조의2의 규정에 의한 변상금 부과권한은 적정한 도로관리를 위하여 도로의 관리청에게 부여된 권한이라 할 것이지 도로부지의 소유권에 기한 권한이라고 할 수 없으므로, 도로의 관리청은 도로부지에 대한 소유권을 취득하였는지 여부와는 관계없이 도로를 무단점용하는 자에 대하여 변상금을 부과할 수 있다(대판 2005. 11. 25. 2003두7194).

② O 하천법 제5조, 제33조 제1항, 제50조, 부칙(2007. 4. 6.) 제9조의 규정 내용과 구 하천법(1999. 2. 8. 법률 제5893호로 전부 개정되기 전의 것) 제25조 제1항 제1호, 구 하천법(2007. 4. 6. 법률 제8338호로 전부 개정되기 전의 것) 제33조 제1항 제1호의 개정 경위 등에 비추어 볼 때, 하천법 제50조에 의한 하천수 사용권(2007. 4. 6. 하천법 개정 이전에 종전의 규정에 따라 유수의 점용·사용을 위한 관리청의 허가를 받음으로써 2007. 4. 6. 개정 하천법 부칙 제9조에 따라 현행 하천법 제50조에 의한 하천수 사용허가를 받은 것으로 보는 경우를 포함한다. 이하 같다)은 하천법 제33조에 의한 하천의 점용허가에 따라 해당 하천을 점용할 수 있는 권리와 마찬가지로 특허에 의한 공물사용권의 일종으로서, 양도가 가능하고 이에 대한 민사집행법상의 집행 역시 가능한 독립된 재산적 가치가 있는 구체적인 권리라고 보아야 한다. 따라서 하천법 제50조에 의한 하천수 사용권은 공익사업을 위한 토지 등의 취득 및 보상에 관한 법률 제76조 제1항이 손실보상의 대상으로 규정하고 있는 '물의 사용에 관한 권리'에 해당한다(대판 2018. 12. 27. 2014두11601).

④ O 대판 2013. 6. 13. 2012두2764

18

정답 ①

① X

사회보장기본법 제14조(사회보장수급권의 포기) ① 사회보장수급권은 정당한 권한이 있는 기관에 서면으로 통지하여 포기할 수 있다.
② 사회보장수급권의 포기는 취소할 수 있다.
③ 제1항에도 불구하고 사회보장수급권을 포기하는 것이 다른 사람에게 피해를 주거나 사회보장에 관한 관계 법령에 위반되는 경우에는 사회보장수급권을 포기할 수 없다.

② O

사회보장기본법 제12조(사회보장수급권의 보호) 사회보장수급권은 관계 법령에서 정하는 바에 따라 다른 사람에게 양도하거나 담보로 제공할 수 없으며, 이를 압류할 수 없다.

③ O

사회보장기본법 제15조(불법행위에 대한 구상) 제3자의 불법행위로 피해를 입은 국민이 그로 인하여 사회보장수급권을 가지게 된 경우 사회보장제도를 운영하는 자는 그 불법행위의 책임이 있는 자에 대하여 관계 법령에서 정하는 바에 따라 구상권(求償權)을 행사할 수 있다.

④ O

사회보장기본법 제11조(사회보장급여의 신청) ① 사회보장급여를 받으려는 사람은 관계 법령에서 정하는 바에 따라 국가나 지방자치단체에 신청하여야 한다. 다만, 관계 법령에서 따로 정하는 경우에는 국가나 지방자치단체가 신청을 대신할 수 있다.

② 사회보장급여를 신청하는 사람이 다른 기관에 신청한 경우에는 그 기관은 지체 없이 이를 정당한 권한이 있는 기관에 이송하여야 한다. 이 경우 정당한 권한이 있는 기관에 이송된 날을 사회보장급여의 신청일로 본다.

19

정답 ④

④ ✕ 지방자치단체가 보조금 지급결정을 하면서 일정 기한 내에 보조금을 반환하도록 하는 교부조건을 부가한 경우, 보조사업자의 지방자치단체에 대한 보조금 반환의무는 행정처분인 위 보조금 지급결정에 부가된 부관상 의무이고, 이러한 부관상 의무는 보조사업자가 지방자치단체에 부담하는 공법상 의무이므로, 보조사업자에 대한 지방자치단체의 보조금반환청구는 공법상 권리관계의 일방 당사자를 상대로 하여 공법상 의무이행을 구하는 청구로서행정소송법 제3조 제2호에 규정한 당사자소송의 대상이다(대판 2011. 6. 9. 2011다2951).

① ○ 사립학교법 제43조 제1항, 보조금의예산및관리에관한법률 제22조 제1항 등에 의하여 국가 또는 지방자치단체로부터 교육의 진흥상 필요하다고 인정되어 사립학교 교육의 지원을 위하여 교부되고 그 목적 이외의 사용이 금지되는 보조금은, 그 금원의 목적 내지 성질상 국가나 지방자치단체와 학교법인 사이에서만 수수, 결제되어야 하므로 그 보조금교부채권은 성질상 양도가 금지된 것으로 보아야 하고 따라서 강제집행의 대상이 될 수 없다(대결 1996. 12. 24. 96마1302).

② ○ 대판 2021. 2. 4. 2020두48772

③ ○ 구「보조금의 예산 및 관리에 관한 법률」(2009. 1. 30. 법률 제9347호로 개정되기 전의 것, 이하 '구 보조금관리법') 제30조 제1항, 제31조 제1항에 의한 보조금의 교부결정취소 및 보조금 반환명령은 행정처분이고 그 처분이 있어야 반환의무가 발생하는 것이므로, 반환받을 보조금에 대한 징수권은 공법상의 권리로서 사법상의 채권과는 그 성질을 달리한다. 따라서 구 보조금관리법 제33조가 '반환하여야 할 보조금에 대하여는 국세징수의 예에 따라 이를 징수할 수 있다'고 규정한 것은 보조금의 반환에 대하여는 국세체납처분의 예에 따라 강제징수할 수 있도록 한 것뿐이고, 이를 상고이유의 주장처럼 민사집행법에 의한 강제집행과 국세체납처분에 의한 강제징수 중에서 선택할 수 있도록 허용한 규정이라고 볼 것은 아니다(대판 2012. 4. 26. 2010도5693).

20

정답 ④

④ ✕ 지방자치단체장 간의 기관위임의 경우에 위임받은 하위 지방자치단체장은 상위 지방자치단체 산하 행정기관의 지위에서 그 사무를 처리하는 것이므로 사무귀속의 주체가 달라진다고 할 수 없고, 따라서 하위 지방자치단체장을 보조하는 하위 지방자치단체 소속 공무원이 위임사무처리에 있어 고의 또는 과실로 타인에게 손해를 가하였더라도 상위 지방자치단체는 여전히 그 사무귀속 주체로서 손해배상책임을 진다(대판 1996. 11. 8. 96다21331).

① ○ 국가배상법 제2조 소정의 "공무원"이라 함은 국가공무원법이나 지방공무원법에 의하여 공무원으로서의 신분을 가진 자에 국한하지 않고, 널리 공무를 위탁받아 실질적으로 공무에 종사하고 있는 일체의 자를 가리키는바, 서울특별시 종로구 통, 반설치조례에 의하면 통장은 동장의 추천에 의하여 구청장이 위촉하고 동장의 감독을 받아 주민의 거주·이동상황 파악 등의 임무를 수행하도록 규정되어 있고, 주민등록법 제14조와 같은법시행령 제7조의2 등에 의하면 주민등록 전입신고를 하여야 할 신고의무자가 전입신고를 할 경우에는 신고서에 관할이장(시에 있어서는 통장)의 확인인을 받아 제출하도록 규정되어 있는 점 등에 비추어 보면 통장이 전입신고서에 확인인을 찍는 행위는 공무를 위탁받아 실질적으로 공무를 수행하는 것이라고 보아야 하므로, 통장은 그 업무범위 내에서는 국가배상법 제2조 소정의 공무원에 해당한다(대판 1991. 7. 9. 91다5570).

② ○ 대판 2005. 1. 14. 2004다26805

③ ○ 대판 2004. 4. 9. 2002다10691

02 실전 기출문제 2024. 10. 19. 시행 해경간부 행정법									문제 57쪽
01	②	02	③	03	④	04	②	05	②
06	③	07	③	08	①	09	③	10	④
11	④	12	④	13	④	14	④	15	③
16	③	17	③	18	④	19	①	20	②
21	④	22	①	23	③	24	②	25	②
26	②	27	①	28	②	29	①	30	①
31	③	32	②	33	④	34	④	35	④
36	③	37	①	38	③	39	④	40	①

01

정답 ②

② X 조합의 사업시행인가 신청시의 토지 등 소유자의 동의요건이 비록 토지 등 소유자의 재산상 권리·의무에 영향을 미치는 사업시행계획에 관한 것이라고 하더라도, 그 동의요건은 사업시행인가 신청에 대한 토지 등 소유자의 사전 통제를 위한 절차적 요건에 불과하고 토지 등 소유자의 재산상 권리·의무에 관한 기본적이고 본질적인 사항이라고 볼 수 없으므로 법률유보 내지 의회유보의 원칙이 반드시 지켜져야 하는 영역이라고 할 수 없고, 따라서 개정된 도시 및 주거환경정비법 제28조 제4항 본문이 법률유보 내지 의회유보의 원칙에 위배된다고 할 수 없다(대판 2007. 10. 12. 2006두14476).

① O 어떠한 사안이 국회가 형식적 법률로 스스로 규정하여야 하는 본질적 사항에 해당되는지는, 구체적 사례에서 관련된 이익 내지 가치의 중요성, 규제 또는 침해의 정도와 방법 등을 고려하여 개별적으로 결정하여야 하지만, 규율대상이 국민의 기본권과 관련한 중요성을 가질수록 그리고 그에 관한 공개적 토론의 필요성 또는 상충하는 이익 사이의 조정 필요성이 클수록, 그것이 국회의 법률에 의하여 직접 규율될 필요성은 더 증대된다(대판 2020. 9. 3. 2016두32992 전원합의체).

③ O 국민의 기본권은 헌법 제37조 제2항에 의하여 국가안전보장, 질서유지 또는 공공복리를 위하여 필요한 경우에 한하여 이를 제한할 수 있으나 그 제한은 원칙적으로 법률로써만 가능하며, 제한하는 경우에도 기본권의 본질적 내용을 침해할 수 없고 필요한 최소한도에 그쳐야 한다. 이러한 법률유보의 원칙은 '법률에 의한' 규율만을 뜻하는 것이 아니라 '법률에 근거한' 규율을 요청하는 것이므로 기본권제한의 형식이 반드시 법률의 형식일 필요는 없고 법률에 근거를 두면서 헌법 제75조가 요구하는 위임의 구체성과 명확성을 구비하면 위임입법에 의하여도 기본권제한을 할 수 있다(헌재 2010. 10. 28. 2007헌마890).

④ O 지방의회에서 위 근로자를 두어 의정활동을 지원하는 것은 실질적으로 유급보좌인력을 두는 것과 마찬가지여서 개별 지방의회에서 정할 사항이 아니라 국회의 법률로 규정하여야 할 입법사항에 해당한다(대판 2013. 1. 16. 2012추84).

02

정답 ③

③ X 국가나 지방자치단체에 근무하는 청원경찰은 국가공무원법이나 지방공무원법상의 공무원은 아니지만, 다른 청원경찰과는 달리 그 임용권자가 행정기관의 장이고, 국가나 지방자치단체로부터 보수를 받으며, 산업재해보상보험법이나 근로기준법이 아닌 공무원연금법에 따른 재해보상과 퇴직급여를 지급받고, 직무상의 불법행위에 대하여도 민법이 아닌 국가배상법이 적용되는 등의 특질이 있으며 그외 임용자격, 직무, 복무의무 내용 등을 종합하여 볼때, 그 근무관계를 사법상의 고용계약관계로 보기는 어려우므로 그에 대한징계처분의 시정을 구하는 소는 행정소송의 대상이지 민사소송의 대상이 아니다(대판 1993. 7. 13. 92다47564).

① O 국유재산법 제51조 제1항은 국유재산의 무단점유자에 대하여는 대부 또는 사용, 수익허가 등을 받은 경우에 납부하여야 할 대부료 또는 사용료 상당액 외에도 그 징벌적 의미에서 국가측이 일방적으로 그 2할 상당액을 추가하여 변상금을 징수토록 하고 있으며 동조 제2항은 변상금의 체납시 국세징수법에 의하여 강제징수토록 하고 있는 점 등에 비추어 보면 국유재산의 관리청이 그 무단점유자에 대하여 하는 변상금부과처분은 순전히 사경제 주체로서 행하는 사법상의 법률행위라 할 수 없고 이는 관리청이 공권력을 가진 우월적 지위에서 행한 것으로서 행정소송의 대상이 되는 행정처분이라고 보아야 한다(대판 1988. 2. 23. 87누1046).

② O 국유재산법 제31조, 제32조 제3항, 산림법 제75조 제1항의 규정 등에 의하여 국유잡종재산에 관한 관리 처분의 권한을 위임받은 기관이 국유잡종재산을 대부하는 행위는 국가가 사경제 주체로서 상대방과 대등한 위치에서 행하는 사법상의 계약이고, 행정청이 공권력의 주체로서 상대방의 의사 여하에 불구하고 일방적으로 행하는 행정처분이라고 볼 수 없으며, 국유잡종재산에 관한 대부료의 납부고지 역시 사법상의 이행청구에 해당하고, 이를 행정처분이라고 할 수 없다(대판 2000. 2. 11. 99다61675).

④ O 대판 1995. 12. 22. 94다51253

03

정답 ④

④ O

> **행정기본법 제12조(신뢰보호의 원칙)** ① 행정청은 공익 또는 제3자의 이익을 현저히 해칠 우려가 있는 경우를 제외하고는 행정에 대한 국민의 정당하고 합리적인 신뢰를 보호하여야 한다.
> ② 행정청은 권한 행사의 기회가 있음에도 불구하고 장기간 권한을 행사하지 아니하여 국민이 그 권한이 행사되지 아니할 것으로 믿을 만한 정당한 사유가 있는 경우에는 그 권한을 행사해서는 아니 된다. 다만, 공익 또는 제3자의 이익을 현저히 해칠 우려가 있는 경우는 예외로 한다.

① X 조세법률관계에 있어서 신의성실의 원칙이나 신뢰보호의 원칙 또는 비과세 관행 존중의 원칙은 합법성의 원칙을 희생하여서라도 납세자의 신뢰를 보호함이 정의에 부합하는 것으로 인정되는 특별한 사정이 있을 경우에 한하여 적용되는 예외적인 법 원칙이다. 그러므로 과세관청의 행위에 대하여 신의성실의 원칙 또는 신뢰보

호의 원칙을 적용하기 위해서는, 과세관청이 공적인 견해표명 등을 통하여 부여한 신뢰가 평균적인 납세자로 하여금 합리적이고 정당한 기대를 가지게 할 만한 것이어야 한다. 비록 과세관청이 질의회신 등을 통하여 어떤 견해를 표명하였다고 하더라도 그것이 중요한 사실관계와 법적인 쟁점을 제대로 드러내지 아니한 채 질의한 데 따른 것이라면 공적인 견해표명에 의하여 정당한 기대를 가지게 할 만한 신뢰가 부여된 경우라고 볼 수 없다. 또한 비과세 관행 존중의 원칙도 비과세에 관하여 일반적으로 납세자에게 받아들여진 세법의 해석 또는 국세행정의 관행이 존재하여야 적용될 수 있는 것으로서, 이는 비록 잘못된 해석 또는 관행이라도 특정 납세자가 아닌 불특정한 일반 납세자에게 정당한 것으로 이의 없이 받아들여져 납세자가 그와 같은 해석 또는 관행을 신뢰하는 것이 무리가 아니라고 인정될 정도에 이른 것을 의미하고, 단순히 세법의 해석기준에 관한 공적인 견해의 표명이 있었다는 사실만으로 그러한 해석 또는 관행이 있다고 볼 수는 없으며, 그러한 해석 또는 관행의 존재에 대한 증명책임은 그 주장자인 납세자에게 있다(대판 2013. 12. 26. 2011두5940).

② ⊗ 소급입법은, 새로운 입법을 이미 종료된 사실관계 또는 법률관계에 적용하도록 하는 진정소급입법과, 현재 진행 중인 사실관계 또는 법률관계에 적용하게 하는 부진정소급입법으로 나눌 수 있다. 이 중에서 기존의 법에 의하여 이미 형성된 개인의 법적 지위를 사후입법을 통하여 박탈함을 내용으로 하는 진정소급입법은 개인의 신뢰보호와 법적 안정성을 내용으로 하는 법치국가원리에 의하여 허용되지 않음이 원칙이다. 반면 부진정소급입법은 원칙적으로 허용되지만, 소급효를 요구하는 공익상의 사유와 신뢰보호를 요구하는 개인보호의 사유 사이의 교량과정에서 그 범위에 제한이 가하여질 수 있다. 또한, 법률불소급의 원칙은 그 법률의 효력발생 전에 완성된 요건사실에 대하여 그 법률을 적용할 수 없다는 의미일 뿐, 계속 중인 사실이나 그 이후에 발생한 요건사실에 대한 법률적용까지를 제한하는 것은 아니다(대판 2019. 1. 31. 2015두60020).

③ ⊗ 행정처분에 하자가 있음을 이유로 처분청이 이를 취소하는 경우에도 그 처분이 국민에게 권리나 이익을 부여하는 이른바 수익적 행정행위인 때에는 그 처분을 취소하여야 할 공익상 필요와 그 취소로 인하여 당사자가 입게 될 기득권과 신뢰보호 및 법률생활안정의 침해 등 불이익을 비교 교량한 후 공익상 필요가 당사자가 입을 불이익을 정당화할 만큼 강한 경우에 한하여 취소할 수 있는 것이다(대판 1993. 8. 24. 92누17723).

04

정답 ②

㉠ ⊙ 행정청이 도시정비법 등 관련 법령에 근거하여 행하는 조합설립인가처분은 단순히 사인들의 조합설립행위에 대한 보충행위로서의 성질을 갖는 것에 그치는 것이 아니라 법령상 요건을 갖출 경우 도시정비법상 주택재건축사업을 시행할 수 있는 권한을 갖는 행정주체(공법인)로서의 지위를 부여하는 일종의 설권적 처분의 성격을 갖는다고 보아야 한다(대판 2009. 9. 24. 2008다60568).

㉡ ⊗ 원천징수의무자는 행정보조자에 불과하다.

㉢ ⊙ 대한변호사협회는 행정주체의 지위에서 배상책임을 부담한다(대판 2021. 1. 28. 2019다260197).

㉣ ⊗ 전북대학교는 영조물에 불과하다.

㉤ ⊙ 서울대학교는 영조물법인으로서 행정주체에 해당한다.

05

정답 ②

② ⊗ 구 공익사업을 위한 토지 등의 취득 및 보상에 관한 법률(2010. 4. 5. 법률 제10239호로 일부 개정되기 전의 것, 이하 '구 공익사업법'이라 한다) 제91조에 규정된 환매권은 상대방에 대한 의사표시를 요하는 형성권의 일종으로서 재판상이든 재판 외이든 위 규정에 따른 기간 내에 행사하면 매매의 효력이 생기는 바, 이러한 환매권의 존부에 관한 확인을 구하는 소송 및 구 공익사업법 제91조 제4항에 따라 환매금액의 증감을 구하는 소송 역시 민사소송에 해당한다(대판 2013. 2. 28. 2010두22368).

① ⊙ [1] 사무관리가 성립하기 위하여는 우선 사무가 타인의 사무이고 타인을 위하여 사무를 처리하는 의사, 즉 관리의 사실상 이익을 타인에게 귀속시키려는 의사가 있어야 하며, 나아가 사무의 처리가 본인에게 불리하거나 본인의 의사에 반한다는 것이 명백하지 아니할 것을 요한다. 다만 타인의 사무가 국가의 사무인 경우, 원칙적으로 사인이 법령상 근거 없이 국가의 사무를 수행할 수 없다는 점을 고려하면, 사인이 처리한 국가의 사무가 사인이 국가를 대신하여 처리할 수 있는 성질의 것으로서, 사무 처리의 긴급성 등 국가의 사무에 대한 사인의 개입이 정당화되는 경우에 한하여 사무관리가 성립하고, 사인은 그 범위 내에서 국가에 대하여 국가의 사무를 처리하면서 지출된 필요비 내지 유익비의 상환을 청구할 수 있다.

[2] 甲 주식회사 소유의 유조선에서 원유가 유출되는 사고가 발생하자 해상 방제업 등을 영위하는 乙 주식회사가 피해 방지를 위해 해양경찰의 직접적인 지휘를 받아 방제작업을 보조한 사안에서, 甲 회사의 조치만으로는 원유 유출사고에 따른 해양오염을 방지하기 곤란할 정도로 긴급방제조치가 필요한 상황이었고, 위 방제작업은 乙 회사가 국가를 위해 처리할 수 있는 국가의 의무 영역과 이익 영역에 속하는 사무이며, 乙 회사가 방제작업을 하면서 해양경찰의 지시·통제를 받았던 점 등에 비추어 乙 회사는 국가의 사무를 처리한다는 의사로 방제작업을 한 것으로 볼 수 있으므로, 乙 회사는 사무관리에 근거하여 국가에 방제비용을 청구할 수 있다고 본 원심판단을 수긍한 사례(대판 2014. 12. 11. 2012다15602).

③ ⊙ 구 공무원연금법령상 급여를 받으려고 하는 자는 우선 관계 법령에 따라 공단에 급여지급을 신청하여 공무원연금관리공단이 이를 거부하거나 일부 금액만 인정하는 급여지급결정을 하는 경우 그 결정을 대상으로 항고소송을 제기하는 등으로 구체적 권리를 인정받은 다음 비로소 당사자소송으로 그 급여의 지급을 구하여야 하고, 구체적인 권리가 발생하지 않은 상태에서 곧바로 공무원연금관리공단 등을 상대로 한 당사자소송으로 급여의 지급을 소구하는 것은 허용되지 않는다(대판 2010. 5. 27. 2008두5636).

④ ⊙ 대판 2020. 4. 9. 2015다34444

06

정답 ③

③ × 전결과 같은 행정권한의 내부위임은 법령상 처분권자인 행정관청이 내부적인 사무처리의 편의를 도모하기 위하여 그의 보조기관 또는 하급 행정관청으로 하여금 그의 권한을 사실상 행사하게 하는 것으로서 법률이 위임을 허용하지 않는 경우에도 인정되는 것이므로, 설사 행정관청 내부의 사무처리규정에 불과한 전결규정에 위반하여 원래의 전결권자 아닌 보조기관 등이 처분권자인 행정관청의 이름으로 행정처분을 하였다고 하더라도 그 처분이 권한 없는 자에 의하여 행하여진 무효의 처분이라고는 할 수 없다(대판 1998. 2. 27. 97누1105).

① ○ 법령에서 행정처분의 요건 중 일부 사항을 부령으로 정할 것을 위임한 데 따라 시행규칙 등 부령에서 이를 정한 경우에 그 부령의 규정은 국민에 대해서도 구속력이 있는 법규명령에 해당한다고 할 것이지만, 법령의 위임이 없음에도 법령에 규정된 처분 요건에 해당하는 사항을 부령에서 변경하여 규정한 경우에는 그 부령의 규정은 행정청 내부의 사무처리 기준 등을 정한 것으로서 행정조직 내에서 적용되는 행정명령의 성격을 지닐 뿐 국민에 대한 대외적 구속력은 없다고 보아야 한다(대판 2013. 9. 12. 2011두10584).

② ○ 대판 2006. 4. 27. 2004도1078

④ ○ 대판 2006. 4. 27. 2004도1078

07

정답 ③

③ × 건축허가권자는 건축허가신청이 건축법 등 관계 법규에서 정하는 어떠한 제한에 배치되지 않는 이상 당연히 같은 법조에서 정하는 건축허가를 하여야 하고, 중대한 공익상의 필요가 없는데도 관계 법령에서 정하는 제한사유 이외의 사유를 들어 요건을 갖춘 자에 대한 허가를 거부할 수는 없다(대판 2009. 9. 24. 2009두8946).

① ○ 여객자동차 운수사업법에 의한 개인택시운송사업면허는 특정인에게 권리나 이익을 부여하는 행정행위로서 법령에 특별한 규정이 없는 한 재량행위이고, 그 면허를 위하여 정하여진 순위 내에서의 운전경력인정방법의 기준설정 역시 행정청의 재량에 속한다 할 것이지만, 행정청이 면허발급 여부를 심사함에 있어서 이미 설정된 면허기준의 해석상 당해 신청이 면허발급의 우선순위에 해당함이 명백함에도 이를 제외시켜 면허거부처분을 하였다면 특별한 사정이 없는 한 그 거부처분은 재량권을 남용한 위법한 처분이 된다(대판 2010. 1. 28. 2009두19137).

② ○ 처분을 할 것인지 여부와 처분의 정도에 관하여 재량이 인정되는 과징금 납부명령에 대하여 그 명령이 재량권을 일탈하였을 경우, 법원으로서는 재량권의 일탈 여부만 판단할 수 있을 뿐이지 재량권의 범위 내에서 어느 정도가 적정한 것인지에 관하여는 판단할 수 없어 그 전부를 취소할 수밖에 없고, 법원이 적정하다고 인정하는 부분을 초과한 부분만 취소할 수는 없다(대판 2009. 6. 23. 2007두18062).

④ ○ 「국토의 계획 및 이용에 관한 법률」(이하 '국토계획법'이라 한다)에 의한 토지의 형질변경허가는 그 허가기준 및 금지요건이 불확정개념으로 규정된 부분이 많아 그 요건에 해당하는지 여부를 판단함에 있어서는 행정청에 재량권이 부여되어 있다 할 것이다. 그리고 국토계획법에 따라 지정된 도시지역 안에 있는 토지에 대한 형질변경행위를 수반하는 건축허가는 건축법에 의한 건축허가와 국토계획법에 의한 토지 형질변경허가의 성질을 아울러 갖는 것으로 보아야 할 것이므로 그러한 건축허가는 재량행위에 속한다고 할 것이다. 한편 재량행위에 대한 사법심사는 행정청의 재량에 의한 공익판단의 여지를 감안하여 원칙적으로 재량권의 일탈이나 남용이 있는지 여부만을 대상으로 하고, 재량권의 일탈·남용 여부에 대한 심사는 사실오인, 비례·평등의 원칙 위반 등을 그 판단 대상으로 한다(대판 2012. 12. 13. 2011두29205).

08

정답 ①

① × 국민의 권리와 이익을 옹호하고 법적안정을 도모하기 위하여 특정한 행위에 대하여는 행정청이라 하여도 이것을 자유로이 취소, 변경 및 철회할 수 없다는 행정행위의 불가변력은 당해 행정행위에 대하여서만 인정되는 것이고, 동종의 행정행위라 하더라도 그 대상을 달리할 때에는 이를 인정할 수 없다(대판 1974. 12. 10. 73누129).

② ○ 대판 2010. 4. 8. 2009다90092

③ ○ 대판 1997. 1. 21. 96누3401

④ ○ 대판 1994. 11. 11. 94다28000

09

정답 ③

③ ×

개인정보 보호법 제15조(개인정보의 수집·이용) ③ 개인정보처리자는 당초 수집 목적과 합리적으로 관련된 범위에서 정보주체에게 불이익이 발생하는지 여부, 암호화 등 안전성 확보에 필요한 조치를 하였는지 여부 등을 고려하여 대통령령으로 정하는 바에 따라 정보주체의 동의 없이 개인정보를 이용할 수 있다.

① ○

개인정보 보호법 제35조(개인정보의 열람) ① 정보주체는 개인정보처리자가 처리하는 자신의 개인정보에 대한 열람을 해당 개인정보처리자에게 요구할 수 있다.
② 제1항에도 불구하고 정보주체가 자신의 개인정보에 대한 열람을 공공기관에 요구하고자 할 때에는 공공기관에 직접 열람을 요구하거나 대통령령으로 정하는 바에 따라 보호위원회를 통하여 열람을 요구할 수 있다.

② ○

개인정보 보호법 제51조(단체소송의 대상 등) 다음 각 호의 어느 하나에 해당하는 단체는 개인정보처리자가 제49조에 따른 집단분쟁조정을 거부하거나 집단분쟁조정의 결과를 수락하지 아니한 경우에는 법원에 권리침해 행위의 금지·중지를 구하는 소송(이하 "단체소송"이라 한다)을 제기할 수 있다.

1.「소비자기본법」 제29조에 따라 공정거래위원회에 등록한 소비자단체로서 다음 각 목의 요건을 모두 갖춘 단체
  가. 정관에 따라 상시적으로 정보주체의 권익증진을 주된 목적으로 하는 단체일 것
  나. 단체의 정회원수가 1천명 이상일 것
  다.「소비자기본법」 제29조에 따른 등록 후 3년이 경과하였을 것
2.「비영리민간단체 지원법」 제2조에 따른 비영리민간단체로서 다음 각 목의 요건을 모두 갖춘 단체
  가. 법률상 또는 사실상 동일한 침해를 입은 100명 이상의 정보주체로부터 단체소송의 제기를 요청받을 것
  나. 정관에 개인정보 보호를 단체의 목적으로 명시한 후 최근 3년 이상 이를 위한 활동실적이 있을 것
  다. 단체의 상시 구성원수가 5천명 이상일 것
  라. 중앙행정기관에 등록되어 있을 것

④ O

개인정보 보호법 제49조(집단분쟁조정) ① 국가 및 지방자치단체, 개인정보 보호단체 및 기관, 정보주체, 개인정보처리자는 정보주체의 피해 또는 권리침해가 다수의 정보주체에게 같거나 비슷한 유형으로 발생하는 경우로서 대통령령으로 정하는 사건에 대하여는 분쟁조정위원회에 일괄적인 분쟁조정(이하 "집단분쟁조정"이라 한다)을 의뢰 또는 신청할 수 있다.

10

정답 ④

④ O 구 공공용지의 취득 및 손실보상에 관한 특례법에 따른 토지 등의 협의취득은 공공사업에 필요한 토지 등을 그 소유자와의 협의에 의하여 취득하는 것으로서 공공기관이 사경제주체로서 행하는 사법상 매매 내지 사법상 계약의 실질을 가지는 것이지 행정청이 공권력의 주체로서 상대방의 의사 여하에 불구하고 일방적으로 행하는 행정처분이라 볼 수 없는 것이고, 위 협의취득에 기한 손실보상금의 환수통보 역시 사법상의 이행청구에 해당하는 것으로서 이를 항고소송의 대상이 되는 행정처분이라고 할 수 없다(대판 2010. 11. 11. 2010두14367).

① X 광주광역시문화예술회관장의 단원 위촉은 광주광역시문화예술회관장이 행정청으로서 공권력을 행사하여 행하는 행정처분이 아니라 공법상의 근무관계의 설정을 목적으로 하여 광주광역시와 단원이 되고자 하는 자 사이에 대등한 지위에서 의사가 합치되어 성립하는 공법상 근로계약에 해당한다고 보아야 할 것이므로, 광주광역시립합창단원으로서 위촉기간이 만료되는 자들의 재위촉 신청에 대하여 광주광역시문화예술회관장이 실기와 근무성적에 대한 평정을 실시하여 재위촉을 하지 아니한 것을 항고소송의 대상이 되는 불합격처분이라고 할 수는 없다(대판 2001. 12. 11. 2001두7794).

② X 지방자치단체가 일방 당사자가 되는 이른바 '공공계약'이 사경제의 주체로서 상대방과 대등한 위치에서 체결하는 사법상 계약에 해당하는 경우 그에 관한 법령에 특별한 정함이 있는 경우를 제외하고는 사적 자치와 계약자유의 원칙 등 사법의 원리가 그대로 적용된다(대판 2018. 2. 13. 2014두11328).

③ X 계약직공무원에 관한 현행 법령의 규정에 비추어 볼 때, 계약직공무원 채용계약해지의 의사표시는 일반공무원에 대한 징계처분과는 달라서 항고소송의 대상이 되는 처분 등의 성격을 가진 것으로 인정되지 아니하고, 일정한 사유가 있을 때에 국가 또는 지방자치단체가 채용계약 관계의 한쪽 당사자로서 대등한 지위에서 행하는 의사표시로 취급되는 것으로 이해되므로, 이를 징계해고 등에서와 같이 그 징계사유에 한하여 효력 유무를 판단하여야 하거나, 행정처분과 같이 행정절차법에 의하여 근거와 이유를 제시하여야 하는 것은 아니다(대판 2002. 11. 26. 2002두5948).

11

정답 ④

㉠ X 구 경찰공무원법 제50조 제1항에 의한 직위해제처분과 같은 제3항에 의한 면직처분은 후자가 전자의 처분을 전제로 한 것이기는 하나 각각 단계적으로 별개의 법률효과를 발생하는 행정처분이어서 선행직위해제처분의 위법 사유가 면직처분에는 승계되지 아니한다 할 것이므로 선행된 직위해제처분의 위법사유를 들어 면직처분의 효력을 다툴 수는 없다(대판 1984. 9. 11. 84누191).

㉡ O 의료기사법 제6조, 제7조 제2항, 제13조의3과 같은법시행령 제4조, 제7조 등 관계법령의 규정에 의하면, 안경사가 되고자 하는 자는 보건사회부의 소속기관인 국립보건원장이 시행하는 안경사 국가시험에 합격한 후 보건사회부장관의 면허를 받아야 하고 보건사회부장관은 안경사 국가시험에 합격한 자에게 안경사면허를 주도록 규정하고 있으므로, 국립보건원장이 같은 법 제7조 제2항에 의하여 안경사 국가시험의 합격을 무효로 하는 처분을 함에 따라 보건사회부장관이 안경사면허를 취소하는 처분을 한 경우 합격무효처분과 면허취소처분은 동일한 행정목적을 달성하기 위하여 단계적인 일련의 절차로 연속하여 행하여지는 행정처분으로서, 안경사 국가시험에 합격한 자에게 주었던 안경사면허를 박탈한다는 하나의 법률효과를 발생시키기 위하여 서로 결합된 선행처분과 후행처분의 관계에 있다(대판 1993. 2. 9. 92누4567).

㉢ X 도시계획의 수립에 있어서 도시계획법 제16조의2 소정의 공청회를 열지 아니하고 공공용지의취득및손실보상에관한특례법 제8조 소정의 이주대책을 수립하지 아니하였더라도 이는 절차상의 위법으로서 취소사유에 불과하고 그 하자가 도시계획결정 또는 도시계획사업시행인가를 무효라고 할 수 있을 정도로 중대하고 명백하다고는 할 수 없으므로 이러한 위법을 선행처분인 도시계획결정이나 사업시행인가 단계에서 다투지 아니하였다면 그 쟁소기간이 이미 도과한 후인 수용재결단계에 있어서는 도시계획수립 행위의 위와 같은 위법을 들어 재결처분의 취소를 구할 수는 없다고 할 것이다(대판 1990. 1. 23. 87누947).

㉣ O 乙이 선행처분에 대하여 일제강점하 반민족행위 진상규명에 관한 특별법에 의한 이의신청절차를 밟거나 후행처분에 대한 것과 별개로 행정심판이나 행정소송을 제기하지 않았다고 하여 선행처분의 하자를 이유로 후행처분의 효력을 다툴 수 없게 하는 것은 乙에게 수인한도를 넘는 불이익을 주고 그 결과가 乙에게 예측가능한 것이라고 할 수 없어 선행처분의 후행처분에 대한 구속력을 인정할 수 없으므로 선행처분의 위법을 이유로 후행처분의 효력을 다툴 수 있

음에도, 이와 달리 본 원심판결에 법리를 오해한 위법이 있다(대판 2013. 3. 14. 2012두6964).

ⓜ O 위법한 개별공시지가결정에 대하여 그 정해진 시정절차를 통하여 시정하도록 요구하지 아니하였다는 이유로 위법한 개별공시지가를 기초로 한 과세처분 등 후행 행정처분에서 개별공시지가결정의 위법을 주장할 수 없도록 하는 것은 수인한도를 넘는 불이익을 강요하는 것으로서 국민의 재산권과 재판받을 권리를 보장한 헌법의 이념에도 부합하는 것이 아니라고 할 것이므로, 개별공시지가결정에 위법이 있는 경우에는 그 자체를 행정소송의 대상이 되는 행정처분으로 보아 그 위법 여부를 다툴 수 있음은 물론 이를 기초로 한 과세처분 등 행정처분의 취소를 구하는 행정소송에서도 선행처분인 개별공시지가결정의 위법을 독립된 위법사유로 주장할 수 있다고 해석함이 타당하다(대판 1994. 1. 25. 93누8542).

12

정답 ④

④ X 행정행위의 부관은 행정행위의 일반적인 효력이나 효과를 제한하기 위하여 의사표시의 주된 내용에 부가되는 종된 의사표시이지 그 자체로서 직접 법적 효과를 발생하는 독립된 처분이 아니므로 현행 행정쟁송제도 아래서는 부관 그 자체만을 독립된 쟁송의 대상으로 할 수 없는 것이 원칙이나 행정행위의 부관 중에서도 행정행위에 부수하여 그 행정행위의 상대방에게 일정한 의무를 부과하는 행정청의 의사표시인 부담의 경우에는 다른 부관과는 달리 행정행위의 불가분적인 요소가 아니고 그 존속이 본체인 행정행위의 존재를 전제로 하는 것일 뿐이므로 부담 그 자체로서 행정쟁송의 대상이 될 수 있다(대판 1992. 1. 21. 91누1264).

① O 대판 2009. 2. 12. 2005다65500

② O 대판 2009. 2. 12. 2005다65500

③ O 대판 2009. 6. 25. 2006다18174

13

정답 ④

④ X 도시기본계획은 도시의 기본적인 공간구조와 장기발전방향을 제시하는 종합계획으로서 그 계획에는 토지이용계획, 환경계획, 공원녹지계획 등 장래의 도시개발의 일반적인 방향이 제시되지만, 그 계획은 도시계획입안의 지침이 되는 것에 불과하여 일반 국민에 대한 직접적인 구속력은 없는 것이므로, 도시기본계획을 입안함에 있어 토지이용계획에는 세부적인 내용을 기재하지 아니하고 다소 포괄적으로 기재하였다 하더라도 기본구상도상에 분명하게 그 내용을 표시한 이상 도시기본계획으로서 입안된 것이라고 봄이 상당하고, 또 공청회 등 절차에서 다른 자료에 의하여 그 내용이 제시된 다음 관계 법령이 정하는 절차에 따라 건설교통부장관의 승인을 받아 공람공고까지 되었다면 도시기본계획으로서 적법한 효력이 있는 것이다(대판 2002. 10. 11. 2000두8226).

① O 헌재 2000. 6. 1. 99헌마538

② O 대판 2002. 10. 11. 2001두151

③ O 대판 1982. 3. 9. 80누105

14

정답 ④

④ O

> **행정절차법 제50조(의견제출)** 행정지도의 상대방은 해당 행정지도의 방식·내용 등에 관하여 행정기관에 의견제출을 할 수 있다.

① X 단수처분을 두고 그것이 항고소송의 대상이 되는가에 관하여 원심이 약간의 의문을 가지고 있었음이 판시이유에서 간취된다 하더라도 결론에 있어 항고소송의 대상이 되는 것으로 보고 판단하고 있으니 이 점에 관한 원심의 판단은 결국 원고들의 주장과도 일치하여 원고들 스스로 이를 탓할 수도 없으므로 논지 이유 없다(대판 1979. 12. 28. 79누218).

② X 행정지도가 강제성을 띠지 않은 비권력적 작용으로서 행정지도의 한계를 일탈하지 아니하였다면, 그로 인하여 상대방에게 어떤 손해가 발생하였다 하더라도 행정기관은 그에 대한 손해배상책임이 없다(대판 2008. 9. 25. 2006다18228).

③ X 국가배상법이 정한 손해배상청구의 요건인 '공무원의 직무'에는 국가나 지방자치단체의 권력적 작용뿐만 아니라 비권력적 작용도 포함되지만 단순한 사경제의 주체로서 하는 작용은 포함되지 않는다(대판 2004. 4. 9. 2002다10691).

15

정답 ③

③ X 행정기본법에서 처분이 무효가 되는 경우는 별도로 규정하고 있지 않다.

> **참고**
> 하자 있는 행정처분이 당연무효로 되려면 그 하자가 법규의 중요한 부분을 위반한 중대한 것이어야 할 뿐 아니라 객관적으로 명백한 것이어야 하고, 하자가 중대하고 명백한 것인지 여부를 판별함에 있어서는 그 법규의 목적·의미·기능 등을 목적론적으로 고찰함과 동시에 구체적 사안 자체의 특수성에 관하여도 합리적으로 고찰함을 요한다(대판 1997. 5. 28. 95다15735).

① O 대판 2019. 4. 23. 2018다287287

② O 대판 1986. 9. 23. 85누838

④ O 대판 1994. 10. 28. 92누9463

16

정답 ③

㉠ X

> **행정절차법 제3조(적용 범위)** ① 처분, 신고, 확약, 위반사실 등의 공표, 행정계획, 행정상 입법예고, 행정예고 및 행정지도의 절차(이하 "행정절차"라 한다)에 관하여 다른 법률에 특별한 규정이 있는 경우를 제외하고는 이 법에서 정하는 바에 따른다.
> ② 이 법은 다음 각 호의 어느 하나에 해당하는 사항에 대하여는 적용하지 아니한다.

1. 국회 또는 지방의회의 의결을 거치거나 동의 또는 승인을 받아 행하는 사항
2. 법원 또는 군사법원의 재판에 의하거나 그 집행으로 행하는 사항
3. 헌법재판소의 심판을 거쳐 행하는 사항
4. 각급 선거관리위원회의 의결을 거쳐 행하는 사항
5. 감사원이 감사위원회의의 결정을 거쳐 행하는 사항
6. 형사(刑事), 행형(行刑) 및 보안처분 관계 법령에 따라 행하는 사항
7. 국가안전보장·국방·외교 또는 통일에 관한 사항 중 행정절차를 거칠 경우 국가의 중대한 이익을 현저히 해칠 우려가 있는 사항
8. 심사청구, 해양안전심판, 조세심판, 특허심판, 행정심판, 그 밖의 불복절차에 따른 사항
9. 「병역법」에 따른 징집·소집, 외국인의 출입국·난민인정·귀화, 공무원 인사 관계 법령에 따른 징계와 그 밖의 처분, 이해 조정을 목적으로 하는 법령에 따른 알선·조정·중재(仲裁)·재정(裁定) 또는 그 밖의 처분 등 해당 행정작용의 성질상 행정절차를 거치기 곤란하거나 거칠 필요가 없다고 인정되는 사항과 행정절차에 준하는 절차를 거친 사항으로서 대통령령으로 정하는 사항

ⓛ ○ [1] 행정과정에 대한 국민의 참여와 행정의 공정성, 투명성 및 신뢰성을 확보하고 국민의 권익을 보호함을 목적으로 하는 행정절차법의 입법목적과 행정절차법 제3조 제2항 제9호의 규정 내용 등에 비추어 보면, 공무원 인사관계 법령에 의한 처분에 관한 사항 전부에 대하여 행정절차법의 적용이 배제되는 것이 아니라 성질상 행정절차를 거치기 곤란하거나 불필요하다고 인정되는 처분이나 행정절차에 준하는 절차를 거치도록 하고 있는 처분의 경우에만 행정절차법의 적용이 배제된다.
[2] 군인사법령에 의하여 진급예정자명단에 포함된 자에 대하여 의견제출의 기회를 부여하지 아니한 채 진급선발을 취소하는 처분을 한 것이 절차상 하자가 있어 위법하다고 한 사례(대판 2007. 9. 21. 2006두20631)

ⓒ × 국가공무원법상 직위해제처분은 구 행정절차법(2012. 10. 22. 법률 제11498호로 개정되기 전의 것) 제3조 제2항 제9호, 구 행정절차법 시행령(2011. 12. 21. 대통령령 제23383호로 개정되기 전의 것) 제2조 제3호에 의하여 당해 행정작용의 성질상 행정절차를 거치기 곤란하거나 불필요하다고 인정되는 사항 또는 행정절차에 준하는 절차를 거친 사항에 해당하므로, 처분의 사전통지 및 의견청취 등에 관한 행정절차법의 규정이 별도로 적용되지 않는다(대판 2014. 5. 16. 2012두26180).

ⓔ ○ 한국방송공사 사장의 해임 절차에 관하여 방송법이나 관련 법령에도 별도의 규정을 두지 않고 있고, 행정절차법의 입법 목적과 행정절차법 제3조 제2항 제9호와 관련 시행령의 규정 내용 등에 비추어 보면, 이 사건 해임처분이 행정절차법과 그 시행령에서 열거적으로 규정한 예외 사유에 해당한다고 볼 수 없으므로 이 사건 해임처분에도 행정절차법이 적용된다고 할 것이다(대판 2012. 2. 23. 2011두5001).

ⓜ ○ 행정청이 당사자와 사이에 도시계획사업의 시행과 관련한 협약을 체결하면서 관계 법령 및 행정절차법에 규정된 청문의 실시 등 의견청취절차를 배제하는 조항을 두었다고 하더라도, 국민의 행정참여를 도모함으로써 행정의 공정성·투명성 및 신뢰성을 확보하고 국민의 권익을 보호한다는 행정절차법의 목적 및 청문제도의 취지 등에 비추어 볼 때, 위와 같은 협약의 체결로 청문의 실시에 관한 규정의 적용을 배제할 수 있다고 볼 만한 법령상의 규정이 없는 한, 이러한 협약이 체결되었다고 하여 청문의 실시에 관한 규정의 적용이 배제된다거나 청문을 실시하지 않아도 되는 예외적인 경우에 해당한다고 할 수 없다(대판 2004. 7. 8. 2002두8350).

17

정답 ③

㉠ × 행정절차법 제23조 제1항은 행정청은 처분을 하는 때에는 당사자에게 그 근거와 이유를 제시하여야 한다고 규정하고 있는바, 일반적으로 당사자가 근거규정 등을 명시하여 신청하는 인·허가 등을 거부하는 처분을 함에 있어 당사자가 그 근거를 알 수 있을 정도로 상당한 이유를 제시한 경우에는 당해 처분의 근거 및 이유를 구체적 조항 및 내용까지 명시하지 않았더라도 그로 말미암아 그 처분이 위법한 것이 된다고 할 수 없다(대판 2002. 5. 17. 2000두8912).

ⓛ ○ ⓔ ○

행정절차법 제22조(의견청취) ① 행정청이 처분을 할 때 다음 각 호의 어느 하나에 해당하는 경우에는 청문을 한다.
1. 다른 법령등에서 청문을 하도록 규정하고 있는 경우
2. 행정청이 필요하다고 인정하는 경우
3. 다음 각 목의 처분을 하는 경우
   가. 인허가 등의 취소
   나. 신분·자격의 박탈
   다. 법인이나 조합 등의 설립허가의 취소

② 행정청이 처분을 할 때 다음 각 호의 어느 하나에 해당하는 경우에는 공청회를 개최한다.
1. 다른 법령등에서 공청회를 개최하도록 규정하고 있는 경우
2. 해당 처분의 영향이 광범위하여 널리 의견을 수렴할 필요가 있다고 행정청이 인정하는 경우
3. 국민생활에 큰 영향을 미치는 처분으로서 대통령령으로 정하는 처분에 대하여 대통령령으로 정하는 수 이상의 당사자등이 공청회 개최를 요구하는 경우

③ 행정청이 당사자에게 의무를 부과하거나 권익을 제한하는 처분을 할 때 제1항 또는 제2항의 경우 외에는 당사자등에게 의견제출의 기회를 주어야 한다.
④ 제1항부터 제3항까지의 규정에도 불구하고 제21조제4항 각 호의 어느 하나에 해당하는 경우와 당사자가 의견진술의 기회를 포기한다는 뜻을 명백히 표시한 경우에는 의견청취를 하지 아니할 수 있다.
⑤ 행정청은 청문·공청회 또는 의견제출을 거쳤을 때에는 신속히 처분하여 해당 처분이 지연되지 아니하도록 하여야 한다.
⑥ 행정청은 처분 후 1년 이내에 당사자등이 요청하는 경우에는 청문·공청회 또는 의견제출을 위하여 제출받은 서류나 그 밖의 물건을 반환하여야 한다.

ⓒ × 신청에 따른 처분이 이루어지지 아니한 경우에는 아직 당사

자에게 권익이 부과되지 아니하였으므로, 특별한 사정이 없는 한 신청에 대한 거부처분이라고 하더라도 직접 당사자의 권익을 제한하는 것은 아니어서 여기에서 말하는 '당사자의 권익을 제한하는 처분'에 해당한다고 할 수 없고, 따라서 처분의 사전통지대상이나 의견청취대상이 된다고 할 수 없다(대판 2017. 11. 23. 2014두1628).

ⓜ ×

행정절차법 제17조(처분의 신청) ① 행정청에 처분을 구하는 신청은 문서로 하여야 한다. 다만, 다른 법령등에 특별한 규정이 있는 경우와 행정청이 미리 다른 방법을 정하여 공시한 경우에는 그러하지 아니하다.
② 제1항에 따라 처분을 신청할 때 전자문서로 하는 경우에는 행정청의 컴퓨터 등에 입력된 때에 신청한 것으로 본다.
③ 행정청은 신청에 필요한 구비서류, 접수기관, 처리기간, 그 밖에 필요한 사항을 게시(인터넷 등을 통한 게시를 포함한다)하거나 이에 대한 편람을 갖추어 두고 누구나 열람할 수 있도록 하여야 한다.
④ 행정청은 신청을 받았을 때에는 다른 법령등에 특별한 규정이 있는 경우를 제외하고는 그 접수를 보류 또는 거부하거나 부당하게 되돌려 보내서는 아니 되며, 신청을 접수한 경우에는 신청인에게 접수증을 주어야 한다. 다만, 대통령령으로 정하는 경우에는 접수증을 주지 아니할 수 있다.
⑤ 행정청은 신청에 구비서류의 미비 등 흠이 있는 경우에는 보완에 필요한 상당한 기간을 정하여 지체 없이 신청인에게 보완을 요구하여야 한다.
⑥ 행정청은 신청인이 제5항에 따른 기간 내에 보완을 하지 아니하였을 때에는 그 이유를 구체적으로 밝혀 접수된 신청을 되돌려 보낼 수 있다.

18

정답 ④

④ ×

개인정보 보호법 제23조(민감정보의 처리 제한) ① 개인정보처리자는 사상·신념, 노동조합·정당의 가입·탈퇴, 정치적 견해, 건강, 성생활 등에 관한 정보, 그 밖에 정보주체의 사생활을 현저히 침해할 우려가 있는 개인정보로서 대통령령으로 정하는 정보(이하 "민감정보"라 한다)를 처리하여서는 아니 된다. 다만, 다음 각 호의 어느 하나에 해당하는 경우에는 그러하지 아니하다.
1. 정보주체에게 제15조제2항 각 호 또는 제17조제2항 각 호의 사항을 알리고 다른 개인정보의 처리에 대한 동의와 별도로 동의를 받은 경우
2. 법령에서 민감정브의 처리를 요구하거나 허용하는 경우

① ○ ② ○

개인정보 보호법 제2조(정의) 이 법에서 사용하는 용어의 뜻은 다음과 같다.
1. "개인정보"란 살아 있는 개인에 관한 정보로서 다음 각 목의 어느 하나에 해당하는 정보를 말한다.
가. 성명, 주민등록번호 및 영상 등을 통하여 개인을 알아볼 수 있는 정보
나. 해당 정보만으로는 특정 개인을 알아볼 수 없더라도 다른 정보와 쉽게 결합하여 알아볼 수 있는 정보. 이 경우 쉽게 결합할 수 있는지 여부는 다른 정보의 입수 가능성 등 개인을 알아보는 데 소요되는 시간, 비용, 기술 등을 합리적으로 고려하여야 한다.
다. 가목 또는 나목을 제1호의2에 따라 가명처리함으로써 원래의 상태로 복원하기 위한 추가 정보의 사용·결합 없이는 특정 개인을 알아볼 수 없는 정보(이하 "가명정보"라 한다)

③ ○ 이미 공개된 개인정보를 정보주체의 동의가 있었다고 객관적으로 인정되는 범위 내에서 수집·이용·제공 등 처리를 할 때는 정보주체의 별도의 동의는 불필요하다고 보아야 하고, 별도의 동의를 받지 아니하였다고 하여 개인정보 보호법 제15조나 제17조를 위반한 것으로 볼 수 없다. 그리고 정보주체의 동의가 있었다고 인정되는 범위 내인지는 공개된 개인정보의 성격, 공개의 형태와 대상 범위, 그로부터 추단되는 정보주체의 공개 의도 내지 목적뿐만 아니라, 정보처리자의 정보제공 등 처리의 형태와 정보제공으로 공개의 대상 범위가 원래의 것과 달라졌는지, 정보제공이 정보주체의 원래의 공개 목적과 상당한 관련성이 있는지 등을 검토하여 객관적으로 판단하여야 한다(대판 2016. 8. 17. 2014다235080).

19

정답 ①

① × 그 처분이 위헌법률에 근거하여 내려진 것이고 그 행정처분의 목적달성을 위하여서는 후행 행정처분이 필요한데 후행 행정처분은 아직 이루어지지 않은 경우와 같이 그 행정처분을 무효로 하더라도 법적 안정성을 크게 해치지 않는 반면에 그 하자가 중대하여 그 구제가 필요한 경우에 대하여서는 그 예외를 인정하여 이를 당연무효사유로 보아서 쟁송기간 경과 후에라도 무효확인을 구할 수 있는 것이라고 봐야 할 것이다(헌재 1994. 6. 30. 92헌바23).

② ○ 대판 2005. 7. 28. 2003두469

④ ○ 대판 2014. 3. 13. 2012두1006

20

정답 ②

② ○

행정조사기본법 제24조(조사결과의 통지) 행정기관의 장은 법령등에 특별한 규정이 있는 경우를 제외하고는 행정조사의 결과를 확정한 날부터 7일 이내에 그 결과를 조사대상자에게 통지하여야 한다.

① ○

행정조사기본법 제4조(행정조사의 기본원칙) ② 행정기관은 조사목적에 적합하도록 조사대상자를 선정하여 행정조사를 실시하여야 한다.

> **제19조(제3자에 대한 보충조사)** ① 행정기관의 장은 조사대상자에 대한 조사만으로는 당해 행정조사의 목적을 달성할 수 없거나 조사대상이 되는 행위에 대한 사실 여부 등을 입증하는 데 과도한 비용 등이 소요되는 경우로서 다음 각 호의 어느 하나에 해당하는 경우에는 제3자에 대하여 보충조사를 할 수 있다.

③ O

> **행정조사기본법 제5조(행정조사의 근거)** 행정기관은 법령등에서 행정조사를 규정하고 있는 경우에 한하여 행정조사를 실시할 수 있다. 다만, 조사대상자의 자발적인 협조를 얻어 실시하는 행정조사의 경우에는 그러하지 아니하다.

④ O

> **행정조사기본법 제14조(공동조사)** ① 행정기관의 장은 다음 각 호의 어느 하나에 해당하는 행정조사를 하는 경우에는 공동조사를 하여야 한다.
> 1. 당해 행정기관 내의 2 이상의 부서가 동일하거나 유사한 업무분야에 대하여 동일한 조사대상자에게 행정조사를 실시하는 경우
> 2. 서로 다른 행정기관이 대통령령으로 정하는 분야에 대하여 동일한 조사대상자에게 행정조사를 실시하는 경우

21

정답 ④

④ O 일정한 행정목적 달성을 위하여 언론에 보도자료를 제공하는 등 이른바 행정상의 공표의 방법으로 실명을 공개함으로써 타인의 명예를 훼손한 경우, 그 대상자에 관하여 적시된 사실의 내용이 진실이라는 증명이 없더라도 그 공표의 주체가 공표 당시 이를 진실이라고 믿었고 또 그렇게 믿을 만한 상당한 이유가 있다면 위법성이 없는 것이고, 이 점은 언론을 포함한 사인에 의한 명예훼손의 경우와 다를 바가 없다 하겠으나, 그러한 상당한 이유가 있는지 여부의 판단에 있어서는 실명공표 자체가 매우 신중하게 이루어져야 한다는 요청에서 비롯되는 무거운 주의의무와 공권력을 행사하는 공표 주체의 광범한 사실조사 능력, 그리고 공표된 사실이 진실하리라는 점에 대한 국민의 강한 기대와 신뢰 등에 비추어 볼 때 사인의 행위에 의한 경우보다는 훨씬 더 엄격한 기준이 요구되므로, 그 공표 사실이 의심의 여지 없이 확실히 진실이라고 믿을 만한 객관적이고도 타당한 확증과 근거가 있는 경우가 아니라면 그러한 상당한 이유가 있다고 할 수 없다(대판 1998. 5. 22. 97다57689).

① O 대판 1999. 5. 28. 99두1571

② O 대판 1993. 7. 27. 93누1077

③ O 대판 2019. 1. 31. 2013두14726

22

정답 ①

① O ② X

> **행정기본법 제31조(이행강제금의 부과)** ① 이행강제금 부과의 근거가 되는 법률에는 이행강제금에 관한 다음 각 호의 사항을 명확하게 규정하여야 한다. 다만, 제4호 또는 제5호를 규정할 경우 입법목적이나 입법취지를 훼손할 우려가 크다고 인정되는 경우로서 대통령령으로 정하는 경우는 제외한다.
> 1. 부과·징수 주체
> 2. 부과 요건
> 3. 부과 금액
> 4. 부과 금액 산정기준
> 5. 연간 부과 횟수나 횟수의 상한
>
> ② 행정청은 다음 각 호의 사항을 고려하여 이행강제금의 부과 금액을 가중하거나 감경할 수 있다.
> 1. 의무 불이행의 동기, 목적 및 결과
> 2. 의무 불이행의 정도 및 상습성
> 3. 그 밖에 행정목적을 달성하는 데 필요하다고 인정되는 사유
>
> ③ 행정청은 이행강제금을 부과하기 전에 미리 의무자에게 적절한 이행기간을 정하여 그 기한까지 행정상 의무를 이행하지 아니하면 이행강제금을 부과한다는 뜻을 문서로 계고(戒告)하여야 한다.
> ④ 행정청은 의무자가 제3항에 따른 계고에서 정한 기한까지 행정상 의무를 이행하지 아니한 경우 이행강제금의 부과 금액·사유·시기를 문서로 명확하게 적어 의무자에게 통지하여야 한다.
> ⑤ 행정청은 의무자가 행정상 의무를 이행할 때까지 이행강제금을 반복하여 부과할 수 있다. 다만, 의무자가 의무를 이행하면 새로운 이행강제금의 부과를 즉시 중지하되, 이미 부과한 이행강제금은 징수하여야 한다.

③ X 이행강제금의 사전계고는 이행강제금을 부과할 예정이라는 심리적 압박을 가하는 것에 불과하고 실제 이행강제금의 부과가 반드시 계고에서 정한 기간의 말일에 이루어지는 것은 아니다. 이행강제금의 본질상 시정명령을 받은 의무자가 이행강제금이 부과되기 전에 그 의무를 이행한 경우에는 비록 시정명령에서 정한 기간을 지나서 이행한 경우라도 이행강제금을 부과할 수 없다(대판 2018. 1. 25. 2015두35116).

④ X 전통적으로 행정대집행은 대체적 작위의무에 대한 강제집행수단으로, 이행강제금은 부작위의무나 비대체적 작위의무에 대한 강제집행수단으로 이해되어 왔으나, 이는 이행강제금제도의 본질에서 오는 제약은 아니며, 이행강제금은 대체적 작위의무의 위반에 대하여도 부과될 수 있다. 현행 건축법상 위법건축물에 대한 이행강제수단으로 대집행과 이행강제금(제83조 제1항)이 인정되고 있는데, 양 제도는 각각의 장·단점이 있으므로 행정청은 개별사건에 있어서 위반내용, 위반자의 시정의지 등을 감안하여 대집행과 이행강제금을 선택적으로 활용할 수 있으며, 이처럼 그 합리적인 재량에 의해 선택하여 활용하는 이상 중첩적인 제재에 해당한다고 볼 수 없다(헌재 2004. 2. 26. 2001헌바80).

23

정답 ③

③ ⊗ 대집행의 계고·대집행영장에 의한 통지·대집행의·실행·대집행에 요한 비용의 납부명령 등은, 타인이 대신하여 행할 수 있는 행정의무의 이행을 의무자의 비용부담하에 확보하고자 하는, 동일한 행정목적을 달성하기 위하여 단계적인 일련의 절차로 연속하여 행하여지는 것으로서, 서로 결합하여 하나의 법률효과를 발생시키는 것이므로, 선행처분인 계고처분이 하자가 있는 위법한 처분이라면, 비록 하자가 중대하고도 명백한 것이 아니어서 당연무효의 처분이라고 볼 수 없고 대집행의 실행이 이미 사실행위로서 완료되어 계고처분의 취소를 구할 법률상 이익이 없게 되었으며, 또 대집행비용납부명령 자체에는 아무런 하자가 없다 하더라도, 후행처분인 대집행비용납부명령의 취소를 청구하는 소송에서 청구원인으로 선행처분인 계고처분이 위법한 것이기 때문에 그 계고처분을 전제로 행하여진 대집행비용납부명령도 위법한 것이라는 주장을 할 수 있다(대판 1993. 11. 9. 93누14271).

① ○ 대판 2006. 10. 13. 2006두7096

② ○ 대판 2017. 4. 28. 2016다213916

④ ○

행정대집행법 제2조(대집행과 그 비용징수) 법률(법률의 위임에 의한 명령, 지방자치단체의 조례를 포함한다. 이하 같다)에 의하여 직접명령되었거나 또는 법률에 의거한 행정청의 명령에 의한 행위로서 타인이 대신하여 행할 수 있는 행위를 의무자가 이행하지 아니하는 경우 다른 수단으로써 그 이행을 확보하기 곤란하고 또한 그 불이행을 방치함이 심히 공익을 해할 것으로 인정될 때에는 당해 행정청은 스스로 의무자가 하여야 할 행위를 하거나 또는 제삼자로 하여금 이를 하게 하여 그 비용을 의무자로부터 징수할 수 있다.

24

정답 ②

② ⊗ 행정법규 위반에 대하여 가하는 제재조치는 행정목적의 달성을 위하여 행정법규 위반이라는 객관적 사실에 착안하여 가하는 제재이므로, 위반자가 그 의무를 알지 못하는 것이 무리가 아니었다고 할 수 있어 그것을 정당시할 수 있는 사정이 있을 때 또는 의무의 이행을 당사자에게 기대하는 것이 무리라고 하는 사정이 있을 때 등 의무 해태를 탓할 수 없는 정당한 사유가 있는 경우 등의 특별한 사정이 없는 한 위반자에게 고의나 과실이 없다고 하더라도 부과될 수 있다(대판 2012. 6. 28. 2010두24371).

① ○

행정기본법 제23조(제재처분의 제척기간) ① 행정청은 법령등의 위반행위가 종료된 날부터 5년이 지나면 해당 위반행위에 대하여 제재처분(인허가의 정지·취소·철회, 등록 말소, 영업소 폐쇄와 정지를 갈음하는 과징금 부과를 말한다. 이하 이 조에서 같다)을 할 수 없다.
② 다음 각 호의 어느 하나에 해당하는 경우에는 제1항을 적용하지 아니한다.
1. 거짓이나 그 밖의 부정한 방법으로 인허가를 받거나 신고를 한 경우
2. 당사자가 인허가나 신고의 위법성을 알고 있었거나 중대한 과실로 알지 못한 경우
3. 정당한 사유 없이 행정청의 조사·출입·검사를 기피·방해·거부하여 제척기간이 지난 경우
4. 제재처분을 하지 아니하면 국민의 안전·생명 또는 환경을 심각하게 해치거나 해칠 우려가 있는 경우

③ 행정청은 제1항에도 불구하고 행정심판의 재결이나 법원의 판결에 따라 제재처분이 취소·철회된 경우에는 재결이나 판결이 확정된 날부터 1년(합의제행정기관은 2년)이 지나기 전까지는 그 취지에 따른 새로운 제재처분을 할 수 있다.
④ 다른 법률에서 제1항 및 제3항의 기간보다 짧거나 긴 기간을 규정하고 있으면 그 법률에서 정하는 바에 따른다.

③ ○ 국가가 본래 그의 사무의 일부를 지방자치단체의 장에게 위임하여 처리하게 하는 기관위임사무의 경우 지방자치단체는 국가기관의 일부로 볼 수 있고, 지방자치단체가 그 고유의 자치사무를 처리하는 경우 지방자치단체는 국가기관의 일부가 아니라 국가기관과는 별도의 독립한 공법인으로서 양벌규정에 의한 처벌대상이 되는 법인에 해당한다. …… 위 항만순찰 등의 업무가 지방자치단체의 장이 국가로부터 위임받은 기관위임사무에 해당하여, 해당 지방자치단체가 구 자동차관리법 제83조의 양벌규정에 따른 처벌대상이 될 수 없다(대판 2009. 6. 11. 2008도6530).

④ ○ 도로교통법 제118조에서 규정하는 경찰서장의 통고처분은 행정소송의 대상이 되는 행정처분이 아니므로 그 처분의 취소를 구하는 소송은 부적법하고, 도로교통법상의 통고처분을 받은 자가 그 처분에 대하여 이의가 있는 경우에는 통고처분에 따른 범칙금의 납부를 이행하지 아니함으로써 경찰서장의 즉결심판청구에 의하여 법원의 심판을 받을 수 있게 될 뿐이다(대판 1995. 6. 29. 95누4674).

25

정답 ②

② ⊗ 지방의회에서의 사무감사·조사를 위한 증인의 동행명령장제도도 증인의 신체의 자유를 억압하여 일정 장소로 인치하는 것으로서 헌법 제12조 제3항의 "체포 또는 구속"에 준하는 사태로 보아야 하고, 거기에 현행범 체포와 같이 사후에 영장을 발부받지 아니하면 목적을 달성할 수 없는 긴박성이 있다고 인정할 수는 없으므로, 헌법 제12조 제3항에 의하여 법관이 발부한 영장의제시가 있어야 함에도 불구하고 동행명령장을 법관이 아닌 지방의회 의장이 발부하고 이에 기하여 증인의 신체의 자유를 침해하여 증인을 일정 장소에 인치하도록 규정된 조례안은 영장주의원칙을 규정한 헌법 제12조 제3항에 위반된 것이다(대판 1995. 6. 30. 93추83).

① ○ 행정강제는 행정상 강제집행을 원칙으로 하며, 법치국가적 요청인 예측가능성과 법적 안정성에 반하고, 기본권 침해의 소지가 큰 권력작용인 행정상 즉시강제는 어디까지나 예외적인 강제수단이라고 할 것이다. 이러한 행정상 즉시강제는 엄격한 실정법상의 근거를 필요로 할 뿐만 아니라, 그 발동에 있어서는 법규의 범위 안에서도 다시 행정상의 장해가 목전에 급박하고, 다른 수단으로는 행정목적

을 달성할 수 없는 경우이어야 하며, 이러한 경우에도 그 행사는 필요 최소한도에 그쳐야 함을 내용으로 하는 조리상의 한계에 기속된다(헌재 2002. 10. 31. 2000헌가12).

③ O 대판 2012. 12. 13. 2012도11162

④ O

경찰관직무집행법 제11조의2(손실보상) ① 국가는 경찰관의 적법한 직무집행으로 인하여 다음 각 호의 어느 하나에 해당하는 손실을 입은 자에 대하여 정당한 보상을 하여야 한다.

1. 손실발생의 원인에 대하여 책임이 없는 자가 생명·신체 또는 재산상의 손실을 입은 경우(손실발생의 원인에 대하여 책임이 없는 자가 경찰관의 직무집행에 자발적으로 협조하거나 물건을 제공하여 생명·신체 또는 재산상의 손실을 입은 경우를 포함한다)
2. 손실발생의 원인에 대하여 책임이 있는 자가 자신의 책임에 상응하는 정도를 초과하는 생명·신체 또는 재산상의 손실을 입은 경우

26

정답 ②

② O

행정기본법 제33조(즉시강제) ① 즉시강제는 다른 수단으로는 행정목적을 달성할 수 없는 경우에만 허용되며, 이 경우에도 최소한으로만 실시하여야 한다.

② 즉시강제를 실시하기 위하여 현장에 파견되는 집행책임자는 그가 집행책임자임을 표시하는 증표를 보여 주어야 하며, 즉시강제의 이유와 내용을 고지하여야 한다.

③ 제2항에도 불구하고 집행책임자는 즉시강제를 하려는 재산의 소유자 또는 점유자를 알 수 없거나 현장에서 그 소재를 즉시 확인하기 어려운 경우에는 즉시강제를 실시한 후 집행책임자의 이름 및 그 이유와 내용을 고지할 수 있다. 다만, 다음 각 호에 해당하는 경우에는 게시판이나 인터넷 홈페이지에 게시하는 등 적절한 방법에 의한 공고로써 고지를 갈음할 수 있다.

1. 즉시강제를 실시한 후에도 재산의 소유자 또는 점유자를 알 수 없는 경우
2. 재산의 소유자 또는 점유자가 국외에 거주하거나 행방을 알 수 없는 경우
3. 그 밖에 대통령령으로 정하는 불가피한 사유로 고지할 수 없는 경우

① X 행정상 즉시강제는 그 본질상 급박성을 요건으로 하고 있어 법관의 영장을 기다려서는 그 목적을 달성할 수 없다고 할 것이므로 원칙적으로 영장주의가 적용되지 않는다(헌재 2002. 10. 31. 2000헌가12).

③ X 경찰관직무집행법 제11조의2는 경찰관의 직무집행으로 인한 손실보상에 대해 규정하고 있다.

④ X 이 사건 법률조항은 앞에서 본바와 같이 급박한 상황에 대처하기 위한 것으로서 그 불가피성과 정당성이 충분히 인정되는 경우이므로, 이 사건 법률조항이 영장 없는 수거를 인정한다고 하더라도 이를 두고 헌법상 영장주의에 위배되는 것으로는 볼 수 없고, 위 구 음반·비디오물및게임물에관한법률 제24조 제4항에서 관계공무원이 당해 게임물 등을 수거한 때에는 그 소유자 또는 점유자에게 수거증을 교부하도록 하고 있고, 동조 제6항에서 수거 등 처분을 하는 관계공무원이나 협회 또는 단체의 임·직원은 그 권한을 표시하는 증표를 지니고 관계인에게 이를 제시하도록 하는 등의 절차적 요건을 규정하고 있으므로, 이 사건 법률조항이 적법절차의 원칙에 위배되는 것으로 보기도 어렵다(헌재 2002. 10. 31. 2000헌가12).

27

정답 ①

㉠ X 세무조사결정은 납세의무자의 권리·의무에 직접 영향을 미치는 공권력의 행사에 따른 행정작용으로서 항고소송의 대상이 된다(대판 2011. 3. 10. 2009두23617).

㉡ X 행정조사에 대해서는 행정조사기본법이 자세한 사항을 규정하고 있다.

㉢ X 우편물 통관검사절차에서 이루어지는 우편물의 개봉, 시료채취, 성분분석 등의 검사는 수출입물품에 대한 적정한 통관 등을 목적으로 한 행정조사의 성격을 가지는 것으로서 수사기관의 강제처분이라고 할 수 없으므로, 압수·수색영장 없이 우편물의 개봉, 시료채취, 성분분석 등 검사가 진행되었다 하더라도 특별한 사정이 없는 한 위법하다고 볼 수 없다(대판 2013. 9. 26. 2013도7718).

㉣ O

행정조사기본법 제17조(조사의 사전통지) ① 행정조사를 실시하고자 하는 행정기관의 장은 제9조에 따른 출석요구서, 제10조에 따른 보고요구서·자료제출요구서 및 제11조에 따른 현장출입조사서(이하 "출석요구서등"이라 한다)를 조사개시 7일 전까지 조사대상자에게 서면으로 통지하여야 한다. 다만, 다음 각 호의 어느 하나에 해당하는 경우에는 행정조사의 개시와 동시에 출석요구서등을 조사대상자에게 제시하거나 행정조사의 목적 등을 조사대상자에게 구두로 통지할 수 있다.

1. 행정조사를 실시하기 전에 관련 사항을 미리 통지하는 때에는 증거인멸 등으로 행정조사의 목적을 달성할 수 없다고 판단되는 경우
2. 「통계법」 제3조제2호에 따른 지정통계의 작성을 위하여 조사하는 경우
3. 제5조 단서에 따라 조사대상자의 자발적인 협조를 얻어 실시하는 행정조사의 경우

② 행정기관의 장이 출석요구서등을 조사대상자에게 발송하는 경우 출석요구서등의 내용이 외부에 공개되지 아니하도록 필요한 조치를 하여야 한다.

28

정답 ②

② X 지방국세청장 또는 세무서장이 조세범 처벌절차법 제17조 제1항에 따라 통고처분을 거치지 아니하고 즉시 고발하였다면 이로써 조세범칙사건에 대한 조사 및 처분 절차는 종료되고 형사사건 절차로 이행되어 지방국세청장 또는 세무서장으로서는 동일한 조세범

칙행위에 대하여 더 이상 통고처분을 할 권한이 없다(대판 2016. 9. 28. 2014도10748).

① O 대판 1995. 6. 29. 95누4674

③ O 대판 2002. 11. 22. 2001도849

④ O 통고처분은 상대방의 임의의 승복을 그 발효요건으로 하기 때문에 그 자체만으로는 통고이행을 강제하거나 상대방에게 아무런 권리의무를 형성하지 않으므로 행정심판이나 행정소송의 대상으로서의 처분성을 부여할 수 없고, 통고처분에 대하여 이의가 있으면 통고내용을 이행하지 않음으로써 고발되어 형사재판절차에서 통고처분의 위법·부당함을 얼마든지 다툴 수 있기 때문에 관세법 제38조 제3항 제2호가 법관에 의한 재판받을 권리를 침해한다든가 적법절차의 원칙에 저촉된다고 볼 수 없다(헌재 1998. 5. 28. 96헌바4).

29

정답 ①

㉠ X 토지대장에 기재된 일정한 사항을 변경하는 행위는, 그것이 지목의 변경이나 정정 등과 같이 토지소유권 행사의 전제요건으로서 토지소유자의 실체적 권리관계에 영향을 미치는 사항에 관한 것이 아닌 한 행정사무집행의 편의와 사실증명의 자료로 삼기 위한 것일 뿐이어서, 그 소유자 명의가 변경된다고 하여도 이로 인하여 당해 토지에 대한 실체상의 권리관계에 변동을 가져올 수 없고 토지소유권이 지적공부의 기재만에 의하여 증명되는 것도 아니다. 따라서 소관청이 토지대장상의 소유자명의변경신청을 거부한 행위는 이를 항고소송의 대상이 되는 행정처분이라고 할 수 없다(대판 2012. 1. 12. 2010두12354).

㉡ X 법과 법시행령 및 이 사건 지침에는 공공기관의 지방이전을 위한 정부 등의 조치와 공공기관이 이전할 혁신도시 입지선정을 위한 사항 등을 규정하고 있을 뿐 혁신도시입지 후보지에 관련된 지역 주민 등의 권리의무에 직접 영향을 미치는 규정을 두고 있지 않으므로, 피고가 원주시를 혁신도시 최종입지로 선정한 행위는 항고소송의 대상이 되는 행정처분으로 볼 수 없다(대판 2007. 11. 15. 2007두10198).

㉢ O 대판 1994. 9. 10. 94두33

㉣ X 이른바 고발은 수사의 단서에 불과할 뿐 그 자체 국민의 권리의무에 어떤 영향을 미치는 것이 아니고, 특히 독점규제및공정거래에관한법률 제71조는 공정거래위원회의 고발을 위 법률위반죄의 소추요건으로 규정하고 있어 공정거래위원회의 고발조치는 사직 당국에 대하여 형벌권 행사를 요구하는 행정기관 상호간의 행위에 불과하여 항고소송의 대상이 되는 행정처분이라 할 수 없으며, 더욱이 공정거래위원회의 고발 의결은 행정청 내부의 의사결정에 불과할 뿐 최종적인 처분은 아닌 것이므로 이 역시 항고소송의 대상이 되는 행정처분이 되지 못한다(대판 1995. 5. 12. 94누13794).

㉤ O 피고 한국마사회가 조교사 또는 기수의 면허를 부여하거나 취소하는 것은 경마를 독점적으로 개최할 수 있는 지위에서 우수한 능력을 갖추었다고 인정되는 사람에게 경마에서의 일정한 기능과 역할을 수행할 수 있는 자격을 부여하거나 이를 박탈하는 것에 지나지 아니하므로, 이는 국가 기타 행정기관으로부터 위탁받은 행정권한의 행사가 아니라 일반 사법상의 법률관계에서 이루어지는 단체 내부에서의 징계 내지 제재처분으로 봄이 상당하다(대판 2008. 1. 31. 2005두8269).

30

정답 ①

① X 재단법인 甲 수녀원이, 매립목적을 택지조성에서 조선시설용지로 변경하는 내용의 공유수면매립목적 변경 승인처분으로 인하여 법률상 보호되는 환경상 이익을 침해받았다면서 행정청을 상대로 처분의 무효 확인을 구하는 소송을 제기한 사안에서, 공유수면매립목적 변경 승인처분으로 甲 수녀원에 소속된 수녀 등이 쾌적한 환경에서 생활할 수 있는 환경상 이익을 침해받는다고 하더라도 이를 가리켜 곧바로 甲 수녀원의 법률상 이익이 침해된다고 볼 수 없고, 자연인이 아닌 甲 수녀원은 쾌적한 환경에서 생활할 수 있는 이익을 향수할 수 있는 주체가 아니므로 위 처분으로 위와 같은 생활상의 이익이 직접적으로 침해되는 관계에 있다고 볼 수도 없으며, 위 처분으로 환경에 영향을 주어 甲 수녀원이 운영하는 잼 공장에 직접적이고 구체적인 재산적 피해가 발생한다거나 甲 수녀원이 폐쇄되고 이전해야 하는 등의 피해를 받거나 받을 우려가 있다는 점 등에 관한 증명도 부족하다는 이유로, 甲 수녀원에 처분의 무효 확인을 구할 원고적격이 없다고 한 사례(대판 2012. 6. 28. 2010두2005).

② O 국민권익위원회가 소방청장에게 인사와 관련하여 부당한 지시를 한 사실이 인정된다며 이를 취소할 것을 요구하기로 의결하고 그 내용을 통지하자 소방청장이 국민권익위원회 조치요구의 취소를 구하는 소송을 제기한 사안에서, 행정기관인 국민권익위원회가 행정기관의 장에게 일정한 의무를 부과하는 내용의 조치요구를 한 것에 대하여 그 조치요구의 상대방인 행정기관의 장이 다투고자 할 경우에 법률에서 행정기관 사이의 기관소송을 허용하는 규정을 두고 있지 않으므로 이러한 조치요구를 이행할 의무를 부담하는 행정기관의 장으로서는 기관소송으로 조치요구를 다툴 수 없고, 위 조치요구에 관하여 정부 조직 내에서 그 처분의 당부에 대한 심사·조정을 할 수 있는 다른 방도도 없으며, 국민권익위원회는 헌법 제111조 제1항 제4호에서 정한 '헌법에 의하여 설치된 국가기관'이라고 할 수 없으므로 그에 관한 권한쟁의심판도 할 수 없고, 별도의 법인격이 인정되는 국가기관이 아닌 소방청장은 질서위반행위규제법에 따른 구제를 받을 수도 없는 점, 부패방지 및 국민권익위원회의 설치와 운영에 관한 법률은 소방청장에게 국민권익위원회의 조치요구에 따라야 할 의무를 부담시키는 외에 별도로 그 의무를 이행하지 않을 경우 과태료나 형사처벌까지 정하고 있으므로 위와 같은 조치요구에 불복하고자 하는 '소속기관 등의 장'에게는 조치요구를 다툴 수 있는 소송상의 지위를 인정할 필요가 있는 점에 비추어, 처분성이 인정되는 국민권익위원회의 조치요구에 불복하고자 하는 소방청장으로서는 조치요구의 취소를 구하는 항고소송을 제기하는 것이 유효·적절한 수단으로 볼 수 있으므로 소방청장은 예외적으로 당사자능력과 원고적격을 가진다고 한 사례(대판 2018. 8. 1. 2014두35379).

③ O [1] 공유수면매립면허처분과 농지개량사업 시행인가처분의 근거 법규 또는 관련 법규가 되는 구 공유수면매립법(1997. 4. 10. 법률 제5337호로 개정되기 전의 것), 구 농촌근대화촉진법(1994. 12. 22. 법률 제4823호로 개정되기 전의 것), 구 환경보전법(1990.

8. 1. 법률 제4257호로 폐지), 구 환경보전법 시행령(1991. 2. 2. 대통령령 제13303호로 폐지), 구 환경정책기본법(1993. 6. 11. 법률 제4567호로 개정되기 전의 것), 구 환경정책기본법 시행령(1992. 8. 22. 대통령령 제13715호로 개정되기 전의 것)의 각 관련 규정의 취지는, 공유수면매립과 농지개량사업시행으로 인하여 직접적이고 중대한 환경피해를 입으리라고 예상되는 환경영향평가 대상지역 안의 주민들이 전과 비교하여 수인한도를 넘는 환경침해를 받지 아니하고 쾌적한 환경에서 생활할 수 있는 개별적 이익까지도 이를 보호하려는 데에 있다고 할 것이므로, 위 주민들이 공유수면매립면허처분 등과 관련하여 갖고 있는 위와 같은 환경상의 이익은 주민 개개인에 대하여 개별적으로 보호되는 직접적·구체적 이익으로서 그들에 대하여는 특단의 사정이 없는 한 환경상의 이익에 대한 침해 또는 침해우려가 있는 것으로 사실상 추정되어 공유수면매립면허처분 등의 무효확인을 구할 원고적격이 인정된다. 한편, 환경영향평가 대상지역 밖의 주민이라 할지라도 공유수면매립면허처분 등으로 인하여 그 처분 전과 비교하여 수인한도를 넘는 환경피해를 받거나 받을 우려가 있는 경우에는, 공유수면매립면허처분 등으로 인하여 환경상 이익에 대한 침해 또는 침해우려가 있다는 것을 입증함으로써 그 처분 등의 무효확인을 구할 원고적격을 인정받을 수 있다(대판 2006. 3. 16. 2006두330 전원합의체).

④ ⭘ 면허나 인·허가 등의 수익적 행정처분의 근거가 되는 법률이 해당 업자들 사이의 과당경쟁으로 인한 경영의 불합리를 방지하는 것도 그 목적으로 하고 있는 경우, 다른 업자에 대한 면허나 인·허가 등의 수익적 행정처분에 대하여 미리 같은 종류의 면허나 인·허가 등의 처분을 받아 영업을 하고 있는 기존의 업자는 경업자에 대하여 이루어진 면허나 인·허가 등 행정처분의 상대방이 아니라 하더라도 당해 행정처분의 취소를 구할 원고적격이 있다(대판 2010. 6. 10. 2009두10512).

31

정답 ③

③ ⊗ 위법한 행정처분의 취소를 구하는 소는 위법한 처분에 의하여 발생한 위법상태를 배제하여 원상으로 회복시키고 그 처분으로 침해되거나 방해받은 권리와 이익을 보호·구제하고자 하는 소송이므로 비록 그 위법한 처분을 취소한다 하더라도 원상회복이 불가능한 경우에는 그 취소를 구할 이익이 없다 할 것인바, 건축허가에 기하여 이미 건축공사를 완료하였다면 그 건축허가처분의 취소를 구할 이익이 없다 할 것이고, 이와 같이 건축허가처분의 취소를 구할 이익이 없게 되는 것은 건축허가처분의 취소를 구하는 소를 제기하기 전에 건축공사가 완료된 경우 뿐 아니라 소를 제기한 후 사실심 변론종결일 전에 건축공사가 완료된 경우에도 마찬가지이다(대판 2007. 4. 26. 2006두18409).

① ⭘ 제재적 행정처분의 가중사유나 전제요건에 관한 규정이 법령이 아니라 규칙의 형식으로 되어 있다고 하더라도, 그러한 규칙이 법령에 근거를 두고 있는 이상 그 법적 성질이 대외적·일반적 구속력을 갖는 법규명령인지 여부와는 상관없이, 관할 행정청이나 담당 공무원은 이를 준수할 의무가 있으므로 이들이 그 규칙에 정해진 바에 따라 행정작용을 할 것이 당연히 예견되고, 그 결과 행정작용의 상대방인 국민으로서는 그 규칙의 영향을 받을 수밖에 없다. 따라서 그러한 규칙이 정한 바에 따라 선행처분을 받은 상대방이 그 처분의 존재로 인하여 장래에 받을 불이익, 즉 후행처분의 위험은 구체적이고 현실적인 것이므로, 상대방에게는 선행처분의 취소소송을 통하여 그 불이익을 제거할 필요가 있다고 할 것이다(대판 2006. 6. 22. 2003두1684 전원합의체).

② ⭘ 원고가 이 사건 제명의결 취소소송 계속중 임기가 만료되어 제명의결의 취소로 지방의회 의원으로서의 지위를 회복할 수는 없다 할지라도, 그 취소로 인하여 최소한 제명의결시부터 임기만료일까지의 기간에 대해 월정수당의 지급을 구할 수 있는 등 여전히 그 제명의결의 취소를 구할 법률상 이익은 남아 있다고 보아야 한다(대판 2009. 1. 30. 2007두13487).

④ ⭘ 취임승인이 취소된 학교법인의 정식이사들로서는 그 취임승인취소처분 및 임시이사 선임처분에 대한 각 취소를 구할 법률상 이익이 있고, 나아가 선행 임시이사 선임처분의 취소를 구하는 소송 도중에 선행 임시이사가 후행 임시이사로 교체되었다고 하더라도 여전히 선행 임시이사 선임처분의 취소를 구할 법률상 이익이 있다(대판 2007. 7. 19. 2006두19297 전원합의체).

32

정답 ②

㉠ ⭘ 공정거래위원회의 '표준약관 사용권장행위'는 그 통지를 받은 해당 사업자 등에게 표준약관과 다른 약관을 사용할 경우 표준약관과 다르게 정한 주요내용을 고객이 알기 쉽게 표시하여야 할 의무를 부과하고, 그 불이행에 대해서는 과태료에 처하도록 되어 있으므로, 이는 사업자 등의 권리·의무에 직접 영향을 미치는 행정처분으로서 항고소송의 대상이 된다(대판 2010. 10. 14. 2008두23184).

㉡ ⊗ 어업권면허에 선행하는 우선순위결정은 행정청이 우선권자로 결정된 자의 신청이 있으면 어업권면허처분을 하겠다는 것을 약속하는 행위로서 **강학상 확약에 불과하고 행정처분은 아니므로**, 우선순위결정에 공정력이나 불가쟁력과 같은 효력은 인정되지 아니한다(대판 1995. 1. 20. 94누6529).

㉢ ⭘ 피해자의 의사와 무관하게 주민등록번호가 유출된 경우에는 조리상 주민등록번호의 변경을 요구할 신청권을 인정함이 타당하고, 구청장의 주민등록번호 변경신청 거부행위는 항고소송의 대상이 되는 행정처분에 해당한다(대판 2017. 6. 15. 2013두2945).

㉣ ⊗ 검사의 불기소처분에 대하여는 검찰청법에 의한 항고와 재항고 및 형사소송법에 의한 준기소절차에 의해서만 불복할 수 있는 것이므로 검사의 불기소처분이나 그에 대한 항고 또는 재항고결정에 대하여는 행정소송을 제기할 수 없다(대판 1989. 10. 10. 89누2271).

㉤ ⭘ 단수처분을 두고 그것이 항고소송의 대상이 되는가에 관하여 원심이 약간의 의문을 가지고 있었음이 판시이유에서 간취된다 하더라도 결론에 있어 항고소송의 대상이 되는 것으로 보고 판단하고 있으니 이 점에 관한 원심의 판단은 결국 원고들의 주장과도 일치하여 원고들 스스로 이를 탓할 수도 없으므로 논지 이유 없다(대판 1979. 12. 28. 79누218).

33

정답 ④

④ O

행정심판법 제5조(행정심판의 종류) 행정심판의 종류는 다음 각 호와 같다.
1. 취소심판: 행정청의 위법 또는 부당한 처분을 취소하거나 변경하는 행정심판
2. 무효등확인심판: 행정청의 처분의 효력 유무 또는 존재 여부를 확인하는 행정심판
3. 의무이행심판: 당사자의 신청에 대한 행정청의 위법 또는 부당한 거부처분이나 부작위에 대하여 일정한 처분을 하도록 하는 행정심판

① X

행정심판법 제39조(직권심리) 위원회는 필요하면 당사자가 주장하지 아니한 사실에 대하여도 심리할 수 있다.

② X 행정심판의 재결은 피청구인인 행정청을 기속하는 효력을 가지므로 재결청이 취소심판의 청구가 이유 있다고 인정하여 처분청에 처분을 취소할 것을 명하면 처분청으로서는 재결의 취지에 따라 처분을 취소하여야 하지만, 나아가 재결에 판결에서와 같은 기판력이 인정되는 것은 아니어서 재결이 확정된 경우에도 처분의 기초가 된 사실관계나 법률적 판단이 확정되고 당사자들이나 법원이 이에 기속되어 모순되는 주장이나 판단을 할 수 없게 되는 것은 아니다(대판 2015. 11. 27. 2013다6759).

③ X 행정처분의 취소를 구하는 항고소송에서 처분청은 당초 처분의 근거로 삼은 사유와 기본적 사실관계가 동일성이 있다고 인정되는 한도 내에서만 다른 사유를 추가 또는 변경할 수 있고, 이러한 기본적 사실관계의 동일성 유무는 처분사유를 법률적으로 평가하기 이전의 구체적 사실에 착안하여 그 기초인 사회적 사실관계가 기본적인 점에서 동일한지에 따라 결정되므로, 추가 또는 변경된 사유가 처분 당시에 이미 존재하고 있었다거나 당사자가 그 사실을 알고 있었다고 하여 당초의 처분사유와 동일성이 있다고 할 수 없다. 그리고 이러한 법리는 행정심판 단계에서도 그대로 적용된다(대판 2014. 5. 16. 2013두26118).

34

정답 ④

④ X 추가 또는 변경된 사유가 당초의 처분시 그 사유를 명기하지 않았을 뿐 처분시에 이미 존재하고 있었고 당사자도 그 사실을 알고 있었다 하여 당초의 처분사유와 동일성이 있는 것이라 할 수 없다(대판 1992. 2. 14. 91누3895).

① O 행정처분의 취소를 구하는 항고소송에 있어서 처분청은 당초 처분의 근거로 삼은 사유와 기본적 사실관계가 동일성이 있다고 인정되는 한도 내에서만 다른 사유를 추가하거나 변경할 수 있을 뿐이므로(대판 1992. 2. 14. 91누3895 참조) 처분 이후에 발생한 새로운 사실적, 법적 사유는 당초 처분의 근거로 삼은 사유와 기본적 사실관계의 동일성이 인정되지 않으므로 추가하거나 변경하는 것이 허용되지 않는다. 이 경우에는 당초처분을 취소하고 새로운 사유를 들어 새로운 처분을 할 수 밖에 없다.

② O 대판 1991. 11. 8. 91누70

③ O 대판 2001. 9. 28. 2000두8684

35

정답 ④

④ O

행정심판법 제3조(행정심판의 대상) ① 행정청의 처분 또는 부작위에 대하여는 다른 법률에 특별한 규정이 있는 경우 외에는 이 법에 따라 행정심판을 청구할 수 있다.
② 대통령의 처분 또는 부작위에 대하여는 다른 법률에서 행정심판을 청구할 수 있도록 정한 경우 외에는 행정심판을 청구할 수 없다.

① X ② X

행정심판법 제5조(행정심판의 종류) 행정심판의 종류는 다음 각 호와 같다.
1. 취소심판: 행정청의 위법 또는 부당한 처분을 취소하거나 변경하는 행정심판
2. 무효등확인심판: 행정청의 처분의 효력 유무 또는 존재 여부를 확인하는 행정심판
3. 의무이행심판: 당사자의 신청에 대한 행정청의 위법 또는 부당한 거부처분이나 부작위에 대하여 일정한 처분을 하도록 하는 행정심판

③ X 개별법률에 행정심판의 제기를 배제하는 명시적인 규정이 없고 개별법상 이의신청과 행정심판이 그 절차 및 담당 기관에 차이가 있다면, 이의신청과 별도로 행정심판을 청구할 수 있다(대판 2010. 1. 28. 2008두19987 참조).

36

정답 ③

③ X 공무원의 부작위로 인한 국가배상책임을 인정하기 위하여는 공무원의 작위로 인한 국가배상책임을 인정하는 경우와 마찬가지로 "공무원이 그 직무를 집행함에 당하여 고의 또는 과실로 법령에 위반하여 타인에게 손해를 가한 때"라고 하는 국가배상법 제2조 제1항의 요건이 충족되어야 할 것이다. 여기서 '법령에 위반하여'라고 함은 엄격하게 형식적 의미의 법령에 명시적으로 공무원의 작위의무가 정하여져 있음에도 이를 위반하는 경우만을 의미하는 것은 아니고, 인권존중·권력남용금지·신의성실과 같이 공무원으로서 마땅히 지켜야 할 준칙이나 규범을 지키지 아니하고 위반한 경우를 포함하여 널리 그 행위가 객관적인 정당성을 결여하고 있는 경우도 포함한다(대판 2012. 7. 26. 2010다95666).

① O 일반적으로 공무원이 직무를 집행함에 있어서 관계법규를 알지 못하거나 필요한 지식을 갖추지 못하여 법규의 해석을 그르쳐 잘못된 행정처분을 하였다면 그가 법률전문가가 아닌 행정직 공무원이라고 하여 과실이 없다고 할 수 없으나, 법령에 대한 해석이 그 문언 자체만으로는 명백하지 아니하여 여러 견해가 있을 수 있는 데다가 이에 대한 선례나 학설, 판례 등도 귀일된 바 없어 의의(疑義)가

없을 수 없는 경우에 관계 공무원이 그 나름대로 신중을 다하여 합리적인 근거를 찾아 그 중 어느 한 견해를 따라 내린 해석이 후에 대법원이 내린 입장과 같지 않아 결과적으로 잘못된 해석에 돌아가고, 이에 따른 처리가 역시 결과적으로 위법하게 되어 그 법령의 부당집행이라는 결과를 가져오게 되었다고 하더라도, 그와 같은 처리 방법 이상의 것을 성실한 평균적 공무원에게 기대하기는 어려운 일이고, 따라서 이러한 경우에까지 국가배상법상 공무원의 과실을 인정할 수는 없다(대판 1995. 10. 13. 95다32747).

② ⓞ 공무원의 직무집행상 과실이란 공무원이 직무를 수행하면서 해당 직무를 담당하는 평균인이 통상 갖추어야 할 주의의무를 게을리한 것을 말한다. 공무원에게 부과된 직무상 의무의 내용이 단순히 공공 일반의 이익을 위한 것이거나 행정기관 내부의 질서를 규율하기 위한 것이 아니고 전적으로 또는 부수적으로 사회구성원 개인의 안전과 이익을 보호하기 위하여 설정된 것이라면, 공무원이 그와 같은 직무상 의무를 위반함으로써 피해자가 입은 손해에 대해서는 상당인과관계가 인정되는 범위에서 국가가 배상책임을 진다(대판 2021. 6. 10. 2017다286874).

④ ⓞ 공무수탁법인은 국가배상법상 공무원에 해당하지 않으므로 국가배상법이 아닌 민법 제750조에 따른 불법행위책임을 부담하게 된다.

37

정답 ①

① ⓧ 어떤 보상항목이 공익사업을 위한 토지 등의 취득 및 보상에 관한 법령상 손실보상대상에 해당함에도 관할 토지수용위원회가 사실을 오인하거나 법리를 오해함으로써 손실보상대상에 해당하지 않는다고 잘못된 내용의 재결을 한 경우에는, 피보상자는 관할 토지수용위원회를 상대로 그 재결에 대한 취소소송을 제기할 것이 아니라, 사업시행자를 상대로 구 공익사업을 위한 토지 등의 취득 및 보상에 관한 법률(2013. 3. 23. 법률 제11690호로 개정되기 전의 것) 제85조 제2항에 따른 보상금증감소송을 제기하여야 한다(대판 2018. 7. 20. 2015두4044).

② ⓞ 토지수용으로 인한 손실보상액을 산정함에 있어서 당해 공공사업의 시행을 직접목적으로 하는 계획의 승인, 고시로 인한 가격변동은 이를 고려함이 없이 수용재결 당시의 가격을 기준으로 하여 적정가격을 정하여야 하나, 당해 공공사업과는 관계없는 다른 사업의 시행으로 인한 개발이익은 이를 배제하지 아니한 가격으로 평가하여야 한다(대판 1992. 2. 11. 91누7774).

③ ⓞ 영업손실에 관한 보상에 있어 공특법 시행규칙 제24조 제2항 제1호 내지 제3호에 의한 영업의 폐지로 볼 것인지 아니면 영업의 휴업으로 볼 것인지를 구별하는 기준은 당해 영업을 그 영업소 소재지나 인접 시·군 또는 구 지역 안의 다른 장소로 이전하는 것이 가능한지의 여부에 달려 있고, 이러한 이전가능 여부는 법령상의 이전장애사유 유무와 당해 영업의 종류와 특성, 영업시설의 규모, 인접지역의 현황과 특성, 그 이전을 위하여 당사자가 들인 노력 등과 인근 주민들의 이전 반대 등과 같은 사실상의 이전장애사유 유무 등을 종합하여 판단하여야 한다(대판 2006. 9. 8. 2004두7672).

④ ⓞ 공익사업을 위한 토지 등의 취득 및 보상에 관한 법률(이하 '토지보상법'이라 한다) 제79조 제2항(그 밖의 토지에 관한 비용보상 등)에 따른 손실보상과 환경정책기본법 제44조 제1항(환경오염의 피해에 대한 무과실책임)에 따른 손해배상은 근거 규정과 요건·효과를 달리하는 것으로서, 각 요건이 충족되면 성립하는 별개의 청구권이다. 다만 손실보상청구권에는 이미 '손해 전보'라는 요소가 포함되어 있어 실질적으로 같은 내용의 손해에 관하여 양자의 청구권을 동시에 행사할 수 있다고 본다면 이중배상의 문제가 발생하므로, 실질적으로 같은 내용의 손해에 관하여 양자의 청구권이 동시에 성립하더라도 영업자는 어느 하나만을 선택적으로 행사할 수 있을 뿐이고, 양자의 청구권을 동시에 행사할 수는 없다(대판 2019. 11. 28. 2018두227).

38

정답 ③

③ ⓧ 상급행정기관이 소속 공무원이나 하급행정기관에 대하여 업무처리지침이나 법령의 해석·적용 기준을 정해 주는 '행정규칙'은 일반적으로 행정조직 내부에서만 효력을 가질 뿐 대외적으로 국민이나 법원을 구속하는 효력이 없다. 처분이 행정규칙을 위반하였다고 해서 그러한 사정만으로 곧바로 위법하게 되는 것은 아니고, 처분이 행정규칙을 따른 것이라고 해서 적법성이 보장되는 것도 아니다. 처분이 적법한지는 행정규칙에 적합한지 여부가 아니라 상위법령의 규정과 입법 목적 등에 적합한지 여부에 따라 판단해야 한다. 상급행정기관이 소속 공무원이나 하급행정기관에 하는 개별·구체적인 지시도 마찬가지이다. 상급행정기관의 지시는 일반적으로 행정조직 내부에서만 효력을 가질 뿐 대외적으로 국민이나 법원을 구속하는 효력이 없다. 대외적으로 처분 권한이 있는 처분청이 상급행정기관의 지시를 위반하는 처분을 하였다고 해서 그러한 사정만으로 처분이 곧바로 위법하게 되는 것은 아니고, 처분이 상급행정기관의 지시를 따른 것이라고 해서 적법성이 보장되는 것도 아니다. 처분이 적법한지는 상급행정기관의 지시를 따른 것인지 여부가 아니라, 헌법과 법률, 대외적으로 구속력 있는 법령의 규정과 입법 목적, 비례·평등원칙과 같은 법의 일반원칙에 적합한지 여부에 따라 판단해야 한다(대판 2019. 7. 11. 2017두38874).

① ⓞ

국가공무원법 제66조(집단 행위의 금지) ① 공무원은 노동운동이나 그 밖에 공무 외의 일을 위한 집단 행위를 하여서는 아니 된다. 다만, 사실상 노무에 종사하는 공무원은 예외로 한다.
지방공무원법 제58조(집단행위의 금지) ① 공무원은 노동운동이나 그 밖에 공무 외의 일을 위한 집단행위를 하여서는 아니 된다. 다만, 사실상 노무에 종사하는 공무원은 예외로 한다.

특수경력직공무원에 대하여는 공무 외의 집단행위를 금지하는 구 지방공무원법 제58조 제1항은 적용된다(대판 2012. 6. 14. 2010도14409).

② O

공무원의 노동조합 설립 및 운영 등에 관한 법률 제4조(정치활동의 금지) 노동조합과 그 조합원은 정치활동을 하여서는 아니 된다.

제11조(쟁의행위의 금지) 노동조합과 그 조합원은 파업, 태업 또는 그 밖에 업무의 정상적인 운영을 방해하는 어떠한 행위도 하여서는 아니 된다.

④ O 공무원이 그 직무를 수행함에 있어 상관은 하관에 대하여 범죄행위 등 위법한 행위를 하도록 명령할 직권이 없는 것이고, 하관은 소속상관의 적법한 명령에 복종할 의무는 있으나 그 명령이 참고인으로 소환된 사람에게 가혹행위를 가하라는 등과 같이 명백한 위법 내지 불법한 명령인 때에는 이는 벌써 직무상의 지시명령이라 할 수 없으므로 이에 따라야 할 의무는 없다(대판 1988. 2. 23. 87도2358).

39

정답 ④

㉠ O

경찰관 직무집행법 제7조(위험 방지를 위한 출입) ① 경찰관은 제5조제1항·제2항 및 제6조에 따른 위험한 사태가 발생하여 사람의 생명·신체 또는 재산에 대한 위해가 임박한 때에 그 위해를 방지하거나 피해자를 구조하기 위하여 부득이하다고 인정하면 합리적으로 판단하여 필요한 한도에서 다른 사람의 토지·건물·배 또는 차에 출입할 수 있다.
② 흥행장(興行場), 여관, 음식점, 역, 그 밖에 많은 사람이 출입하는 장소의 관리자나 그에 준하는 관계인은 경찰관이 범죄나 사람의 생명·신체·재산에 대한 위해를 예방하기 위하여 해당 장소의 영업시간이나 해당 장소가 일반인에게 공개된 시간에 그 장소에 출입하겠다고 요구하면 정당한 이유 없이 그 요구를 거절할 수 없다.
③ 경찰관은 대간첩 작전 수행에 필요할 때에는 작전지역에서 제2항에 따른 장소를 검색할 수 있다.
④ 경찰관은 제1항부터 제3항까지의 규정에 따라 필요한 장소에 출입할 때에는 그 신분을 표시하는 증표를 제시하여야 하며, 함부로 관계인이 하는 정당한 업무를 방해해서는 아니 된다.

㉡ X 경찰관직무집행법 제5조는 경찰관은 인명 또는 신체에 위해를 미치거나 재산에 중대한 손해를 끼칠 우려가 있는 위험한 사태가 있을 때에는 그 각 호의 조치를 취할 수 있다고 규정하여 형식상 경찰관에게 재량에 의한 직무수행권한을 부여한 것처럼 되어 있으나, 경찰관에게 그러한 권한을 부여한 취지와 목적에 비추어 볼 때 구체적인 사정에 따라 경찰관이 그 권한을 행사하여 필요한 조치를 취하지 아니하는 것이 현저하게 불합리하다고 인정되는 경우에는 그러한 권한의 불행사는 직무상의 의무를 위반한 것이 되어 위법하게 된다(대판 1998. 8. 25. 98다16890).

㉢ X 구 집회 및 시위에 관한 법률(2007. 5. 11. 법률 제8424호로 개정되기 전의 것)에 의하여 금지되어 그 주최 또는 참가행위가 형사처벌의 대상이 되는 위법한 집회·시위가 장차 특정지역에서 개최될 것이 예상된다고 하더라도, 이와 시간적·장소적으로 근접하지 않은 다른 지역에서 그 집회·시위에 참가하기 위하여 출발 또는 이동하는 행위를 함부로 제지하는 것은 경찰관직무집행법 제6조 제1항의 행정상 즉시강제인 경찰관의 제지의 범위를 명백히 넘어 허용될 수 없다. 따라서 이러한 제지 행위는 공무집행방해죄의 보호대상이 되는 공무원의 적법한 직무집행이 아니다(대판 2008. 11. 13. 2007도9794).

㉣ O

경찰관직무집행법 제5조(위험 발생의 방지 등) ① 경찰관은 사람의 생명 또는 신체에 위해를 끼치거나 재산에 중대한 손해를 끼칠 우려가 있는 천재(天災), 사변(事變), 인공구조물의 파손이나 붕괴, 교통사고, 위험물의 폭발, 위험한 동물 등의 출현, 극도의 혼잡, 그 밖의 위험한 사태가 있을 때에는 다음 각 호의 조치를 할 수 있다.
1. 그 장소에 모인 사람, 사물(事物)의 관리자, 그 밖의 관계인에게 필요한 경고를 하는 것
2. 매우 긴급한 경우에는 위해를 입을 우려가 있는 사람을 필요한 한도에서 억류하거나 피난시키는 것
3. 그 장소에 있는 사람, 사물의 관리자, 그 밖의 관계인에게 위해를 방지하기 위하여 필요하다고 인정되는 조치를 하게 하거나 직접 그 조치를 하는 것

② 경찰관서의 장은 대간첩 작전의 수행이나 소요(騷擾) 사태의 진압을 위하여 필요하다고 인정되는 상당한 이유가 있을 때에는 대간첩 작전지역이나 경찰관서·무기고 등 국가중요시설에 대한 접근 또는 통행을 제한하거나 금지할 수 있다.
③ 경찰관은 제1항의 조치를 하였을 때에는 지체 없이 그 사실을 소속 경찰관서의 장에게 보고하여야 한다.
④ 제2항의 조치를 하거나 제3항의 보고를 받은 경찰관서의 장은 관계 기관의 협조를 구하는 등 적절한 조치를 하여야 한다.

40

정답 ①

① X 범죄의 예방·진압 및 수사는 경찰관의 직무에 해당하며(경찰관직무집행법 제2조 제1호 참조), 그 직무행위의 구체적 내용이나 방법 등이 경찰관의 전문적 판단에 기한 합리적인 재량에 위임되어 있으므로, 경찰관이 구체적 상황하에서 그 인적·물적 능력의 범위 내에서의 적절한 조치라는 판단에 따라 범죄의 진압 및 수사에 관한 직무를 수행한 경우, 경찰관에게 그와 같은 권한을 부여한 취지와 목적, 경찰관이 다른 조치를 취하지 아니함으로 인하여 침해된 국민의 법익 또는 국민에게 발생한 손해의 심각성 내지 그 절박한 정도, 경찰관이 그와 같은 결과를 예견하여 그 결과를 회피하기 위한 조치를 취할 수 있는 가능성이 있는지 여부 등을 종합적으로 고려하여 볼 때, 그것이 객관적 정당성을 상실하여 현저하게 불합리하다고 인정되지 않는다면 그와 다른 조치를 취하지 아니한 부작위를 내세워 국가배상책임의 요건인 법령 위반에 해당한다고 할 수 없다(대판 2007. 10. 25. 2005다23438).

② O 대판 2019. 1. 17. 2015다236196

③ O 경찰관직무집행법 제6조 제1항에 따른 경찰관의 제지 조치

가 적법한 직무집행으로 평가될 수 있기 위해서는, 형사처벌의 대상이 되는 행위가 눈앞에서 막 이루어지려고 하는 것이 객관적으로 인정될 수 있는 상황이고, 그 행위를 당장 제지하지 않으면 곧 인명·신체에 위해를 미치거나 재산에 중대한 손해를 끼칠 우려가 있는 상황이어서, 직접 제지하는 방법 외에는 위와 같은 결과를 막을 수 없는 절박한 사태이어야 한다. 다만, 경찰관의 제지 조치가 적법한지 여부는 제지 조치 당시의 구체적 상황을 기초로 판단하여야 하고 사후적으로 순수한 객관적 기준에서 판단할 것은 아니다(대판 2013. 6. 13. 2012도9937).

④ O **대판** 2012. 9. 13. 2010도6203

03 실전 기출문제 2024. 11. 02. 시행 소방승진 행정법								문제 71쪽	
01	③	02	②	03	①	04	④	05	①
06	③	07	①	08	④	09	③	10	②
11	③	12	②	13	②	14	③	15	④
16	①	17	③	18	①	19	②	20	②
21	③	22	④	23	②	24	②	25	②

01

정답 ③

③ X **부당결부금지의 원칙**이란 행정주체가 행정작용을 함에 있어서 상대방에게 이와 실질적인 관련이 없는 의무를 부과하거나 그 이행을 강제하여서는 아니 된다는 원칙을 말한다(대판 2009. 2. 12. 2005다65500).

참고

행정기본법 제12조(신뢰보호의 원칙) ① 행정청은 공익 또는 제3자의 이익을 현저히 해칠 우려가 있는 경우를 제외하고는 행정에 대한 국민의 정당하고 합리적인 신뢰를 보호하여야 한다.
② 행정청은 권한 행사의 기회가 있음에도 불구하고 장기간 권한을 행사하지 아니하여 국민이 그 권한이 행사되지 아니할 것으로 믿을 만한 정당한 사유가 있는 경우에는 그 권한을 행사해서는 아니 된다. 다만, 공익 또는 제3자의 이익을 현저히 해칠 우려가 있는 경우는 예외로 한다.

제13조(부당결부금지의 원칙) 행정청은 행정작용을 할 때 상대방에게 해당 행정작용과 실질적인 관련이 없는 의무를 부과해서는 아니 된다.

① O 재량준칙은 일반적으로 행정조직 내부에서만 효력을 가질 뿐 대외적인 구속력을 갖는 것은 아니므로 행정처분이 이를 위반하였다고 하여 그러한 사정만으로 곧바로 위법하게 되는 것은 아니고, 다만 그 재량준칙이 정한 바에 따라 되풀이 시행되어 행정관행이 이루어지게 되면 평등의 원칙이나 신뢰보호의 원칙에 따라 행정기관은 상대방에 대한 관계에서 그 규칙에 따라야 할 자기구속을 받게 되므로, 이러한 경우에는 특별한 사정이 없는 한 그에 반하는 처분은 평등의 원칙이나 신뢰보호의 원칙에 어긋나 재량권을 일탈·남용한 위법한 처분이 된다(대판 2013. 11. 14. 2011두28783).

② O 귀책사유라 함은 행정청의 견해표명의 하자가 상대방 등 관계자의 사실은폐나 기타 사위의 방법에 의한 신청행위 등 부정행위에 기인한 것이거나 그러한 부정행위가 없다고 하더라도 하자가 있음을 알았거나 중대한 과실로 알지 못한 경우 등을 의미한다고 해석함이 상당하고, 귀책사유의 유무는 상대방과 그로부터 신청행위를 위임받은 수임인 등 관계자 모두를 기준으로 판단하여야 한다(대판 2002. 11. 8. 2001두1512).

④ O 신뢰보호의 원칙은 행정청이 공적인 견해를 표명할 당시의 사정이 그대로 유지됨을 전제로 적용되는 것이 원칙이므로, 사후에 그와 같은 사정이 변경된 경우에는 그 공적 견해가 더 이상 개인에게 신뢰의 대상이 된다고 보기 어려운 만큼, 특별한 사정이 없는 한 행정청이 그 견해표명에 반하는 처분을 하더라도 신뢰보호의 원칙에 위반된다고 할 수 없다(대판 2020. 6. 25. 2018두34732).

02

정답 ②

② ✕ 재량행위에 대한 법원의 사법심사는 당해 행위가 사실오인, 비례·평등의 원칙 위배, 당해 행위의 목적 위반이나 부정한 동기 등에 근거하여 이루어짐으로써 재량권의 일탈·남용이 있는지 여부만을 심사하게 되는 것이나, 법원의 심사결과 행정청의 재량행위가 사실오인 등에 근거한 것이라고 인정되는 경우에는 이는 재량권을 일탈·남용한 것으로서 위법하여 그 취소를 면치 못한다 할 것이다(대판 2001. 7. 27. 99두8589).

① O 재량권 불행사나 해태는 그 자체로서 재량권의 일탈·남용에 해당한다(대판 2020. 6. 4. 2015두39996 참조).

③ O 재량행위에 해당하는 행정행위에 대한 사법심사는 기속행위에 대한 사법심사와는 달리 행정청의 재량에 기초한 공익 판단의 여지를 감안하여 법원이 독자적인 결론을 내리지 않고 해당 행위에 재량권의 일탈·남용이 있는지 여부만을 심사하게 되고, 이러한 재량권의 일탈·남용 여부에 대한 심사는 사실오인, 비례·평등의 원칙 위배 등을 그 판단 대상으로 하며, 이러한 재량권의 일탈·남용에 대하여는 그 행정행위의 효력을 다투는 사람이 증명책임을 진다(대판 2016. 10. 27. 2015두41579).

④ O 대판 2002. 9. 24. 2002두6620

03

정답 ①

① ✕ 부담부 행정처분에 있어서 처분의 상대방이 부담(의무)을 이행하지 아니한 경우에 처분행정청으로서는 이를 들어 당해 처분을 취소(철회)할 수 있는 것이다(대판 1989. 10. 24. 89누2431).

② O

행정기본법 제17조(부관) ① 행정청은 처분에 재량이 있는 경우에는 부관(조건, 기한, 부담, 철회권의 유보 등을 말한다. 이하 이 조에서 같다)을 붙일 수 있다.
② 행정청은 처분에 재량이 없는 경우에는 법률에 근거가 있는 경우에 부관을 붙일 수 있다.
③ 행정청은 부관을 붙일 수 있는 처분이 다음 각 호의 어느 하나에 해당하는 경우에는 그 처분을 한 후에도 부관을 새로 붙이거나 종전의 부관을 변경할 수 있다.
1. 법률에 근거가 있는 경우
2. 당사자의 동의가 있는 경우
3. 사정이 변경되어 부관을 새로 붙이거나 종전의 부관을 변경하지 아니하면 해당 처분의 목적을 달성할 수 없다고 인정되는 경우

④ 부관은 다음 각 호의 요건에 적합하여야 한다.
1. 해당 처분의 목적에 위배되지 아니할 것
2. 해당 처분과 실질적인 관련이 있을 것
3. 해당 처분의 목적을 달성하기 위하여 필요한 최소한의 범위일 것

③ O 종전의 허가가 기한의 도래로 실효한 이상 원고가 종전 허가의 유효기간이 지나서 신청한 이 사건 기간연장신청은 그에 대한 종전의 허가처분을 전제로 하여 단순히 그 유효기간을 연장하여 주는 행정처분을 구하는 것이라기 보다는 종전의 허가처분과는 별도의 새로운 허가를 내용으로 하는 행정처분을 구하는 것이라고 보아야 할 것이어서, 이러한 경우 허가권자는 이를 새로운 허가신청으로 보아 법의 관계 규정에 의하여 허가요건의 적합 여부를 새로이 판단하여 그 허가 여부를 결정하여야 할 것이다(대판 1995. 11. 10. 94누11866).

④ O 허가 또는 특허에 종료의 기한을 정하거나 취소권을 유보한 경우 그 기한이 그 허가 또는 특허된 그 사업의 성질상 부당하게 짧게 정하여졌다면 그 기한은 허가 또는 특허의 존속기한을 정한 것이며 그 기한도래시 그 조건의 개정을 고려한다는 뜻으로 해석할 것이고 또 취소권의 유보의 경우에 있어서도 무조건으로 취소권을 행사할 수 있는 것이 아니고 취소를 필요로 할 만한 공익상의 필요가 있는 때에 한하여 취소권을 행사할 수 있는 것이다(대판 1962. 2. 22. 4293행상42).

04

정답 ④

④ ✕ [1] 상대방 있는 행정처분은 특별한 규정이 없는 한 의사표시에 관한 일반법리에 따라 상대방에게 고지되어야 효력이 발생하고, 상대방 있는 행정처분이 상대방에게 고지되지 아니한 경우에는 상대방이 다른 경로를 통해 행정처분의 내용을 알게 되었다고 하더라도 행정처분의 효력이 발생한다고 볼 수 없다.
[2] 피고가 인터넷 홈페이지에 이 사건 처분의 결정 내용을 게시한 것만으로는 행정절차법 제14조에서 정한 바에 따라 송달이 이루어졌다고 볼 수 없고, 원고가 그 홈페이지에 접속하여 결정 내용을 확인하여 알게 되었다고 하더라도 마찬가지이다(대판 2019. 8. 9. 2019두38656).

① O 망인에 대한 서훈취소는 유족에 대한 것이 아니므로 유족에 대한 통지에 의해서만 성립하여 효력이 발생한다고 볼 수 없고, 그 결정이 처분권자의 의사에 따라 상당한 방법으로 대외적으로 표시됨으로써 행정행위로서 성립하여 효력이 발생한다(대판 2015. 4. 23. 2012두26920).

② O 대판 2002. 7. 26. 2000다25002

③ O 상대방이 부당하게 등기취급 우편물의 수취를 거부함으로써 우편물의 내용을 알 수 있는 객관적 상태의 형성을 방해한 경우 그러한 상태가 형성되지 아니하였다는 사정만으로 발송인의 의사표시의 효력을 부정하는 것은 신의성실의 원칙에 반하므로 허용되지 아니한다. 이러한 경우에는 부당한 수취 거부가 없었더라면 상대방이 우편물의 내용을 알 수 있는 객관적 상태에 놓일 수 있었던 때, 즉 수취 거부 시에 의사표시의 효력이 생긴 것으로 보아야 한다. 여기서 우편물의 수취 거부가 신의성실의 원칙에 반하는지는 발송인과 상대방과의 관계, 우편물의 발송 전에 발송인과 상대방 사이에 우편물의 내용과 관련된 법률관계나 의사교환이 있었는지, 상대방이 발송인에 의한 우편물의 발송을 예상할 수 있었는지 등 여러 사정을 종합하여 판단하여야 한다. 이때 우편물의 수취를 거부한 것에 정당한 사유가 있는지에 관해서는 수취 거부를 한 상대방이 이를 증명할 책임이 있다(대판 2020. 8. 20. 2019두34630).

05

정답 ①

① ⊗ 하자의 승계란 두 개 이상의 행정행위가 서로 연속하여 행해지는 경우에 선행행위가 불가쟁력이 발생한 후에 후행 행정행위의 위법을 주장할 수 있는가의 문제이다. 따라서 선행행위에 불가쟁력이 발생하지 않은 경우라면 선행행위를 다투면 되므로 하자의 승계가 문제되지 않는다.

② ⊙ 선행행위가 무효인 경우에는 위법의 하자가 후행행위에 당연히 승계되어 후행행위도 당연히 무효에 해당하게 된다(대판 1961. 10. 26. 4292행상73 참조).

③ ⊙ 2개 이상의 행정처분이 연속적 또는 단계적으로 이루어지는 경우 선행처분과 후행처분이 서로 합하여 1개의 법률효과를 완성하는 때에는 선행처분에 하자가 있으면 그 하자는 후행처분에 승계된다. 이러한 경우에는 선행처분에 불가쟁력이 생겨 그 효력을 다툴 수 없게 되더라도 선행처분의 하자를 이유로 후행처분의 효력을 다툴 수 있다. 그러나 선행처분과 후행처분이 서로 독립하여 별개의 법률효과를 발생시키는 경우에는 선행처분에 불가쟁력이 생겨 그 효력을 다툴 수 없게 되면 선행처분의 하자가 당연무효인 경우를 제외하고는 특별한 사정이 없는 한 선행처분의 하자를 이유로 후행처분의 효력을 다툴 수 없는 것이 원칙이다(대판 2017. 7. 18. 2016두49938).

④ ⊙ 두 개 이상의 행정처분이 연속적으로 행하여지는 경우 선행처분과 후행처분이 서로 결합하여 1개의 법률효과를 완성하는 때에는 선행처분에 하자가 있으면 그 하자는 후행처분에 승계되므로 선행처분에 불가쟁력이 생겨 그 효력을 다툴 수 없게 된 경우에도 선행처분의 하자를 이유로 후행처분의 효력을 다툴 수 있는 반면 선행처분과 후행처분이 서로 독립하여 별개의 법률효과를 목적으로 하는 때에는 선행처분에 불가쟁력이 생겨 그 효력을 다툴 수 없게 된 경우에는 선행처분의 하자가 중대하고 명백하여 당연무효인 경우를 제외하고는 선행처분의 하자를 이유로 후행처분의 효력을 다툴 수 없는 것이 원칙이나 선행처분과 후행처분이 서로 독립하여 별개의 효과를 목적으로 하는 경우에도 선행처분의 불가쟁력이나 구속력이 그로 인하여 불이익을 입게 되는 자에게 수인한도를 넘는 가혹함을 가져오며, 그 결과가 당사자에게 예측가능한 것이 아닌 경우에는 국민의 재판받을 권리를 보장하고 있는 헌법의 이념에 비추어 선행처분의 후행처분에 대한 구속력은 인정될 수 없다(대판 1994. 1. 25. 93누8542).

06

정답 ③

③ ⊗ 행정행위의 성질이나 법치주의의 관점에서 볼 때 하자있는 행정행위의 치유는 원칙적으로 허용될 수 없을 뿐만 아니라 이를 허용하는 경우에도 국민의 권리와 이익을 침해하지 않는 범위에서 구체적 사정에 따라 합목적적으로 가려야 할 것인 바, 이 사건 처분에 관한 하자가 행정처분의 내용에 관한 것이고 새로운 노선면허가 이 사건 소 제기 이후에 이루어진 사정 등에 비추어 보면 하자의 치유는 인정되지 않는다(대판 1991. 5. 28. 90누1359).

① ⊙ 무효인 행정처분은 그 하자가 중대하고도 명백한 것으로 처음부터 어떠한 효력도 발생하지 아니하는 것이므로, 무효인 행정처분의 하자의 치유는 인정되지 아니한다(대판 2012. 8. 23. 2010두13463).

② ⊙ 하자 있는 행정행위에 있어서 하자의 치유는 행정행위의 성질이나 법치주의의 관점에서 볼 때, 원칙적으로는 허용될 수 없으나 행정행위의 무용한 반복을 피하고 당사자의 법적 안정성을 보호하기 위하여 국민의 권리와 이익을 침해하지 아니하는 범위 내에서 구체적인 사정에 따라 예외적으로 허용될 수 있다(대판 1998. 10. 27. 98두4535).

④ ⊙ 대판 2021. 2. 4. 2015추528

07

정답 ①

① ⊗ 행정행위(과세처분)의 취소처분의 위법이 중대하고 명백하여 당연무효이거나, 그 취소처분에 대하여 소원 또는 행정소송으로 다툴 수 있는 명문규정이 있는 경우는 별론, 행정행위의 취소처분의 취소에 의하여 이미 효력을 상실한 행정행위를 소생시킬 수 없고, 그러기 위하여는 원 행정행위와 동일내용의 행정행위를 다시 행할 수밖에 없다(대판 1979. 5. 8. 77누61).

② ⊙ 일정한 행정처분으로 국민이 일정한 이익과 권리를 취득하였을 경우에 종전 행정처분을 취소하는 행정처분은 이미 취득한 국민의 기존 이익과 권리를 박탈하는 별개의 행정처분으로 취소될 행정처분에 하자 또는 취소해야 할 공공의 필요가 있어야 하고, 나아가 행정처분에 하자 등이 있다고 하더라도 취소해야 할 공익상 필요와 취소로 당사자가 입게 될 기득권과 신뢰보호 및 법률생활안정의 침해 등 불이익을 비교·교량한 후 공익상 필요가 당사자가 입을 불이익을 정당화할 만큼 강한 경우에 한하여 취소할 수 있는 것이며, 하자나 취소해야 할 필요성에 관한 증명책임은 기존 이익과 권리를 침해하는 처분을 한 행정청에 있다(대판 2012. 3. 29. 2011두23375).

③ ⊙ 수익적 행정처분에 대한 취소권 등의 행사는 기득권의 침해를 정당화할 만한 중대한 공익상의 필요 또는 제3자의 이익보호의 필요가 있는 때에 한하여 허용될 수 있다는 법리는, 처분청이 수익적 행정처분을 직권으로 취소·철회하는 경우에 적용되는 법리일 뿐 쟁송취소의 경우에는 적용되지 않는다(대판 2019. 10. 17. 2018두104).

④ ⊙ 대판 1997. 10. 14. 96누14944

08

정답 ④

④ ⊗

행정기본법 제23조(제재처분의 제척기간) ① 행정청은 법령등의 위반행위가 종료된 날부터 5년이 지나면 해당 위반행위에 대하여 제재처분(인허가의 정지·취소·철회, 등록 말소, 영업소 폐쇄와 정지를 갈음하는 과징금 부과를 말한다. 이하 이 조에서 같다)을 할 수 없다.
② 다음 각 호의 어느 하나에 해당하는 경우에는 제1항을 적용하지 아니한다.

1. 거짓이나 그 밖의 부정한 방법으로 인허가를 받거나 신고를 한 경우
2. 당사자가 인허가나 신고의 위법성을 알고 있었거나 중대한 과실로 알지 못한 경우
3. 정당한 사유 없이 행정청의 조사·출입·검사를 기피·방해·거부하여 제척기간이 지난 경우
4. 제재처분을 하지 아니하면 국민의 안전·생명 또는 환경을 심각하게 해치거나 해칠 우려가 있는 경우

③ 행정청은 제1항에도 불구하고 행정심판의 재결이나 법원의 판결에 따라 제재처분이 취소·철회된 경우에는 재결이나 판결이 확정된 날부터 1년(합의제행정기관은 2년)이 지나기 전까지는 그 취지에 따른 새로운 제재처분을 할 수 있다.
④ 다른 법률에서 제1항 및 제3항의 기간보다 짧거나 긴 기간을 규정하고 있으면 그 법률에서 정하는 바에 따른다.

① O

행정기본법 제15조(처분의 효력) 처분은 권한이 있는 기관이 취소 또는 철회하거나 기간의 경과 등으로 소멸되기 전까지는 유효한 것으로 통용된다. 다만, 무효인 처분은 처음부터 그 효력이 발생하지 아니한다.

② O

행정기본법 제14조(법 적용의 기준) ① 새로운 법령등은 법령등에 특별한 규정이 있는 경우를 제외하고는 그 법령등의 효력 발생 전에 완성되거나 종결된 사실관계 또는 법률관계에 대해서는 적용되지 아니한다.
② 당사자의 신청에 따른 처분은 법령등에 특별한 규정이 있거나 처분 당시의 법령등을 적용하기 곤란한 특별한 사정이 있는 경우를 제외하고는 처분 당시의 법령등에 따른다.
③ 법령등을 위반한 행위의 성립과 이에 대한 제재처분은 법령등에 특별한 규정이 있는 경우를 제외하고는 법령등을 위반한 행위 당시의 법령등에 따른다. 다만, 법령등을 위반한 행위 후 법령등의 변경에 의하여 그 행위가 법령등을 위반한 행위에 해당하지 아니하거나 제재처분 기준이 가벼워진 경우로서 해당 법령등에 특별한 규정이 없는 경우에는 변경된 법령등을 적용한다.

③ O

행정기본법 제18조(위법 또는 부당한 처분의 취소) ① 행정청은 위법 또는 부당한 처분의 전부나 일부를 소급하여 취소할 수 있다. 다만, 당사자의 신뢰를 보호할 가치가 있는 등 정당한 사유가 있는 경우에는 장래를 향하여 취소할 수 있다.
② 행정청은 제1항에 따라 당사자에게 권리나 이익을 부여하는 처분을 취소하려는 경우에는 취소로 인하여 당사자가 입게 될 불이익을 취소로 달성되는 공익과 비교·형량(衡量)하여야 한다. 다만, 다음 각 호의 어느 하나에 해당하는 경우에는 그러하지 아니하다.
1. 거짓이나 그 밖의 부정한 방법으로 처분을 받은 경우
2. 당사자가 처분의 위법성을 알고 있었거나 중대한 과실로 알지 못한 경우

09

정답 ③

③ X

행정조사기본법 제15조(중복조사의 제한) ① 제7조에 따라 정기조사 또는 수시조사를 실시한 행정기관의 장은 동일한 사안에 대하여 동일한 조사대상자를 재조사 하여서는 아니 된다. 다만, 당해 행정기관이 이미 조사를 받은 조사대상자에 대하여 위법행위가 의심되는 새로운 증거를 확보한 경우에는 그러하지 아니하다.
② 행정조사를 실시할 행정기관의 장은 행정조사를 실시하기 전에 다른 행정기관에서 동일한 조사대상자에게 동일하거나 유사한 사안에 대하여 행정조사를 실시하였는지 여부를 확인할 수 있다.
③ 행정조사를 실시할 행정기관의 장이 제2항에 따른 사실을 확인하기 위하여 행정조사의 결과에 대한 자료를 요청하는 경우 요청받은 행정기관의 장은 특별한 사유가 없는 한 관련 자료를 제공하여야 한다.

① O

행정조사기본법 제28조(정보통신수단을 통한 행정조사) ① 행정기관의 장은 인터넷 등 정보통신망을 통하여 조사대상자로 하여금 자료의 제출 등을 하게 할 수 있다.

② O

행정조사기본법 제25조(자율신고제도) ① 행정기관의 장은 법령등에서 규정하고 있는 조사사항을 조사대상자로 하여금 스스로 신고하도록 하는 제도를 운영할 수 있다.
② 행정기관의 장은 조사대상자가 제1항에 따라 신고한 내용이 거짓의 신고라고 인정할 만한 근거가 있거나 신고내용을 신뢰할 수 없는 경우를 제외하고는 그 신고내용을 행정조사에 갈음할 수 있다.

④ O

행정조사기본법 제7조(조사의 주기) 행정조사는 법령등 또는 행정조사운영계획으로 정하는 바에 따라 정기적으로 실시함을 원칙으로 한다. 다만, 다음 각 호 중 어느 하나에 해당하는 경우에는 수시조사를 할 수 있다.
1. 법률에서 수시조사를 규정하고 있는 경우
2. 법령등의 위반에 대하여 혐의가 있는 경우
3. 다른 행정기관으로부터 법령등의 위반에 관한 혐의를 통보 또는 이첩받은 경우
4. 법령등의 위반에 대한 신고를 받거나 민원이 접수된 경우
5. 그 밖에 행정조사의 필요성이 인정되는 사항으로서 대통령령으로 정하는 경우

10

정답 ②

② X 이행강제금은 행정법상의 부작위의무 또는 비대체적 작위의무를 이행하지 않은 경우에 '일정한 기한까지 의무를 이행하지 않을 때에는 일정한 금전적 부담을 과할 뜻'을 미리 '계고'함으로써 의

무자에게 심리적 압박을 주어 장래를 향하여 의무의 이행을 확보하려는 간접적인 행정상 강제집행 수단이다(대판 2015. 6. 24. 2011두2170).

① O 행정강제라 함은 행정목적의 실현을 확보하기 위하여 사람의 신체 또는 재산에 실력을 가함으로써 행정상 필요한 상태를 실현하는 권력적 사실행위로 행정강제에는 행정상 강제집행과 행정상 즉시강제가 있다. 행정상 강제집행이란 행정법상의 의무불이행을 전제로 하여 그 의무의 이행을 강제하는 것이다.

④ O 관계 법령상 행정대집행의 절차가 인정되어 행정청이 행정대집행의 방법으로 건물의 철거 등 대체적 작위의무의 이행을 실현할 수 있는 경우에는 따로 민사소송의 방법으로 그 의무의 이행을 구할 수 없다. 한편 건물의 점유자가 철거의무자일 때에는 건물철거의무에 퇴거의무도 포함되어 있는 것이어서 별도로 퇴거를 명하는 집행권원이 필요하지 않다(대판 2017. 4. 28. 2016다213916).

② 행정청은 대집행을 할 때 대집행 과정에서의 안전 확보를 위하여 필요하다고 인정하는 경우 현장에 긴급 의료장비나 시설을 갖추는 등 필요한 조치를 하여야 한다.
③ 대집행을 하기 위하여 현장에 파견되는 집행책임자는 그가 집행책임자라는 것을 표시한 증표를 휴대하여 대집행시에 이해관계인에게 제시하여야 한다.

제5조(비용납부명령서) 대집행에 요한 비용의 징수에 있어서는 실제에 요한 비용액과 그 납기일을 정하여 의무자에게 문서로써 그 납부를 명하여야 한다.

제6조(비용징수) ① 대집행에 요한 비용은 국세징수법의 예에 의하여 징수할 수 있다.
② 대집행에 요한 비용에 대하여서는 행정청은 사무비의 소속에 따라 국세에 다음가는 순위의 선취득권을 가진다.
③ 대집행에 요한 비용을 징수하였을 때에는 그 징수금은 사무비의 소속에 따라 국고 또는 지방자치단체의 수입으로 한다.

11

정답 ③

③ X

행정대집행법 제5조(비용납부명령서) 대집행에 요한 비용의 징수에 있어서는 실제에 요한 비용액과 그 납기일을 정하여 의무자에게 문서로써 그 납부를 명하여야 한다.

① O ② O ④ O

행정대집행법 제3조(대집행의 절차) ① 전조의 규정에 의한 처분(이하 대집행이라 한다)을 하려함에 있어서는 상당한 이행기한을 정하여 그 기한까지 이행되지 아니할 때에는 대집행을 한다는 뜻을 미리 문서로써 계고하여야 한다. 이 경우 행정청은 상당한 이행기한을 정함에 있어 의무의 성질·내용 등을 고려하여 **사회통념상 해당 의무를 이행하는 데 필요한 기간**이 확보되도록 하여야 한다.
② 의무자가 전항의 계고를 받고 지정기한까지 그 의무를 이행하지 아니할 때에는 당해 행정청은 대집행영장으로써 대집행을 할 시기, 대집행을 시키기 위하여 파견하는 집행책임자의 성명과 대집행에 요하는 비용의 개산에 의한 견적액을 의무자에게 통지하여야 한다.
③ 비상시 또는 위험이 절박한 경우에 있어서 당해 행위의 급속한 실시를 요하여 전2항에 규정한 수속을 취할 여유가 없을 때에는 그 수속을 거치지 아니하고 대집행을 할 수 있다.

제4조(대집행의 실행 등) ① 행정청(제2조에 따라 대집행을 실행하는 제3자를 포함한다. 이하 이 조에서 같다)은 해가 뜨기 전이나 해가 진 후에는 대집행을 하여서는 아니 된다. 다만, 다음 각 호의 어느 하나에 해당하는 경우에는 그러하지 아니하다.
1. 의무자가 동의한 경우
2. 해가 지기 전에 대집행을 착수한 경우
3. 해가 뜬 후부터 해가 지기 전까지 대집행을 하는 경우에는 대집행의 목적 달성이 불가능한 경우
4. 그 밖에 비상시 또는 위험이 절박한 경우

12

정답 ②

② O

질서위반행위규제법 제8조(위법성의 착오) 자신의 행위가 위법하지 아니한 것으로 오인하고 행한 질서위반행위는 그 오인에 정당한 이유가 있는 때에 한하여 과태료를 부과하지 아니한다.

① X 과태료는 형벌이 아닌 질서벌에 해당하므로 형법총칙이 적용되지 않는다.

③ X 과태료의 부과권자는 질서위반행위규제법에 따라 행정청이 되며 개별법에서 부과 등에 대해 달리 정하고 있는 경우에도 질서위반행위규제법이 적용된다.

질서위반행위규제법 제5조(다른 법률과의 관계) 과태료의 부과·징수, 재판 및 집행 등의 절차에 관한 다른 법률의 규정 중 이 법의 규정에 저촉되는 것은 이 법으로 정하는 바에 따른다.

④ X

질서위반행위규제법 제20조(이의제기) ① 행정청의 과태료 부과에 불복하는 당사자는 제17조제1항에 따른 과태료 부과 통지를 받은 날부터 60일 이내에 해당 행정청에 서면으로 이의제기를 할 수 있다.
② 제1항에 따른 이의제기가 있는 경우에는 행정청의 과태료 부과처분은 그 효력을 상실한다.
③ 당사자는 행정청으로부터 제21조제3항에 따른 통지를 받기 전까지는 행정청에 대하여 서면으로 이의제기를 철회할 수 있다.

(법원에의 통보) ① 제20조제1항에 따른 이의제기를 받은 행정청은 이의제기를 받은 날부터 14일 이내에 이에 대한 의견 및 증빙서류를 첨부하여 관할 법원에 통보하여야 한다. 다만, 다음 각 호의 어느 하나에 해당하는 경우에는 그러하지 아니하다.

1. 당사자가 이의제기를 철회한 경우
2. 당사자의 이의제기에 이유가 있어 과태료를 부과할 필요가 없는 것으로 인정되는 경우

② 행정청은 사실상 또는 법률상 같은 원인으로 말미암아 다수인에게 과태료를 부과할 필요가 있는 경우에는 다수인 가운데 1인에 대한 관할권이 있는 법원에 제1항에 따른 이의제기 사실을 통보할 수 있다.
③ 행정청이 제1항 및 제2항에 따라 관할 법원에 통보를 하거나 통보하지 아니하는 경우에는 그 사실을 즉시 당사자에게 통지하여야 한다.

제36조(재판) ① 과태료 재판은 이유를 붙인 결정으로써 한다.
② 결정서의 원본에는 판사가 서명날인하여야 한다. 다만, 제20조제1항에 따른 이의제기서 또는 조서에 재판에 관한 사항을 기재하고 판사가 이에 서명날인함으로써 원본에 갈음할 수 있다.
③ 결정서의 정본과 등본에는 법원사무관등이 기명날인하고, 정본에는 법원인을 찍어야 한다.
④ 제2항의 서명날인은 기명날인으로 갈음할 수 있다.

13

정답 ②

② ✕ 구 건축법(2005. 11. 8. 법률 제7696호로 개정되기 전의 것) 상의 이행강제금은 구 건축법의 위반행위에 대하여 시정명령을 받은 후 시정기간 내에 당해 시정명령을 이행하지 아니한 건축주 등에 대하여 부과되는 간접강제의 일종으로서 그 이행강제금 납부의무는 상속인 기타의 사람에게 승계될 수 없는 일신전속적인 성질의 것이므로 이미 사망한 사람에게 이행강제금을 부과하는 내용의 처분이나 결정은 당연무효이고, 이행강제금을 부과받은 사람의 이의에 의하여 비송사건절차법에 의한 재판절차가 개시된 후에 그 이의한 사람이 사망한 때에는 사건 자체가 목적을 잃고 절차가 종료한다(대결 2006. 12. 8. 2006마470).

① ○ 농지법은 농지 처분명령에 대한 이행강제금 부과처분에 불복하는 자가 그 처분을 고지받은 날부터 30일 이내에 부과권자에게 이의를 제기할 수 있고, 이의를 받은 부과권자는 지체 없이 관할 법원에 그 사실을 통보하여야 하며, 그 통보를 받은 관할 법원은 비송사건절차법에 따른 과태료 재판에 준하여 재판을 하도록 정하고 있다(제62조 제1항, 제6항, 제7항). 따라서 농지법 제62조 제1항에 따른 이행강제금 부과처분에 불복하는 경우에는 비송사건절차법에 따른 재판절차가 적용되어야 하고, 행정소송법상 항고소송의 대상은 될 수 없다(대판 2019. 4. 11. 2018두42955).

③ ○

행정기본법 제30조(행정상 강제) ① 행정청은 행정목적을 달성하기 위하여 필요한 경우에는 법률로 정하는 바에 따라 필요한 최소한의 범위에서 다음 각 호의 어느 하나에 해당하는 조치를 할 수 있다.
1. 행정대집행: 의무자가 행정상 의무(법령등에서 직접 부과하거나 행정청이 법령등에 따라 부과한 의무를 말한다. 이하 이 절에서 같다)로서 타인이 대신하여 행할 수 있는 의무를 이행하지 아니하는 경우 법률로 정하는 다른 수단으로는 그 이행을 확보하기 곤란하고 그 불이행을 방치하면 공익을 크게 해칠 것으로 인정될 때에 행정청이 의무자가 하여야 할 행위를 스스로 하거나 제3자에게 하게 하고 그 비용을 의무자로부터 징수하는 것
2. 이행강제금의 부과: 의무자가 행정상 의무를 이행하지 아니하는 경우 행정청이 적절한 이행기간을 부여하고, 그 기한까지 행정상 의무를 이행하지 아니하면 금전급부의무를 부과하는 것
3. 직접강제: 의무자가 행정상 의무를 이행하지 아니하는 경우 행정청이 의무자의 신체나 재산에 실력을 행사하여 그 행정상 의무의 이행이 있었던 것과 같은 상태를 실현하는 것
4. 강제징수: 의무자가 행정상 의무 중 금전급부의무를 이행하지 아니하는 경우 행정청이 의무자의 재산에 실력을 행사하여 그 행정상 의무가 실현된 것과 같은 상태를 실현하는 것
5. 즉시강제: 현재의 급박한 행정상의 장해를 제거하기 위한 경우로서 다음 각 목의 어느 하나에 해당하는 경우에 행정청이 곧바로 국민의 신체 또는 재산에 실력을 행사하여 행정목적을 달성하는 것
   가. 행정청이 미리 행정상 의무 이행을 명할 시간적 여유가 없는 경우
   나. 그 성질상 행정상 의무의 이행을 명하는 것만으로는 행정목적 달성이 곤란한 경우

② 행정상 강제 조치에 관하여 이 법에서 정한 사항 외에 필요한 사항은 따로 법률로 정한다.
③ 형사(刑事), 행형(行刑) 및 보안처분 관계 법령에 따라 행하는 사항이나 외국인의 출입국·난민인정·귀화·국적회복에 관한 사항에 관하여는 이 절을 적용하지 아니한다.

④ ○

행정기본법 제31조(이행강제금의 부과) ③ 행정청은 이행강제금을 부과하기 전에 미리 의무자에게 적절한 이행기간을 정하여 그 기한까지 행정상 의무를 이행하지 아니하면 이행강제금을 부과한다는 뜻을 문서로 계고(戒告)하여야 한다.
④ 행정청은 의무자가 제3항에 따른 계고에서 정한 기한까지 행정상 의무를 이행하지 아니한 경우 이행강제금의 부과 금액·사유·시기를 문서로 명확하게 적어 의무자에게 통지하여야 한다.
⑤ 행정청은 의무자가 행정상 의무를 이행할 때까지 이행강제금을 반복하여 부과할 수 있다. 다만, 의무자가 의무를 이행하면 새로운 이행강제금의 부과를 즉시 중지하되, 이미 부과한 이행강제금은 징수하여야 한다.

14

정답 ③

③ X 영장주의가 행정상 즉시강제에도 적용되는지에 관하여는 논란이 있으나, 행정상 즉시강제는 상대방의 임의이행을 기다릴 시간적 여유가 없을 때 하명 없이 바로 실력을 행사하는 것으로서, 그 본질상 급박성을 요건으로 하고 있어 법관의 영장을 기다려서는 그 목적을 달성할 수 없다고 할 것이므로, 원칙적으로 영장주의가 적용되지 않는다고 보아야 할 것이다(헌재 2002. 10. 31. 2000헌가12).

① O

행정기본법 제30조(행정상 강제) ① 행정청은 행정목적을 달성하기 위하여 필요한 경우에는 법률로 정하는 바에 따라 필요한 최소한의 범위에서 다음 각 호의 어느 하나에 해당하는 조치를 할 수 있다.
5. 즉시강제: 현재의 급박한 행정상의 장해를 제거하기 위한 경우로서 다음 각 목의 어느 하나에 해당하는 경우에 행정청이 곧바로 국민의 신체 또는 재산에 실력을 행사하여 행정목적을 달성하는 것
가. 행정청이 미리 행정상 의무 이행을 명할 시간적 여유가 없는 경우
나. 그 성질상 행정상 의무의 이행을 명하는 것만으로는 행정목적 달성이 곤란한 경우

② O 행정강제는 행정상 강제집행을 원칙으로 하며, 법치국가적 요청인 예측가능성과 법적 안정성에 반하고, 기본권 침해의 소지가 큰 권력작용인 행정상 즉시강제는 어디까지나 예외적인 강제수단이라고 할 것이다. 이러한 행정상 즉시강제는 엄격한 실정법상의 근거를 필요로 할 뿐만 아니라, 그 발동에 있어서는 법규의 범위 안에서도 다시 행정상의 장해가 목전에 급박하고, 다른 수단으로는 행정목적을 달성할 수 없는 경우이어야 하며, 이러한 경우에도 그 행사는 필요 최소한도에 그쳐야 함을 내용으로 하는 조리상의 한계에 기속된다(헌재 2002. 10. 31. 2000헌가12).

④ O

행정기본법 제33조(즉시강제) ① 즉시강제는 다른 수단으로는 행정목적을 달성할 수 없는 경우에만 허용되며, 이 경우에도 최소한으로만 실시하여야 한다.
② 즉시강제를 실시하기 위하여 현장에 파견되는 집행책임자는 그가 집행책임자임을 표시하는 증표를 보여 주어야 하며, 즉시강제의 이유와 내용을 고지하여야 한다.
③ 제2항에도 불구하고 집행책임자는 즉시강제를 하려는 재산의 소유자 또는 점유자를 알 수 없거나 현장에서 그 소재를 즉시 확인하기 어려운 경우에는 즉시강제를 실시한 후 집행책임자의 이름 및 그 이유와 내용을 고지할 수 있다. 다만, 다음 각 호에 해당하는 경우에는 게시판이나 인터넷 홈페이지에 게시하는 등 적절한 방법에 의한 공고로써 고지를 갈음할 수 있다.
1. 즉시강제를 실시한 후에도 재산의 소유자 또는 점유자를 알 수 없는 경우
2. 재산의 소유자 또는 점유자가 국외에 거주하거나 행방을 알 수 없는 경우
3. 그 밖에 대통령령으로 정하는 불가피한 사유로 고지할 수 없는 경우

15

정답 ④

④ X

행정절차법 제27조의2(제출 의견의 반영 등) ① 행정청은 처분을 할 때에 당사자등이 제출한 의견이 상당한 이유가 있다고 인정하는 경우에는 이를 반영하여야 한다.
② 행정청은 당사자등이 제출한 의견을 반영하지 아니하고 처분을 한 경우 당사자등이 처분이 있음을 안 날부터 90일 이내에 그 이유의 설명을 요청하면 서면으로 그 이유를 알려야 한다. 다만, 당사자등이 동의하면 말, 정보통신망 또는 그 밖의 방법으로 알릴 수 있다.

① O 헌재 1992. 12. 24. 92헌가8

② O 헌재 2016. 3. 31. 2013헌바190 참조

③ O

행정절차법 제22조(의견청취) ① 행정청이 처분을 할 때 다음 각 호의 어느 하나에 해당하는 경우에는 청문을 한다.
1. 다른 법령등에서 청문을 하도록 규정하고 있는 경우
2. 행정청이 필요하다고 인정하는 경우
3. 다음 각 목의 처분을 하는 경우
가. 인허가 등의 취소
나. 신분·자격의 박탈
다. 법인이나 조합 등의 설립허가의 취소
② 행정청이 처분을 할 때 다음 각 호의 어느 하나에 해당하는 경우에는 공청회를 개최한다.
1. 다른 법령등에서 공청회를 개최하도록 규정하고 있는 경우
2. 해당 처분의 영향이 광범위하여 널리 의견을 수렴할 필요가 있다고 행정청이 인정하는 경우
3. 국민생활에 큰 영향을 미치는 처분으로서 대통령령으로 정하는 처분에 대하여 대통령령으로 정하는 수 이상의 당사자등이 공청회 개최를 요구하는 경우
③ 행정청이 당사자에게 의무를 부과하거나 권익을 제한하는 처분을 할 때 제1항 또는 제2항의 경우 외에는 당사자등에게 의견제출의 기회를 주어야 한다.
④ 제1항부터 제3항까지의 규정에도 불구하고 제21조제4항 각 호의 어느 하나에 해당하는 경우와 당사자가 의견진술의 기회를 포기한다는 뜻을 명백히 표시한 경우에는 의견청취를 하지 아니할 수 있다.
⑤ 행정청은 청문·공청회 또는 의견제출을 거쳤을 때에는 신속히 처분하여 해당 처분이 지연되지 아니하도록 하여야 한다.
⑥ 행정청은 처분 후 1년 이내에 당사자등이 요청하는 경우에는 청문·공청회 또는 의견제출을 위하여 제출받은 서류나 그 밖의 물건을 반환하여야 한다.

16

정답 ①

① X

공공기관의 정보공개에 관한 법률 제3조(정보공개의 원칙) 공공기관이 보유·관리하는 정보는 국민의 알권리 보장 등을 위하여 이 법에서 정하는 바에 따라 적극적으로 공개하여야 한다.

② ○ 대판 2003. 12. 12. 2003두8050
③ ○ 공개청구의 대상이 되는 정보란 공공기관이 직무상 작성 또는 취득하여 현재 보유·관리하고 있는 문서·도면·사진·필름·테이프·슬라이드 및 이에 준하는 매체 등에 기록된 사항을 말하고(공공기관의 정보공개에 관한 법률 제2조 1호 및 동법 시행령 14조 참조) 그것이 반드시 원본일 필요는 없다(대판 2006. 5. 25. 2006두3049).
④ ○ 국민의 정보공개청구권은 법률상 보호되는 구체적인 권리이므로, 공공기관에 대하여 정보의 공개를 청구하였다가 공개거부처분을 받은 청구인은 항정소송을 통하여 그 공개거부처분의 취소를 구할 법률상의 이익이 있고, 공개청구의 대상이 되는 정보가 이미 다른 사람에게 공개되어 널리 알려져 있다거나 인터넷 등을 통하여 공개되어 인터넷검색 등을 통하여 쉽게 알 수 있다는 사정만으로는 소의 이익이 없다거나 비공개결정이 정당화될 수 없다(대판 2010. 12. 23. 2008두13101).

17

정답 ③

① ○ ② ○ ③ × ④ ○

행정절차법 제40조의3(위반사실 등의 공표) ① 행정청은 법령에 따른 의무를 위반한 자의 성명·법인명, 위반사실, 의무 위반을 이유로 한 처분사실 등(이하 "위반사실등"이라 한다)을 법률로 정하는 바에 따라 일반에게 공표할 수 있다.
② 행정청은 위반사실등의 공표를 하기 전에 사실과 다른 공표로 인하여 당사자의 명예·신용 등이 훼손되지 아니하도록 객관적이고 타당한 증거와 근거가 있는지를 확인하여야 한다.
③ 행정청은 위반사실등의 공표를 할 때에는 미리 당사자에게 그 사실을 통지하고 의견제출의 기회를 주어야 한다. 다만, 다음 각 호의 어느 하나에 해당하는 경우에는 그러하지 아니하다.
1. 공공의 안전 또는 복리를 위하여 긴급히 공표를 할 필요가 있는 경우
2. 해당 공표의 성질상 의견청취가 현저히 곤란하거나 명백히 불필요하다고 인정될 만한 타당한 이유가 있는 경우
3. 당사자가 의견진술의 기회를 포기한다는 뜻을 명백히 밝힌 경우

④ 제3항에 따라 의견제출의 기회를 받은 당사자는 공표 전에 관할 행정청에 서면이나 말 또는 정보통신망을 이용하여 의견을 제출할 수 있다.
⑤ 제4항에 따른 의견제출의 방법과 제출 의견의 반영 등에 관하여는 제27조 및 제27조의2를 준용한다. 이 경우 "처분"은 "위반사실등의 공표"로 본다.
⑥ 위반사실등의 공표는 관보, 공보 또는 인터넷 홈페이지 등을 통하여 한다.
⑦ 행정청은 위반사실등의 공표를 하기 전에 당사자가 공표와 관련된 의무의 이행, 원상회복, 손해배상 등의 조치를 마친 경우에는 위반사실등의 공표를 하지 아니할 수 있다.
⑧ 행정청은 공표된 내용이 사실과 다른 것으로 밝혀지거나 공표에 포함된 처분이 취소된 경우에는 그 내용을 정정하여, 정정한 내용을 지체 없이 해당 공표와 같은 방법으로 공표된 기간 이상 공표하여야 한다. 다만, 당사자가 원하지 아니하면 공표하지 아니할 수 있다.

18

정답 ①

① ×

국가배상법 제4조(양도 등 금지) 생명·신체의 침해로 인한 국가배상을 받을 권리는 양도하거나 압류하지 못한다.

② ○

국가배상법 제7조(외국인에 대한 책임) 이 법은 외국인이 피해자인 경우에는 해당 국가와 상호 보증이 있을 때에만 적용한다.

③ ○

국가배상법 제9조(소송과 배상신청의 관계) 이 법에 따른 손해배상의 소송은 배상심의회(이하 "심의회"라 한다)에 배상신청을 하지 아니하고도 제기할 수 있다.

④ ○ 대판 2001. 1. 5. 98다39060

19

정답 ②

② ×

공익사업을 위한 토지 등의 취득 및 보상에 관한 법률 제85조(행정소송의 제기) ① 사업시행자, 토지소유자 또는 관계인은 제34조에 따른 재결에 불복할 때에는 재결서를 받은 날부터 90일 이내에, 이의신청을 거쳤을 때에는 이의신청에 대한 재결서를 받은 날부터 60일 이내에 각각 행정소송을 제기할 수 있다. 이 경우 사업시행자는 행정소송을 제기하기 전에 제84조에 따라 늘어난 보상금을 공탁하여야 하며, 보상금을 받을 자는 공탁된 보상금을 소송이 종결될 때까지 수령할 수 없다.
② 제1항에 따라 제기하려는 행정소송이 보상금의 증감(增減)에 관한 소송인 경우 그 소송을 제기하는 자가 토지소유자 또는 관계인일 때에는 사업시행자를, 사업시행자일 때에는 토지소유자 또는 관계인을 각각 피고로 한다.

① ○

공익사업을 위한 토지 등의 취득 및 보상에 관한 법률 제34조(재결) ① 토지수용위원회의 재결은 서면으로 한다.

③ ○

공익사업을 위한 토지 등의 취득 및 보상에 관한 법률 제30조(재결 신청의 청구) ① 사업인정고시가 된 후 협의가 성립되지 아니하였을 때에는 토지소유자와 관계인은 대통령령으로 정하는 바에 따라 서면으로 사업시행자에게 재결을 신청할 것을 청구할 수 있다.
② 사업시행자는 제1항에 따른 청구를 받았을 때에는 그 청구를 받은 날부터 60일 이내에 대통령령으로 정하는 바에 따라 관할 토지수용위원회에 재결을 신청하여야 한다. 이 경우 수수료에 관하여는 제28조제2항을 준용한다.

④ O

공익사업을 위한 토지 등의 취득 및 보상에 관한 법률 제65조(일괄보상) 사업시행자는 동일한 사업지역에 보상시기를 달리하는 동일인 소유의 토지등이 여러 개 있는 경우 토지소유자나 관계인이 요구할 때에는 한꺼번에 보상금을 지급하도록 하여야 한다.

20

정답 ②

② X

행정심판법 제14조(법인이 아닌 사단 또는 재단의 청구인 능력) 법인이 아닌 사단 또는 재단으로서 대표자나 관리인이 정하여져 있는 경우에는 그 사단이나 재단의 이름으로 심판청구를 할 수 있다.

① O ③ O

행정심판법 제44조(사정재결) ① 위원회는 심판청구가 이유가 있다고 인정하는 경우에도 이를 인용(認容)하는 것이 공공복리에 크게 위배된다고 인정하면 그 심판청구를 기각하는 재결을 할 수 있다. 이 경우 위원회는 재결의 주문(主文)에서 그 처분 또는 부작위가 위법하거나 부당하다는 것을 구체적으로 밝혀야 한다.
② 위원회는 제1항에 따른 재결을 할 때에는 청구인에 대하여 상당한 구제방법을 취하거나 상당한 구제방법을 취할 것을 피청구인에게 명할 수 있다.
③ 제1항과 제2항은 무효등확인심판에는 적용하지 아니한다.

④ O 행정심판에 있어서 재결청의 재결내용이 처분청에 취소를 명하는 것이아니라 처분청의 처분을 스스로 취소하는 것일 때에는 그 재결에 형성력이 발생하여 당해 행정처분은 별도의 행정처분을 기다릴 것 없이 당연히 취소되어 소멸되는 것이어서 그 후 동일한 사안에 대해 처분청이 또다른 처분을 하였다면 이는 위 소멸된 처분과는 완전히 독립된 별개의 처분이라 할 것이고, 따라서 새로운 처분에 대한 제소기간 준수 여부도 그 새로운 처분을 기준으로 판단하여야 한다(대판 1994. 4. 12. 93누1879).

21

정답 ③

② O ③ X

행정심판법 제47조(재결의 범위) ① 위원회는 심판청구의 대상이 되는 처분 또는 부작위 외의 사항에 대하여는 재결하지 못한다.
② 위원회는 심판청구의 대상이 되는 처분보다 청구인에게 불리한 재결을 하지 못한다.

① O

행정심판법 제39조(직권심리) 위원회는 필요하면 당사자가 주장하지 아니한 사실에 대하여도 심리할 수 있다.

④ O

행정심판법 제38조(심리기일의 지정과 변경) ① 심리기일은 위원회가 직권으로 지정한다.
② 심리기일의 변경은 직권으로 또는 당사자의 신청에 의하여 한다.
③ 위원회는 심리기일이 변경되면 지체 없이 그 사실과 사유를 당사자에게 알려야 한다.
④ 심리기일의 통지나 심리기일 변경의 통지는 서면으로 하거나 심판청구서에 적힌 전화, 휴대전화를 이용한 문자전송, 팩시밀리 또는 전자우편 등 간편한 통지 방법(이하 "간이통지방법"이라 한다)으로 할 수 있다.

22

정답 ④

④ O 대판 2007. 8. 23. 2005두3776

① X 구 저작권법(2006. 12. 28. 법률 제8101호로 전문 개정되기 전의 것) 제97조의3 제2호는 '문화관광부장관은 대통령령이 정하는 바에 의하여 법 제53조에 규정한 저작권 등록업무에 관한 권한을 저작권심의조정위원회에 위탁할 수 있다'고 규정하고, 같은 법 시행령(2007. 6. 29. 대통령령 제20135호로 전문 개정되기 전의 것) 제42조는 '문화관광부장관은 법 제97조의3의 규정에 의하여 저작권 등록업무에 관한 권한을 저작권심의조정위원회에 위탁한다'고 규정하고 있으므로, '저작권심의조정위원회'가 저작권 등록업무의 처분청으로서 그 등록처분에 대한 무효확인소송에서 피고적격을 가진다(대판 2009. 7. 9. 2007두16608).

② X

노동위원회법 제27조(중앙노동위원회의 처분에 대한 소송)
① 중앙노동위원회의 처분에 대한 소송은 중앙노동위원회 위원장을 피고(被告)로 하여 처분의 송달을 받은 날부터 15일 이내에 제기하여야 한다.

③ X 행정처분의 취소 또는 무효확인을 구하는 행정소송은 다른 법률에 특별한 규정이 없는 한 그 처분을 행한 행정청을 피고로 하여야 하며, 행정처분을 행할 적법한 권한 있는 상급행정청으로부터 내부위임을 받은 데 불과한 하급행정청이 권한 없이 행정처분을 한 경우에도 실제로 그 처분을 행한 하급행정청을 피고로 하여야 할 것이지 그 처분을 행할 적법한 권한 있는 상급행정청을 피고로 할 것은 아니다(대판 1994. 8. 12. 94누2763).

23

정답 ②

② O 대결 1994. 10. 11. 94두23

① X 병역법상 신체등위판정은 행정청이라고 볼 수 없는 군의관이 하도록 되어 있으며, 그 자체만으로 바로 병역법상의 권리의무가 정하여지는 것이 아니라 그에 따라 지방병무청장이 병역처분을 함으로써 비로소 병역의무의 종류가 정하여지는 것이므로 항고소송의 대상이 되는 행정처분이라 보기 어렵다(대판 1993. 8. 27. 93누3356).

③ X 세무조사결정은 납세의무자의 권리·의무에 직접 영향을 미치는 공권력의 행사에 따른 행정작용으로서 항고소송의 대상이 된다(대판 2011. 3. 10. 2009두23617).

④ X 구 남녀차별금지및구제에관한법률(2003. 5. 29. 법률 제6915호로 개정되기 전의 것) 제28조에 의하면, 국가인권위원회의 성희롱결정과 이에 따른 시정조치의 권고는 불가분의 일체로 행하여지는 것인데 국가인권위원회의 이러한 결정과 시정조치의 권고는 성희롱 행위자로 결정된 자의 인격권에 영향을 미침과 동시에 공공기관의 장 또는 사용자에게 일정한 법률상의 의무를 부담시키는 것이므로 국가인권위원회의 성희롱결정 및 시정조치권고는 행정소송의 대상이 되는 행정처분에 해당한다고 보지 않을 수 없다(대판 2005. 7. 8. 2005두487).

24

정답 ②

② X

행정소송법 제28조(사정판결) ① 원고의 청구가 이유있다고 인정하는 경우에도 처분등을 취소하는 것이 현저히 공공복리에 적합하지 아니하다고 인정하는 때에는 법원은 원고의 청구를 기각할 수 있다. 이 경우 법원은 그 판결의 주문에서 그 처분등이 위법함을 명시하여야 한다.
② 법원이 제1항의 규정에 의한 판결을 함에 있어서는 미리 원고가 그로 인하여 입게 될 손해의 정도와 배상방법 그 밖의 사정을 조사하여야 한다.
③ 원고는 피고인 행정청이 속하는 국가 또는 공공단체를 상대로 손해배상, 제해시설의 설치 그 밖에 적당한 구제방법의 청구를 당해 취소소송등이 계속된 법원에 병합하여 제기할 수 있다.

① O

행정소송법 제14조(피고경정) ① 원고가 피고를 잘못 지정한 때에는 법원은 원고의 신청에 의하여 결정으로써 피고의 경정을 허가할 수 있다.
② 법원은 제1항의 규정에 의한 결정의 정본을 새로운 피고에게 송달하여야 한다.
③ 제1항의 규정에 의한 신청을 각하하는 결정에 대하여는 즉시항고할 수 있다.
④ 제1항의 규정에 의한 결정이 있은 때에는 새로운 피고에 대한 소송은 처음에 소를 제기한 때에 제기된 것으로 본다.
⑤ 제1항의 규정에 의한 결정이 있은 때에는 종전의 피고에 대한 소송은 취하된 것으로 본다.

③ O

행정소송법 제26조(직권심리) 법원은 필요하다고 인정할 때에는 직권으로 증거조사를 할 수 있고, 당사자가 주장하지 아니한 사실에 대하여도 판단할 수 있다.

④ O

행정소송법 제21조(소의 변경) ① 법원은 취소소송을 당해 처분등에 관계되는 사무가 귀속하는 국가 또는 공공단체에 대한 당사자소송 또는 취소소송외의 항고소송으로 변경하는 것이 상당하다고 인정할 때에는 청구의 기초에 변경이 없는 한 사실심의 변론종결시까지 원고의 신청에 의하여 결정으로써 소의 변경을 허가할 수 있다.
② 제1항의 규정에 의한 허가를 하는 경우 피고를 달리하게 될 때에는 법원은 새로이 피고로 될 자의 의견을 들어야 한다.
③ 제1항의 규정에 의한 허가결정에 대하여는 즉시항고할 수 있다.

25

정답 ②

② O

행정소송법 제30조(취소판결등의 기속력) ① 처분등을 취소하는 확정판결은 그 사건에 관하여 당사자인 행정청과 그 밖의 관계행정청을 기속한다.
② 판결에 의하여 취소되는 처분이 당사자의 신청을 거부하는 것을 내용으로 하는 경우에는 그 처분을 행한 행정청은 판결의 취지에 따라 다시 이전의 신청에 대한 처분을 하여야 한다.
③ 제2항의 규정은 신청에 따른 처분이 절차의 위법을 이유로 취소되는 경우에 준용한다.

① X 광주광역시문화예술회관장의 단원 위촉은 광주광역시문화예술회관장이 행정청으로서 공권력을 행사하여 행하는 행정처분이 아니라 공법상의 근무관계의 설정을 목적으로 하여 광주광역시와 단원이 되고자 하는 자 사이에 대등한 지위에서 의사가 합치되어 성립하는 공법상 근로계약에 해당한다고 보아야 할 것이므로, 광주광역시립합창단원으로서 위촉기간이 만료되는 자들의 재위촉 신청에 대하여 광주광역시문화예술회관장이 실기와 근무성적에 대한 평정을 실시하여 재위촉을 하지 아니한 것을 항고소송의 대상이 되는 불합격처분이라고 할 수는 없다(대판 2001. 12. 11. 2001두7794).

③ X 납세의무부존재확인의 소는 공법상의 법률관계 그 자체를 다투는 소송으로서 당사자소송이라 할 것이므로 행정소송법 제3조 제2호, 제39조에 의하여 그 법률관계의 한쪽 당사자인 국가·공공단체 그 밖의 권리주체가 피고적격을 가진다(대판 2000. 9. 8. 99두2765).

④ X

행정소송법 제3조(행정소송의 종류) 행정소송은 다음의 네가지로 구분한다.

1. 항고소송: 행정청의 처분등이나 부작위에 대하여 제기하는 소송

2. 당사자소송: 행정청의 처분등을 원인으로 하는 법률관계에 관한 소송 그 밖에 공법상의 법률관계에 관한 소송으로서 그 법률관계의 한쪽 당사자를 피고로 하는 소송
3. 민중소송: 국가 또는 공공단체의 기관이 법률에 위반되는 행위를 한 때에 직접 자기의 법률상 이익과 관계없이 그 시정을 구하기 위하여 제기하는 소송
4. 기관소송: 국가 또는 공공단체의 기관상호간에 있어서의 권한의 존부 또는 그 행사에 관한 다툼이 있을 때에 이에 대하여 제기하는 소송. 다만, 헌법재판소법 제2조의 규정에 의하여 헌법재판소의 관장사항으로 되는 소송은 제외한다.

2025년도 공개경쟁채용 필기시험 답안지

컴퓨터용 흑색사인펜만 사용

책 형

【필적감정용 기재】
*아래 예시문을 옮겨 적으시오

본인은 ○○○(응시자성명)임을 확인함

기 재 란

성 명	
자필성명	본인 성명 기재
응시직렬	
응시지역	
시험장소	

응 시 번 호

	⓪	⓪	⓪	⓪	⓪	⓪	⓪
	①	①	①	①	①	①	①
	②	②	②	②	②	②	②
	③	③	③	③	③	③	③
	④	④	④	④	④	④	④
	⑤	⑤	⑤	⑤	⑤	⑤	⑤
⑥	⑥	⑥	⑥	⑥	⑥	⑥	⑥
⑦	⑦	⑦	⑦	⑦	⑦	⑦	⑦
	⑧	⑧	⑧	⑧	⑧	⑧	⑧
	⑨	⑨	⑨	⑨	⑨	⑨	⑨

생 년 월 일

	⓪	⓪	⓪	⓪	⓪
	①	①	①	①	①
	②	②	②	②	②
	③	③	③		③
	④		④		④
⑤	⑤		⑤		⑤
⑥	⑥		⑥		⑥
⑦	⑦		⑦		⑦
⑧	⑧		⑧		⑧
⑨	⑨		⑨		⑨

※ **시험감독관 서명**
(성명을 정자로 기재할 것)

적색 볼펜만 사용

문번	실전제 회	문번	실전제 회	문번	실전제 회	문번	실전제 회	문번	실전제 회
1	① ② ③ ④	1	① ② ③ ④	1	① ② ③ ④	1	① ② ③ ④	1	① ② ③ ④
2	① ② ③ ④	2	① ② ③ ④	2	① ② ③ ④	2	① ② ③ ④	2	① ② ③ ④
3	① ② ③ ④	3	① ② ③ ④	3	① ② ③ ④	3	① ② ③ ④	3	① ② ③ ④
4	① ② ③ ④	4	① ② ③ ④	4	① ② ③ ④	4	① ② ③ ④	4	① ② ③ ④
5	① ② ③ ④	5	① ② ③ ④	5	① ② ③ ④	5	① ② ③ ④	5	① ② ③ ④
6	① ② ③ ④	6	① ② ③ ④	6	① ② ③ ④	6	① ② ③ ④	6	① ② ③ ④
7	① ② ③ ④	7	① ② ③ ④	7	① ② ③ ④	7	① ② ③ ④	7	① ② ③ ④
8	① ② ③ ④	8	① ② ③ ④	8	① ② ③ ④	8	① ② ③ ④	8	① ② ③ ④
9	① ② ③ ④	9	① ② ③ ④	9	① ② ③ ④	9	① ② ③ ④	9	① ② ③ ④
10	① ② ③ ④	10	① ② ③ ④	10	① ② ③ ④	10	① ② ③ ④	10	① ② ③ ④
11	① ② ③ ④	11	① ② ③ ④	11	① ② ③ ④	11	① ② ③ ④	11	① ② ③ ④
12	① ② ③ ④	12	① ② ③ ④	12	① ② ③ ④	12	① ② ③ ④	12	① ② ③ ④
13	① ② ③ ④	13	① ② ③ ④	13	① ② ③ ④	13	① ② ③ ④	13	① ② ③ ④
14	① ② ③ ④	14	① ② ③ ④	14	① ② ③ ④	14	① ② ③ ④	14	① ② ③ ④
15	① ② ③ ④	15	① ② ③ ④	15	① ② ③ ④	15	① ② ③ ④	15	① ② ③ ④
16	① ② ③ ④	16	① ② ③ ④	16	① ② ③ ④	16	① ② ③ ④	16	① ② ③ ④
17	① ② ③ ④	17	① ② ③ ④	17	① ② ③ ④	17	① ② ③ ④	17	① ② ③ ④
18	① ② ③ ④	18	① ② ③ ④	18	① ② ③ ④	18	① ② ③ ④	18	① ② ③ ④
19	① ② ③ ④	19	① ② ③ ④	19	① ② ③ ④	19	① ② ③ ④	19	① ② ③ ④
20	① ② ③ ④	20	① ② ③ ④	20	① ② ③ ④	20	① ② ③ ④	20	① ② ③ ④

2025년도 공개경쟁채용 필기시험 답안지

컴퓨터용 흑색사인펜만 사용

책 형

【필적감정용 기재】
*아래 예시문을 옮겨 적으시오
본인은 ○○○(응시자성명)임을 확인함

기 재 란

성 명	
자필성명	본인 성명 기재
응시직렬	
응시지역	
시험장소	

응 시 번 호						
	⓪	⓪	⓪	⓪	⓪	⓪
	①	①	①	①	①	①
	②	②	②	②	②	②
	③	③	③	③	③	③
	④	④	④	④	④	④
	⑤	⑤	⑤	⑤	⑤	⑤
⑥	⑥	⑥	⑥	⑥	⑥	⑥
⑦	⑦	⑦	⑦	⑦	⑦	⑦
	⑧	⑧	⑧	⑧	⑧	⑧
	⑨	⑨	⑨	⑨	⑨	⑨

생 년 월 일					
	⓪	⓪	⓪	⓪	⓪
	①	①	①	①	①
	②	②	②	②	②
	③	③	③		③
	④		④		④
⑤	⑤		⑤		⑤
⑥	⑥		⑥		⑥
⑦	⑦		⑦		⑦
⑧	⑧		⑧		⑧
⑨	⑨		⑨		⑨

※ 시험감독관 서명
(성명을 정자로 기재할 것)

적색 볼펜만 사용

문번	실전제 회
1	① ② ③ ④
2	① ② ③ ④
3	① ② ③ ④
4	① ② ③ ④
5	① ② ③ ④
6	① ② ③ ④
7	① ② ③ ④
8	① ② ③ ④
9	① ② ③ ④
10	① ② ③ ④
11	① ② ③ ④
12	① ② ③ ④
13	① ② ③ ④
14	① ② ③ ④
15	① ② ③ ④
16	① ② ③ ④
17	① ② ③ ④
18	① ② ③ ④
19	① ② ③ ④
20	① ② ③ ④

문번	실전제 회
1	① ② ③ ④
2	① ② ③ ④
3	① ② ③ ④
4	① ② ③ ④
5	① ② ③ ④
6	① ② ③ ④
7	① ② ③ ④
8	① ② ③ ④
9	① ② ③ ④
10	① ② ③ ④
11	① ② ③ ④
12	① ② ③ ④
13	① ② ③ ④
14	① ② ③ ④
15	① ② ③ ④
16	① ② ③ ④
17	① ② ③ ④
18	① ② ③ ④
19	① ② ③ ④
20	① ② ③ ④

문번	실전제 회
1	① ② ③ ④
2	① ② ③ ④
3	① ② ③ ④
4	① ② ③ ④
5	① ② ③ ④
6	① ② ③ ④
7	① ② ③ ④
8	① ② ③ ④
9	① ② ③ ④
10	① ② ③ ④
11	① ② ③ ④
12	① ② ③ ④
13	① ② ③ ④
14	① ② ③ ④
15	① ② ③ ④
16	① ② ③ ④
17	① ② ③ ④
18	① ② ③ ④
19	① ② ③ ④
20	① ② ③ ④

문번	실전제 회
1	① ② ③ ④
2	① ② ③ ④
3	① ② ③ ④
4	① ② ③ ④
5	① ② ③ ④
6	① ② ③ ④
7	① ② ③ ④
8	① ② ③ ④
9	① ② ③ ④
10	① ② ③ ④
11	① ② ③ ④
12	① ② ③ ④
13	① ② ③ ④
14	① ② ③ ④
15	① ② ③ ④
16	① ② ③ ④
17	① ② ③ ④
18	① ② ③ ④
19	① ② ③ ④
20	① ② ③ ④

문번	실전제 회
1	① ② ③ ④
2	① ② ③ ④
3	① ② ③ ④
4	① ② ③ ④
5	① ② ③ ④
6	① ② ③ ④
7	① ② ③ ④
8	① ② ③ ④
9	① ② ③ ④
10	① ② ③ ④
11	① ② ③ ④
12	① ② ③ ④
13	① ② ③ ④
14	① ② ③ ④
15	① ② ③ ④
16	① ② ③ ④
17	① ② ③ ④
18	① ② ③ ④
19	① ② ③ ④
20	① ② ③ ④